扬子学刊

四川省扬雄研究会 编

Y A N G Z I X U E K A N

·第五辑·

巴蜀书社

《扬子学刊》编辑委员会

目 录

扬子生平研究

扬子著述研究

论《太玄》81 首排列次序中的含义

刘韶军

内容提要：扬雄的《太玄》是模仿《周易》而成的著作，《周易》64 卦的排列次序，据《序卦》的说法，其中是有特定含义的。《太玄》的 81 首，也不例外，在各首的先后排列次序上，也自有它的特定含义。如欲深入了解《太玄》的思想内容，对这种外在的排列次序问题，也不能忽视，应该根据相关的文献加以探讨，这也是研究《太玄》的一个重要方面。基于此，故撰此文来讨论这一问题，不当之处，敬祈专家学者指正。

关键词：太玄；81 首；次序

一、《太玄》81 首次序有一定含义

《太玄》的正文由 81 首的首赞之辞组成，即《汉书·扬雄传》中所说的①：

故《玄》三方、九州、二十七部、八十一家、二百四十三表、七百二十九赞。②

---

① 《汉书·扬雄传》在其中"赞曰"二字以前，都是扬雄《自序》的原文，此二字之后的内容才是班固写的论述之言，这是古代学者们的共识，如颜师古注："自《法言》目之前，皆是雄本《自序》之文。"谓《汉书·扬雄传》所列《法言》目录以前，都是扬雄的《自序》之文。刘知几《史通·杂说》："班氏于司马迁、扬雄，皆录其《自叙》以为列传。"谓《汉书》的《司马迁传》与《扬雄传》，皆是照录二人的《自序》而成。段玉裁说："传文（指《汉书·扬雄传》）为录雄《自序》，不增改一字"，"赞曰'雄之《自序》云尔'，乃总上一篇之辞，故师古曰：'自《法言》目之前，皆是雄本自序之文也。'唐初《自序》已无单行之本，师古特就赞首一语明之。"所以在古代学者那里直接就把《汉书·扬雄传》视同于扬雄自己写的《自序》，因此此传的内容是非常可信的。参见笔者《扬雄与〈太玄〉研究》第一章，人民出版社 2011 年版。

② ［汉］班固：《汉书》，中华书局 1962 年版，第 3575 页。

家以上的方、州、部和家以下的表都是虚数，没有实际的文字，只有81家和其中的729赞实有其文，而81家就是81首，每首九赞，故共有七百二十九赞。所以说《太玄》实际上是由八十一首（家）组成的。

由81首组成《太玄》，这与《周易》由64卦组成是一样的[①]。64卦各卦为一篇，81首也是各首为一篇，这是二者在形式上的分。但无论是64卦还是81首，在整体的思想内容上则是统一的，所以64卦与81首都可看作一个统一的整体，各是一篇大文章。认识这一点，对于我们理解《太玄》的81首各首的内容，是有重要意义的。

81首全体合为一个整体，表述《太玄》的种种思想，由于81首明显地分成各首，如同一部书的各篇，所以人们习惯于从81首的每一首来解读《太玄》的思想。也就是说，对于81首这个整体，是从分解的角度来加以研究和理解的。

人们对《太玄》81首的解读，因其形式上分成首，因此也就停留在这一步，没有进一步把分成81首的各首整合起来加以解读，历来的注家与研究者，都是这样解读《太玄》的。

这是最容易注意到的解读方式，但绝不是完整的解读方式。应该在对每一首进行解读的基础上，再把81首看作一个统一而完整的整体来解读。

《周易》的64卦是一个整体，《周易》的十翼之一《序卦》就是对64卦的相互关系进行关联性说明的文字。在《周易·序卦》的《正义》中解释了为什么要有《序卦》一篇：

> 文王既繇六十四卦，分为上下二篇，其先后之次，其理不见，故孔子就上下二经各序其相次之义，故谓之《序卦》焉。……韩康伯云：《序卦》之所明……故以取其义理也。……则康伯所云，因卦之次，托象以明义，盖不虚矣。[②]

这是说最初作出64卦，分为上下篇，但各卦先后次序中的道理就看不出来，所以孔子作了《序卦》，说明64卦先后排列次序中所包含的义理。韩康伯也指出了这一点，认为《序卦》之作，就是要说明卦的先后次序中所包含的义理，由此而阐明更多的义理，可知《序卦》一篇不是虚文。换言之，孔子认为64卦分开排列，这只是表面上的分，但根据它们的前后次序还可以进一步看出更深一层的义理，所以要作《序卦》来说明这种只据各卦的分而不易看出的义理之所在。

这样就使我们知道了《序卦》所强调的一层义理，是与各卦的先后次序有关的，

---

① ［宋］司马光：《说玄》："《易》以八卦相重为六十四卦，《玄》以一二三错于方州部家为八十一首"，见刘韶军点校的司马光《太玄集注》，中华书局1998年版。

② ［唐］孔颖达：《周易注疏》卷十三，日本足利学校藏影南宋初年刊本。以下引《周易》，均据此本。

即通过各卦的先后次序也可揭示出更多的义理，这比只看各卦的相关文字能够探索出更多的义理。

如《序卦》中说：

> 有天地然后万物生焉，盈天地之间者唯万物，故受之以屯。屯者，盈也，屯者，物之始生也。
>
> 物生必蒙，故受之以蒙。蒙者，蒙也，物之稚也，物稚不可不养也，故受之以需，需者，饮食之道也。
>
> 饮食必有讼，故受之以讼。讼必有众起，故受之以师。师者，众也。众必有所比，故受之以比。（下略）

据此处所说，可知《周易》以乾、坤为第一二卦，乾坤代表天与地，所以从“有天地然后万物生”说起，乾坤二卦之后就是屯卦，所以说明为什么在乾坤二卦后会有屯卦，并由此说明屯卦的基本含义是“盈”和“物之始生”。

屯之后为蒙、需、讼、师、比等卦，所以《序卦》按它们的先后次序说明各卦的相互关系，并由此说明各卦的基本含义及其特点。

由此可知，孔子作《序卦》，是因为只看64卦还会忽略某些义理，所以从各卦先后次序的角度来阐释其中更多的义理。以前人们说十翼是对64卦的补充性说明，读《周易》必须先读十翼，就是因为十翼各篇都有其特定的意义，各从一个特定角度揭示《周易》及64卦的更多更深的含义。

扬雄创作《太玄》时，也深知这个道理，所以他在创作了《太玄》的81首之后，又另外撰写了11篇文章，从不同角度阐发只据81首而无法说明的义理。11篇之中的《玄冲》篇，就是模仿《周易》的《序卦》而作的①，主要说明《太玄》81首在次序上也有特定的含义。

《玄掜》篇说：

> 《冲》，对其正也。

“冲”就是《玄冲》篇，“对其正”，“对”就是“冲”，指81首都可两两相对，而构成特定的义理阐释。

这里所说的首与首的相对（冲），与《周易》的《序卦》所说的次序还有所不同。《序卦》是从乾、坤以下各卦的排列次序上来说各卦为什么要如此先后排列的，即所说的“序”是64卦的先后排列次序。而《太玄》的“冲”是把81首分成前后两大

---

① ［宋］司马光《说玄》：“《易》有《序卦》，《玄》有《冲》。《冲》者，序八十一首，阴阳相对而解之，《序卦》之类是也。”版本同前注。

部分，即 1—40 首为前半部分，41—81 首为后半部分，然后再把前后两半部分的各首一一排列起来而加以对照，由此来看 81 首在次序排列上的相对各有什么含义。

如《玄冲》篇中说：

中则阳始，应则阴生。周复乎德，迎逆乎刑。礥大戚，遇小愿。闲孤而竈邻。

中为第 1 首，应为第 41 首，周为第 2 首，迎为第 42 首，礥为第 3 首，遇为第 43 首，闲为第 4 首，竈（灶）为第 44 首。余类推。

这样就把 81 首全都以两首为一组而列出了相对（冲）的关系，详如下表：

相对的两首及其相对之义	
1 中首，阳始	41 应首，阴生
2 周首，复乎德	42 迎首，逆乎刑
3 礥首，大戚	43 遇首，小愿
4 闲首，孤	44 灶首，邻
5 少首，微	45 大首，肥
6 戾首，内反	46 廓首，外违
7 上首，触素	47 文首，多故
8 干首，狂	48 礼首，方
9 狩首，来	49 逃首，亡
10 羡首，私曲	50 唐首，公而无欲
11 差首，过	51 常首，谷
12 童首，寡有	52 度首，无乏
13 增首，始昌	53 永首，极长
14 锐首，执一	54 昆首，大同
15 达首，日益其类	55 减首，日损其汇
16 交首，相从	56 唫首，不通
17 耎首，有畏	57 守首，不可攻
18 傒首，出	58 翕首，入
19 从首，散	59 聚首，集
20 进首，多谋	60 积首，多财
21 释首，推	61 饰首，衰
22 格首，好也是	62 疑首，恶也非
23 夷首，平	63 视首，倾

续表

相对的两首及其相对之义	
24 乐首，上扬	64 沈首，下藏
25 争首，士齐	65 内首，女怀
26 务首，喜	66 去首，悲
27 事首，尚作	67 晦首，尚休
28 更首，变而共笑	68 瞢首，久而益忧
29 断首，多事	69 穷首，无喜
30 毅首，敢	70 割首，惫
31 装首，徙乡	71 止首，不行
32 众首，温柔	72 坚首，寒刚
33 密首，不可间	73 成首，不可更
34 亲首，亲乎善	74 闕首，闕乎恩
35 敛首，得	75 失首，亡福
36 强首，善不倦	76 剧首，恶不息
37 睟首，君道	77 驯首，臣保
38 盛首，壮	78 将首，老
39 居首，得乎位	79 难首，遇乎屈
40 法首，易与天下同	80 勤首，苦而无功
81 养首，受群余，君子养吉，小人养凶。 第81首没有与之相对的首，它作为全体80首的最后一首，承受80首的剩余，到此时，重点是养，作为君子，他的养，会使他将来为吉，而作为小人，他的养，则使他将来会凶。这说明，同为养，但养之者有君子与小人之分，所以养的结果有吉凶之别。换言之，上面的80首到最后有一个养首来承接它们，使它们有一个完整的结果。	

《玄冲》把81首两两相对以见各首之意，乃据各首首辞所述一年中阴阳二气的发展变化而言。而据《玄冲》将各首相对而来的含义，对照各首首辞之义，即可明白各首的大意。如中首首辞“阳气潜萌于黄宫，信无不在乎中”，就可参考《玄冲》篇所说的中首为阳始之义，相对的应首为阴生之义，周首为复德之义，迎首为逆刑之义，其他各首，皆相对而言，即可了解各首的大意。

但《玄冲》篇根据前后两大部分的相对而揭示的相对之义，还不能充分说明81首的先后次序之义，我们可以借鉴《周易·序卦》的方法来探讨81首从1到81首的各首先后排列次序上的特定含义。

二、用《序卦》法探讨《太玄》81首先后间的含义

《周易》的《序卦》分析了64卦先后排列次序间的特定含义，其方法就是孔颖达《正义》所解释的“孔子就上下二经（的六十四卦）各序其相次之义”，即一卦之后为什么会为另一卦，其先后次序之间在逻辑上有着怎样的道理。根据这种方法，也可以探讨《太玄》81首先后排列次序之间的特定含义，而这是扬雄当年撰作《玄冲》篇时没有为人们说出来的含义。

这里限于篇幅，不能把81首的全部加以分析，只分析从第1首中首到第10首羡首的先后排列中的特定含义。

第一首中首，其首辞为：

阳气潜萌于黄宫，信无不在乎中。

这是说冬至时阳气极弱，处于潜藏地下的状态，还没有发动起来而对万物形成促生的作用，其特点是藏在地下，是藏在地中而没有向外显出，但已开始萌生了，极弱并不是完全灭绝，而是到了极弱而又重新萌生，开始一个新的循环周期过程。

第二首周首，其首辞为：

阳气周神而反乎始，物继其汇。

其重点是阳气要反乎始，开始对万物发生作用了。

这里的“反”，是指阳气重新开始对万物发生作用，不是最初的始，所以说是“反乎始”。因为按照古代的阴阳学说，阴阳二气的运动是周而复始的，阳气从最弱时开始向强的方向发展变化，到最强时又反向朝着弱的方向发展变化，到了极弱时又重新反向朝着强的方向发展变化，这是周而复始的过程，都是到了强或弱的极点而朝反方向发展变化，阴气运动变化的过程与阳气一样。所以就说成“反乎始”，阴阳二气的运动过程，都是“周神而反乎始”的，随着阴阳二气的这种发展变化过程的不断推进，万物就因阴阳二气的不同强弱之势而形成不同的生长衰落等状况，这就是“物继其汇”。

继是随在其后的意思，即物是随着阴阳二气的变化而变化的，汇是类之意，物的生长盛衰变化，与阴阳二气是各从其类的，阳为生长强盛之类，阴是衰落败死之类，物继阴阳之类而在生长盛衰之间变化着。这就是“物继其汇”的意思。

因此，从中首到周首，中首是藏于地中还没有开始对万物发挥作用，但其后就是阳气开始反乎始，重新开始对万物发挥作用，而这是周而复始的变化过程，所以中首之后就是周首，说明阳气从不动到开始动了，而物也就随之而动，随着阳气的类而开始活动了。所以中首之后就继之以周首，如同《序卦》所说的：“有天地然后万物生

焉，盈天地之间者唯万物，故受之以屯。屯者盈也，屯者物之始生也。”《太玄》的中首之后就“受之以”周首，也是表示天地间的万物之始生。

第三首礥首，其首辞为：

阳气微动，动而礥礥，物生之难也。

“礥”音贤，“礥礥”，是形容难的样子，指物初生时困难的样子。

中首阳气在地中，还没有动，周首阳气开始动，物也随之而动，到礥首则阳气的动有所加强，所以说是微动，但阳气之动以及物初生之动，都是力量微弱的，所以说是“礥礥”，很困难。所以中首之后受之以周首，周首以后受之以礥首，逐步地说明阳气与万物的发动过程。

第四首闲首，其首辞为：

阳气闲于阴，礥然物咸见闲。

闲，防闲之意，即防备、阻止之意。礥然，是阳欲出而不能之貌。

到此首，阳气进一步上升，但受到阴气的阻拦与防备，使阳气的上升与万物的生长都受到一定的阻碍。这说明此时阴气还很强大，阳气与万物的生长，虽然已经开始，但力量还很弱小，不能突破阴气的防与阻。但比前三首，已有进一步的生长之形态，所以礥首以后受之以闲首，困难局面仍未打开。

第五首少首，其首辞为：

阳气澹然施于渊，物谦然能自韯。

澹然，恬然、纡缓的样子。是说阳气进一步对万物发挥作用，但力量还不强盛。施于渊，也是说阳气的力量只能发挥在低处，还不能布满整个天地间。“渊”与前面所说的黄宫、地下是相呼应的，已从地下黄宫出来到了地面，但仍只能分布于低下处，而且力量纡缓，没有形成强盛的气势。

谦然，指万物能自约，如人一样，能自谦而守其纤细。

少首在闲首之后，是阳气与万物继续进一步生长，还只能处于自谦自守的状态，但比闲首已有进一步发展之势了。所以闲首之后受之以少首。

第六首戾首，其首辞为：

阳气孚微，物各乖离，而触其类。

孚，指物之始化，如卵之始化、草之萌甲，都可称为孚。阳气孚微，是说阳气始化物之时力量微弱。物各乖离，是说物之初生时还是各自分离的，没有连成一片，没有呈现出茂盛的样子，没有达到郁郁葱葱的状态。触其类，是说物在初生时各以类相聚，而没有各类合聚在一起。春季时，植物生长就是分别各自乖离的状态，到夏季，植物生长达到茂盛状态，各类植物相合聚，这就是所谓郁郁葱葱的样子。古人描述万物生长，多以植物生长为代表，来说明不同阶段的状态。

戾首是说阳气与万物仍处初期生长状态，各自分离，各就其类而生存，这就是戾。戾是指相反背离，不能合成一片。

少首是说阳气与万物生长还很弱小纤细，戾首是说阳气与万物的生长还没有达到茂盛状态，没有合成一片，所以少首之后受之以戾首。

第七首上首，其首辞为：

阳气育物于下，咸射地而登乎上。

上首是说阳气在地下育物，已使万物生长到登乎地上的程度。从地下到地上，所以称之为上首。射地，是说植物生长从地下冲出地面，来到地上了。这也是借植物的生长来说明阳气对于万物的催生作用及其在不同阶段的变化情况。

上首的阳气与万物的状态，已比戾首强盛了一些，所以戾首之后受之以上首。

第八首干首，其首辞为：

阳扶物如钻乎坚，铪然有穿。

扶，助的意思，所以后来有“扶助”这个词。这一首首辞是说阳气帮助万物像钻穿坚硬的外壳一样，从地下钻出地面，以此表示万物在不断增强的阳气的助成之下，以更加旺盛的生命力从地下向上钻穿而出，以求更为广阔的生长空间。

铪（音阁）然，据古人注释是：“陷声也”，意谓万物从地下钻过地壳而冒出，会发出一种穿孔的声音，这就是所谓的陷声。这里用这个形容词来说明到了此时，阳气有所增强，而使万物（以植物为代表）纷纷钻穿出地面而冒出来。这种情况，正是接着上首而形成的，所以可以说，上首之后受之以干首。

干首的“干”字，据古代的注家解释，是“上而有所干犯也”，万物在阳气的扶助下，从地下钻穿而出，犹如地位低下的人向上冒犯了地位高贵的人，所以用了“干”字来作这一首的首名。

第九首𣥚首，其首辞为：

阳气强内而弱外，物咸扶𣥚而进乎大。

𣥚就是后来的“疏”字，扬雄喜欢用古字，所以选用了𣥚字。《太玄》中此类情况还有不少。

据此首首辞，到了这时，阳气内部已开始变强，但在外表还是弱小的样子，在此情况下，万物则都生长得扶疏起来，而进步到大的状态。

“扶𣥚”，是形容树林的枝叶长得繁茂的样子，古人多用这一词汇，如《世说新语·汰侈》中说：“枝柯扶疏，世罕其比。”就是形容大树的大枝小枝及其上的叶子极为茂盛。

𡰥首命名之义即来自扶疏的疏，所以在首辞内用了“扶𡰥”的说法，“𡰥”就是疏，有时候也写作“踈”。

𡰥首表示阳气已开始变强，但外表上还没有充分表现出来，所以它所扶助的万物也有扶疏的气势，而开始变大了。这里虽然用了扶疏的说法，但还没有达到非常繁茂的状态，只是说明有了这种势头。

前面的干首用了“扶物”的说法，扶与𡰥，正好前后相承，合成扶疏之意，这也可证明干首之后受之𡰥首是合乎逻辑的。

第十首羡首，其首辞为：

阳气赞幽，推包羡爽，未得正行。

这是说阳气暗中（幽即暗）赞助（赞就是助）万物，“推包”是指阳气对万物的推助、包裹之意。“推”容易理解，“包”之意古今有所不同。

“包”字在甲骨文时，是象形字，表示腹中有子之形。后来字体变化，就变成从勹从巳的字了。《说文解字》解释说：“包，象人裹妊，巳在中，象子未成形也。”所以“包”字的引申义有包住而助养之义。因此，“推”与“包”在这里合起来用，都是指阳气对万物的助成之义。

羡，在《玄冲》中说“羡首私曲”，这就是“羡”在此首的基本含义。爽，是差与不正的意思。所以羡爽合起来是说万物的生长在此时还没有达到强壮正直的状态，还属于弱小阶段，不免有所弯曲，所以下面说“未得正行”。

合起来看，羡首之时，阳气虽然暗中推助万物向上生长，但阳气的势力还未能胜过阴气，万物虽有阳气的推助，但尚未生长到强壮强直的状态，所以说是羡爽而未得正行。

在干首之后，羡首的阳气与万物虽然又有一定的发展，但仍未达到强盛的状态，还处于阴强阳弱的态势下，万物因此而呈现羡爽不正的样子。所以干首之后只能受之以羡首。

以下简单地探讨了 81 首的第 1—10 首的先后次序之间的逻辑接续关系，这就像《周易·序卦》中分析 64 卦先后次序的逻辑接续关系一样，由此可知，无论是《周易》还是《太玄》，它们的卦与首的排列次序，都是有内在的逻辑关系的，不能因卦分为 64 和首分为 81 而把它们分成互不相干的部分，只做单独的理解，而应把它们合成一个整体来解读。因此可以说，《周易》的 64 卦是一篇整体性的文章，《太玄》81 首也是一篇整体性的文章。

以上据《太玄》81 首前 10 首的首辞来看，这些首的先后次序之间的逻辑关系，就是用《周易·序卦》说明各卦先后次序之间的含义的方法，来看 81 首前 10 首的先后次序之间的逻辑关系。而其中的主线就是阳气与万物的关系，从阳气开始复苏，重新开始一个从弱到强的阶段，逐步说明阳气如何变强，而使万物随之也逐渐生长，由此看出81首各首先后次序的内在关系，这说明完全可以把81首看成一个完整的篇章，其中各首所说，不过是逐步说明阳气（后来的首中又会开始以阴气与万物的关系为主线）与万物的强弱变化情况，以81首的第1首作为一个循环周期的开端，一直说到81首的最后1首，以此作为一个完整的过程，来说明阳气与阴气对万物盛衰变化的关系。所以整个《太玄》的81首就构成了一个完整的大篇章，而形式上分成81首，有时会让人只按81首的分列来理解《太玄》，而忘了《太玄》81首本来就是一个完整的篇章，不能只按首来看《太玄》，而应把81首合成一篇来看《太玄》的整体意旨。

（作者单位：华中师范大学历史文献研究所）

古蜀先王“柏灌”的名号及其行迹考辨

潘殊闲

内容提要：古蜀先王“柏灌”，在已知的相关历史文献中有拍濩、柏濩、栢濩、折灌、柏灌、栢灌、伯雍等七种写法。这当中，第一个字不同的写法有共同的基点，就是对“柏”字的变异写法。而第二个字都共同带有“隹”，都与水有某种关系。稽考古蜀五祖的名字可以发现，柏灌氏是蜀祖从山地进入平原的一支过渡族群，也是蜀祖告别岷山高地，迁徙至成都平原的分水岭。他们既有山地高台乔木丛林的生活经历，又有平原水泽灌木丛林的生活体验，最为重要的是，他们已经开启了蜀中先民治理成都平原水患的先河。后世的杜宇、开明接续这种水患治理，至李冰时期而最后大功告成，成都平原从此进入“水旱从人，不知饥馑”的“天府之国”时代。由于柏灌氏是一个迁徙过渡的族群，所以，历史文献关于他的行迹记载非常少，与古蜀其他先王形成明显的反差。其真实的历史行迹只有留待新的考古发现和文献揭秘。

关键词：古蜀先王；柏灌；名号；行迹；考辨

扬雄《蜀王本纪》云：“蜀之先，称王者有蚕丛、柏濩、鱼凫、开明。”① 又说：“蜀王之先，名蚕丛，后代名曰柏濩，后者名鱼凫。”② 明人郑朴编的《扬子云集》在搜录的《蜀王本纪》中，又云：“蜀之先，称王者有蚕丛、折灌、鱼易、俾明。”③ 而《华阳国志》则这样写道：“周失纪纲，蜀先称王。有蜀侯蚕丛……次王曰柏灌。次王曰鱼凫。”④ 仅以上述文献所记，古蜀先王的第二代名号就有柏濩、折灌、柏灌等写法。

① ［汉］扬雄著，张震泽校注：《扬雄集校注》，上海古籍出版社 1993 年版，第 243 页。
② ［汉］扬雄著，张震泽校注：《扬雄集校注》，上海古籍出版社 1993 年版，第 244 页。
③ ［汉］扬雄撰，［明］郑朴编：《扬子云集》卷六，文渊阁《四库全书》本。
④ ［晋］常璩著，任乃强校注：《华阳国志校补图注》卷三，上海古籍出版社 1987 年版，第 118 页。

那究竟哪一种写法更符合历史本源？其留下的行迹究竟有哪些？相比于古蜀其他先王的事迹，有关柏灌的文献记载是最少的，后世相关的研究也多有含糊或省略，冯广宏、何峭、李胜铨、刘兴诗等先生有过一些探讨，但仍有一些问题值得进一步辨析。基于此，本文试图通过文献梳理和辨析，探寻其中的一些内在逻辑，希望能进一步推动古蜀先王的研究。

一、柏灌的写法钩沉

从目前所知的文献来看，最早出现“柏灌”二字的当是《蜀王本纪》。但由于包括《蜀王本纪》在内的多种记述古蜀历史的文献已经散佚，后世所引《蜀王本纪》时，异文众多，导致人们的认识含混不清。

下面，简要梳理一下各类文献中有关古蜀先王“柏灌”的多种写法。

柏灌的不同写法	具体文献出处
拍濩	《路史》卷四、《古微书》卷十三、《玉海》卷十六
柏濩、栢濩	《六臣注文选》卷四十六注、《太平御览》卷八百八十八、《蜀中广记》卷一
折灌	《扬子云集》卷六、《太平御览》卷一百六十六引扬雄《蜀王本纪》
柏灌、栢灌	《华阳国志》卷三、《古今事文类聚》后集卷四十四、《诗林广记》卷二、《山堂肆考》卷二百十四、《蜀中广记》卷一和卷七十一、《全蜀艺文志》卷四十八、《古今合璧事类备要》卷六十八“飞禽门”注、《四六标准》卷二十一注、《春秋战国异辞》卷五十四、《御定骈字类编》卷二百二十一“鱼凫”条注、《御定佩文韵府》卷七之四“鱼凫”条注、《御定历代赋汇》补遗卷五
伯雍	《扬子云集》卷六、《艺文类聚》卷六、《通典》卷一百七十五“古梁州”注、《文献通考》卷三百二十一“古梁州”注、《太平御览》卷一百六十六、《舆地广记》卷二十九、《类说》卷三十六、《山堂肆考》卷三十二、《锦绣万花谷后集》卷六、《御定渊鉴类函》卷三百三十四

从上述七种写法可以看到，有四组写法第一个字是基本相同的，这就是：柏濩、栢濩、柏灌、栢灌。而“栢”与“柏”本身就是相通的，都是指柏树，常绿乔木。另外三个写法的首字：“拍”“折”“伯”与“柏”字的字形十分相近，尤其是“拍”和“伯”，应该是抄写翻刻之笔误。“折”与“柏”，应是漫漶缺笔之误。如此来看，历史上有关“柏灌”的“柏”字的多种写法，其实都是有共同基点的，也就是对“柏”字的变异写法。

上述写法真正的差异在后一字，也就是“濩”“灌”与“雍”字。“濩”与“灌”字，字形相近。濩，有两种读音：一是读 huò。有如下义项：

（1）雨水从屋檐流下的样子。

（2）形容水流自上而下汹涌澎湃的样子。

（3）煮。

（4）浸沤。

二是读 hù。有如下含义：

（1）散布、流散。

（2）通“頀”，指商汤时的乐名。

灌，也有两种读音：一是读 guàn。有以下义项：

（1）注入，流入。

（2）灌溉。

（3）淹没。

（4）饮，饮酒。

（5）强迫使饮。

（6）浇铸。

（7）丛生的矮小树木。

（8）姓。

（9）情意恳切貌。

（10）祭祀名，斟酒浇地以迎神。

（11）通“盥”，洗涤。

二是读 huàn，指水盛貌。

雍，只有一种读音，即 yōng。但义项比较多：

（1）和谐，和睦。

（2）水泽。

（3）黄河溢出形成的支流。

（4）天子食毕所奏的乐歌。

（5）通“饔”，指熟食。

（6）姓。

（7）古州名，九州之一。

（8）周代诸侯国名。

（9）古县名。春秋时为秦国都城，在今陕西凤翔西南。

（10）保佑。

（11）通“壅”，遮蔽，阻塞。

（12）通“拥”，拥有，拥抱。

濩、灌、雍三个字，都共同带有“隹”；而濩、灌还共同带有“氵”。《说文解字》解释“隹”为“鸟之短尾总名也”①。而“氵”则为水。说明，这三个字都与短尾鸟有关。“雍”有“水泽”的含义，那这三个字事实上都与水有某种关系。

二、柏灌的含义解读

通过上述文献钩沉可知，拍、折、伯都是对“柏”字的变异写法，而濩、灌、雍三字，也都有某些共同的含义。那古蜀第二位先王究竟该如何称呼，又代表什么意思？

要厘清这一问题，不得不从蜀地的自然地理条件说起。

四川盆地在数亿年以前曾是一片海洋，后来由于地壳变化，海水退去，变成内陆盆地。这是为大家所熟知的地理知识。

历史上最早的蜀族并非蜀地的土著，而是有一个不断迁徙的过程。从已有的研究来看，大家比较倾向曾活动于黄河上游的氐羌民族。远在传说中的三皇五帝时期，“他们就不断沿着青藏高原的横断山脉向南迁徙”②。《后汉书·西羌传》这样描述他们的迁徙特色：“子孙分别，各自为种，任随所之。”③ 其生产生活方式则是：“所居无常，依随水草。地少五谷，以产牧为业。”④ 这支氐羌族迁徙到今天的川西北高原的岷山与岷江河谷，逐渐定居下来。他们先是居住在石穴中，后来累石为室，这种习俗甚至一直沿袭到后代。《后汉书·南蛮西南夷传》曾这样叙述这一带居民的生活方式：“皆依山居止，累石为室，高者至十余丈，为邛笼。”其注释云：“按今彼土夷人呼为‘雕’也。”⑤ 这种“邛笼”，人们习称为“雕楼”。章樵注扬雄的《蜀都赋》时曾引《先蜀记》云：“蚕丛始居岷山石室中。”⑥ 则古蜀最早的先王蚕丛氏因居石室，“巉棱如簇蚕”⑦ 而得名。也就是，蚕丛之名，并非因为养蚕而得名，而是所居石室的墙体累积石块（石片）如丛集的蚕茧，这些石块大多为白灰色，远远望去，确实很像蚕茧之丛集，由此形象化地称呼为“蚕丛”。古蜀人有浓郁的大石（特别是白石）崇拜情结，这与蚕丛氏先祖的“雕楼”文化基因有很大关系。

---

① ［汉］许慎撰，陶生魁点校：《说文解字》，中华书局2020年版，第115页。
② 童恩正著：《古代的四川》，四川人民出版社1979年版，第56页。
③ ［宋］范晔撰，［唐］李贤等注：《后汉书》卷八十七，中华书局1999年版，第1943页。
④ ［宋］范晔撰，［唐］李贤等注：《后汉书》卷八十七，中华书局1999年版，第1939页。
⑤ ［宋］范晔撰，［唐］李贤等注：《后汉书》卷八十六，中华书局1999年版，第1931页。
⑥ ［宋］章樵注：《古文苑》卷四，文渊阁《四库全书》本。
⑦ ［明］曹学佺撰，杨世文校点：《蜀中广记》卷六，上海古籍出版社2020年版，第70页。

蚕丛氏一族通过多年的观察，发现沿着岷江河谷南下，在今天的彭州市、都江堰市的东南方向，就是一大片水草丰美的平地。相比崇山峻岭的山谷，这里应该是最适宜生产与生活的膏腴之地。但是，由于这片土地地势低洼，与西北方向的岷山垂直落差有数千米，所以，每到春末雪山融化和夏秋洪水，这片低洼的土地就变成一片汪洋。这片土地要适宜居住，必须进行治理。

于是，蚕丛氏中的一支就迁徙到平原上方的高台上，这里既有梓、柏等乔木，稍往下走，就是水泽边的灌木林。《华阳国志·蜀志》在谈到李冰治水之后，还说“岷山多梓、柏、大竹，颓随水流，坐致材木，功省用饶”①，由此可以反证。“灌”字，还有一层含义，就是流入、注入。由于成都平原地势低洼，长期浸泡，潴留的水需要有河道引流，这样才能形成可供生产与生活的适宜土地。所以，柏灌氏一族，暂时居住在平原上方的高台乔木林中，白天则下到平地疏浚河道，让平原形成水陆两种形状。露出水面的平地可以尝试耕种，水面则为渔业。而上述“柏灌”异写中的“伯雍”的“雍”字，就有一层含义是通“壅”，即遮蔽、阻塞。要疏浚河道，自然是要垒土做坝，让潴留的水能顺畅地排泄而出。古蜀人的这种治水智慧，可以在《华阳国志》记述李冰治水的特色中窥见一二：“冰乃壅江作堋……”② 壅，即堵塞，遮蔽；堋，即分水堤。原来，柏灌氏一族就已开始蜀地的水患治理。至鱼凫氏，蜀地已是渔业为主、农业为辅的初级农业经济时代。

而到了杜宇时代，则是处于较为发达的农业时代。从“杜宇”之名，可以看出这个时代的特色。“杜”，有堵塞、阻止之义；“宇”，则有疆土之义。杜宇，合起来就有整固疆土，拓边、固边之义。对此，《华阳国志·蜀志》给我们提供了非常有意义的信息：“后有王曰杜宇，教民务农。一号杜主……乃以褒斜为前门，熊耳、灵关为后户，玉垒、峨眉为城郭，江、潜、绵、洛为池泽；以汶山为畜牧，南中为园苑。”③ 这里所谓的“前门”“后户”“池泽”“畜牧”“园苑”等概念，不就是指的疆域、边境和势力范围吗？

古蜀先王的最后一位开明，则是进入了空前繁荣的城市经济时代和城市文明。“开明”，就是开辟了一片光明的前景。《华阳国志·蜀志》这样叙述道：“九世有开明帝，始立宗庙。以酒曰醴，乐曰荆。人尚赤。帝称王。”④ 显然，这已经是礼乐文明高度发达的时代，是一方帝国开放文明的景象。

---

① ［晋］常璩著，任乃强校注：《华阳国志校补图注》卷三，上海古籍出版社 1987 年版，第 133 页。
② ［晋］常璩著，任乃强校注：《华阳国志校补图注》卷三，上海古籍出版社 1987 年版，第 133 页。
③ ［晋］常璩著，任乃强校注：《华阳国志校补图注》卷三，上海古籍出版社 1987 年版，第 118 页。
④ ［晋］常璩著，任乃强校注：《华阳国志校补图注》卷三，上海古籍出版社 1987 年版，第 122 页。

如此说来，柏灌氏是蜀祖从山地进入平原的一支过渡族群，也是蜀祖告别岷山高地，迁徙至成都平原的分水岭。他们既有山地高台乔木丛林的生活经历，又有平原水泽灌木丛林的生活体验，最为重要的是，他们已经开启了蜀中先民治理成都平原水患的先河。后世的杜宇、开明接续这种水患治理，至李冰时期而最后大功告成，成都平原从此进入“水旱从人，不知饥馑”的“天府之国”① 时代。这种推理应该是合乎历史逻辑的，也有相应的历史文献支撑。

三、柏灌的行迹考辨

《蜀王本纪》云：“蜀王之先，名蚕丛，后代名曰柏濩，后者名鱼凫。此三代各数百岁，皆神化不死。其民亦颇随王化去。”② 这是蜀王的前三世。相关记录很简单。“此三代各数百岁”，并非是指蚕丛、柏濩、鱼凫作为个体的生命长达数百岁，而是作为一个朝代，绵延了数百年。“皆神化不死”，也是指其精神与形象不朽，长久地被蜀人崇敬、神圣化。这种神圣化就是一种仙化。宋人章樵在注扬雄《蜀都赋》时曾引《蜀记》，有云：“上古时，蜀之君长，治国久长，后皆仙去。”③ 这可以与《蜀王本纪》相印证。“仙”字，其义项有：（1）仙人；（2）非凡的；（3）美女；（4）轻盈的样子；（5）婉称死去的人；（6）姓。从“仙”的字形来看，山中之人就是“仙”。“神仙”之“仙”，繁体字就写作“仙”，而“僊”是异体字（其字形意义是人的迁徙，实际上是缥缈无踪的比喻）。如果说“山中之人”显得太平淡了，那就再加一个限制，就是“山中的非凡之人”就是“仙”。“仙”还有一种含义是指“婉称死去的人”，如“仙去”“仙化”。所以，《蜀王本纪》这段话透露出重要的信息就是，包括柏灌在内的古蜀前三代，各自统治的时间持续了数百年，他们都信奉一种原始的“仙教”（或巫术），渴望长生不死，即使肉体的生命终结了，但他们相信自己是往生到了仙国去，这种信仰深深地影响了古蜀先民，所以，“其民亦颇随王化去”。对此，冯广宏先生所说的“大概那时的蜀王，本身就是大巫师、总祭酒，故以特殊的巫教方式来统治蜀民”④，是有一定道理的。

当然，学界也有不同的理解。如任乃强先生就认为“盖羌俗火葬，无坟茔。汉儒不解其王无墓之故，妄从羌人自解之语，以为‘仙去’。至于其尽皆无墓，亦谬谓其

---

① ［晋］常璩著，任乃强校注：《华阳国志校补图注》卷三，上海古籍出版社 1987 年版，第 133 页。

② ［汉］扬雄著，张震泽校注：《扬雄集校注》，上海古籍出版社 1993 年版，第 244 页。

③ ［宋］章樵注：《古文苑》卷四，文渊阁《四库全书》本。

④ 冯广宏：《柏灌考》，《文史杂志》2008 年第 2 期，第 46 页。

‘随王化去’”[①]。但是,《华阳国志·蜀志》却有这样的记载:“周失纪纲,蜀先称王。有蜀侯蚕丛,其目纵,始称王。死,作石棺、石椁。国人从之。故俗以石棺椁为纵目人冢也。”[②] 任乃强先生无坟茔之说,似乎与历史文献记载相抵触。

何以古蜀五王(或五朝),惟柏灌历史文献记录最少?任乃强先生有自己的解释,他说:“窃认为他(指柏灌)是一个蚕丛支族的领袖,并且亦自成立为一个独立的氏族。还可能就是进入北川盆地的一个氏族首领。由于它未发展成为国家,华夏族之史家(如扬雄、常璩)知其名而不详其事,所以只作了这样的安排。”[③]

柏灌行迹缺乏史料文献,有学者从读音上解读,认为“‘柏灌’很可能就是‘伯鲧’的隐音”,而“‘伯鲧’即以白马为族徽的母系氏族领袖”,“伯鲧或柏灌氏乃母系制”,“早蜀中期柏濩——柏灌——伯鲧氏族属母系制,而伯鲧则是一位伟大的母亲”[④]。此说甚为大胆。冯广宏先生则极力反对此说,认为“柏灌决非伯鲧,上古时代这两位传说人物,不容混淆或融合”,因为,柏灌“起码要比鲧早千余年”,“柏灌与鲧的活动地域并不相同。他们一位古蜀先王,一为中原头领,空间也有很大睽隔”[⑤]。

还有一种观点认为,柏灌就是斟灌氏,被夏征服后,变成夏的同盟部族,一直随夏东迁,率领族人跟随大禹治水,本来应该是有辉煌事迹的,现在却找不到它的史迹[⑥]。应该说这是一种很有新意的观点。但是,随之而来也有这样的问题需要回答:(1)为什么柏灌要跟随大禹远离故土,放弃权位去治水?(2)有关大禹治水的文字记载、文物遗迹遗址很多,但似乎还没有发现柏灌的踪影。是柏灌的名字另有写法,还是柏灌在随从大禹治水的行程事迹中无足挂齿?(3)为何《蜀王本纪》和《华阳国志》等有关古蜀历史的文献对柏灌的这一重大选择集体失语?这些问题,也许要等到有关新的文献发现或新的出土文物发掘之后,才能有明确的答案。

古蜀历史的锁钥在哪里?有学者认为应该是古蜀前三王中的柏灌时期。因为,蚕丛氏主要活动在岷江河谷,鱼凫氏主要活动在成都平原。唯独中间柏灌这一段难见文献的踪影,给古蜀文明留下了空白。在他们看来,“从蚕丛时期向鱼凫时期的转化,即由新石器文明向青铜文明的跃进,关键就在这一空白的柏灌时期。这是一个承上启下、非常重要的环节,如果没有柏灌时期的丰富知识积累,以及对诸多器物的物质来源的

---

① 任乃强著:《四川上古史新探》,四川人民出版社 2019 年版,第 71 页。
② [晋] 常璩著,任乃强校注:《华阳国志校补图注》卷三,上海古籍出版社 1987 年版,第 118 页。
③ 任乃强著:《四川上古史新探》,四川人民出版社 2019 年版,第 70 页。
④ 李胜铨:《早蜀柏灌及其文化》,《文史杂志》1998 年第 2 期,第 14—15 页。
⑤ 冯广宏:《柏灌决非伯鲧》,《文史杂志》1998 年第 6 期,第 20—21 页。
⑥ 谭继和:《禹文化西兴东渐简论》《四川文物》1998 年第 6 期,第 12 页。

发现，哪有后来灿烂的三星堆文明和金沙文明？”① 他们认为，“柏灌时期的主要活动过程就是古蜀族出山的过程”，也就是从岷江河谷迁往成都平原。为什么要迁移？作者认为其根本原因“在于古气候的剧烈变化，其具体时间，大概在距今4500年前，其迁出河谷的行为就是由地质时代的性质所决定的”②。换言之，柏灌迁移属于“气候移民”，也就是柏灌时期属于动态的迁移，而非如营盘山遗址、三星堆遗址、金沙遗址属于静态的定居。而柏灌族迁移走的不是岷江河谷，而是翻越龙门山，处于动态式的断续前进，居无定所，所以难以留下文物。柏灌一族翻山到达龙门山镇一带，沿途发现了大量的矿产，这就为三星堆和金沙遗址提供了充分的物质基础，并使其顺利地进入青铜时代。对此，作者建议今后要进一步发掘柏灌遗址、龙门山镇冶炼遗址、通济鱼凫田于湔山遗址，以丰富古蜀文明研究的资料③。此说甚为大胆，也多有道理。也许，有一天我们在龙门山一带有了丰富的考古发现之后，柏灌氏一族的历史真相就会大白于天下。我们期待着那一天的到来。

综上，古蜀先王“柏灌”，在已知的相关历史文献中有拍濩、柏濩、栢濩、折灌、柏灌、栢灌、伯雍等七种写法。这当中，第一个字不同的写法有共同的基点，就是对“柏”字的变异写法。而第二个字都共同带有“隹”，都与水有某种关系。稽考古蜀五祖的名字可以发现，柏灌氏是蜀祖从山地进入平原的一支过渡族群，也是蜀祖告别岷山高地，迁徙至成都平原的分水岭。他们既有山地高台乔木丛林的生活经历，又有平原水泽灌木丛林的生活体验，最为重要的是，他们已经开启了蜀中先民治理成都平原水患的先河。后世的杜宇、开明接续这种水患治理，至李冰时期而最后大功告成，成都平原从此进入“水旱从人，不知饥馑”的“天府之国”时代。由于柏灌氏是一个迁徙过渡的族群，所以，历史文献关于他的行迹记载非常少，与古蜀其他先王形成明显的反差。其真实的历史行迹只有留待新的考古发现和文献揭秘。

（作者单位：西华大学文学与新闻传播学院）

① 刘兴诗、罗建群、杨永富、阚瑗珂、闵刚：《柏灌迁移路线及其影响研究》，《成都理工大学学报》（社会科学版）2007年第4期，第1页。

② 刘兴诗、罗建群、杨永富、阚瑗珂、闵刚：《柏灌迁移路线及其影响研究》，《成都理工大学学报》（社会科学版）2007年第4期，第2页。

③ 刘兴诗、罗建群、杨永富、阚瑗珂、闵刚：《柏灌迁移路线及其影响研究》，《成都理工大学学报》（社会科学版）2007年第4期，第1—6页。

扬雄"蜀人左言"一语长期被误读

祁和晖

内容提要：扬雄《蜀王本纪》中"蜀人左言"一语长期被误读。被误读的情况，一是在传本表述上，存在"左言""左衽"两个不同版本。二是在对"左言"的理解上，有人认为"左言"属于华夏语系之外的外语。本文结合历史文献中的蜀人风俗记载与出土的三星堆文物考证，认为"蜀人左言"较"蜀人左衽"更接近真实。从扬雄《方言》的语言学研究出发，认为"蜀人左言"属于华夏雅言通语中一种语音略有差异的方言，并非外语。

关键词：扬雄；《蜀王本纪》；《方言》；蜀人左言

一、扬雄《蜀王本纪》关于蜀人风俗有"左言""左衽"两个传本

1. 扬雄《蜀王本纪》"蜀人左言"记载出自《文选》初审李善所引晋刘渊林注文（以下简称"刘注"）。兹引《昭明文选》中左思《三都赋·蜀都赋》相关赋文与注文如下：

> 有西蜀公子者，言于东吴王孙曰："……吾子岂亦曾闻蜀都之事与？请为左右扬搉而陈之：'夫蜀都者，盖兆基于上世，开国于中古，廓灵关以为门，包玉垒而为宇；带二江之双流，抗峨眉之重阻。'"

赋文涉及巴蜀"兆基""开国"史源，李善注文引前代晋人刘渊林之《文选》此处注文为释。刘注文为："扬雄《蜀王本纪》曰：'蜀王之先名蚕丛、柏濩、鱼凫、蒲泽、开明。是时，人萌、椎髻、左言，不晓文字，未有礼乐。从开明上到蚕丛，积三万四千岁。'故曰：'兆基于上世也'。"

后世学者对刘注古蜀历史“三万四千岁”及扬雄之后，唐李白《蜀道难》所写蜀史“尔来四万八千岁”一直持怀疑态度（祁按：其实这种纪年，只是一种口传式浪漫历史记忆。其内核史实为真，其具体纪年当别论）。但“蜀人椎髻左言”应为史实。由于《昭明文选》为中国读书人的必读书，刘注《蜀王本纪》文字传本流播天下，影响至深，乃至现代学者，据“蜀人左言”而引申去寻找前后蜀人讲华夏雅言通语以外的另一种语言的痕迹，进而在考古上寻找距今四千年前后古蜀人的“表意文字”“拼音文字”。然而，除了巴蜀图画符号（即“巴蜀图语”），至今未发现巴蜀有自创独自使用的语言文字，距今6000年以上的茂县营盘山大型聚落遗址中未发现，距今4000年上下的广汉三星堆辉煌遗存中亦未发现。

其实，扬雄《蜀王本纪》关于蜀人风俗记述还有另一种传本。如北宋《太平御览·蜀王本纪》（以下简称“宋本”）。

2. 宋本《蜀王本纪》所载蜀人风俗是“扬雄《蜀王本纪》：蜀之先称王者，有蚕丛、折权、鱼易、俾明。是时，椎髻、左衽，不晓文字，未有礼乐。从开明已上至蚕丛，凡四千岁”（见《太平御览》卷一六六）。近人严可均《全上古三代秦汉三国六朝文·全汉文》之扬雄《蜀王本纪》以宋本为底本辑录：今人郑文先生《扬雄文集笺注》[①] 亦采用“左衽”，而弃用“左言”。

二、“蜀人左言”较“蜀人左衽”更接近真实

1. 华夏衣式特点为“右衽”，荒服或荒服以外区域多“左衽”。从三星堆遗址青铜人衣式看，并非“左衽”。蜀人“椎髻”“垂髻”，皆记蜀人发型非“编发”“披发”，而是椎束成髻。

“椎髻、左言”符合距今四千年左右的蜀人历史状况——其时，生于西蜀羌的大禹，协合万邦一起疏江导河，治理大洪水，人得陆处。大禹着装样式应即是蜀人的基本着装样式。未闻大禹“左衽”而协合万邦。彼时，蜀乡是华夏文脉之乡，上距黄帝嫘祖降封其长子玄嚣于“江源”（岷江源），降封其次子昌意于若水（雅砻江汇入金沙江处），娶蜀山氏之女昌朴为妻，诞生颛顼高阳氏已有千年多的历史。大禹是中华礼乐文明的人文先祖，大禹故乡已知礼乐。

2. 晋人所记古蜀人风俗大体相同，据高步瀛《文选李注义疏·蜀都赋》考辨，晋人常璩《华阳国志》、晋人郦道元《水经注》所记蜀人习俗大体与刘注相似。

---

① 巴蜀书社2000年版，第331—332页。

三、“蜀人左言”属于华夏雅言通语中一种语音略有差异的方言

1. 扬雄《方言》研究了古九州、十二州至西汉，华夏雅言通语“在空间或时间上的运动形式”①，以雅言通语为正语，为标准，为叙述立场，调研了西汉帝国疆域内的方域语言状况，由西汉上溯比较了六经所记的语言方域特点，在调查研究方国语言状况中，自然而然创造出一批语言学术语，比如：通语、雅言、转语、方言、殊语、异言、别语、古今语、古雅别语体等等。

扬雄《方言》中之“方言”，指“五服”政区内方国方域之语言。故“方言”者，乃是指“全民语言的变体。不同地域语言变体的界限具有相对性和模糊性，变体的共同特征与个体特征之间，各个变体之间形成了纵横交错的联系。”②

方言之间有全民通语，方言是相对统一的从“通语”而言，通语在各地方域中流别而形成的语音词汇、修辞上一些差别，而出现方言中的“殊语”“异言”“别语”“转语”，这些殊、异、别、转语是同一种通语下属各种分支方言的一些特征，而绝不是通语以外的另一种语言。

“蜀人左言”之“左言”，比殊语、异言、别语与通语的距离更近，近似于“转语”，强调其仅在语音上不够纯正。以雅言为准绳，蜀人语言发音有些“左”而走调。“通语”在明清及现代汉语中被称为“官话”。至今四川话与普通话的关系仍然是扬雄《方言》中反映的，雅言与左言的关系，只是术语现代化了。四川官话是北方官话的一个支系。四川官话（俗称四川话）的“阴阳上去”四声中，阴声发音与普通话阴声完全相同，只在阳声、上声、去声发音上与普通话有所差别。四川人说普通话，易形成“川普”。“川普”当然较正宗普通话而言，显得不标准，走调走音了，人们称之为“左调”“左言”。

谁也不会将今日四川话看成汉语以外的外语，为什么偏将古蜀人的“左言”理解成华夏通语系统外的他种语言呢？

2. 扬雄《方言》中从头到尾都将巴蜀、梁益地区的习俗语言作为通语下属方言的一种。《方言》中按 21 个方言区进行地理划分。其方言地理的古国地名为：秦、蜀、晋、魏、赵、韩、周、燕、朝鲜、代、郑、齐、鲁、宋、卫、陈、楚、吴、越、瓯、东越。

---

① 刘君惠、李恕豪等：《扬雄方言研究》，巴蜀书社 1992 年版，第 8 页。

② 刘君惠、李恕豪等：《扬雄方言研究》，巴蜀书社 1992 年版，见刘君惠所作《序》。

3.《方言》中“蜀”地单独出现三次，梁益出现多次。在“秦”地 109 次中，除 7 次以外，有 102 次皆属秦与梁益并称。汉高祖即位第五年将战国宋国改名为梁国，而将《尚书・禹贡》九州之梁州更名为益州。《方言》中涉及巴蜀的地名不下 20 次。如“梁益”“梁益之间”“西南梁益之间”“西南蜀汉”“西南蜀汉之间”。兹举《方言》涉蜀一例以证：《方言・俎》：“俎，几也。西南蜀汉之郊曰杫。榻前几。江沔之间（祁注：汉水中下游四川话区）曰程。赵魏之间谓之椸。几，其高者谓之虡。”

巴蜀在五帝时代已属炎黄华夏疆域，为什么硬要说蜀人左言是讲华言以外的他种语言？

赵匡胤（宋太祖）将大渡河以外华夏疆土弃之不统，秦汉南中郡地区全靠历史绵长的中华文明认同、通语认同，才使中华在文化上仍然凝聚。南诏大理政权甚至秘密立了一块德化碑作证，表明他们心向中原，心同祖国，认同中华文化根脉。

四、现当代语言学家据扬雄《方言》材料无人不将蜀人语言归入汉语重要方言

1. 林语堂据《方言》分西汉通语下为十四个方言区，梁益蜀语为其十四方言区之第二方言区——即“梁及楚之西部方言区（亦称西南蜀汉益）”。

2. 罗常培、周祖谟据《方言》分西汉通语为七个方言区——其第一大方言区为“秦晋陇冀梁益”，显然这与后世北方官话区一致。

3. 赵元任学生美国语言学家司礼义据《方言》分西汉通语为六大方言区，其第一方言区为“西部诸方言——秦和秦晋、梁益、西南、关西”。

4. 刘君惠等据《方言》分西汉通语为十二大方言区，其第一大方言区为“秦晋方言区——秦晋梁益”。

西汉之蜀语，梁益语，西南梁益之蜀语，西南蜀汉语，西南蜀汉之间语，等等，皆属华夏雅言通语系统的方言。这种方言，在华夏通语中由来悠久，它一边汇通，一边流别，基本上保持相通而显“左”的状态。

“蜀人左言”系华夏语言的方言，不是外语。

（作者单位：西南民族大学）

试论扬雄《酒赋》及其他

王定璋

内容提要：本文以扬雄《酒赋》入手，考索其基本内蕴和文学价值。作者认为《酒赋》序文中有因汉成帝好酒，扬雄以《酒赋》为之讽谏。本文还从曹植的《酒赋》探讨扬雄之作对后世的影响。

关键词：扬雄；《酒赋》；曹植

在扬雄诸多的著作中，文学作品成就辉煌。人们熟知的是《蜀都赋》大赋及《羽猎赋》《甘泉赋》《河东赋》《长杨赋》等著名篇章，且为论者所关注。其实，扬雄还有一些篇幅不大的赋作，如《逐贫赋》《覈灵赋》《太玄赋》《酒赋》等，虽非鸿篇巨制，却也内涵丰富，值得深入研讨，也是全面探究扬雄文学作品不可遗缺的环节。本文拟就扬雄《酒赋》入手，考索其基本内蕴和文学价值，以及对后世的影响，兼及其他与酒和《酒赋》相关的内容。

一

《酒赋》最早载之于《汉书·陈遵传》："先是黄门侍郎扬雄作《酒箴》以讽谏成帝，其文为酒客难法度士，譬之于物，曰：……"

可见，此赋之创作缘起乃有感而发，现实针对性极强。据《汉书·成帝纪》云，成帝为太子时，"其后幸酒，乐燕乐"，太子地位差点就被废而被恭王觊觎。"赖侍中史丹护太子家，辅助有力，上亦以先帝尤爱太子，故得无废。"《汉书·成帝纪》赞曰指出，成帝虽有"博览古今，容受直辞，公卿称职，奏议可述"的政治业绩，然则又指出“遭受承平，上下和睦”之际，“湛于酒色，赵氏乱内，外家擅朝”的弊端，足以表明扬雄所作《酒赋》旨意所在，这也就是我们在《酒赋》序文中所读到的“汉孝成皇帝好酒，雄作《酒赋》以讽之”。

观此序文，所谓“雄作《酒赋》以讽之”，可以肯定此序为后人所撰无疑。如果是扬雄所撰，这种口气很难成立。此外，此文究竟是《酒箴》还是《酒赋》？是应该分辨清楚的。据《汉书》所记，称此文为《酒箴》，而《太平御览》所引《汉书》则称《酒赋》。此文又见于《北堂书钞》卷一百四十八，《艺文类聚》卷七十二，《初学记》卷二十六，《太平御览》卷七百五十八，严可均《全上古三代秦汉三国六朝文·全汉文》。除《北堂书钞》作《都酒赋》外，其余诸书皆称《酒赋》，可知此文应称《酒赋》。所谓《都酒赋》，也将此文视为赋体。严可均说：“都酒者，酒器名也。验文当且都酒为长。”

参稽全文，以酒客与法度之士设问论辩之词，乃赋体文的基本范式，以《酒赋》名之，更符合此文的内容。三国时期曹植有《酒赋》，其序云：“余览扬雄《酒赋》，辞甚瑰玮，颇戏而不雅，聊作《酒赋》，粗究其终始。”表明曹植读过扬雄的《酒赋》，为其瑰玮的藻饰所感动，萌生创作动机，模仿而作《酒赋》。曹植时代距扬雄未远，他的仿作，更具说服力。

为探究《酒赋》命意，有必要将全文录于兹，其辞云：

> 子犹瓶矣。观瓶之居，居井之眉。处高临深，动常近危。酒醪不入口，臧水满怀。不得左右，牵于纆徽。一旦叀碍，为瓽所轠；身提黄泉，骨肉为泥。自用如此，不如鸱夷。鸱夷滑稽，腹如大壶。尽日盛酒，人复借酤。常为国器，托于属车。出入两宫，经营公家。繇是言之，酒何过乎？

此赋是以酒客，即饮酒者与法度之士的对话来展开的。酒客以汲水的瓶来比喻讲求法度之士，所谓“子犹瓶矣”是矣。汲水之瓶当然上下于井中，居处于深井的边沿。“处高临深”，危险时刻存在。汲水之瓶，自然“酒醪不入口，臧（即藏，贮藏意）水满怀”。汲水用的瓶，不仅尝不着丝毫的酒味，而且还要像捆绑囚徒一样被纆徽系着，不能自由左右摇摆，其情形就像叀（一种瓽线悬于末端之物，纺锤）一般，用于从中取水，稍不留意，就会撞击井边砖石（文中所称为瓽，音荡，砌井所用的材料），也就是扬雄所说的轠，如果瓶与井壁碰撞，破碎必然，沉入井底，葬身黄泉了。

汲水之瓶，既然如此危殆，其命运自然不如用皮制作的盛酒用的鸱夷。鸱夷滑稽，是谓鸱夷流酒器（《史记·滑稽列传·索隐》谓滑稽是能转注吐酒，终日不已的流酒器），流酒不断，为人们所乐用。这样适用耐摔的鸱夷滑稽，经常用于国家朝廷宴会中的贵重器物，与皇帝出行巡幸祭祀等活动必不可少的专车一样，宝贵适用。出入于两宫（天子与皇太后居止活动的场所），来往于达官显宦之家。由此可见，酒能使盛酒器物鸱夷贵重，而水不仅使瓶劳乏，撞击乃至于破碎，酒还有什么过错可言呢？

这是我们所读到的《酒赋》现存的部分，显然并非全部内容。只是饮酒之士侈谈饮酒之有益世人，为朝野活动必不可少的饮品。参之赋文前后，紧接着必然会有法度之士的高文宏论与之论辩，诘难问对，彼此辩难，思维交锋，最后引出结论性的收尾。如《长杨赋》之主客问答，客人子墨卿对长杨之猎提出疑问，翰林主人不同意其质疑，然后展开全文，最后子墨客卿认同田猎之举，结束之。

由于文献缺载，已无法获得《酒赋》全文，对法度之士的简介，也无从了解。但此文之序已指出“汉孝成皇帝好酒”，参之史乘，当非妄言。《汉书·五行志》载：“成帝鸿嘉、永始之间，好为微行出游，选从期门郎有材力者，及私奴客，多至十余，少五六人，皆白衣袒帻，带持刀剑。或乘小车，御者在茵上，或皆骑，出入市里郊野，远至旁县。时，大臣车骑将军王音及刘向等数以切谏。”

这是汉成帝在位十余年后，自觉天下承平、朝野安宁之际的微行游巡，似乎已经忘却了天子身份，置朝廷大政于不顾，逸乐享受。文中继续写道：“谷永曰：‘《易》称“得臣无家”，言王者臣天下，无私家也。今陛下弃万乘之至贵，乐家人之贱事；厌高美之尊称，好匹夫之卑字；崇聚票轻无谊之人，以为私客；置私田于民间，畜私奴车马于北宫；数去南面之尊，离深宫之固，挺身独与小人晨夜相随，乌集醉饱吏民之家，乱服共坐，混肴亡别，闵勉遁乐，昼夜在路。典门户奉宿卫之臣执干戈守空宫，公卿百寮不知陛下所在，积数年矣。昔虢公为无道，有神降曰“赐尔土田”，言将以庶人受土田也。诸侯梦得土田，为失国祥，而况王者畜私田财物，为庶人之事乎！’”

成帝微行出游，荒废政治和社稷苍生，出入市井，远及州县。如果处于认识社会，体察民情习俗和百姓冷暖疾苦，不仅不能责难，而且应予赞扬、肯定。然则成帝所思所想，与此大相径庭，纯为放逸享乐。谷永的谏言与责难，有理有据。令人遗憾的是成帝并未因此而收敛。皇帝不览朝政，缺位竟达数年之久。以至于“公卿百僚不知陛下所在，积数年矣”。这倒从侧面反证封建王朝帝王的可有可无！也是一大讽刺。

扬雄《酒赋》显然希望通过此文，婉曲地表达规箴人主之意。扬雄在《甘泉赋》中，也有讽谏人主的表述。《汉书·扬雄传》，“孝成帝时，客有荐雄文似相如者，上方郊祀甘泉泰畤、汾阴后土，以求继嗣，召雄待诏承明之庭”，是要扬雄以其巨丽宏富的辞章，颂扬成帝懿行德政。当然，扬雄也以华丽辞赋为之称誉嘉美。然而却以“袭璇室与倾宫兮，若登高妙远，肃乎临渊”为之告诫。服虔注云：“袭，继也。桀作璇室，纣作倾宫，以此微谏也。”应劭曰：“登高远望，当以亡国为戒。”可见，扬雄颂扬成帝之际，也以桀、纣为鉴，告诫成帝，历史借鉴不可淡忘。

至于“想西王母欣然而上寿兮，屏玉女而却虙妃。玉女无所眺其清卢兮，虙妃曾不得施其娥眉。方揽道德之精刚兮，眸神明与之为资”等文辞，自然以亲近女色而有损君王德行为之讽谏。既然成帝郊祠甘泉之目的是“以求继嗣”，当然应当屏绝宫中众多美色诱惑，用情不可不专一。扬雄赋文，婉曲含蕴地表达了讽谏之意。这就是《汉书》所称，扬雄其时“欲谏则非时，欲默则不能已”的矛盾心态。

扬雄的微讽实非无的放矢，史载“又是时赵昭仪方大幸，每上甘泉，常法从，在属车间豹尾中。故雄聊盛言车骑之众……”又言“屏玉女，却虙妃”以微戒斋肃之事。“扬雄微谏之旨，不能称其毫无意义”，赋成奏之，天子异焉。“足见，成帝明白扬雄的意图所在。”

就扬雄《酒赋》而言，虽然在该赋的序文中有因汉成帝好酒，扬雄以《酒赋》为之讽谏。由于该赋只剩残篇，未可详悉法度之士与饮酒者论辩，更无法获知劝讽的内容，不免有些遗憾。但是，我们从三国时曹植受扬雄《酒赋》启迪，所撰《酒赋》，也可窥探些许信息。

曹植认为，扬雄《酒赋》“辞甚瑰玮”，却“戏而不雅”，他要“聊作《酒赋》，粗究其终始”。于是，以其过人的才华与生花妙笔，为我们留下了以下文字：

> 嘉仪氏之造思，亮兹美之独珍。嗟曲蘖之殊味，□□□□□□。仰酒旗之景曜，协嘉号于天辰。穆公酣而兴霸，汉祖醉而蛇分。穆生以醴而辞楚，侯嬴感爵而轻身。谅千钟之可慕，何百觚之足云？其味亮升，久载休名。宜城醪醴，苍梧缥青。或秋藏冬发，或春酝夏成。……
>
> 尔乃王孙公子，游侠翱翔，将承欢以接意，会陵云之朱堂。献酬交错，宴笑无方。于是饮者并醉，纵横喧哗。或扬袂屡舞，或扣剑清歌；或颦蹴辞觞，或奋爵横飞；或叹骊驹既驾，或称朝露未晞。于斯时也，质者或文，刚者或仁。卑者忘贱，窭者忘贫。和睚眦之宿憾，虽怨仇其必亲。于是矫俗先生闻之而叹曰：噫！夫言何容易！此乃淫荒之源，非作者之事。若耽于觞酌，流情纵佚，先王所禁，君子所斥。

曹植这篇模仿扬雄《酒赋》的同题之作，似乎涤除了扬雄的“戏而不雅”的成分，沿袭了扬雄瑰玮典丽的辞赋气韵。从仪狄造酒说起，美酒成人所爱之“独珍”。缪公酒酣成就霸业，高祖刘邦砀山被酒怒斩挡道之蛇。饮酒成就事业，历史上例证实多，就一般人而言，美酒实为大众所喜爱。王孙公子，游侠豪士，高朋聚晤，宴会交欢……都离不开美酒助兴，佳酝添欢。

酒入肚肠，兴奋至极，情绪亢奋，扣剑清歌，举觞起舞，亡形尔汝，欢快达旦，醉乡沉迷……而这一切都是酒精刺激引发的结果。还是矫俗先生头脑清醒，理性而冷静，纵酒狂饮不仅迷失自我，而且祸害不浅，所谓“此乃荒淫之源”，“若耽于觞酌，流情纵佚”乃为君子（即扬雄赋中的法度之士）所斥。我们似乎在曹植《酒赋》中，窥探出扬雄遗文中的部分答案。

二

酒是一种特殊饮品，是粮食发酵后生成的精华，呈液态状，香气氤氲诱人。酒的起源很早。《战国策·魏策》云：“昔有帝女仪狄作酒而美，进之禹，禹饮而甘之，遂疏仪狄，绝旨酒。”可见，酒在中国出现很早，夏禹时代即已问世。王粲在《酒赋》中也谓“帝女仪狄，旨酒是献”。认为美酒有益于人类，既是协调人际交往的重要媒介，又是祭祀孝亲、宴集聚会必不可少的礼品。所谓“苾芬享祀，人神式宴……章文德于庙堂，协武义于三军。致子弟之孝养，纠骨肉之睦亲。成朋友之欢好，赞交往之主宾。既无礼而不入，又何事而不因”，功用巨大，不可或缺。

酒之意义非小，但也要饮用有度，不可滥醉，否则其危害就会滋生。“贼功业而败事，毁名行以取诬。遗大耻于载籍，满简帛而见书。孰不饮而罹兹，罔非酒而惟事。”指出纵酒滥饮，祸害无穷，历史教训，屡出不穷。

对于饮酒，王粲深切认识到“谈易作难”的现实。如果人们都能像大禹、文王那样对酒有清醒的认知，该多么好啊。诚如赋中所言“大禹所忌，文王是艰。暨我中叶，酒流犹多。群庶崇饮，日富月奢”。从历史和现实着眼，审视饮酒的利弊得失，值得认真体悟。

酒自问世以来，就充满着争议与责诘。好之者以为是造物主的厚赐，人生美好生活的伴侣。孟子认为食色是人生的基本追求。民以食为天，人类生存必须解决好吃饭问题；至于性则是人类生理需求和延续繁衍之合理需要，不是本文关注的重点。就食而言，吃饭满足果腹之余，饮酒助兴，是更高层次的必然目标。然而，无节制的嗜酒狂饮，必然从精神享受的极致而滑向酗酒癫狂的深渊。

有鉴于此，当大禹初尝仪狄所献美酒之后，承认其甘美可口，但当即疏远了造酒的仪狄，并做出“绝旨酒”的决定。体现勤于政务，献身治水的大禹对酒的警惕。这也难怪，作为一国之君，处于生产力尚不发达的初级阶段的农耕社会，屏绝美酒诱惑是完全必要的。这不免令人想起《尚书》中《酒诰》来。

夏禹王乃一代英主，勤于政务，史称“为人敏给克勤，其德不违，其仁可亲，其言可信，声为律，身为度，称以出……”“德行近于完美”（《史记·夏本纪》），治水建功甚伟，明知美酒甘饴，却“绝旨酒”。而夏桀“不务德而武伤百姓”，沉湎酒色，终覆亡。至于殷商亡国之君纣王，更是荒唐之至。“好酒淫乐，嬖于妇人，……以酒为池，悬肉为林，使男女倮相逐于其间，为长夜之饮。”（《史记·殷本纪》）最后国破身亡，有鉴于此，《酒诰》问世。

《史记·卫世家》载：“周公旦惧康叔齿少，乃申告康叔曰：‘必求殷之贤人君子长者，问其先殷所以兴，所以亡，而务爱民。’告以纣所以亡者以淫于酒，酒之失，妇人是用，故纣之乱自此始。”这是《尚书·酒诰》产生的背景。文之破题“王若曰：‘明大命于妹邦’”，意即周公宣布康叔到殷旧地任职，而殷商当年就是纣王沉迷酒色亡国，而妹邦一带，饮酒之风甚为泛滥，告诫康叔，不可沾染滥饮恶习，指出只有祭祀才能用酒，教导子孙后代和各级官员，“无彝酒”（不可经常饮酒）。即使在祭祀、宴飨和劳作完毕之后饮酒，也不要喝醉。最后提出“刚制于酒”的命令，可以称之为历史上最早、最严厉的戒酒令了。甚至对那些不守法度，无缘无故聚众饮酒者予以逮捕关押，杀之（“群饮”，汝勿佚。尽执拘以归于周，予其杀）。禁酒严厉的程度，令人惊悚！

扬雄《酒赋》从序文可知是讽谏成帝嗜酒之非，参稽史集，可谓对症下药，找准成帝的弊端。结合扬雄其余赋作，他对成帝为政的缺失，有所规箴。《甘泉赋》语涉讥讪，成帝览罢而异之，可见成帝知悉扬雄讽谏初衷。值得关注的是其时的政治生态环境和成帝的处置方式，异之而已，并未加害讽谏者。而王莽主政时，诛除甄丰父子，流放刘棻，牵连及扬雄。扬雄惧而投阁。当政也能区分是非曲直予以放还，也是一例。

扬雄本人虽“少耆欲”，但对酒也不排斥，而且“家素贫，耆酒”。只是家贫，乏酒资而已。但由于其学识渊博，“时有好事者载酒肴从游学”。只要带上酒食，就可向其求学请教。以此推测，其《酒赋》之命意，绝非断然拒斥美酒。当然也不赞同纵酒狂饮，否则很难起到规成帝的目的。

从曹植和王粲所作《酒赋》审视，扬雄的《酒赋》当时尚未残缺，他们所读到的是扬雄完整的作品，否则，很难认定扬雄赋“辞甚瑰玮”“戏而不雅”的艺术特征。更没有扬雄《酒赋》非完璧之叹。

酒作为人间佳酝，粮食精华，自来到人间伊始，就是非不断，毁誉兼融。据史料所载，最先品尝酒的大禹，首先承认酒之甘美诱人；与此同时，又指出酒的危害，疏远造酒的仪狄，不饮酒。其心情矛盾复杂展示了酒的二重性。禁酒令《酒诰》，言词尖锐，措施刚强，甚至以死威胁，可是仍然未能阻止饮者对酒的酷爱。究其缘由，是酒的魅力使喜欢饮酒人无法抗拒的。酒不醉人人自醉，道出了其间的奥妙所在。对于饮酒的好处，喜欢者可以说出各种各样的理由，反对者也能道出饮酒的危害的教训。纵观历史上形形色色的禁酒条款，却始终禁而不绝。其实，客观审视，酒既然酝造出来并长期存在，自有其合理之处。正确的做法是适度饮酒，选择恰当的时间、合适的场合，杜绝狂饮滥醉，是其应该遵循的基本原则。如此饮酒，不仅允许，而且应受到保护。

至于饮酒的危害及负面影响，那就不胜枚举了。成帝为太子时嗜酒，差点失去储君地位。才思敏洽、词采高华的曹植，深受曹操宠爱。“几为太子者数矣。（曹）植任性而行，不自雕励，饮酒不节。”（《三国志·曹植传》）失去继位曹操秉权之机，可谓“饮酒不节”最大的损失。因此，曹植在《酒赋》中痛切地指出，无节制地饮酒为“荒淫之源，非作者之事。若耽于觞酌，流情纵佚，先生所禁，君子所斥”。可以说是饮酒不节的最大损失，教训是沉重的。

然而，酒与爱情，可以毫不夸张地说，乃为文学作品两大恒久不衰的母题。审视古今中外灿若繁星的诗歌、小说、戏剧、散文……酒与爱情都是传诵不衰的重要内容。就酒而言，设使人类社会离开了它，将是何等悲哀、冷落、寂寥、枯燥、乏味啊！爱情更是如此，限于篇幅，兹不具论。

（作者单位：四川省文史研究馆）

扬雄“箴”体文学讽谏思想的艺术表达

杨胜宽

内容提要：扬雄的箴文创作在汉代乃至整个中国古代文学史上是一个特异的存在。它不仅是作者自赋体文学之后的文学道路延续，而且也是其讽谏思想主题表达的一种文体创新。他赋予箴体文学丰富而深刻的讽谏功能，大大增强其艺术表达的方法技巧，使其作为一个成熟的文体，正式进入文学殿堂。故历代学习效仿者代不乏人，成为难以超越的箴文典范。

关键词：扬雄；箴体文学；讽谏功能拓展；表达艺术方法；文体典范

班固在《汉书·扬雄传赞》中评述其“好古而乐道，其意欲求文章成名于后世”的主要著述有云：“箴莫善于《虞箴》，作《州箴》。”① 跟扬雄仿《易》《论语》《仓颉》《离骚》各种古代最具代表性的经典作品而撰《太玄》《法言》《训纂》《反离骚》以自成一家之言一样，箴体文学也是其特别重视，且堪称一类独具特色的重要文学创作。扬雄何以仿《虞箴》而作《州箴》，把创作箴体文学作为其系列著述的一个重要组成部分？我们考察一下其所仿对象，也许就不难明白。《虞箴》是《虞人之箴》的简称，全文见于《左传·襄公四年》：“茫茫禹迹，画为九州。经启九道，民有寝庙，兽有茂草。各有攸处，德用不扰。在帝夷羿，冒于原兽。忘其国恤，而思其麀牡。武不可重，用不恢于夏家。兽臣司原，敢告仆夫。”② 这段《虞人之箴》，乃是晋大夫魏绛与晋悼公君臣之间讨论是“和戎”还是“伐戎”的国家大计时，魏绛奉劝晋君应主“和戎”之策的一番进言，其核心观点认为，人君应该“修民事”，而不要“淫于原

① ［汉］班固：《汉书》卷八七下，中华书局 1983 年版，第 3583 页。

② ［清］阮元校刻：《十三经注疏·春秋左传正义》卷二九，中华书局 1980 年版，第 1933 页。

兽”，否则将带来国灭身亡的灾难性后果。所举的历史教训，即是后羿恃射好田猎，不德于民，远贤臣，用谗人，导致内乱频仍，国亡政息。逮至周武王之有天下，辛甲为其太史，希望其君吸取夏亡的历史教训，于是“命百官，官箴王阙”。对此杜预注解称：“使百官各为箴辞戒王过。”孔颖达疏则云：“太史号令百官，每官各为箴辞。虞人掌猎，故以猎为箴也。”① 由此可知，“箴”作为一种写作体裁，在西周初期已很盛行，故太史辛甲号令百官皆作箴辞以戒帝王之过失，掌管君王山泽苑囿田猎之事的虞人，作了一首劝谏君王吸取夷羿“冒（贪）于原兽，忘其国恤”教训的箴辞，《虞人之箴》遂传之后世。

一、扬雄的箴体文学及其写作的现实背景

扬雄的箴体文学，据范晔《后汉书·胡广传》称：“初，扬雄依《虞箴》作《十二州》《二十五官箴》，其九箴亡阙，后涿郡崔骃及子瑗又临邑侯刘騊駼增补十六篇，广复继作四篇，文甚典美。乃悉撰次首目，为之解释，名曰《百官箴》，凡四十八篇。”② 据此，扬雄所作箴文，分别为《十二州箴》和《二十五官箴》，合计三十六篇。后来崔骃、崔瑗、刘騊駼三人增补了十六篇，胡广又作四篇，总计四十八篇，并为之解释和命名。可知在东汉时代，扬雄的箴体文学作品已有九篇或阙或亡，保留完整者只有二十七篇。班固称扬雄仿《虞箴》作《州箴》，其实并不确切，其箴既有州官箴，又有朝官箴，故胡广将其与后人增补仿制之作统名为《百官箴》，使之名副其实。而四十八篇箴文中，哪些系扬雄原作，哪些乃后人陆续增补、续作，前人看法不一，经清人严可均辑《全上古三代秦汉三国六朝文》时对扬雄箴文进行考证，才将扬雄所作箴文篇数确定下来，今天注解扬雄文集者，大多采用其考证结论，如果计入部分残缺之文，其州、官之箴共存三十三篇。张振泽《扬雄集校注》、林贞爱《扬雄集校注》、郑文《扬雄文集笺注》所收篇目一致，只是林、郑两位注家将其残缺者列为“残文补遗”或者“附录”，而张氏则未做分别，悉数列入箴文一类。

唯一值得一提的是，对于扬雄《酒箴》的处理，三家意见有所不同。张振泽此文解题云：“《汉书·陈遵传》作《酒箴》，《太平御览》引《酒书》则题曰《酒赋》，各书引皆作《酒赋》，惟《北堂书钞》作《都酒赋》。严铁桥（可均）曰：‘都酒者，酒器名。验文，当以《都酒》为长。’愚谓严说非是，据《陈遵传》云：‘其文为酒客难

① ［清］阮元校刻：《十三经注疏·春秋左传正义》卷二九，中华书局1980年版，第1933页。
② ［南朝宋］范晔：《后汉书》卷四四，中华书局1982年版，第1511页。

法度士。'则可知赋文内容是设为酒客与法度士相辩难，《汉书·陈遵传》不过仅摘取其中比物一段，而此段正好有箴规之意，故题为'《酒箴》'；严氏又见此段专赋瓶，而曰'当以都酒为长'，是以一斑为全貌，错误是明显的。今故依各本定题为《酒赋》。"[①] 林贞爱处理方法与之同，其"题解"云："此赋《汉书·扬雄传》未载，而载于《陈遵传》中，谓雄'作《酒箴（赋）》以讽谏成帝，其文为酒客难法度士，譬之于物'。"[②] 而郑文则将此文直接列入箴文类，且在《酒箴》"题注"中辨析云："严可均曰：'（略）'按：严说虽有理，然此文最早见于《汉书·陈遵传》，自应以《汉书》为准。虽各书题作《酒赋》，皆后人所拟之名，不可以代《汉书》也。至各书所载：'汉孝成帝好酒，雄作《酒赋》以讽之。'所谓《酒赋序》，乃窜易《汉书·陈遵传》之文而成，固非子云之手笔，不可以为子云之作。且《遵传》原文为：'先是黄门侍郎扬雄作《酒箴》以讽谏成帝，其文为云云'，明系追述之辞，何能伪托为子云之《序》？至'酒客难法度士，譬之于物曰'，乃《酒箴》之序，而严本削之，尤非所以存故物而重创新也。"[③]

笔者按：张、郑两家所引之严可均考证文字，见于今本《全汉文》卷五十二，篇名为《酒赋并序》[④]，其序文即张、林两家所采用者。郑文认为此序并非扬雄原文之序，而是后世编纂类书者"窜易《汉书·陈遵传》之文而成"，而出自扬雄手笔的序文当依据《汉书·陈遵传》为"酒客难法度士，譬之于物"。然观《遵传》所谓"扬雄作《酒箴》以讽谏成帝，其文为酒客难法度士，譬之于物"云云，应系班固撮述扬雄《酒箴》之写作意图、表达方式及基本内容，认定此句即为序文，似亦欠妥。但其主张应该依照《汉书·陈遵传》确定该文为《酒箴》，而非后世如《太平御览》等类书引用《汉书·陈遵传》而又采用《酒赋》之名，这是比较科学合理的判断。同一篇文章的名称，作为证据的材料均为《汉书·陈遵传》，自然应该相信最早的史料记载具有可靠性和权威性，而后世的类书编纂者，以为所引《酒箴》不具备"酒客"与"法度士"相互论难的完整内容，遂以为班固只是摘取了全文部分内容，而两相论难的文章结构，乃是汉赋的通行体式，于是便更其名为《酒赋》，这是想当然的命名方式，没有确凿的文献依据。如果真如后世命名为《酒赋》者所推测，班固完全可以直书原名，没有必要擅改之为《酒箴》了。况且，通观该文，可以看出其与扬雄所作州牧、朝官之箴在格式、体例、内容表达方式上高度一致，显然属于同一种文体类型。而作为一

---

① 张振泽：《扬雄集校注·酒赋并序》，上海古籍出版社2001年版，第153页。
② 林贞爱：《扬雄集校注·酒赋（并序）》，四川大学出版社2001年版，第185页。
③ 郑文：《扬雄文集笺注》卷六《酒箴》，巴蜀书社2000年版，第304页。
④ ［清］严可均辑：《全上古三代秦汉三国六朝文·全汉文》，中华书局1987年版，第408—409页。

篇箴文，并不需要“序言”作前缀，观扬雄所有箴文可知，只有那些以为该文为赋体作品的人，才认为它应该有“序”，以与扬雄的其他赋作体例一致。因此，包括郑文在内的古今编书和注书者，要煞费苦心地为该文安一个“序”，其实是多此一举的狗尾续貂。再看《太平御览》所载“扬雄《酒赋叙》曰：汉孝成皇帝好酒，雄作《酒赋》以讽之”的表述[1]，既无确凿的文献资料来源，也违反常识，哪有被讽劝的当朝皇帝还健在，就称其谥号的？故郑文所谓《太平御览》编纂者“窜易《汉书·陈遵传》之文而成”“酒赋序”的看法，是有道理的。

故此，扬雄存世的箴体文学作品总数应为三十四篇，包括州牧箴十二篇，朝官箴二十一篇及《酒箴》一篇。沈如泉作专论辨析《酒箴》不应作《酒赋》，以为《酒赋》之名可能是类书编者所擅改[2]，其论说值得对此感兴趣者参考。

关于扬雄箴文的写作时间，张振泽做了如下推测：“《汉书·王莽传》，莽为安汉公，平帝元始五年奏请将汉天下十三州改为十二州，以合经义，并正定十二州州名。及莽立，又改官名司空为司若，大司农为羲和，后又改为纳言；光禄勋为司中，大鸿胪为典乐，卫尉为太尉，太仆为太御，少府为共工，执金吾为奋武。始建国四年复依《禹贡》改十二州为九州。今观子云之箴，州为十二，官皆旧称，知其写作当在平帝元年以后，新莽始建国元年以前，约三四年间，时扬雄年在五十八至六十二之间。”[3] 这段考证对我们弄清扬雄写作箴体文学作品的背景与意图具有意义。因为我们由此去了解扬雄这些箴文所表达的思想内容，能够更好地知人论世。但其表述却有疏漏处。汉平帝刘衎元始五年为公元 5 年，而平帝（元始）元年为公元 1 年；平帝之后继位者为孺子刘婴，年号居摄，其元年为公元 6 年，刘婴在位不到 4 年，即为王莽篡位，改国号为始建国。张氏谓王莽于平帝元始五年奏请改十三州为十二州，其年正定州名。扬雄州牧箴、朝官箴均用其篡位改定十二州之前的名称，则扬雄作箴之时间，当在居摄元年（6）至始建国元年（9）的三四年间，乃与扬雄年纪在五十八至六十二之间的时间段相吻合。

所谓“居摄”，乃是王莽比照周公辅成王的先例，他以“假皇帝”的身份摄朝政，掌握实权。为了便于自己有效控制“真皇帝”，王莽用了很大心思和非常恶毒的手段。汉平帝 9 岁即位，五年以后就暴毙了，按照《资治通鉴》的记载，乃是王莽用毒药害

---

① ［宋］李昉等编纂：《太平御览》卷八九《皇王部一四·孝成皇帝》，河北教育出版社 1984 年版，第 706 页。

② 沈如泉：《试论扬雄〈酒箴〉或〈酒赋〉一文的文体归属》，《扬子学刊》第一辑，巴蜀书社 2018 年版，第 67—72 页。

③ 张振泽：《扬雄集校注·箴·十二州百官箴》“题注”，上海古籍出版社 2001 年版，第 314 页。

死的。《资治通鉴·汉纪·平帝元始五年》：“时帝春秋益壮，……冬十二月，莽因腊日上椒酒，置毒酒中。帝有疾，莽作策，请命于泰畤，愿以身代，藏策金縢，置于前殿，敕诸公，勿敢言。丙午，帝崩于未央宫。”颜师古注“藏策金縢”云：“诈依周公为武王请命作金縢也。”[①] 之所以颜师古认为王莽的行为是“诈”，因为平帝并非身体有疾将亡，而是他下药将其害死，故其效仿周公愿以身代其死，不过是做表面文章，而真实用意乃在于夺权。果然，在平帝暴毙之后，太皇太后与朝臣商议让谁来继承本无子嗣的平帝之皇位，“时元帝世绝，而宣帝曾孙有见王五人，列侯广戚侯显等四十八人，莽恶其长大，曰：‘兄弟不得相为后。’乃选玄孙中最幼广戚侯子婴，年二岁，托以为卜相最吉。”[②] 就这样，王莽把一个两岁的婴儿，借用占卜的手段，将其扶上了皇帝宝座，他自己通过一系列福瑞谶言的造作，一步步向着篡汉的目标接近。《王莽传》称：“是月，前煇光谢嚣奏武功长孟通浚井得白石，上圆下方，有丹书著石，文曰：‘告安汉公莽为皇帝。’符命之起，自此始矣。莽使群公以白太后，太后曰：‘此诬罔天下，不可施行！’太保舜请太后：‘事已如此，无可奈何，沮之力不能止。又莽非敢有它，但欲称摄以重其权，填（镇）服天下耳。太后听许。’”[③] 王莽此时已权倾朝野，没有任何力量能够阻止其篡权的步伐，王舜说他除了“居摄”以重其权位而没有更大野心，其实不过掩耳盗铃，为王莽做说客而已。

在王莽居摄的几年间，一方面是他不断使用各种手段向皇帝宝座无限靠近，最终达到其篡汉为“新”的政治目标；另一方面，则是刘氏同姓或异姓的诸侯王和士大夫，一桩接一桩地“谋反”，企图推翻王莽，恢复汉王朝的统治权。其间较大的武力暴动，至少发生了两次。一次是居摄元年（6）由安众侯刘崇发起的，其与张绍密谋起事时称：“安汉公莽专制朝政，必危刘氏。天下非之者，乃莫敢先举，此宗室之耻也。吾帅宗族为先，海内必和。”[④] 这可视为刘氏宗族为维护汉朝统治权而欲推翻王莽的努力尝试。这次“谋逆”以家族内部分化和寡不敌众而告失败。另一次则是次年（7）由曾为汉相的翟方进之子翟义发起，其说服陈丰参与举义称：“新都侯摄天子位，号令天下，故择宗室幼稚者以为孺子，依托周公辅成王之义，且以观望，必代汉家，其渐可见。方今宗室衰弱，外无强藩，天下倾首服从，莫能亢扞国难。吾幸得备宰相子，身守大郡，父子受汉厚恩，义当为国讨贼，以安社稷；欲举兵西，诛不当摄者，选宗室子孙

---

① ［宋］司马光：《资治通鉴》卷三六，中华书局 1982 年版，第 1155—1156 页。
② ［汉］班固：《汉书·王莽传上》，中华书局 1983 年版，第 4078 页。
③ ［汉］班固：《汉书·王莽传上》，中华书局 1983 年版，第 4078—4079 页。
④ ［汉］班固：《汉书·王莽传上》，中华书局 1983 年版，第 4083 页。

辅而立之。”[①] 其对王莽立幼主而居摄的做法极为不满，看到了其将取而代汉的明显用心，故欲推翻之而另立新主，以安汉室。短时间之内翟义的队伍就达到了十余万之众。“莽闻之，惶惧不能食。太皇太后谓左右曰：‘人心不相远也。我虽妇人，亦知莽必以此自危。’”[②] 观太皇太后王氏对王莽造符瑞阴谋篡汉所表达的愤怒，及此次其对王莽畏惧情绪的反映可以清楚知道，她是不愿看到王莽篡汉成为现实的，只是由于有心无力，无法阻止，后来甚至还不得不违心地成就王莽实现篡权野心，其内心的痛苦挣扎可以想见。

扬雄在王莽居假皇帝之位而摄朝政的三四年间，集中写作除《酒箴》外的这批箴文，以表达其讽谏皇帝之意，实在是很值得玩味的举动。此时的朝局现实是，年仅两岁的婴儿被扶上了“真皇帝”宝座，而实际上操控朝政大权的是“假皇帝”王莽，名义上虽然有一个太皇太后垂帘听政，但她深知自己根本无力与王莽对抗，很多时候是王莽想干之事让其表态或者下诏，使事情看起来符合朝政的“规矩”，但她打心底里是极为反感的。身为黄门侍郎的扬雄，十多年来看到成、哀、平三朝发生的政局乱象，特别是平帝被毒死，一个年仅两岁什么都不懂、更不能发号施令的婴儿被一个野心极大且掌握朝政实权的异姓强人操控着，这种“位”与“权”的严重分裂，在汉朝两百多年的历史上是从来没有见到过的。扬雄虽然做的是一个受人冷落的闲官，对时事也多采取一种观望态度，但他同时又是一个正统的儒家思想信奉者与弘扬者，抱有浓厚的复古主义思想倾向，比照其心目中理想的尧舜禹汤文武之治，现实的反差极为强烈而巨大。正是在这种现实背景和失望心态的驱使下，扬雄写作这批箴文来讽谏皇帝，抚今追古，取譬寓意，以表达其深重的历史情怀和现实忧思。

二、扬雄讽谏思想的艺术表达方式

讨论扬雄的箴体文学，自然首先从其作于成帝时代的《酒箴》着手。这不仅因为此文写作时间最早，而且还在于其主要依仿了《虞箴》的写作手法。关于该文写作的具体时间，郑文、林贞爱两家无说，惟张振泽有云：“按汉成帝好微行淫游，鸿嘉、永始中常与私奴客乌集醉饱吏民之家，王音、刘向、谷永等都曾上书切谏。扬雄于永始初年由蜀到京师，因大司马车骑将军王音荐为郎，给事黄门，故称黄门郎。约四年后元延二年，雄随成帝祠甘泉，奏《甘泉》《羽猎》等赋以讽。此《酒赋》当作于此时

① ［宋］司马光：《资治通鉴 · 汉纪 · 王莽居摄二年》，中华书局 1982 年版，第 1161 页。
② ［宋］司马光：《资治通鉴 · 汉纪 · 王莽居摄二年》，中华书局 1982 年版，第 1161 页。

前后，时扬雄四十三岁左右。”[①] 考《汉书·五行志》：“永始元年九月丁巳晦，日有食之。谷永以京房《易占》对（成帝）曰：‘元年九月日蚀，酒亡节之所致也。独使京师知之，四国不见者，若曰：湛湎于酒，君臣不别，祸在内也。’”[②] 看来成帝后期，君臣无别地一起沉湎于酒的问题，已经相当严重。故谷永借日蚀天象来规劝成帝。扬雄之箴，是否作于此时前后，难以确定，但认为是在成帝时任黄门侍郎（元延二年，前11）之后所作，且意在讽谏成帝过度烂酒，则是可以相信的。

《酒箴》的表现手法，按照班固在《陈遵传》中所说，是采用“譬之于物”的方式来体现其讽谏主旨的。所谓“譬之于物”，即是用物来作譬喻，比较接近于《诗经》“比”的艺术手法，而不完全类同于“赋”的直陈其事。故扬雄在《酒箴》中，用汲水之“瓶”比喻法度士，设为酒客之言以“难”之。所“难”之意，别为三层：其一是以奚落口吻，嘲笑“瓶”之为用，止于汲水，“一旦叀碍，为瓽所轠，身提黄泉，骨肉为泥”。意即瓶在汲水过程中，一旦碰撞井壁，就会掉落井底，粉身碎骨。可见其命运很悲惨，且这种不幸完全掌握在操控者的偶然失误中。二是以“瓶”与“鸱夷”作对比，鸱夷盛酒，腹大如壶，可以吐酒不绝，让沉湎于酒的人爱不释手，可以成为国器，常随于帝王之属车，“出入两宫，经营公家”，相较于汲水之瓶，显得何等的受宠和荣光！三是酒客的最后两句话作为结论：“繇是言之，酒何过乎？”这是基于前两层意思的表达，进一步突出本文的讽谏主旨：表面看来，无论“瓶”汲水的不幸，还是“鸱夷”盛酒的荣宠，似乎都与“酒”本身没有什么关联。但深入地想，如果没有帝王沉湎于酒的癖好，哪有鸱夷之宠遇与幸运？故林贞爱对此解释云：“谓瓦罐汲水为人谋利而遭丧身之祸，酒囊误国殃民反而博得帝王贵族的宠爱。难道这是酒的过错吗？非也，是帝王嗜酒成性的缘故。”[③] 这正是扬雄作《酒箴》讽谏成帝沉湎于酒的立意所在。刘勰云：“箴者，所以攻疾防患，喻箴石也。”又云：“箴惟德轨。”[④] 可知“箴”之为文，专在对帝王进行讽谏，规诫其阙失，以达到“攻疾防患”，标榜道德轨范的目的与效果。扬雄此文，托物寓意，深曲宛转，通过对比、反讽等修辞手法，实现了针砭帝王之过的批判意图，不知汉成帝是否认真领会到了其中的讽谏之意。

在对扬雄文学创作进行整理笺注的三位注家中，郑文算是其中最关注扬雄箴体文学的一位学者。他在《扬雄文集笺注》前言部分，用了较多笔墨论述扬雄的箴体文学创作。在评价其创作动机时，他指出：“至于众箴之作，虽假之‘在昔之叶’，而其笔

---

① 张振泽：《扬雄集校注·酒赋并序》“题注”，上海古籍出版社 2001 年版，第 154 页。
② ［汉］班固：《汉书》卷二七下之下，中华书局 1983 年版，第 1505 页。
③ 林贞爱：《扬雄集校注·酒赋（并序）》注（5），四川大学出版社 2001 年版，第 187 页。
④ ［南朝梁］刘勰著，周振甫注：《文心雕龙注释·铭箴第十一》，人民文学出版社 1983 年版，第 117 页。

锋所指，显为针砭现实而发，否则不能攻疾防患，以箴石为喻了。”[①] 又说：“研求他的写作的动机，他的笔锋所指，不仅涉及整个地方，而且涉及朝廷各个部门，特别对于当时最高统治者，发挥了讽刺的力量。白居易的讽谕诗，不仅有名唐代，且为后世所称道。其实子云所作的箴，其时代固早于白氏，其涉及的范围也广于白氏。也许由于后人致疑于它们的真伪，而未发掘其义涵，其实它们是借古代作镜子，而对现实进行了深广的斗争。”[②] 郑文的这些评论，主要关注点在于扬雄箴文的思想内容方面，而对其艺术表现方法，只提到“假之‘在昔之叶’”“借古代作镜子”的表达形式，即借古讽今的艺术手法，没有更多的分析与总结。

如果结合上述扬雄州牧、朝官箴写作于王莽居摄年间的那种非常特殊的政治背景之下，其所针对的“现实”又不同于寻常；其讽刺的“最高统治者”，也并非一般意义上的所谓帝王。这些时事的特殊性，自然会影响到扬雄箴文的独特艺术表达方式。

首先，以州牧、朝官之箴为箴体文学整体架构，体现了其国家一统、百官各正其位的政治观念。依照刘勰的说法，箴文之作，其源可以追溯到三代，故言：“斯文之兴，盛于三代，夏、商二箴，余句颇存。”周振甫注：“《逸周书·文传解》引《夏箴》：‘中不容利，民乃外次。’《吕氏春秋·应同》引《商箴》：‘天降灾布祥，并有其职。’”[③] 说明早在夏、商时代，就逐渐形成了百官作箴以讽谏帝王之过的制度，只是由于资料稀少，难以窥见全豹。周氏所引《夏箴》《商箴》的残句，其规劝帝王要重视人民的利益，敬天履责的意思，还是可以依稀看出。但真正结构完整的一篇箴文，唯《左传·襄公四年》传文载录的魏绛劝导晋王所诵的《虞人之箴》，它成为扬雄依仿的标准范式。也许当初周武王的百官按照太史的号令，都立足各自职责，向周武王献上了所作之箴，但史料阙失，连汉代的扬雄也无法目睹其详了。

扬雄仿照《虞箴》的体制，作州牧箴、朝官箴达三十多篇，此举仅仅是为了补史之阙，企图重现“百官箴”的样貌，还是蕴含着此外的写作动机？当初周太史号令百官作箴以规王过，这个“百官”的概念究竟是只指朝官，还是包括了地方官在内，今天已经不得知其详情，但以情理度之，似乎其所谓“百官”，主要指朝廷百官，因为他们的岗位，是受帝王钦命，行使国家机构具体职能部门的相应职责，负责管理不同的国家事务，完成帝王所赋予的中央政权职责使命。如果这样，扬雄将地方官、朝官纳入箴文写作的总体框架之中，似乎就有了某种特定的政治含义。关于元帝元始五年改

---

① 郑文：《扬雄文集笺注·前言》，巴蜀书社 2000 年版，第 18 页。
② 郑文：《扬雄文集笺注》，巴蜀书社 2000 年版，第 44—45 页。
③ ［南朝梁］刘勰著，周振甫注：《文心雕龙注释·铭箴第十一》，人民文学出版社 1983 年版，第 122 页。

定十二州之事，见于《汉书·王莽传》。王莽作安汉公，想诱使西羌内附，派遣中郎将平宪出使塞外传达使命。据平宪转述西羌愿意内附之言云："太皇太后圣明，安汉公至仁，天下太平，五谷成熟，或禾长丈余，或一粟三米，或不种自生，或茧不蚕自成，甘露从天下，澧泉自地出，凤皇来仪，神爵降集。从四岁以来，羌人无所疾苦，故思内属。"① 之所以要特别强调"四岁以来"，是因为王莽于元始元年被封为安汉公，到此约为四年，显然意在为王莽歌功颂德；其表白中关于"天下太平"的所谓"祥兆"，稍有常识的人都清楚是不可能之事，但当时居然堂而皇之地大肆宣扬，可见王莽为了满足自己的政治野心，已到无所不用其极的地步。于是，王莽奏报太皇太后称："臣又闻圣王序天文，定地理，因山川民俗以制州界。汉家地广二帝三王，凡十三州，州名及界多不应《经》。《尧典》十有二州，后定为九州。汉家廓地辽远，州牧行部，远者三万余里，不可为九。谨以《经》义正十二州名分界，以应正始。"② 其表面上说改十三州为十二州是为了符合《尧典》的经义，而其言语间隐然以超越二帝三王的当代"圣王"自居，且陶醉于所谓的"天下太平"。对照真实的成、哀之际的朝政，其实根本就不是这回事，把行将灭亡的西汉政权，粉饰成太平盛世，四方来朝，难道像扬雄这样怀有儒家社会政治理想的人，完全分辨不清其是非真伪?

扬雄之写作州牧箴，意在寄寓其天下一统、帝王以德率下、怀民来远的政治观念。《尚书·舜典》："月正元日，舜格于文祖，询于四岳，辟四门，明四目，达四聪。咨十有二牧，曰：'食哉惟时，柔远能迩。惇德允元，而难任人，蛮夷率服。'" 孔安国注："任，佞；难，拒也。佞人斥远之，则忠信昭于四夷，皆相率而来服。"孔颖达疏："言舜真为天子，命百官授职之事。……乃谋政治于四岳之官。所谋开四方之门，大为仕路致众贤也；明四方之目，使为己远视四方也；达四方之聪，使为己远闻四方也，恐远方有所壅塞，令为己悉闻见之。既谋于四岳，又别敕州牧，咨十有二牧，曰：人君最所重者，在于民之食哉！惟当敬授民之天时，无失其农要，为政务在安民，当安彼远人，则能安近人耳；远人不安，则近亦不安，欲令远近皆安之也。又当厚行德信，而使足为善长，欲令诸侯皆厚行其德，为民之师长，而难拒佞人，斥远之，使不干朝政，如是则诚信昭于四夷，自然蛮夷皆相率而来服也。"③ 按照孔颖达的疏解，舜为天子，先命百官之职事，希望他们作为自己的耳目，帮助自己闻见天下四方之事；同时，又别敕州牧，训诫他们作为地方官，要注重农时，无失其安民之政要；要厚行其德信，

① ［汉］班固：《汉书·王莽传上》，中华书局 1983 年版，第 4077 页。
② ［汉］班固：《汉书·王莽传上》，中华书局 1983 年版，第 4077 页。
③ ［清］阮元校刻：《十三经注疏·尚书正义》卷三，中华书局 1980 年版，第 130 页。

为远近之民作道德表率；要拒斥佞人，不让其干预朝政。做到这些，就能够取信于天下，使蛮夷相率而来服。

扬雄所要表达的，正是尧舜之治天下太平和睦的大一统社会理念。州牧作为掌管一方的最高行政长官，起着沟通中央与万民的桥梁纽带作用，只有明智的帝王任用懂得安民之道、善于以德信为政的州牧，那么远近之民才能够拥护这样的帝王，王朝的统治根基才可以真正得到巩固。相反，历史的悲剧就会再次重演。正如其在《益州牧箴》中所阐明的，一方的治乱盛衰，全在于帝王治理天下之有道无道。夏桀沉湎于个人癖好，荒疏国政，导致苗民离叛，夏殷治迹被毁于一旦；逮及周、秦，“幽厉夷业，破绝为荒。秦作无道，三方溃叛”。大汉推翻秦的暴政，取得了天下，维护了国家的统一，故其箴文称颂其“拓开疆宇，恢梁之野，列为十二，光羡虞、夏”。为了巩固好大汉的和平统一，他告诫“牧臣司梁，是职是图，经营盛衰，敢告大夫”①。汉朝尽管拥有了比虞、夏天下更辽阔的十二州之地，但是如果州牧们不能守土尽责，以德政赢得民心，则夏桀、殷纣、秦二世覆国亡身的历史就会再现于眼前。面对西汉末年摇摇欲坠的大一统天下，其作箴以警醒朝廷统治者及百官，特别是直面老百姓的地方官们，是有其明显现实针对性的。

其次，以往古盛衰、治乱作对比的方式，为现实社会提供安定天下的经验启示。刘勰云：“至扬雄稽古，始范《虞箴》，作卿、尹、州牧（箴）二十五篇。……信所谓追清风于前古，攀辛甲于后代也。”② 刘勰看到了扬雄箴文内容表达的显著特点，即其所作的几乎全部箴文，都采取追溯往古、兴衰对比的方式，从中揭示出治乱荣枯的历史演变轨迹，希望引起最高统治者和各级官员的深刻反思，悟出历代王朝安危兴亡的经验教训与深刻启示。《冀州牧箴》云：“洋洋冀州，鸿原大陆。……三后攸降，列为侯伯。隆周之末，赵魏是宅。冀土糜沸，炫沄如汤。更盛更衰，载从（纵）载横。陪臣擅命，天王是替。赵魏相反，秦拾其弊。北筑长城，恢夏之场。汉兴定制，改列藩王。仰览前世，厥力孔多。初安如山，后崩如崖。故治不忘乱，安不忘危。”③ 张振泽注“厥力孔多”句引章樵云：“力，合作历。”林贞爱则释“力”为“武力”，“孔”为“漏洞”④。林说不免望文生义，当以张说为长。联系上句，谓观察历朝各代，所经历的变故非常之多。在冀州这篇广漠的土地上，曾经是尧舜禹三代圣王的建都之所，其后经历西周之隆衰，春秋战国时代之合纵连横，诸侯相争相残，秦因其弊而得以一

① 张振泽：《扬雄集校注·箴·益州牧箴》，上海古籍出版社2001年版，第334—335页。

② ［南朝梁］刘勰著，周振甫注：《文心雕龙注释·铭箴第十一》，人民文学出版社1983年版，第117页。

③ 张振泽：《扬雄集校注·箴·冀州牧箴》，上海古籍出版社2001年版，第315页。

④ 林贞爱：《扬雄集校注·冀州箴》注（9），四川大学出版社2001年版，第240页。

统天下。但好景不长，秦王朝虽然修筑了万里长城，恢复了夏禹的疆域，可劳民伤财过度，民不堪命，刘、项揭竿造反，汉氏乃得其天下。览观历史的演变，好像看一部情节跌宕起伏的悲喜剧，好的开端未必有好的结局。“初安如山，后崩如崖”，历史更迭的情节如此类似，似乎成了很多王朝统治者都逃不脱的周期律魔咒。扬雄作为一个对古圣先王充满敬意、又禀性“默而好神湛之思”的儒道坚守者[①]，他通过对往古朝代兴衰成败的追溯，对比效果极为鲜明，中间显然有着耐人寻味的复杂背景和深刻原因，值得拥有天下者总结反思。故其在文末发出“治不忘乱，安不忘危”的谆谆告诫，这无论对于掌握大权的最高统治者，还是对于统治集团的所有官员而言，都是值得认真汲取的历史经验教训。

除了对往古历史更迭的整体观照，勾勒其盛衰成败的演变轨迹以对比出不同的命运结局之外，扬雄还通过对一个王朝的兴衰历史线索的描绘，同样形成对比强烈的表达效果。《兖州牧箴》重点追溯了殷王朝的发展历史：“成汤五徙，卒都于亳。盘庚北度，牧野是宅。丁感雊雉，祖己伊忠。爰正厥事，遂绪高宗。厥后陵迟，颠覆汤绪。西伯戡黎，祖伊奔走。致天威命，不恐不震。妇言是用，牝鸡司晨。三仁既知，武果戎殷。牧野之禽，岂能复耽？甲子之朝，岂复能笑？”[②] 成汤五徙而都亳，奠定了殷王朝的统治基业。其后盘庚即位，先都黄河之北，随后率民迁徙回到成汤所营之亳都，民多怨言。据《史记·殷本纪》载：“帝盘庚之时，殷已都河北，盘庚渡河南，复居成汤之故居，乃五迁，无定处。殷民咨胥皆怨，不欲徙。盘庚乃告谕诸侯大臣曰：‘昔高后成汤与尔之先祖俱定天下，法则可修。舍而弗勉，何以成德！’乃遂涉河南，治亳，行汤之政，然后百姓由宁，殷道复兴。”[③] 扬雄说盘庚迁都牧野，不详何据。盘庚之后，殷王朝一度衰落。到武丁为帝时，祭祖之际有雉鸣于鼎上，武丁以为不祥，而贤臣祖己则训诫殷王曰：“‘唯天监下典厥义，降年有永有不永，非天夭民，中绝其命。民有不若德，不听罪，天既附命正厥德，乃曰其奈何！呜呼，王嗣敬民，罔非天继，常祀毋礼于弃道。’武丁修政行德，天下咸欢，殷道复兴。”[④] 武丁遂成为中兴之主，被尊为高宗。到殷纣为帝，荒淫无度，酒池肉林，又为炮烙之刑，以博妲己一笑。故其遭到西伯的警告、武王的讨伐，导致殷王朝最终灭亡。扬雄在箴文之末，用两组反问句，来批判其为君之无道。成汤、盘庚、武丁的中兴，何其不易，而殷纣的暴虐败业，又何其容易。盛衰转换之间，其中的深刻教训难道不值得后世为政者深思吗？

---

① ［汉］班固：《汉书·扬雄传上》，中华书局 1983 年版，第 3514 页。
② 张振泽：《扬雄集校注·箴·兖州牧箴》，上海古籍出版社 2001 年版，第 318 页。
③ ［汉］司马迁：《史记》卷三，中华书局 1982 年版，第 102 页。
④ ［汉］司马迁：《史记》卷三，中华书局 1982 年版，第 103 页。

《司空箴》则描绘了两种截然不同的国家治理与运行模式，形成鲜明的是非对比，作者的褒贬之意蕴含其中。其言云：“茫茫九州，都鄙盈区。纲以群牧，缀以方侯。烈烈隽乂，翼翼王臣。臣当其官，官当其人。九一之政，七赋以均。昔在季叶，班禄遗贤。掊克充朝，而象恭滔天。匪人斯力，匪政斯敕。流货市宠，而苞苴是鬻。王路斯荒，孰不倾覆?”① 自“昔在季叶”以前，叙述的是“王路（道）”行的国家管理状态；而此后则是“王路荒”的王朝末代境况，贤能爱民之人失位，聚敛民膏之臣得势，卖官鬻爵，贿赂公行。这样没有人道的王朝，与圣贤治国之道全然相悖，岂有不导致倾覆的道理？

《大司农箴》用不同时代对农殖、赋税的政策做对比，影响国家兴衰的两种不同结局。其言云：“上稽二帝，下阅三王，什一而征，为民作常。远近贡篚，百则不忘。帝王之盛，实在农殖。季周烂漫，而东作不敕。膏腴不获，庶物并荒。府库殚虚，靡积仓箱。陵迟衰微，周卒以亡。秦收太半，二世不瘳。泣血之求，海内无聊。”② 郑文注“季周烂漫，而东作不敕”二句引章樵云：“自周宣王不籍千亩，是后人君不知务农重谷。”注“秦收太半”四句引章樵云：“秦废井田之法，收太丰之赋，二世而亡，民罹荼毒，至于泣血。”③ 可知周、秦之亡，均因末代帝王不重农耕，赋税繁重，农民泣血的诉求得不到回应，民不聊生，导致被迫反抗，加快了周、秦王朝的灭亡。要是他们像二帝三王那样，重农而轻赋，老百姓可以安居乐业，历史的轨迹可能就是另一幅图景了。

再次，以剀切深刻的议论方式，表达其所一贯尊奉的儒家民本思想。“民为邦本，本固安宁”，据《尚书·夏书·五子之歌》的记载，乃是夏禹的治国理念④。历代儒者称颂三代和圣王之治，皆不断宣扬这种民本思想。扬雄在所作众多箴文中，往往通过对历史演变的追溯，以及王朝兴衰和朝代更迭的观照，在此基础上思考其所以兴衰成败的深层次原因，发表作者的议论，以表明其思想倾向和价值取向，突出其讽谏君王的主题。如《冀州牧箴》云：“仰观前世，厥力孔多。初安如山，后崩如崖。故治不忘乱，安不忘危。周宗自怙，云焉有予隳。六国奋矫，果绝其维。”这段议论性箴辞，意在阐明一个被历史经验所反复证明过的深刻道理：拥有统治天下的权力地位，并不会一劳永逸，也不可能坐享其成。作为统治者，必须敬天畏民，恪尽职守，选贤任能，顺乎民意。当天下太平时，要防止动乱所由起；当社会安定时，要时刻考虑政权发生

① 张振泽：《扬雄集校注·箴·司空箴》，上海古籍出版社 2001 年版，第 347—348 页。
② 张振泽：《扬雄集校注·箴·大司农箴》，上海古籍出版社 2001 年版，第 354 页。
③ 郑文：《扬雄文集笺注·大司农箴》注，巴蜀书社 2000 年版，第 285 页。
④ ［清］阮元校刻：《十三经注疏·尚书正义》卷七，中华书局 1980 年版，第 158 页。

倾覆的危险存在。如果以为得到天下便是稳固如山，就无所作为，甚至荒淫无道，那么，等到其权利大厦崩塌时，再想弥补就来不及了，因为一旦失去人心，天下易主就是不以掌权者个人意志为转移了。故《雍州牧箴》云："盖安不忘危，盛不讳衰。"《幽州牧箴》云："盛不可不图，衰不可或忘。堤溃蚁穴，器漏箴芒。"《徐州牧箴》云："事由细微，不虑不图。祸如丘山，本在萌芽。"只有那些能够居安思危、处盛虑衰的明智君王，才能够努力争取不失民心，不断巩固其政权根基。《豫州牧箴》更云："故有天下者，毋曰我大，莫或我败。毋曰我强，靡克余亡。"如果统治者以为其位高权重，就可以无所顾忌，有恃无恐，不把民生疾苦当回事，那么，人民的力量就会使其败亡。扬雄也从反面进行苦口婆心地告诫帝王，要铭记亡国之君的深刻教训，谨小慎微，防微杜渐，正如《青州牧箴》所云："嗟兹天王，附命下土。失其法度，丧其文武。"而那些了解历史兴替规律，懂得什么是治国安邦根本大计和推动历史发展力量来源的帝王，才理解一旦丧失国本，一切努力都是徒然。正如《兖州牧箴》云："有国虽久，必畏天咎。有民虽长，必惧人殃。"何谓"人殃"？张振泽、郑文两家均于此无解，惟林贞爱注释为"人为的灾殃"①。四句之意在于告诫帝王，立国越久，越要敬畏天罚；御民愈众，愈应害怕人民带来的亡国灾祸。这样的道理，扬雄在《交州牧箴》里也发表过类似的议论，所谓"亡国多逸豫，而存国多难。泉竭中虚，池竭濒干"。对于"泉""池"两句，各家解释不一。郑、林皆引《诗・大雅・召旻》"池之竭矣，不云自频；泉之竭矣，不云自中"作为典故出处，但各自的申说又不尽相同。郑云："言中水虚而不生则泉竭，外水干而不灌则池竭，以喻王者内外用贤，国家才能兴盛。"② 林云："谓池水的干涸，不是从它的岸边开始的么？泉水的干涸，不是从它的中间开始的么？比喻国家灭亡既自王朝本身腐败开始，又自外来的祸患开端。"③ 两说相较，似林说稍长。但如果引申一层理解，这里所用之"泉""池"，都是以水为喻，所谓泉竭池干，都是由于水源问题造成。这自然令人想起《荀子・王制》之所言："马骇舆，则君子不安舆；庶人骇政，则君子不安位。马骇舆，则莫若静之；庶人骇政，则莫若惠之。选贤良，举笃敬，兴孝弟，收孤寡，补贫穷。如是，则庶人安政矣。庶人安政，然后君子安其位。传曰：'君者，舟也，庶人者，水也。水则载舟，水则覆舟。'此之谓也。"④ 虽然借喻的对象不同，其蕴含的"君""民"关系道理则是一样的。国家的存亡，根本取决于人民的态度和行动，帝王如果认识不到这一点，纵情逸豫而不管人民

① 林贞爱：《扬雄集校注・兖州箴》注，四川大学出版社 2001 年版，第 244 页。
② 郑文：《扬雄文集笺注・交州牧箴》注（一二），巴蜀书社 2000 年版，第 345 页。
③ 林贞爱：《扬雄集校注・交州箴》注（7），四川大学出版社 2001 年版，第 244 页。
④ 梁启雄：《荀子简释・王制》，中华书局 1983 年版，第 102 页。

的死活，必然招来人民的唾弃与反抗，国破家亡的命运，就是他的最后归宿。

三、扬雄箴文的文学表达功能拓展

探讨这一问题，首先应该思考与此相关的两个前提性因素。第一，从扬雄自身的文学创作发展看，箴文的大量创作意味着什么。第二，从箴文的历史演变看，扬雄创作箴文处于文体发展链条的何种位置。

关于第一个问题，由于扬雄自己在《法言·吾子》中有过如此一段自问自答的叙述：“或问：‘吾子少而好赋?’曰：‘然。童子雕虫篆刻。’俄而曰：‘壮夫不为也。’”① 许多研究者认为扬雄在写作了著名的“四赋”以后，便转而从事《方言》《法言》《太玄》等纯学术的著述，而在文学方面就少有精力投入了。但事实并不完全如此。比如《太玄赋》《逐贫赋》等写成于哀、平年间，表明其赋体文学创作仍在继续；与此同时，扬雄在居摄年间写作的数十篇箴文，其实是在赋体文学之外的文体新尝试，观念新转变。当扬雄认识到赋体文学讽喻功能相对较弱的局限之后，他实际上便想通过箴体文学的批量写作，不仅使其文学创作道路得以延续，而且使其文学表达观念得以提升，这种提升的重点，就在于为了努力弥补赋体文学讽喻功能不够强的缺陷，他采用箴文来强化其文学创作的讽谏作用，突出其托古讽今的现实批判意识。

从第二个问题看，箴体文学的讽谏作用在扬雄之前实在没有得到充分的发挥。《夏箴》《商箴》即便可靠性不成问题，后人能够见到的也仅剩残句。而西周之箴，堪称完整的不过《虞人之箴》一篇而已。春秋之际，可见于典籍者，独《左传·宣公十二年》载有栾武子劝晋君勿与楚国开战所引楚子箴辞两句：“民生在勤，勤则不匮。”② 从楚子的箴辞看，更像是君主对百官的训诫，这与《吕氏春秋·应同》所引的《商箴》，颇为相似。其云：“故尧为善而众善至，桀为非而众非来。《商箴》云：‘天降灾布祥，并有其职。’以言祸福，人或召之也。”③ 皆与《虞箴》立意有别。意主规谏的箴体文学，只有到了扬雄的手里，才真正使其成为一个独立而具备了体裁规范的文体，因其特定的讽谏功能，遂在文学殿堂里占有一席之地。后世的文体学家们，即是依据扬雄箴文的基本体式与功能，来定义“箴”这种文体的。故刘勰云：“箴者，所以攻疾防患，喻箴石也。”意即箴文就像医生治病所用的箴、石一样，专门发挥其攻克疾患

① 《二十二子·扬子法言》卷二，上海古籍出版社1986年版，第813页。
② ［清］阮元校刻：《十三经注疏·春秋左传正义》卷三十三，中华书局1980年版，第1880页。
③ 《二十二子·吕氏春秋》卷一三，上海古籍出版社1986年版，第666页。

（过失）的特殊作用。明人吴讷《文章辨体序说》云："按许氏《说文》：'箴，诫也。'《商书·盘庚》曰：'无或敢伏小人之攸箴。'盖箴者，规诫之辞，若箴之疗疾，故以为名。"① 徐师曾《文体明辨序说》亦云："按《说文》云：'箴，戒也。'盖医者以箴石刺病，故有所讽刺而救其失者谓之箴，喻箴石也。……而《虞人》一篇，备载《左传》。于是扬雄仿而为之。其后作者相继，而亦用以自箴。"② 显然，两位明代文体学家，都是在刘勰定义的基础上，对箴文的定义进行更加确切的阐释，并且勾勒出其发展孳乳源流。从徐师曾的叙述，可以明白扬雄的箴文在箴体文学发展史上的特殊地位。

考察扬雄在箴体文学表达功能上的拓展，自然以《虞箴》为参照。主要表现在以下几个方面。

第一，因写作主体的变化，使箴文具备了真正的文学创作性质。按照《左传》的记载，周武王太史号令百官作箴文以针砭周王之过失，当然是百官站在各自所执掌职责的角度，来进行写作。虞人执掌山泽苑囿田猎，故其在箴文中主要规诫武王不要像夷羿那样，沉湎于田猎而荒废了政事，如果导致农耕不时，错失了一年的耕种时节，就要影响农民一年的收成与生计，这对于农耕社会的西周王朝来说，将严重威胁百姓的生存、社会的安定、政权的巩固。这样的"命题作文"，严格说来不算是纯文学创作，而是一种公文写作，写作者只能涉及其职责范围内的事情，不能也不宜"越职言事"。扬雄的箴体文学就完全不一样了。他虽然在体式上依仿了《虞箴》，但其站在"代言"者的角度，从朝官和地方官各自的职责出发，来安排箴文的内容和表达方式，并根据他们的职责分工，对帝王提出侧重点不同的规诫，甚至直接表达创作者的爱憎倾向或褒贬立场。如此，才使箴文具备了文学创作的要素特征。故箴文到了扬雄手中，随着写作主体的变化，其文学创作的性质得到完全固定。

第二，因写作动机的变化，使箴文的表达功能得到进一步彰显。西周太史号令百官作箴文，对于每一位官员而言，其写作是被动性地完成一桩公务，虽然指斥帝王过失的要求比较具体，但怎样去规诫帝王的过失，规诫到什么程度，使用什么样的表达方法，中间其实存在许多差异和不确定性。另外，百官是否都能认真对待，且有敢于直面帝王过失的胆量，这些都是难以预料的。周武王的太史发动广泛地针砭其君的过失，但流传下来的仅有《虞人之箴》一篇而已，这究竟是因为历史久远，其他箴文失传，还是仅有虞人之类的部分官员认真完成了这次任务，我们今天难以确知，但也不排除很多箴文写作不认真，质量平庸，甚至以"刺"作"颂"，所以没有流传的价值。

---

① 吴讷：《文章辨体叙说·箴》，人民文学出版社 1982 年版，第 46 页。

② 徐师曾：《文章辨体叙说·箴》，人民文学出版社 1982 年版，第 140—141 页。

据《国语·周语》记载，周厉王暴虐无道，引起国人谤议。他为了弥谤，专门请了卫巫来监视谤者，于是，举国上下再无谤议的声音。邵公告诉他，听不到国人的谤议，不是好事是坏事。他以治水可导不可壅为喻，告诫厉王：“故天子听政，使公卿至于列士献诗，瞽献曲，史献书，师箴，瞍赋，百工谏，庶人传语，近臣尽规，亲戚补察，瞽、史教诲，耆、艾修之，而后王者斟酌焉。是以事行而不悖。”[①] 表明在西周时期，朝廷上下对帝王的规诫体制是比较完备的。但多少年过去，“师箴”的文字几乎没有流传下来。箴文经扬雄的批量写作，自汉以来仿效者代不乏人，激活了这种文体的生命活力。其中一个重要的成功原因，在于扬雄变被动写作为主动创作，并具有明确的讽谏目的，且这种讽谏恰当西汉末期君王无能、外戚擅权的政治乱局，使其箴文批判现实政治阙失的功能得到明确彰显。

第三，因写作能力的提高，使箴文的讽喻效果得到进一步加强。任何一个朝代，不管其政治是否清明，治理效果好坏，百官的水平能力肯定是参差不齐的。而如果要说写作表达的方法与技巧，那就更加难以整齐划一了，即使是一位官员履职的行动能力很强，他也未必同时又是一个写作高手。具体到箴文来说，作者写作水平的高低，写作方法的运用，直接影响到其针砭帝王之过的效果。就像周厉王不喜欢国人直截了当地谤议国政一样，指责别人的过失，必须得讲究方法、分寸、技巧，对于高高在上的帝王，情况尤其如此。扬雄的一批箴文出来，不仅引起当代朝野的关注，而且立即成为历代创作者学习模仿的范文，说明箴文到了具有多方面才能的扬雄手里，才真正产生了明显的表达效果和社会影响。刘勰说箴文的主要功能在于“攻疾防患”“御过”，体现的是“矢（直）言之道”[②]；吴讷《文章辨体序说》引东莱先生（吕祖谦）语：“箴是规讽之文，须有警诫切劘之意。”[③] 其实都是基于扬雄箴文彰显的讽喻主题所提出的文体创作要求。

第四，因写作方法的多样，使箴文的艺术水准得到进一步提高。关于箴文的写作体式，吕祖谦云：“凡作箴，须用‘官箴王阙’之意。箴尾须依《虞箴》‘兽臣司原，敢告仆夫’之类。”[④] 徐师曾则云：“大抵皆用韵语，而反覆古今兴衰理乱之变，以垂警戒，使读者惕然有不自宁之心，乃称作者。此刘勰所以有‘确切’之云也。”[⑤] 其实，他们讲的只是基本格式和一般要求，仅仅做到这些还远远不够。扬雄的箴文，在

---

① 《国语·周语上》，上海古籍出版社 1982 年版，第 9—10 页。
② ［南朝梁］刘勰著，周振甫注：《文心雕龙注释·铭箴第十一》，人民文学出版社，1983 年版，第 117 页。
③ 吴讷：《文章辨体叙说·箴》，人民文学出版社 1982 年版，第 46 页。
④ 吴讷：《文章辨体叙说》，人民文学出版社 1982 年版，吴讷引东莱先生语。
⑤ 徐师曾：《文章辨体叙说·箴》，人民文学出版社 1982 年版，第 141 页。

表现手法的运用上，是比较多样化的，故为后世写作者提供了模仿和发挥的门径。张芬在其所作硕士论文中，已对扬雄箴文通过“文辞的藻饰”“典故的运用”“铺陈手法的运用”等方面以增强其文学性进行了分析阐述[①]。此外，如本文已做过的论列，其多种对比手法的运用，反诘与反讽的手法，剀切深刻、寓意丰富的议论与铺陈排比方法的有机结合等，也使其箴文的文学意味大大增强，标志着其艺术表达水准得到大幅提高，能够使读者增加阅读兴味，并且可以从中获得深刻思想与艺术启迪，达到“惕然有不自宁之心”的政治警诫与社会教育效果。

（作者单位：乐山师范学院）

① 张芬：《扬雄箴文研究·扬雄箴文的个体特征》（扬州大学2008年硕士论文），豆丁网，第32—35页。

再论扬雄“四赋”的写作时间问题

——兼与杨胜宽先生商榷

纪国泰

内容提要：文章通过介绍《亦论》的写作缘起和论证思路，并将《亦论》的论证方法跟《杨文》做比较，指出《杨文》的瑕疵，重申笔者关于扬雄“至京”“奏赋”时间的结论。

关键词：永始四年；元延二年；年四十余；年三十余；一事二赋

杨胜宽先生《关于扬雄“四赋”写作的几个问题》（以下简称《杨文》）[①]，针对笔者《亦论“扬雄至京、待诏、奏赋、除郎的年代问题”》（以下简称《亦论》）[②] 一文在扬雄“至京”“奏赋”时间问题上的结论和观点，提出了批评意见。《杨文》对《亦论》的批评，主要有三点：一是采纳清人周寿昌的观点，将《汉书》所载“年四十余改为年三十余”；二是“将扬雄游京师的年龄改小，目的在于既要证明扬雄与王莽、刘歆‘给事黄门’的共事时间必须吻合，又要弥合扬雄年纪小了十岁以后，其‘岁余奏《羽猎赋》’与作者该赋自序的时间不相吻合的难题”；三是“在‘岁余’前擅增‘十’字，则更是难有说服力的自我作古，只是作者的主观臆断”[③]。

《杨文》的三点批评意见，概括起来就是一句话：擅自增改文献记载以强合己意。

① 杨胜宽：《关于扬雄“四赋”写作的几个问题——〈羽猎〉〈长杨〉的相关争议辨析》，载《扬子学刊》第三辑，巴蜀书社 2020 年版。

② 纪国泰：《亦论“扬雄至京、待诏、奏赋、除郎的年代问题”——解读〈汉书·扬雄传·赞〉的新思路》，载《扬子学刊》第一辑，巴蜀书社 2018 年版。

③ 杨胜宽：《关于扬雄“四赋”写作的几个问题——〈羽猎〉〈长杨〉的相关争议辨析》，载《扬子学刊》第三辑，巴蜀书社 2020 年版，第 94 页。

须知这可是文献研究之最大忌讳，可谓罪莫大焉。因为事关重大，不可以等闲视之，故撰此文，以正视听。

一、《亦论》的写作缘起

关于扬雄“四赋”写作时间的争论，自唐人李善的《文选注》算起，已经一千多年了。一千多年来，以清代学者的争论最为集中而热烈，现当代不少学者也参与了这个问题的争论。

关于《甘泉赋》《河东赋》的写作时间，唐人李善，清人钱大昕、沈钦韩主张为元延二年（前 11）作；清人何焯，现代人李周龙、杨福泉主张为永始四年（前 13）作；近人施之勉主张为永始三年（前 14）作[①]。

《羽猎赋》《长杨赋》二赋写作时间的问题较复杂，争议也最大。引起争议的原因是：若按《汉书·扬雄传》所载，《羽猎赋》当为元延二年作，《长杨赋》当为元延三年作；但是，据《汉书·成帝纪》所载，汉成帝“幸长杨宫”是在元延二年，并且不载“羽猎事”。对此，钱大昕解释为“《纪》失之也”，戴震则“断为《传》误”，沈钦韩解释为“先闻有校猎之诏，逆作赋，在行幸长杨之前”。

台湾学者李周龙，针对上述各家观点，做了如下点评：

> 以上诸说，仁智互见，然皆未能得实。必如李、钱、沈诸说，假令《甘泉》《河东》《羽猎》三赋，元延二年上，则与“雄待诏岁余，奏《羽猎赋》，除为郎”不符。元延二年距雄待诏，则已三年，雄已为郎、给事黄门矣……平心而论，何焯之说，最为可取。焯虽失考王音卒年，然谓《甘泉赋》永始四年上，则与李善《甘泉赋·注》同……子云于永始元年至长安，（永始）三年待诏，岁余奏《羽猎赋》；则《甘泉》《河东》《羽猎》三赋，当是永始四年写进。《汉书·成帝纪》云：“永始四年春正月，行幸甘泉，郊泰畤。三月，行幸河东，祠后土。”虽未言羽猎，然记传阙略，亦时或难免。况《羽猎赋·序》仅云：“其十二月羽猎。”既不言长杨宫，亦无胡人，更非大校猎，与《本纪》元延二年所言“冬，行幸长杨宫，从胡客大校猎”迥异，安得混而为一？[②]

李周龙认为：扬雄“待诏”“除郎”是在元延二年之前，如果《甘泉赋》《河东赋》《羽猎赋》三赋为元延二年作，就跟《汉书·扬雄传》所载“荐雄待诏，岁余，

---

① 李周龙：《扬雄学案》，台北：台湾师范大学国文研究所 1979 年版，郫都区子云学校翻印，第 47—49 页。
② 李周龙：《扬雄学案》，台北：台湾师范大学国文研究所 1979 年版，郫都区子云学校翻印，第 48—49 页。

奏《羽猎赋》，除为郎”不相符合。他提出扬雄“于永始元年至长安，（永始）三年待诏，岁余（即永始四年）奏《羽猎赋》”的观点[①]。

因为李周龙坚持扬雄于“永始元年（前16）至长安”的观点，如果《甘泉赋》《河东赋》《羽猎赋》三赋为元延二年（前11）所作，那么扬雄进京与作赋的时间之间相隔了整整五年，就跟《传赞》所载“荐雄待诏”后“岁余奏《羽猎赋》”差了至少三年；所以，他提出扬雄于永始元年至京、永始三年待诏、永始四年奏《羽猎赋》的观点。

永始元年（前16），扬雄虚岁三十八，与《传赞》“年四十余”差了几岁。李周龙解释说：

> 子云自蜀来游，当在三十八岁，王音召以为门下史，又荐为待诏。疑其时手续繁杂，行政迟缓，故久久未见召，于是蜀人杨庄乃复为之荐。及雄赴待诏之时，或已永始三年。时音死已久，而子云亦已年届不惑矣。事后追忆，人名易记，而时日则难免讹乱。遂含胡言之，谓“年四十余”。[②]

《亦论》针对李说，指出“其不近情理者有三”。为省篇幅，此不引述[③]。

杨福泉在其《扬雄至京、待诏、奏赋、除郎的年代问题》一文中说：

> 扬雄写奏《甘泉》《河东》二赋的时间应该在汉成帝永始四年，并由此推断：扬雄至京的年龄，今传《汉书》本传赞文说“四十余”确实错了，应是“三十余”。先为王音门下史，后得王音和杨庄举荐，于永始二年或三年待诏。[④]

杨福泉的“推断”，既掩盖了扬雄“年四十余”进京与王音“荐雄待诏”之间的矛盾，又解决了争论不休的“岁余，奏《羽猎赋》”的问题，似乎已接近历史真相。

问题在于，杨福泉“推断”的前提真的可靠吗？一句“扬雄写奏《甘泉》《河东》二赋的时间应该在汉成帝永始四年”，就成了“推断”的前提。什么叫“应该”？

不难看出，扬雄离蜀进京的时间，不仅是考证扬雄“四赋”写作时间的关键，亦是扬雄生平研究中最具争议的一道难题。试图解答这道“难题”，便是《亦论》一文的写作缘起。

---

① 李周龙：《扬雄学案》，台北：台湾师范大学国文研究所1979年版，郫都区子云学校翻印，第49页。

② 李周龙：《扬雄学案》，台北：台湾师范大学国文研究所1979年版，郫都区子云学校翻印，第45—46页。

③ 纪国泰：《亦论“扬雄至京、待诏、奏赋、除郎的年代问题”——解读〈汉书·扬雄传·赞〉的新思路》，载《扬子学刊》第一辑，巴蜀书社2018年版，第253页。

④ 杨福泉：《扬雄至京、待诏、奏赋、除郎的年代问题》，《上海大学学报》2002年第1期。

二、“新思路”一说的由来

笔者发现，讨论扬雄“至京”年代的古今学者，总是把“王音”作为关注的焦点，以至于左右失据，很难自圆其说。于是，笔者从认真分析《传赞》全文入手，才总算发现了问题的症结所在。

问题的症结就在于，既缺乏对《传赞》全文结构的正确理解，尤其忽略了其中“给事黄门与王莽、刘歆并；哀帝之初，又与董贤同官”所传达的信息。

今本（中华书局2007年版）《汉书》将《传赞》分为四个自然段，问题就发生在第一自然段（“初，雄年四十余”至“而桓谭以为绝伦”）。第一自然段包含三层意思：第一层（开头至“除为郎”）介绍扬雄入仕的经历；第二层（“给事黄门”至“恬于势利乃如是”）赞美扬雄“恬于势利”的高尚人格；第三层（“实好古而乐道”至“而桓谭以为绝伦”）介绍扬雄的学术成就及其影响。

今本《汉书》的标点断句，将“除为郎”与“给事黄门，与王莽、刘歆并”断为一个层次，又将“给事黄门”与“哀帝之初，又与董贤同官”割裂为两个层次的内容。这样一来，不仅造成扬雄与王莽、刘歆“给事黄门”时是“黄门郎”还是“待诏”的疑惑，从而影响到人们对“奏《甘泉赋》”时间的确定。

按照今本《汉书》的标点断句，扬雄应当是以“黄门郎”的身份跟王莽、刘歆一起“给事黄门”。但是，无论是将《羽猎赋》的写作时间确定在永始四年（前13）还是元延二年（前11），都不恰当。因为早在永始元年（前16），王莽就已经被封为新都侯、迁骑都尉光禄大夫侍中了，哪有可能跟扬雄、刘歆一起“给事黄门”呢？这就难怪杨福泉要有意回避“给事黄门”的本义，说：“班固‘赞’文提到‘与王莽、刘歆并’，是说扬雄与他们一起在朝廷任职，亦即‘同官’之义，而不是说此时扬雄与王莽、刘歆同为黄门侍郎。”① 而王青《扬雄评传》虑不及此，认为扬雄是以“黄门郎”身份跟王莽一起“给事黄门”的②。

《传赞》中的“给事黄门”是什么意思？

《通典·职官·侍中》记载：“凡禁门黄闼，故号黄门。”所谓“禁门”，即皇宫宫门，因以黄色涂饰，故称“黄门”。汉代在宫中设“宦者署”，亦称“黄门署”，是专为皇帝宫中事务服务的官署，其属员有“郎”“待诏”、太监等。所以在宫中做事就叫

---

① 杨福泉：《扬雄至京、待诏、奏赋、除郎的年代问题》，《上海大学学报》2002年第1期，第21页。

② 王青：《扬雄评传》，南京大学出版社2011年版，第60—61页。

作“给事黄门”。这里的“给事黄门”是专指在宫中做事，绝非泛指意义上的“在朝廷任职”。

王音“荐雄待诏”，所以扬雄才有了跟王莽、刘歆一起“给事黄门”的资格和机会。“奏《羽猎赋》，除为郎”是“给事黄门”以后发生的事；如果不在“除为郎”后面用句号，标明叙事的层次，就容易给人造成扬雄是在“除为郎”之后才跟王莽、刘歆一起“给事黄门”的错觉。王青《扬雄评传》就产生了这样的“错觉”。杨福泉虽然没有产生这样的错觉，但是也就只好用泛指意义上的“在朝廷任职”来解读专指含义的“给事黄门”。

理清《传赞》的叙事结构之后，笔者就“突发奇想”：如果能确定王莽“给事黄门”的时间，扬雄“至京”的时间，不就有了最直接最可靠的证据吗?

《汉书·王莽传》记载：

> 阳朔中，世父大将军（王）凤病，莽侍疾，亲尝药，乱首垢面，不解衣带连月。凤且死，以托太后及帝，拜为黄门郎，迁射声校尉。①

这则史料告诉我们：王莽在“阳朔中”（前24—前21年）拜黄门郎、迁射声校尉。

《资治通鉴·成帝纪》记载：

> 阳朔三年八月丁巳，凤薨。九月甲子，以王音为大司马、车骑将军。②

以上两则史料告诉我们：阳朔三年（前22），王凤死，由王音继任大司马，封车骑将军；受王凤临死前请托，王莽得以拜为黄门郎；王莽迁射声校尉是在“阳朔中”，意味着他任黄门郎的时间不会超过两个年头，因为阳朔四年以后就改元为“鸿嘉”了。

“迁射声校尉”，意味着王莽就不再“给事黄门”了。据此可以断定：扬雄离蜀至京的时间，绝不会晚于阳朔四年（前21）。晚于阳朔四年，他就不可能有跟王莽一起“给事黄门”的这段经历了。

笔者有根据断定：扬雄离蜀至京的时间，绝不会早于阳朔二年。这个根据就是扬雄所作的《反离骚》。《反离骚》中的“汉十世之阳朔兮，招摇纪于周正”，说明《反离骚》作于汉成帝阳朔年间。《汉书·扬雄传》说扬雄带着《反离骚》的竹简“自岷山投诸江流以吊屈原”，说明《反离骚》作于蜀地。这正是陆侃如将《反离骚》的写作时间考定在阳朔二年的主要依据。

分析至此，扬雄“自蜀来至游京师”时的年龄，应当是“年三十余”，而不是

① ［汉］班固：《汉书》，中华书局2007年版，第4039页
② ［宋］司马光：《资治通鉴》，中华书局2007年版，第99页。

“年四十余”，这个观点庶几可以成立。至于“年三十余”与“岁余，奏《羽猎赋》”之间的矛盾，待我们考定“四赋”写作时间后再讨论。

有必要跟杨胜宽先生商榷的是：他说“如果非得要理解为扬雄与王莽、刘歆同时为黄门侍郎，那就必须把扬雄入京的年龄改小”①。请问：《亦论》（即他所谓的“纪文”）在什么地方把扬雄“给事黄门，与王莽、刘歆并”这句话“理解为扬雄与王莽、刘歆同时为黄门侍郎”了？完全客观地推断出扬雄离蜀进京时应当是“年三十余”，怎么能说是“就必须把扬雄入京的年龄改小”呢？

自从胡三省在《资治通鉴·考异》中对班固《传赞》表示异议以来的近千年中，还没有人像《亦论》这样，通过考证王莽任黄门郎的时间，来反证扬雄离蜀进京时的年龄；所以，笔者给《亦论》加上一个副标题——《解读〈汉书·扬雄传·赞〉的新思路》。加副标题的目的，无非是为了引起相关研究者的关注，未知当否？

三、《杨文》与《亦论》的分歧

在关于“四赋”写作时间问题的讨论中，《杨文》与《亦论》的分歧，绝不仅仅是结论的不同；最为重大的分歧，是在对资料价值的认识和论证逻辑与论证方法的差异上。

（一）《亦论》的结论与论证方法

关于扬雄“四赋”的写作时间，《亦论》的结论是：《甘泉赋》《河东赋》《羽猎赋》三赋，作于汉成帝元延二年（前11）；《长杨赋》作于元延三年。

这个结论是怎么来的呢？

据《汉书·成帝纪》载，自永始三年（前14）恢复甘泉泰畤、汾阴后土及雍五畤的祭祀以来，汉成帝在一年中“正月，行幸甘泉，郊泰畤；三月，行幸河东，祠后土”的祭祀活动，一共四次，分别是：永始四年、元延二年、元延四年、绥和二年。《汉书·成帝纪》又载：“元延二年冬，行幸长杨宫，从胡客大校猎。”②

又据《资治通鉴·成帝纪》记载：“元延二年春正月，上行幸甘泉，郊泰畤。三月，行幸河东，祀后土；既祭，行游龙门，登历观，陟西岳而归。”③ 值得注意的是，汉成帝在元延二年三月“行幸河东”的时候，比其他三次多了一项“行游龙门，登历

---

① 杨胜宽：《关于扬雄“四赋”写作的几个问题——〈羽猎〉〈长杨〉的相关争议辨析》，载《扬子学刊》第三辑，巴蜀书社2020年版。

② ［汉］班固：《汉书》，中华书局2007年版，第327页。

③ ［宋］司马光：《资治通鉴》，中华书局2007年版，第1035页。

观，陟西岳”的旅游活动。

考察《汉书·扬雄传》所载“四赋”序文，发现《河东赋·序》云：“其三月，将祭后土……既祭，行游介山，回安邑，顾龙门，览盐池，登历观，陟西岳以望八荒……还，上《河东赋》以劝。”[①] 据此，可以确定的是：《河东赋》作于汉成帝元延二年（前11）。

虽然扬雄在《甘泉赋·序》的“正月”前面未署年号，但在《河东赋·序》的“三月”前、《羽猎赋·序》的“十二月”前，都有一个“其”字。这两个“其”字，相当于今人所谓的“该年”。诚如清人沈钦韩所说：“不别年头，则为一年以内之事。”[②] 这样，我们便有理由认为：《甘泉赋》《羽猎赋》，跟《河东赋》一样，亦为汉成帝元延二年所作。

至于《长杨赋》的写作时间，本来完全可以依据序文中的“明年”二字判定为汉成帝元延三年所作；但是，由于《汉书·成帝纪》中明确记载：“元延二年冬，行幸长杨宫，从胡客大校猎。”这就使问题变得复杂起来，前人在这个问题上一直争论不休。

《亦论》对这个问题的解释是：元延二年十二月的“羽猎”，是为“明年”（元延三年）的“长杨观猎”训练仪仗队和安保人员的活动，相当于“从胡客大校猎”活动的“序幕”。在班固看来，“羽猎”应当被视为“长杨观猎”活动的开始；为了避免一事重现，故将汉成帝“行幸长杨宫，从胡客大校猎”系于“羽猎”活动开展的“元延二年冬”。

《亦论》作出这种解释的依据是：

第一，《羽猎赋》的命名纯属例外。扬雄“四赋”中，其他三赋都是以活动地点命名，唯独《羽猎赋》是以活动形式命名。颜师古注引服虔对“羽猎”的解释是“士负羽”。所谓“士负羽”，是说参与这次活动的士兵们，头上戴着插有羽毛的头盔。这俨然是仪仗队的装束。之所以要训练仪仗队，是因为第二年的“长杨观猎”是皇上“大夸胡人以多兽”的对外活动。《序》文首句以“羽猎”名，而其末尾则又谓之“《校猎赋》”，尤其可见“羽猎”是“从胡客大校猎”活动的组成部分。

第二，《羽猎赋》的序文耐人寻味。与其他三赋的序文内容相比较，《羽猎赋》的序文中，既没有表示皇帝的“上”字，也没有表示归来的“还”字，更没有指出“羽猎”的地点。不过，这三方面的内容都出现在了《长杨赋》的序文中：“上亲临观焉……雄从至射熊馆，还，上《长杨赋》。”这说明了什么？这应当说明，扬雄是把

① ［汉］班固：《汉书》，中华书局2007年版，第3535页。

② 李周龙：《扬雄学案》，台湾师范大学国文研究所1979年出版，郫都区子云学校翻印，第48页。

“羽猎”与“长杨观猎”视为同一次“校猎”活动的先后两个程序，即“羽猎”是这次“大校猎”的序幕。

第三，《长杨赋》的序尾颇有玄机。其他三赋序文的末尾分别是：“奏《甘泉赋》以风”“上《河东赋》以劝”“故聊因《校猎赋》以风”。而《长杨赋》序文的末尾是：“上《长杨赋》，聊因笔墨之成文章，故藉翰林以为主人，子墨为客卿以风。”[①]《长杨赋》全文都是“翰林主人”与“子墨客卿”的对话，这就是所谓“聊因笔（翰林主人）墨（子墨客卿）之成文章”。《羽猎赋》的正文，则是对“校猎”活动“尚泰奢丽夸诩”场面的正面描写，表现了“从胡客大校猎”活动的场景。结合《羽猎赋》《长杨赋》二赋序尾中的“聊因”二字来看，扬雄分明是在告诉读者：《羽猎赋》是姑且借助于描写“大校猎”的“奢丽”来讽谏皇上，《长杨赋》是姑且借助于“笔墨”二人对“大校猎”的批评来讽谏皇上。这就是所谓“一事二赋”的含义。难怪有人将《羽猎赋》序尾点校为“故聊因校猎，赋以风（之)”。

班固理解扬雄“一事二赋”的良苦用心，更了解元延二年十二月的“羽猎”是元延三年“长杨观猎”活动的序幕；所以，将两次活动合称为“从胡客大校猎”，并将它系于《汉书·成帝纪》“元延二年冬”名下。

后世研究者未能理解班固将“羽猎”视为“长杨观猎”序幕的史家笔法，更不理解扬雄“一事二赋”的良苦用心；于是要么认为“《纪》失之”，要么“断为《传》误”，要么认为是“以上赋之先后为次”[②]。

（二）《杨文》的结论与论证逻辑

关于扬雄“四赋”的写作时间，《杨文》的结论是：《甘泉赋》《河东赋》二赋作于永始四年（前13)，《羽猎赋》《长杨赋》二赋作于元延二年（前11)。

《杨文》这个结论是怎么得出来的呢?

《杨文》首先引述《汉书·郊祀志》，指出“恢复甘泉泰畤、汾阴后土的祭祀之礼”，就是为了满足汉成帝“获得皇子皇孙的迫切愿望”；认为“弄清了这个重要的特殊背景，对于我们判断《长杨赋》《河东赋》二赋的写作时间大有帮助”[③]。

接着指出，虽然“《汉书·成帝纪》中，明确记载其郊祀甘泉活动的时间，分别为永始四年（前13）正月、元延二年（前11）正月、元延四年（前9）正月、绥和二年（前7）正月”一共四次；但是“在《成帝纪》中，有永始‘四年春正月，行幸甘泉，

① ［汉］班固：《汉书》，中华书局2007年版，第3557页。

② 李周龙：《扬雄学案》，台湾师范大学国文研究所1979年出版，郫都区子云学校翻印，第48页。

③ 杨胜宽：《关于扬雄“四赋”写作的几个问题——〈羽猎〉〈长杨〉的相关争议辨析》，载《扬子学刊》第三辑，巴蜀书社2020年版，第93页。

郊泰畤’，‘三月，行幸河东，祀后土’的郊祀天地记录。这次活动，扬雄在《甘泉赋·序》中特别点明成帝的祭祀目的就是‘以求子嗣’，可知《甘泉赋》正是这次从祀所写，不会是其他三次随从皇帝郊祀而后作”①。

然后引何焯《义门读书记》为旁证，何焯说：“子云之生，在宣帝甘露元年戊辰，至成帝永始三年丁未，为四十岁。班固《汉书·扬雄传·赞》中言，年四十余，自蜀来游京师。王音荐之待诏。此赋（《甘泉赋》）为四年所上无疑也。然长杨事在元延二年庚戌。”② 笔者按：王音之死在永始二年丙午；如果扬雄永始三年丁未来游京师，岂有“王音荐之待诏”之理？然而《杨文》竟然深信不疑，说什么“既然其来游京师的时间为四十岁，那么其从皇帝于甘泉，还朝奏《甘泉赋》则当为永始四年无疑”。

《杨文》为什么会无视王音卒年与扬雄“年四十余”进京这一重大谜题，却要笃信何焯的“永始四年”说？这是由《杨文》的论证逻辑所决定的。

《杨文》的论证逻辑是：既然汉成帝恢复甘泉泰畤、汾阴后土的祭祀是为了“以求子嗣”，那么这“以求子嗣”的迫切愿望，就绝不会使他放弃恢复祭祀后的第一次祭祀天地“以此赢得天地之欢心”的机会。“永始四年”正是这个“第一次”。所以《杨文》不仅不厌其烦地引述《汉书·郊祀志》，并且强调：“弄清了这个重要的特殊背景，对于我们判断《长杨》《河东》二赋的写作时间大有帮助。”在《杨文》眼中，何焯的观点简直如同经典；何焯一句“长杨事在元延二年庚戌”，就使他作出“何焯的另一值得重视的观点是，明确指出校猎长杨之事乃发生于元延二年，则扬雄扈从而作的《羽猎》《长杨》两赋，自当作于那时”的判断③。下面这段话，最能集中展示《杨文》的论证逻辑，他说：“需要强调的是，多数论者认为《甘泉》《河东》《羽猎》三赋皆元延二年所作，是因为没有仔细分析《郊祀志》的内容及其与扬雄《甘泉赋·序》之间的紧密联系。既然成帝专门授意皇太后颁诏恢复甘泉泰畤、汾阴后土的郊祀之礼，很难想象急于求子的成帝不是于次年（永始四年，引者注）初就去祭祀泰畤、后土，而会再等两年才去完成这一活动。”④

《杨文》的这种论证逻辑，确实只能让“多数论者”无语了。

---

① 杨胜宽：《关于扬雄“四赋”写作的几个问题——〈羽猎〉〈长杨〉的相关争议辨析》，载《扬子学刊》第三辑，巴蜀书社2020年版，第91—93页。

② 杨胜宽：《关于扬雄“四赋”写作的几个问题——〈羽猎〉〈长杨〉的相关争议辨析》，载《扬子学刊》第三辑，巴蜀书社2020年版，第93页。

③ 杨胜宽：《关于扬雄“四赋”写作的几个问题——〈羽猎〉〈长杨〉的相关争议辨析》，载《扬子学刊》第三辑，巴蜀书社2020年版，第93页。

④ 杨胜宽：《关于扬雄“四赋”写作的几个问题——〈羽猎〉〈长杨〉的相关争议辨析》，载《扬子学刊》第三辑，巴蜀书社2020年版，第94页。

四、答《杨文》对《亦论》的批评

《杨文》对《亦论》的批评，概括起来主要有以下三点：

第一，考证所用的资料不恰当。《杨文》指出："局限于班固《汉书》纪、传，及司马光《资治通鉴》等史书的记载资料来分析扬雄所指的'时'之具体年月，而这些记载往往比较简略，难以坐实，故出现各种分析结论或者推测性的观点。"①

第二，考证得出的结论不可信。《杨文》指出："不仅采纳清人周寿昌所谓扬雄'四十余'当作'三十余'游京师的观点，而且认为'岁余'当作'十岁余'奏《羽猎赋》。其将扬雄游京师的年龄改小……这已是缺乏文献依据的一种牵强推测，而在'岁余'前擅增'十'字，则更是难有说服力的自我作古。"②

第三，对《羽猎赋》《长杨赋》两赋讽喻手法的"评价不太中肯，没有真正揭示出两赋的讽喻技巧与主要艺术特征"③。

针对以上三点批评意见，笔者作答如下。

在《杨文》的三点批评意见中，笔者认可第三点意见。笔者对《羽猎赋》《长杨赋》二赋讽喻手法的分析，确实很不具体，而且过于简略，自然难以达到"中肯"的标准，更不要说"真正揭示出两赋的讽喻技巧与主要艺术特征"了。不过需要说明的是，笔者对两赋的比较分析，仅仅是为了说明它们的"讽谏主题一致"，是一种举例性质的分析说明，主观上就不具有揭示两赋讽喻技巧与艺术特征的目的和企图。

《杨文》的第一点批评意见，使人非常困惑不解。"班固《汉书》纪、传，及司马光《资治通鉴》等史书"，应当是研究扬雄生平的权威资料吧？至于研究中需不需要其他资料做旁证，那得看论证过程中的需要而定。何来"局限于"《汉书》《资治通鉴》之说？何况用同书反证历史记载中的讹误，是传统训诂实践中惯常使用的方法呢。

《杨文》的第二点批评意见，其"改小""擅增"之说，实在令人莫明其妙。笔者在《亦论》正文的最后，特别强调指出：

当笔者按照"给事黄门，与王莽、刘歆并"顺藤摸瓜一步步追寻下去，发现

---

① 杨胜宽：《关于扬雄"四赋"写作的几个问题——〈羽猎〉〈长杨〉的相关争议辨析》，载《扬子学刊》第三辑，巴蜀书社2020年版，第91页。

② 杨胜宽：《关于扬雄"四赋"写作的几个问题——〈羽猎〉〈长杨〉的相关争议辨析》，载《扬子学刊》第三辑，巴蜀书社2020年版，第94页。

③ 杨胜宽：《关于扬雄"四赋"写作的几个问题——〈羽猎〉〈长杨〉的相关争议辨析》，载《扬子学刊》第三辑，巴蜀书社2020年版，第104页。

王莽只能在阳朔三年或者四年跟扬雄一起“给事黄门”的时候，简直惊呆了！因为这一发现，是以无可辩驳的历史事实，证明自蜀入京时的扬雄确实是“年三十余”，而不仅仅是因为“传写时误加了一画”将“三”字误作“四”字那么简单。有了这一发现，才使笔者进一步发现“岁余”至“除为郎”应当独立成句；否则，上下的衔接会存在逻辑上的毛病（见前面的相关分析）。这样，才又根据《羽猎赋》的写作年代与“至京”年代之间的间隔，得出“岁余”应当是“十岁余”的结论。①

试问：怎么能将如此资料翔实、逻辑合理的考证结论，说成是所谓“改小”和“擅增”呢？

《杨文》为什么会对《亦论》产生那么多那么大的“误解”呢？

笔者认为，原因固然是多方面的，但是最主要的原因是两个方面：一是对资料价值的认识有偏颇，二是读书的态度失之于“过粗”与“过细”。请看以下几个事例吧。

例一：研究扬雄“四赋”写作时间，明明因为《汉书》传赞的记载而产生了巨大分歧，但《杨文》无视扬雄“永始三年”至京说法的不合理，却要坚信《义门读书记》的说法，认定《甘泉赋》《河东赋》作于“永始四年”。在《杨文》作者心目中，似乎《义门读书记》《文选·李善注》对扬雄生平研究的史料价值，比《汉书》《通鉴》要权威得多。这是为什么？《杨文》对《亦论》的批评，不是从证据的可靠性、论证的逻辑性入手来进行，而是随意否定、乱扣帽子，这又是为什么？

例二：《杨文》读书似乎有些“粗心”。文章第一个大标题中有“从成帝祀长杨的原因”……云云。什么叫“祀长杨”？汉成帝到长杨宫，是去“长杨射熊馆”看胡人与禽兽“手搏之”，是寻求感官刺激，史称“长杨观猎”或者“长杨大校猎”，与祭祀何干？“祀长杨”又从何说起呢？再如，《亦论》明白无误地告诉读者：“扬雄与王莽一起‘给事黄门’，只能是以‘待诏’的身份，并非‘同官’，而且只可能是在阳朔三年之后、鸿嘉元年（前20）之前。”② 但是《杨文》居然批评《亦论》说：“因为如果非得要理解为扬雄与王莽、刘歆同时为黄门侍郎，那就必须把扬雄入京的年龄改小。”③《杨文》说这样的话，那就不得不让人怀疑：它的作者是否认真读过《亦论》全文，

① 纪国泰：《亦论“扬雄至京、待诏、奏赋、除郎的年代问题”——解读〈汉书·扬雄传·赞〉的新思路》，载《扬子学刊》第一辑，巴蜀书社2018年版，第263页。

② 纪国泰：《亦论“扬雄至京、待诏、奏赋、除郎的年代问题”——解读〈汉书·扬雄传·赞〉的新思路》，载《扬子学刊》第一辑，巴蜀书社2018年版，第256页。

③ 杨胜宽：《关于扬雄“四赋”写作的几个问题——〈羽猎〉〈长杨〉的相关争议辨析》，载《扬子学刊》第三辑，巴蜀书社2020年版，第99页。

或者是否读懂了《亦论》全文？

例三：《杨文》似乎把书读得“太细”。关于《长杨赋·序》中的“明年”一词，古今学者素无争议，均如《文选·李善注》所云：“明年，谓作《羽猎赋》之明年，即校猎之年也。”[①]《羽猎赋》作于元延二年，其“明年”（即第二年或曰次年）自必是元延三年。李善所谓“即校猎之年”，是说“长杨观猎”（校猎）是在元延三年，跟“羽猎”不在同一年。这确实是古今“绝大多数注家或研究者”的共识。但是，《杨文》指出：“这个时间的认定，可能存在问题。”[②]《杨文》不厌其烦地考证了《长杨赋·序》中的“明年”和“秋”，还考证了赋文对话中的“今年”，得出的结论是：①“扬雄的序言与赋文在时间表述上存在自相矛盾的不一致”[③]；②班固“明显是受了扬雄《长杨赋·序》所言‘明年’这个时间概念的误导”[④]；③《长杨赋》似乎“当作于大校猎的头年，即元延元年”[⑤]；④“后来的许多研究者，将《长杨赋》写作时间认定在《羽猎赋》上奏后的元延三年，可能都是受到扬雄序言所谓‘明年’这个时间概念的影响”[⑥]。

《长杨赋》的序文与赋文在时间表述上果真如《杨文》所说，“存在自相矛盾的不一致”吗？

关于《长杨赋》写作时间产生分歧的原因，钱大昕说得非常清楚：“（元延）二年校猎（即‘羽猎’，引者注），无从胡客事，至次年乃有之。并两事为一，则《纪》失之也。戴氏震以《本纪》元延三年无长杨校猎事，断为‘传误’。不知《羽猎》《长杨》，原非一时所作。《羽猎》在元延二年之冬，《长杨》则三年之秋，子云《自序》必不误也。”[⑦] 换句话说，扬雄是把《羽猎赋》《长杨赋》二赋写作的时间交代清楚了的。《长杨赋·序》中的“明年”，是指写作《羽猎赋》之后的第二年，即元延三年。《序》中的“秋”，当然是指元延三年的秋天；赋文对话中的“今年”，自然是指元延

---

① 杨胜宽：《关于扬雄“四赋”写作的几个问题——〈羽猎〉〈长杨〉的相关争议辨析》，载《扬子学刊》第三辑，巴蜀书社2018年版，第96页。

② 杨胜宽：《关于扬雄“四赋”写作的几个问题——〈羽猎〉〈长杨〉的相关争议辨析》，载《扬子学刊》第三辑，巴蜀书社2018年版，第96页。

③ 杨胜宽：《关于扬雄“四赋”写作的几个问题——〈羽猎〉〈长杨〉的相关争议辨析》，载《扬子学刊》第三辑，巴蜀书社2018年版，第97页。

④ 杨胜宽：《关于扬雄“四赋”写作的几个问题——〈羽猎〉〈长杨〉的相关争议辨析》，载《扬子学刊》第三辑，巴蜀书社2018年版，第97页。

⑤ 杨胜宽：《关于扬雄“四赋”写作的几个问题——〈羽猎〉〈长杨〉的相关争议辨析》，载《扬子学刊》第三辑，巴蜀书社2018年版，第97页。

⑥ 杨胜宽：《关于扬雄“四赋”写作的几个问题——〈羽猎〉〈长杨〉的相关争议辨析》，载《扬子学刊》第三辑，巴蜀书社2018年版，第98页。

⑦ 李周龙：《扬雄学案》，台北：台湾师范大学国文研究所1979年出版，郫都区子云学校翻印，第47—48页。

三年。古今研究者，除《杨文》之外，莫不是做如是理解的。

《杨文》为什么会认为《长杨赋》似乎“当作于大校猎的头年，即元延元年”，并且指责扬雄所言“明年”这个时间概念“误导”了班固呢？

原来，《杨文》作者竟然把《长杨赋·序》中的“明年”，当作现代汉语中表示“将然”意义的“明年”来理解了。请看《杨文》中的以下语句：

> 按照扬雄序言所说，明年将有皇帝向胡人大夸汉朝苑囿多禽兽的校猎活动，故须提前让右扶风的农民到南山去把各种禽兽捕捉起来，送到长杨宫射熊馆里集中蓄养，以便届时让胡人在校猎时多所猎取，达到“大夸”中国多禽兽的最佳效果。①

> 按照赋中所言的“今年”，则可以明确知道，季冬校猎长杨和令农民到南山捕捉禽兽，系同年之事，而非隔年。所以，序言中的“秋”，当指元延二年之秋天。②

> 所谓“明年”的大校猎，在《成帝纪》里只记载了元延二年那一次，似乎其写作《长杨赋》，当作于大校猎的头年，即元延元年。③

在以上三例《杨文》的论述中，《长杨赋·序》中的“明年”这个表示次序的概念，都被理解成表示“将然”意义的时间概念了。

扬雄序文中的“明年”，明明是针对“羽猎”而言，是说举行“羽猎”活动后的第二年，“意为羽猎后的次年”。既然《杨文》也认可《羽猎赋》作于元延二年，那么“长杨观猎”自然是发生在元延三年的事。不知《杨文》凭借什么思维逻辑，根据赋文对话中的“今年”，推论出“序言中的‘秋’，当指元延二年之秋天”来。更令人莫明其妙的是，《杨文》依据他对“明年”的理解，推断出《长杨赋》作于《羽猎赋》之前的元延元年。

了解《杨文》这诸多的“奇特”思维之后，再去审视它对《亦论》的那些批评意见，笔者终于失去了与他辩驳的兴趣。

不过，笔者仍然要重申《亦论》的研究结论：如果没有人能够否认扬雄曾经跟王莽一起“给事黄门”，也不能够否认王莽于汉成帝阳朔三年（前22）“拜为黄门郎”和“阳朔中”迁射声校尉的历史记载；那么，班固《传赞》所载王音“荐雄待诏”，就是

---

① 杨胜宽：《关于扬雄“四赋”写作的几个问题——〈羽猎〉〈长杨〉的相关争议辨析》，载《扬子学刊》第三辑，巴蜀书社2018年版，第97页。

② 杨胜宽：《关于扬雄“四赋”写作的几个问题——〈羽猎〉〈长杨〉的相关争议辨析》，载《扬子学刊》第三辑，巴蜀书社2018年版，第97页。

③ 杨胜宽：《关于扬雄“四赋”写作的几个问题——〈羽猎〉〈长杨〉的相关争议辨析》，载《扬子学刊》第三辑，巴蜀书社2018年版，第97页。

一个毋庸置疑的事实。换言之，扬雄离蜀进京时应当是“年三十余”，绝不可能是“年四十余”；扬雄“至京”与“奏《羽猎赋》”的时间间隔应当是“十岁余”，绝不可能是“岁余”。至于扬雄“四赋”的写作时间，《甘泉赋》《河东赋》《羽猎赋》三赋作于汉成帝元延二年，《长杨赋》作于元延三年；这个结论是可信的，亦是绝大多数研究者的共识。值得继续探讨的，是班固在《汉书·成帝纪》中，将发生在元延三年的“长杨观猎”系于元延二年的原因究竟是什么。

（作者单位：西华大学文学与新闻传播学院）

百年来的扬雄文学研究综述

邓 稳

内容提要：本文反思了近百年来对扬雄文学的研究起步较晚的原因。从文学文献的考辨及整理研究、文学创作及作品阐释研究、扬雄文学理论研究几个方面分类归纳了近百年来的扬雄文学研究。扬雄文学研究虽然几经波折，但进入21世纪以后借助时代思潮，扬雄文学研究已经全面展开。

关键词：扬雄；文学研究；文献整理；文学理论；综述

扬雄（前53—18），字子云，西汉蜀郡成都人，“少而好学”，“博览无所不见”，“默而好深湛之思”，“欲求文章成名于后世”（《汉书·扬雄传》），因此创作颇丰。扬雄创作以古代四部分类法而论，经部有小学类的《方言》，史部有载记类的《蜀王本纪》、职官类的《二十五官箴》，子部有儒家类的《法言》、术数类的《太玄》，集部有别集类的《扬子云集》（后人集）；以今天的学科分类而言，则包含哲学、文学、语言学乃至天文学、音乐学。由此可见，扬雄是古代早期难得的一个百科全书式的学者。

自汉武帝“罢黜百家，独尊儒术”以后，整个中国古代社会无不具有“依经立义”的特点，因此扬雄作为哲学家、思想家的身份在古代特别受人关注。东汉桓谭《新论·正经篇》载桓谭答王莽“扬子云何人耶”说：“（扬子云）才智开通，能入圣道，卓绝于众，汉兴以来未有此人也。”该书又载张子侯评扬雄为“西道孔子”，桓谭反驳说“子云亦东道孔子”（《新论·闵友篇》），此已开以“圣”论扬雄之先河。宋代理学兴起，扬雄不仅因为仕莽被朱熹《朱子纲目》批为“莽大夫”，还因为《反离骚》被朱熹《楚辞后语》批为“屈原之罪人”，后世学者多据此评论扬雄的人格与文学。不过，无论褒贬，大多皆以经学、德性立论。19世纪末，西学东渐，学风丕变，扬雄的语言学受到关注，《方言》研究蔚然成风。

与哲学、语言学研究相比，近百年来的扬雄文学的研究起步较晚。究其原因大约有三：首先，从清代考据学风到清末实学的兴起乃至西方实证学风的引入，更有助于语言学、哲学的兴盛；其次，20 世纪大多都是平民文学的时代，扬雄的文学作品主要是繁富的汉大赋，在被贴上“贵族文学”的标签以后很难受到学界关注，更不用说赞扬；最后，扬雄的哲学、语言学专著大都流传有序，而文学范围宽广、模糊且没有扬雄自订的文集传世，在一定程度上影响了近百年扬雄文学研究的深入展开。

有关扬雄的研究综述也反映了上述特点。2007 年华学诚《二十世纪以来的〈方言〉整理》（《中文自学指导》2007 年第 5 期）、2010 年魏锦《以扬雄〈方言〉为依据的汉代方言分区研究综述》（《重庆广播电视大学学报》2010 年第 5 期）、2011 年雍鹏《〈方言〉文献综述》（《语文学刊》2011 年第 5 期）、2013 年华学诚与徐妍雁《扬雄〈方言〉及其研究述评》［《苏州大学学报》（哲学社会科学版）2013 年第 1 期］相继发表，由此可见有关扬雄语言学的研究曾经较为兴盛。2012 年，韩文娟发表有关扬雄哲学研究的综述类文章《近三十年来扬雄〈法言〉研究综述》。然而，有关扬雄文学研究的独立综述尚未见发表，只是在张晓明《二十年来扬雄研究综述》（《青岛大学师范学院学报》2002 年第 4 期）、吴会蓉与李玉巧《纪念扬雄诞辰 2070 周年暨四川省扬雄研究会第一届学术会议综述》［《西华大学学报》（哲学社会科学版）2018 年第 1 期］、王虎与肖娇娇《“扬雄研究的现状与未来”——纪念扬雄逝世两千周年学术研讨会综述》（《文学遗产》2018 年第 4 期）等综合性综述中略有涉及。

自我国改革开放以来，特别是在 21 世纪弘扬中华传统文化的背景下，扬雄文学的研究迅速发展。从近几年的学术会议论文来看，有关扬雄哲学、文学研究的论文占了多数。这既受“盛世作赋”文学传统的影响，也得益于扬雄文学作品的宽泛性、文学阐释的多元性。然而，诸多原因使得写作扬雄文学研究综述相当困难，或许这也是此类研究综述少见发表的原因。

要写作扬雄文学研究综述，首先得确定扬雄的文学文本。阮元《书梁昭明太子文选序后》说：“昭明所选，名之曰文。盖必文而后选也，非文则不选也。经也，子也，史也，皆不可专名之为文也。故昭明《文选序》后三段特明其不选之故。必沉思翰藻，始名之为文，始以入选也。”① 以此狭义的“文学”而论，似乎只有赋、箴等韵文可以入选。而章太炎以广义“文学”立论：“凡云文者，包络一切著于竹帛者而为言。故有

① 阮元：《书梁昭明太子文选序后》，载舒芜等编选：《中国近代文论选》，人民文学出版社 1981 年版，第 105 页。

成句读文，有不成句读文，兼此二者，通谓之文。”① 以此而言，则扬雄的所有文字都可以进入文学领域，范围又太过于宽泛。

当然，回归中国传统的集部也是判定文学作品的重要标准。因为扬雄未自订文集，后世所辑扬雄集的内容差异很大，如《四库全书》集部别集类所收明代郑朴所辑《扬雄集》把扬雄《法言》《太玄》《方言》等子部书籍也囊括进去，实属不类。综观集部特别是别集体例，一般是不收成书，但如有散佚的专书，虽为经、史等内容往往也会录入别集之中。因此，本书所认定的扬雄文学作品为除《法言》《太玄》《方言》三本专书外的所有文字。

其次，需要确定文学研究的范围。一般把古代作家的文学研究区分为文学创作、文学理论两类；但具体而言，这两类研究又都将涉及美国学者 M. H. 艾布拉姆斯《镜与灯：浪漫主义文论及批评传统》所说世界、作品、艺术家、欣赏者的四重关系②，四者关系错综复杂，如要厘清当然又会将扬雄哲学、语言学等知识体系包含进来。本次扬雄研究中心从哲学、语言学、文学、文艺美学四个方面分别编撰百年扬雄研究综录，鉴于其他专著会有更加细致的专题论述，本书略去与扬雄文学研究较为枝蔓的话题。

一、文学文献的考辨及整理研究

虽然扬雄的文学作品很早就被时人刘歆《七略》以及稍后的班固《汉书·艺文志》著录，但这种著录并不完整。因此，扬雄作品篇目不易确定，不少后出作品的真伪也启人疑窦。本节从扬雄作品真伪、作品编年、文集整理的角度将近百年扬雄文学文献的研究状况做一简要整理。

（一）作品真伪考辨

扬雄的文学作品主要载录于《汉书》本传、《文选》《古文苑》以及其他类书之中。《古文苑》晚出而所载唐前作品既多且完整，其真伪倍受后人质疑，因此所载扬雄《蜀都赋》《太玄赋》的争议也大。

1.《蜀都赋》的真伪讨论

1956 年，徐中舒在《巴蜀文化初论》［《四川大学学报》（社会科学版）1959 年第 2 期］中已对《蜀都赋》的真伪率先提出质疑，1979 年在《论〈蜀王本纪〉成书年代

---

① 章太炎：《国故论衡·文学总略》，上海古籍出版社 2003 年版，第 52 页。

② ［美］M. H. 艾布拉姆斯著，郦稚牛等译：《镜与灯：浪漫主义文论及批评传统》，北京大学出版社 2015 年，第 5 页。

及其作者》中进一步阐释了这一观点："蜀之有都（指京都言）自蜀汉称帝始，扬雄时代蜀哪有都"，因此"此赋非扬雄作，不辨自明"[①]。1985 年，郑文《对扬雄生平与作品的探索》又据文献来源否定扬雄作《蜀都赋》："《蜀都赋》虽略见于《艺文类聚》六十一，而《古文苑》言'世传孙洙巨源于佛寺经龛中，得唐人古文章一编，莫知谁录也。'（韩元吉《古文苑序》）说是子云所作，似乎不大可信。"[②] 后来，方铭、王青也从不同角度质疑扬雄作《蜀都赋》的可靠性[③]。但 2010 年，熊良智先生《扬雄〈蜀都赋〉释疑》对这些质疑纷纷否定：首先，蜀之有"都"当始于鱼凫王朝时期，早于扬雄的司马相如在《难蜀父老》"东乡还报，至于蜀都"已明确有"蜀都"之称；其次，《汉书·艺文志》"诗赋略"载扬雄赋十二篇，但其名不可尽考，不能因为《蜀都赋》不见于《汉书》而否定扬雄的著作权；复次，虽然《古文苑》首载《蜀都赋》全篇，但两晋到唐代的古注、类书对其有多处征引，因此"并非《古文苑》始载《蜀都赋》其文"；最后，从《蜀都赋》"东""冬"不分、"侵""冬"互押等两汉蜀言用韵特征，绾合扬雄多有蜀地作品等例证，"扬雄是最有可能写作《蜀都赋》的"[④]。

2.《太玄赋》的真伪讨论

《古文苑》载扬雄赋三篇：《蜀都赋》《太玄赋》《逐贫赋》，《太玄赋》最为可疑。1957 年，郑文《读扬雄〈太玄赋〉释疑》首先指出《太玄赋》并非扬雄所作，理由如下：第一，《太玄赋》不同于扬雄《太玄》的宇宙观、人生观；第二，《太玄》本于《周易》《老子》，而《太玄赋》仅有一句与《周易》《老子》相关，不符合赋这种文体的铺陈特征；第三，《太玄赋》逃避现实，与扬雄其他作品中反映的志向不同。总之，《太玄赋》并不是铺陈《太玄》的赋，不大可能为扬雄所作[⑤]。郑文《对扬雄生平与作品的探索》（《文史》第二十四辑，中华书局 1985 年版）也因此将《太玄赋》视为伪作而未加著录。2006 年，问永宁《〈太玄赋〉作者考辨》又从五个方面否定扬雄作《太玄赋》：第一，该赋独见于来历不明的《古文苑》，未被此前类书等文献引用；第二，《太玄赋》与扬雄的思想不合；第三，《太玄赋》和扬雄的文风、用韵不一致；第四，《太玄赋》在避讳方面不合情理；第五，《太玄赋》论及骑马，与汉代现实不合；最后，作者认为晋代杨泉也著有《太玄》，且西晋时期已有马镫的使用，"杨泉作

---

① 徐中舒：《论〈蜀王本纪〉成书年代及其作者》，《社会科学研究》1979 年第 1 期。

② 郑文：《对扬雄生平与作品的探索》，载中华书局编辑部编：《文史》第二十四辑，中华书局 1985 年版，第 209 页。

③ 方铭：《扬雄赋论》，《中国文学研究》1991 年第 1 期；王青：《扬雄评传》，南京大学出版社 2000 年版，第 267—269 页。

④ 熊良智：《扬雄〈蜀都赋〉释疑》，《文献》2010 年第 1 期。

⑤ 郑文：《读扬雄〈太玄赋〉释疑》，《争鸣》1957 年第 4 期。

《太玄赋》是有可能的"[①]。当然，学界也有不同的声音。束景南在1993年发表《〈太玄赋〉非伪作辨》认为郑文所提出的四条证据皆不能成立，《太玄赋》从班固至宋代《直斋书录解题》之时都流传有序，绝非伪作[②]。

3.《校猎赋》是否就是《羽猎赋》

易小平在《〈校猎赋〉就是〈羽猎赋〉吗？——兼论扬雄初为郎的时间及年龄》一文中提出《校猎赋》与《羽猎赋》的关系问题。这篇文章紧扣扬雄的生平事迹，可能是易小平撰写《西汉文学编年史》一书的发现。

首先，易小平认为扬雄所上四大赋中因从"羽猎"而作的是《校猎赋》，但被《文选》易名为《羽猎赋》，因此造成混淆。《汉书·扬雄传》在叙述扬雄进献四大赋时说"其十二月羽猎，雄从……故聊因《校猎赋》以讽，其辞曰……"在本传中扬雄因从"羽猎"而献"《校猎赋》"，可见其赋本名"《校猎赋》"，但《文选》选录这篇文章时却易名为"《羽猎赋》"。因此，"人们习惯上以为就是此传赞语中的《羽猎赋》"。但是，"通观《校猎赋》的整个序文，《校猎赋》之名赫然在目，何尝有《羽猎赋》三个字？由此可见，《校猎赋》自是《校猎赋》，绝非《羽猎赋》也"，又《汉书》本传所载扬雄大赋"其例皆为序末明题"，且据赞语《羽猎赋》当为扬雄待诏后所献的第一篇赋，因此《校猎赋》绝非《羽猎赋》。

其次，易小平认为扬雄因奏《羽猎赋》为郎，但该赋已经亡佚。《汉书·扬雄传》赞语载："初，雄年四十余……大司马车骑将军王音……荐雄待诏，岁余，奏《羽猎赋》，除为郎"，可知扬雄因上《羽猎赋》而为郎。易小平认为："由于正文中的《校猎赋》被认为就是赞语中的《羽猎赋》，于是就出现了前者作于王音死后和后者作于王音生前之间的明显矛盾。"至于《羽猎赋》的去向，易小平认为"一个比较合理的解释是亡佚了"[③]。

4．其他作品的真伪问题

首先是《州箴》的真伪。《汉书·艺文志》载扬雄所序三十八篇中有"箴二"，《扬雄传·赞》言扬雄"作《州箴》"，《后汉书·胡广传》载扬雄作《十二州箴》，《古文苑》载《十二州箴》十二篇，严可均《全西汉文》辑得《官箴》二十一篇并《州箴》共计三十二篇，其中应当有部分作品非扬雄所作。束景南《扬雄作州箴辨伪》认为扬雄实据《禹贡》"九州"作《九州箴》，将《交州箴》《幽州箴》《并州箴》三

---

① 问永宁：《〈太玄赋〉作者考辨》，《湖北大学学报》（哲学社会科学版）2006年第5期。

② 束景南：《〈太玄赋〉非伪作辨》，《古籍整理研究学刊》1993年第5期。

③ 易小平：《〈校猎赋〉就是〈羽猎赋〉吗？——兼论扬雄初为郎的时间及年龄》，《广西大学学报》（哲学社会科学版）2007年第3期。

篇定为后人伪作。《交州箴》为伪作证据有二：交州之名始于建安八年，此箴当作于建安八年以后，绝非扬雄能作；《交州箴》言大汉时黄支“来牵其犀”指西汉平帝元始二年之事，而扬雄在汉成帝绥和年间，可证该箴当为后人伪作。《并州箴》将并州和朔方看成一部，是东汉建武十一年的事，因此这篇作品当作于东汉建武十一年以后。扬雄《冀州箴》已把汉代的幽州地域包括进去，不可能再为幽州作箴，因此“作伪者无知，增作《幽州箴》，露出破绽”①。

其次是《官箴》。严可均《全上古三代秦汉三国六朝文》辑录属名扬雄的《官箴》二十一篇，刘保贞《扬雄著作及其流传》认为：“侍中、太史令、国三老、太乐令、太官令这五篇是残篇，属于‘阙’的那种，由于难窥全豹，真伪就难于详考了；太常、尚书、博士、司空这四篇的归属自古就有问题。”其中，《太常箴》，《初学记》卷十二作崔骃，《古文苑》卷七作崔骃，但注云“一作扬雄”；《尚书箴》，《古文苑》卷七作崔瑗，但注云“一作扬雄”；《博士箴》，《古文苑》卷七作崔瑗；《司空箴》，《初学记》卷十一作崔骃，《古文苑》卷七作扬雄，但注云“一作崔骃”。因此，刘保贞认为：“这四篇据严可均考证为扬雄作，但实情也很难稽考了。”②

王允亮《扬雄五官箴非原作考辨》从箴文所反映的信息考定《交州牧箴》《尚书箴》《司空箴》《博士箴》《太常箴》五篇应是后人之作，同时认为崔瑗《叙箴》所载扬雄作“九州及二十五官箴”中的“九州”实泛指“国家全境”，不能据此认为扬雄只作九篇州箴，实则扬雄作《州箴》十二篇③。

最后是关于《酒箴》的篇名。今所见《汉书·游侠传》作“《酒箴》”，而《太平御览》引《汉书》作“《酒赋》”，严可均认为：“《北堂书钞》作《都酒赋》，都酒者，酒器名也。验文当以都酒为长。”刘保贞认为“《游侠传》所引，文意尚不完整，肯定是个节录。从这点节录看，其体例与大赋相似，与短小精悍的箴不同”④，可见其认为该篇篇名当为《酒赋》或《都酒赋》。万光治先生《汉赋通论》“汉赋今存篇目叙录”亦定其篇名为“《酒赋》”⑤。

（二）作品系年考证

近百年扬雄文学作品的系年考证由三部分构成。首先是扬雄年谱的研究，如1937年汤炳正先生在《论学》第4—7期连载的《扬子云年谱》认为，《反离骚》《广骚》

① 束景南：《扬雄作州箴辨伪》，《文献》1992年第4期。
② 刘保贞：《扬雄著作及其流传》，《山东大学学报》（哲学社会科学版）2003年第1期。
③ 王允亮：《扬雄五官箴非原作考辨》，《中国韵文学刊》2018年第3期。
④ 刘保贞：《扬雄著作及其流传》，《山东大学学报》（哲学社会科学版）2003年第1期。
⑤ 万光治：《汉赋通论》，中国社会科学出版社、华龄出版社2004年版，第448页。

《畔牢愁》作于阳朔元年，《甘泉赋》《羽猎赋》《酒赋》作于元延二年，《长杨赋》作于元延三年等；其次是各种文学编年史著作，如刘汝霖《汉晋学术编年》（商务印书馆1932年版）、陆侃如《中古文学系年》（陆氏遗著，主体写于1937—1947年，由人民文学出版社于1985年出版）、刘跃进《秦汉文学编年史》（商务印书馆2006年版）、易小平《西汉文学编年史》（上海古籍出版社2012年版）等都对扬雄作品的系年做了或多或少的考察；最后是扬雄具体篇目系年的考证论文。由于单篇论文的系年考证往往较为深入且对前两者的成果多有吸收，本文即以此为主要考察范围将扬雄重要文学作品的系年研究介绍如下。

1. 四大赋系年考证

四大赋是扬雄入京后进献的重要赋作且创作年代较为清楚，因此历代皆有学者对此加以系年考证。近百年来陆侃如是较早考证四赋系年的学者，他认为扬雄元延二年依次进献《甘泉赋》《河东赋》《校猎赋》（陆侃如认为《校猎赋》即《羽猎赋》），元延三年进献《长杨赋》[①]。唐兰《扬雄奏〈甘泉〉〈河东〉〈羽猎〉〈长杨〉四赋的年代》（《学原》1948年第10期）针对陆侃如文提出质疑，认为应该用严密的方法推论四赋的写作时间，但并没有给出推论结果。因此，在相当长的一段时间内陆侃如的说法占据主流。2002年，杨福泉将唐兰的论断和方法付诸实践，考证出《甘泉赋》《河东赋》《羽猎赋》奏于永始四年，《长杨赋》奏于元延元年[②]。随后熊良智先生《扬雄"四赋"时年考》论证结果与之相同。对扬雄四赋系年考订的文章极多，观点也互有歧异。综观诸家之所以冲突，缘于依据的文献不同。一派考证据《汉书·扬雄传》《汉书·成帝纪》，可称为"持《汉书》论"。然而，《汉书》纪、传本身也有矛盾，因此其所得结论也有分歧。另一派则据《文选》李善注引《七略》所载扬雄献赋时年为据。2017年，陶成涛《扬雄四赋作年新论》即以《七略》所载为据，绾合汉成帝时郊祀制度变迁的舆论背景、"预先献赋"的文学传统以及扬雄本人"归蜀葬子"的活动，认为扬雄永始三年（前14）完成《羽猎赋》《甘泉赋》《河东赋》，绥和元年（前8）完成《长杨赋》[③]。可以预见，随着扬雄文学文献研究的深入，还会有更多的学者撰文探讨这一重要问题。

2. 扬雄其他作品系年的研究

相较于四大赋，扬雄其他作品系年大多不太明确，但研究论文却较多。如张晓明

---

① 陆侃如：《扬雄与王音、王根、王商的关系》，《大公报·文史周刊》1947年第39期。

② 杨福泉：《扬雄至京、待诏、奏赋、除郎的年代问题》，《上海大学学报（社会科学版）》2002年第1期。

③ 陶成涛：《扬雄四赋作年新论》，《西北大学学报》（哲学社会科学版）2017年第6期。

《扬雄著作存佚考及系年研究》认为《反离骚》《广骚》《畔牢愁》作于阳朔中（前24—前21），《酒箴》作于元延四年（前9）后汉成帝崩之前，《蜀都赋》早于或同于《反离骚》，系在成帝永始年间（前16—前13），《逐贫赋》“似为早期作品，且比《蜀都赋》更早”，《绵竹赋》作于永始年间（前16—前13），等等①。其他如王以宪《扬雄著作系年》（《湘潭大学社会科学学报》1983年第3期）、林贞爱《扬雄年谱》（林贞爱《扬雄集校注》，四川大学出版社2001年版）等对扬雄众多作品的系年也往往采用时段法来模糊处理。不过，这样做也很有意义，如王以宪认为扬雄最先创作《逐贫赋》《蜀都赋》，林贞爱亦认为《蜀都赋》作于扬雄离蜀去京之前。这些重要作品被分系为一个时段，对考察扬雄的文学创作、文学思想仍有极其重要的意义。当然，部分作品尚可以系年得更加准确一些，如王允亮《扬雄官箴创作及经典化问题探讨》（《暨南学报》2017年第8期）认为扬雄《官箴》当作于成帝绥和元年末至二年初之间。总之，扬雄作品系年是一个细致而复杂的工作，尚需更多学者共同探讨。

（三）扬雄文集的整理

今天所论文集渊源于古代四部法中集部之别集，现存最早而完整的四部分类目录著作是《隋书·经籍志》，该书载“汉太中大夫扬雄集五卷”，但这个集子或许早亡，或许少有流传。因此，宋代晁公武说：“古无雄集，皇朝谭愈好雄文，患其散在诸篇籍，离而不属，因缀辑之，得四十余篇。”② 实际上，扬雄集历代皆有编撰，但大多旋即散佚，并没有一个流传有序的版本。不过，这并不能说明扬雄文集不受人重视，《四库全书》集部别集类两汉仅收《扬子云集》《蔡中郎集》《孔北海集》三部汉代文集，而西汉仅扬雄一人有集，序列第一。可见，在四库馆臣心中，扬雄文集的地位是比较高的。不过，与扬雄《太玄》《法言》《方言》三部自订专著相比，扬雄文集确有两大缺陷：第一，没有流传有序的版本，因此内容多寡不一、篇目顺序比较混乱；第二，在古代只有零散的单篇注释，没有形成经典注本。近百年扬雄文集整理的重要成果是张震泽《扬雄集校注》（上海古籍出版社1993年版）、郑文《扬雄文集笺注》（巴蜀书社2000年版）、林贞爱《扬雄集校注》（四川大学出版社2001年版）。具体介绍，请见后文。

这三部扬雄文集注本的出现，至少有三方面的意义：第一，从文学学科独立的角度来看，为学界提供了扬雄文学研究的读本；第二，填补了扬雄文集无注本的空白；第三，扬雄文集由于内容不多，又无注本，在雕版印刷盛行以后，少有单行本流传，

---

① 张晓明：《扬雄著作存佚考及系年研究》，《青岛大学师范学院学报》2004年第4期。

② ［宋］晁公武撰，孙猛校证：《郡斋读书志》，上海古籍出版社2011年版，第827页。

而注本的出现使得扬雄文集以单行本流传成为必然。

二、扬雄文学创作及作品阐释研究

（一）扬雄文学创作研究

1. 模拟与因革的辩论

扬雄著作多有模拟特色。班固在《汉书·扬雄传》赞中说："（雄）实好古而乐道，其意欲求文章成名于后世，以为经莫大于《易》，故作《太玄》；传莫大于《论语》，作《法言》；史篇莫大于《仓颉》，作《训纂》；箴莫善于《虞箴》，作《州箴》；赋莫深于《离骚》，反而广之；辞莫丽于相如，作四赋。皆斟酌其本，相与放依而驰骋云。"本传中亦载扬雄自道其赋模拟司马相如："先是时，蜀有司马相如，作赋甚弘丽温雅，雄心壮之，每作赋，常拟之以为式。"因此，历代皆有学者揭橥扬雄创作的模拟特征。郭绍虞《中国文学批评史》（商务印书馆 1934 年版）说："以他这样的复古思想，加上他有古文奇字的知识，有铺张靡丽的技能，于是形式上也不免模拟经典。"周勋初在《中国文学批评小史》中说："扬雄极力强调学习古代经典，他的几部著名作品差不多都是模仿而成的……这又开了后代重模拟的风气。"① 吴全兰《扬雄是"摹拟大师"之辨正》把扬雄文学作品中的摹拟篇目以表格形式做了展现：

扬雄著作	所模仿的著作
《反离骚》《太玄赋》	屈原的《离骚》
《甘泉赋》《河东赋》《羽猎赋》《长杨赋》	司马相如的《子虚赋》《上林赋》
《解嘲》《解难》	东方朔的《答客难》
《剧秦美新》	司马相如的《封禅文》

由此表可知，扬雄现存文学作品几乎每篇都有模拟痕迹。

对于模拟的原因，学者也做过探讨。王瑶认为："他们为什么喜欢拟作别人的作品呢？因为这本来是一种主要的学习属文的方法，正如我们现在的临帖学书一样。前人的诗文是标准的范本，要用心地从里面揣摩、模仿，以求得其神似。所以一篇有名的文章，以后寻常有好些人底类似的作品出现，这都是模仿的结果。"② 吴全兰《扬雄是"摹拟大师"之辨正》认为扬雄模拟创作主要受限于汉代文人仿作风气的影响。而仿作

① 周勋初：《中国文学批评小史》，长江文艺出版社 1981 年版，第 24 页。
② 王瑶：《中古文学史论》，北京大学出版社 1986 年版，第 200 页。

风气的形成原因有二：一是受到经学恪守师法家法、因循前人、少有创新的学风影响；二是汉代文章式样少，文人竞相写赋，难免互相借鉴，按照一定体式写作①。不过，这也只说明汉代文人模拟风气形成的部分原因，并不能很好解释扬雄模拟的深层次原因。

近百年来对这一问题的探讨较为明显地区分为两个阶段，前期特别是20世纪80年代以前学者们多批评其模拟的消极因素，后期特别是21世纪以后则多肯定其在模拟中的创新价值。2000年，吴全兰《扬雄是"摹拟大师"之辨正》认为"摹拟大师"是贬称，不过扬雄对前人的作品既有模仿又有创新，既有借鉴又有发展。2003年，陈恩维《试论扬雄赋的模拟与转型》认为扬雄的模拟实践是其创作走向成熟的必经阶段，并以《法言·吾子》"好书而不要诸仲尼，书肆也。好说而不要诸仲尼，说铃也"和《太玄·玄莹》"夫道，有因、有循、有革、有化"为据，认为扬雄最终把模拟"上升到了方法论的高度"②。

此外，还有不少学者从扬雄与司马相如异同的角度对扬雄模拟说提出质疑。1985年，王以宪《试论扬雄在汉大赋上对司马相如的因革和发展》即指出："（扬雄）继承司马相如最力而有改革与创新，尤其是他对汉大赋形式主义弊病的深刻认识及精辟见解，更是直接影响了后世作家们的创作与批评家们对辞赋的评价。"该文认为其创新之处主要表现在：第一，内容上，扬雄赋的讽谏更明白率直；第二，艺术手法上，司马相如长于描述而扬雄长于议论；第三，艺术风格上，司马相如清峻豪放而扬雄庄重深沉；第四，结构形式上，扬雄赋篇幅缩短、喜用长句长对、保存骚赋楚歌之风，与司马相如也有区别；第五，扬雄扩大了汉赋的题材③。蒋文燕《扬雄与司马相如赋风差异之比较》，贾名党、吴益群《司马相如与扬雄略论》，赵骥《经学变化的文学投影：司马相如、扬雄田猎赋异同论》等文章均从扬雄与司马相如的差异比较中肯定了扬雄的创新价值。

2. 扬雄文学创作的特征研究

首先，研究扬雄大赋创作的征实性特征。2009年，王怀成《扬雄〈蜀都赋〉之征实性略考》认为《蜀都赋》对四川地域特征、经济状况及城市面貌三个方面做了真实反映，所以其内容"类皆有据""却可信然"④。此后，易闻晓也认为扬雄大赋创作代表着汉赋"征实的转向"，并从创作缘由、假托形式、叙议为本的框架结构三方面做了

---

① 吴全兰：《扬雄是"摹拟大师"之辨正》，《桂林市教育学院学报》2000年第3期。

② 陈恩维：《试论扬雄赋的模拟与转型》，《中国韵文学刊》2003年第2期。

③ 王以宪：《试论扬雄在汉大赋上对司马相如的因革和发展》，《江西师范大学学报》（哲学社会科学版）1985年第1期。

④ 王怀成：《扬雄〈蜀都赋〉之征实性略考》，《社科纵横》2009年2月。

较为详细的论述[①]。

其次，讨论扬雄大赋的创作模式。王德华从扬雄“丽以则”的赋论准则探讨其“以颂为讽”的大赋创作模式，并认为扬雄四大赋借助以序明讽、推而隆之、曲终奏雅等方式展现“以颂为讽”的创作模式[②]。崔爽也认为扬雄开创了以颂为讽、文史夹以微讽、大量用典、抒情中议论的新的讽谏手法[③]。此外，雷雨婷硕士论文《扬雄辞赋创作变革及其赋学思想》（宁夏大学2016年）对扬雄辞赋创作的特点做了探讨。

3. 扬雄文学创作的个性与创新

陶秋英《汉赋之史的研究》（中华书局1939年版）盛赞司马相如天才放纵而鄙薄扬雄，所谓“司马放达而子云拘谨”，代表着那个时代对扬雄的普遍评价。但21世纪以来，出现不少挖掘扬雄文学创作个性的论文。2005年，辛小飞《扬雄赋的个性特征》通过分析扬雄的生平与赋作，认为扬雄赋作的艺术创新表现在：有自觉的讽谏意识、扩大了赋作的描写领域[④]。2010年，马建华《扬雄“四赋”的突破》认为扬雄四大赋虽然为模拟司马相如而创作，但是在形式、内容、风格等方面有以下创新：在讽谏主旨上，司马相如着力点在弘辞丽句，虽曲终奏雅而不免狗尾续貂；扬雄赋为讽谏而作，篇中的铺陈夸张只是作赋手段；在体式上，扬雄有意打破散体赋、骚体赋的界限，用骚体来表现汉代盛世和天子的声威，使骚体摆脱以往压抑的基调，正式融入汉代主流文化；在题材和内容上，扬雄赋对宫殿、水中狩猎的大力描写皆比前人有所开拓；在讽喻内容上，扬雄也有所拓宽；最后，扬雄四赋还体现一定的民本思想，非常鲜明地反对扰民、虐民行为。正因为颇多创新，扬雄才在“汉赋发展史上赢得了与司马相如并称的地位”[⑤]。2009年，陈碧仙《试析扬雄辞赋作品的艺术特色》归纳扬雄辞赋创作四个方面的独创与改革：铺叙与说理相结合；虚构方法的革新；篇幅缩短，不落俗套；练字遣词极有功力[⑥]。2018年，赵骥《经学变化的文学投影：司马相如、扬雄田猎赋异同论》以田猎赋为例分析扬雄与司马相如赋异趣的社会原因：汉武帝时面对有离心倾向的诸侯王和频繁入境杀掠的匈奴，强调集权大一统和尊王攘夷的公羊学兴起，因此司马相如《子虚上林赋》的主要视点在“尊君”，有尊上贬下的特点；随着传统儒家仁政思想、道统价值重新被重视，孟子的思想给予士人劝谏的勇气并有助

① 易闻晓：《论扬雄与汉赋的转向》，《复旦学报》（社会科学版）2018年第6期。

② 王德华：《扬雄赋论准则及其大赋创作模式》，《浙江师范大学学报》（社会科学版）2011年第4期。

③ 崔爽：《浅谈扬雄赋中讽谏手法》，《商业文化》2011年第7期。

④ 辛小飞：《扬雄赋的个性特征》，《和田师范专科学院学报》2005年第5期。

⑤ 马建华：《扬雄“四赋”的突破》，《新乡学院学报》（社会科学版）2010年第2期。

⑥ 陈碧仙：《试析扬雄辞赋作品的艺术特色》，《福建教育学院学报》2009年第3期。

于其养成独立的人格，因此扬雄《羽猎赋》主要视点在“安民”，有“屈君以伸天”的倾向①。

（二）扬雄文学作品的阐释

1. 赋作的解读

宋皓琨《扬雄四大赋的文本重读——以〈上林赋〉为比较对象》从文本细读的角度将扬雄四大赋，特别是《甘泉赋》与司马相如《上林赋》对比后认为：扬雄把《上林赋》的虚拟描写转为写实艺术、空间艺术转为时间艺术、夸诞艺术转为言志艺术②。王德华《主文谲谏 以颂为讽——扬雄〈甘泉赋〉〈羽猎赋〉〈长杨赋〉解读》抓住扬雄赋的两个特征予以阐释：首先，“诗人之赋丽以则”的赋论准则以及“以颂为美”的创作思维模式的展现；其次，赋序与韵散结合句式的变化。这种解读视角最终落实到扬雄赋体创作的特点以及汉代大赋的演变上来③。

王允亮《从激愤到和平——扬雄〈逐贫赋〉赏析》通过对《逐贫赋》三个层次的细读揭示赋作思想由激荡到平静的变化过程，并驳正了明代谢榛对扬雄“急于富贵”“终仕新莽”的批评④。李昕昕《扬雄述志赋发微》在探讨“述志赋”的概念后，从“名”“富贵”“纲常”三个角度解读扬雄《反离骚》《逐贫赋》《太玄赋》《解嘲》《解难》五篇述志赋⑤。张丽萍、朱智明《士人的自觉意识——扬雄抒情言志赋之研究》否定学界对扬雄抒情言志赋“清静无为”“消极避世”的批评，认为扬雄在这类赋中流露的“皇权的疏离意识”是一种当时士人的自觉意识，并因此推动汉赋由再现到表现的转变⑥。

2.《反离骚》的解读

骚体虽属楚辞，但因为汉人辞、赋不甚分别，后人研究时亦常将其隶属于述志赋或抒情言志赋。不过，扬雄因为《反离骚》批评屈原而被后人批判为“屈原之罪人”，且学者对《反离骚》的阐释也很多，因此将其单列一类予以介绍。1929 年 12 月 4 日，鲁迅在上海暨南大学讲演时曾以“《离骚》与《反离骚》”为题表达“这两派——牢骚

---

① 赵骥：《经学变化的文学投影：司马相如、扬雄田猎赋异同论》，《济南大学学报》（社会科学版）2018 年第 4 期。

② 宋皓琨：《扬雄四大赋的文本重读——以〈上林赋〉为比较对象》，《齐齐哈尔大学学报》（哲学社会科学版）2006 年第 6 期。

③ 王德华：《主文谲谏 以颂为讽——扬雄〈甘泉赋〉〈羽猎赋〉〈长杨赋〉解读》，《古典文学知识》2010 年第 1 期。

④ 王允亮：《从激愤到和平——扬雄〈逐贫赋〉赏析》，《名作欣赏》2011 年第 8 期。

⑤ 李昕昕：《扬雄述志赋发微》，《乐山师范学院学报》2007 年第 10 期。

⑥ 张丽萍、朱智明：《士人的自觉意识——扬雄抒情言志赋之研究》，《辽宁师专学报》（社会科学版）2011 年第 2 期。

与反牢骚都不是社会的叛徒”的观点。1982 年，李拓之《离骚与反离骚——鲁迅先生诞生一百周年纪念》对鲁迅演讲的旨意做了解读。这两篇文章虽然并未过多论及扬雄《反离骚》一文，但由此可见《反离骚》在整个中国特别是近代中国学术史、文化史上的影响。

1982 年，黄中模《扬雄的〈反离骚〉及其引起的论争》是新中国较早为扬雄《反离骚》正名的学术论文。该文从《反离骚》的主要内容、扬雄与班固论骚之异同、围绕扬雄评骚的论争三个角度做了较为全面的评述，并认为历代评价《反离骚》的矛盾“其实质是儒家思想与非儒家思想的分歧，在评价屈原的论争中的反映”，而对扬雄评骚“应作具体分析，不宜笼统地全盘否定”①。1989 年，郭建勋《扬雄及其〈反离骚〉之再认识》也是针对当时学界全盘否定扬雄及其《反离骚》的偏颇而作。该文认为：扬雄其实对屈原和《离骚》做了高度评价，《反离骚》“反其辞而合其心”；扬雄“守道保身”的人生哲学虽然与屈原不同，但有其深刻的历史原因和相当的合理性，因此不能成为人们批判扬雄的理由；朱熹等从人品角度批评扬雄，认为其《反离骚》的根本目的在于“以明天下之大戒”，但这种观点显得机械和片面；《反离骚》在艺术上可能不太成功，但在文学史特别是思想史上价值独特，即以异端思想成为反传统的武器②。王思齐《试论〈反离骚〉的文学价值》专从文学艺术的角度为扬雄《反离骚》正名：首先，开启了一种新型的悼文形式；其次，虽为拟骚，但摆脱《离骚》的笼罩，输入了自己的时代精神；复次，构建了自己独特的文化心理结构③。赵乖勋《再论扬雄〈反离骚〉》认为扬雄把人的行为目的和方法分开，只是对屈原绝对不从俗、不用“以退为进”的策略、不识“时”的三种行为方法表示不满，而这些观点为个体的自由发展拓展了空间④。

3. 其他作品的阐释

赵俊玲《“官箴王阙”传统与扬雄箴文》从“官箴王阙”的政治制度和历史传统出发，结合扬雄箴文的具体内容，认为扬雄箴文的箴戒对象是君主而不是学界普遍认可的百官⑤。

张晓明《论扬雄“连珠”的文学价值》认为扬雄创立“连珠”意在讽谏，表现出他渴望开明政治、吏治清廉和人民安定生活的愿望，两则“连珠”均分为两段的形式

① 黄中模：《扬雄的〈反离骚〉及其引起的论争》，《江汉论坛》1982 年第 6 期。
② 郭建勋：《扬雄及其〈反离骚〉之再认识》，《求索》1989 年第 4 期。
③ 王思齐：《试论〈反离骚〉的文学价值》，《考试周刊》2009 年第 43 期。
④ 赵乖勋：《再论扬雄〈反离骚〉》，《四川师范大学学报》（社会科学版）2010 年第 6 期。
⑤ 赵俊玲：《“官箴王阙”传统与扬雄箴文》，《安阳师范学院学报》2015 年第 3 期。

则具有很强的逻辑推理特色，因此扬雄“连珠”的文学价值主要表现在“它是一种言约意丰的富有文学色彩的、与赋同时存在却是对‘赋丽以淫’的文风起矫正作用的新文体。它的出现对东汉抒情小赋的产生有较大影响，同时也是赋向骈文过渡的一种新文体”①。

刘保贞《扬雄与〈剧秦美新〉》认为扬雄《剧秦美新》作于投阁被释后，扬雄无论思想上还是个人感情上都对王莽倍加赞赏，并且建议王莽行巡狩天下、封禅泰山之礼②。王瑰《也论扬雄“美新”》则认为《剧秦美新》作于“投阁”之后，应该为求生而不是赞美所作，其“美新”的动机是为完成《方言》争取时间和创造环境的文化使命感③。王允亮《扬雄〈剧秦美新〉与汉代的王道观》否定李善及五臣注对《剧秦美新》“奋三为一”指《尧典》《舜典》《帝典》三篇的解释，认为“奋三为一”实源于“王道通三”的观念，具有大一统特色，是时代精神的高度体现④。

侯文学教授《淑周楚之风烈——扬雄作品的文化阐释》（东北师范大学博士论文，2003 年）从扬雄作品对人物、艺术、自然事象的审美观照及其不同时期色彩的取向、文学作品的文化走向等多个方面对扬雄文学作品进行系统的文化解读，可以看成是大陆较早以专著形式研读扬雄文学作品的成果，可惜至今尚未正式出版。

三、扬雄文学理论研究

扬雄的文学思想极其博大且充满矛盾，因而广为历代学者关注。本套丛书中的《百年扬雄文艺美学研究综录》一书对此也多有探讨，因此本节主要以文学理论范畴为切入点对现有研究做一简要介绍。

（一）扬雄文学理论研究总述

中国文学理论的专文，一般认为始于魏文帝曹丕的《典论·论文》，那是一个“文学自觉”的时代。在此之前，虽然时有对文学的评论，但比较隐晦且不成系统。扬雄是西汉重要的思想家、哲学家，相比同时代其他的赋家、作家，他有着更为自觉的文学理论意识，构筑了完整的文学理论体系，为后世所用。近百年来，一代又一代的学者接受时代的洗礼而对扬雄文学理论做出相应的研究。

第一，探讨扬雄文学思想的矛盾性。“童子雕虫篆刻”与“壮夫不为”中的“童

① 张晓明：《论扬雄“连珠”的文学价值》，《青岛大学师范学院学报》1999 年第 2 期。
② 刘保贞：《扬雄与〈剧秦美新〉》，《山东大学学报》（社会科学版）2000 年第 6 期。
③ 王瑰：《也论扬雄“美新”》，《关东学刊》2016 年第 6 期。
④ 王允亮：《扬雄〈剧秦美新〉与汉代的王道观》，《上海大学学报》（社会科学版）2017 年第 5 期。

子”与“壮夫”，“诗人之赋丽以则，辞人之赋丽以淫”中的“诗人”与“辞人”、“丽以则”与“丽以淫”等，皆是用对立的观点提出自己的文学理论。扬雄前期模拟屈原、司马相如大量创作各种辞赋作品，后期提出悔赋不作的观点，更让其文学理论充满矛盾。1957 年，朱东润《中国文学批评史大纲 · 西汉之文学批评》即指出这种矛盾：“子云论赋，前后主张不一。”①

第二，从思想渊源探讨扬雄文学理论矛盾的原因。首先，从儒学与文学的双重标准来解读其矛盾。郭绍虞《中国文学批评史》认为“大抵汉人论赋不外两点：一是站在文学的立场言者，一是站在儒学的方面言者；而扬雄一生之赋论却兼有这两方面”②，扬雄早年好赋，论赋偏于文学的立场，晚年斥赋，论赋则偏于儒学的立场。罗根泽《中国文学批评史》也认为由于扬雄对重形式之“文”的反对，对重内容之儒家之“学”的提倡，因而主张宗经、征圣与尊孔③。其次，从儒道思想的冲突来理解其矛盾。李庆甲《扬雄文学思想述评》认为扬雄文学思想受儒家思想影响的主要表现是形成明道、征圣、宗经的文学主张，并提出“明道、征圣、宗经的原则不但是扬雄反对辞赋的理论基础，且是他全部文学理论的核心”④，而扬雄主张为文质朴、自然，便是深受道家思想影响的明证。许结《论扬雄融合儒道对其文论的影响》先论述扬雄的儒道思想“就儒学而言，他是先秦儒家发展到汉代董仲舒集大成后发生深刻变化之关键；就道学而言，他是先秦道家发展到魏晋玄学之间的枢纽；就儒道融合对古代文化心理结构产生之影响而言，他的作用更不应轻估”，然后阐述这一哲学思想对文学理论的影响，“由于学术思想中儒道融合之影响，扬雄文艺观始终贯串了两种精神：一是儒家文为经世、学以致用之精神，一是道家轻禄傲贵、淡泊自守之精神”，并具体从扬雄文论中文与道、文与质、对汉赋的评价与对屈原的评价这四方面来论析两种精神相互矛盾的表现⑤。复次，从“自然之道”与宗经、征圣来解读其矛盾。敏泽《中国文学理论批评史》称扬雄“认为的自然之道是发展变化的，本身就包含因与革两种互相对立的因素”⑥，而最能体现自然之道的则是圣人所著经书，于是“扬雄把‘圣人’及经书抬高到了无以复加的地步，作为一切‘言’‘书’的最高标准和楷模”⑦。

---

① 朱东润：《中国文学批评史大纲》，上海古籍出版社 2005 年版，第 15 页。

② 郭绍虞编著：《中国文学批评史》，百花文艺出版社 1999 年版，第 52 页。

③ 罗根泽：《中国文学批评史》，上海书店出版社 2003 年版，第 93 页。

④ 李庆甲：《扬雄文学思想述评》，载上海人民出版社编：《古典文学论丛》，上海人民出版社 1980 年版，第 73 页。

⑤ 许结：《论扬雄融合儒道对其文论的影响》，《学术月刊》1986 年第 4 期。

⑥ 敏泽：《中国文学理论批评史》，吉林教育出版社 1993 年版，第 152—153 页。

⑦ 敏泽：《中国文学理论批评史》，吉林教育出版社 1993 年版，第 153 页。

第三，从人生经历、心态等角度探讨扬雄文学理论的变化原因。孙少华《扬雄的文学追求与文学观念之迁变》认为，扬雄的文学追求由早期辞赋创作转向后期经学与诸子学术研究有内外两个因素，内在因素是扬雄所处的社会普遍性心理环境及自身性格缺陷造就他悲观的心理状态与消极的人生态度，从而影响其文学追求与文学观念变化，而外在因素则是由于朝代更迭所造成的学术风尚转向[①]。

第四，探讨扬雄文学思想与文学自觉的关系。鲁迅“曹丕的一个时代可说是‘文学的自觉时代’”的观点影响深远，但也有不少学者在逐渐修正这一结论。张少康《论文学的独立和自觉非自魏晋始》一文即提出异议：“文学的独立和自觉是从战国后期（楚辞）的创作开始初露端倪，经过了一个较长的逐步发展过程，到西汉中期就已经很明确了，这个过程的完成，我认为可以刘向校书而在《别录》中将诗赋专列一类作为标志。”[②] 万志全《论文学的自觉理论探讨始自扬雄的丽》更进一步认为：“文学自觉的标志性特征已在扬雄的‘丽’中显现端倪。”[③] 无独有偶，钟志强《扬雄的“以文立命”及其对文学自觉的影响》通过对屈原“以文抒情”、贾谊“以文自广”、司马迁“以文立言”、扬雄“以文立命”的“文”的变化阐述扬雄“已标志了‘文学自觉’初具雏形”，即扬雄对“丽”的自觉追求已经成为文学自觉的标志性特征；扬雄区分不同体裁及文体，并能根据需要选择不同文体；扬雄对促进文学从广义的学术中分化出来功不可没[④]。

第五，探讨扬雄文学思想的影响。不少学者在探讨扬雄的文学思想时都会或多或少涉及这一问题，其中尤以 1988 年许结先生发表于《中国社会科学》的《论扬雄与东汉文学思潮》一文最为详尽、深刻。该文主要讨论扬雄对后世文学的影响及其在汉代文学史上的地位，内容丰富、分析精辟，限于篇幅，这里只从扬雄文学思想的影响角度做简要介绍。在文学理论方面，该文要点有二：一是提出“扬雄‘文必艰深’的理论与‘言涉而趋深’的创作风格，并非‘摹拟复古的保守思想’，而是‘穷变’思想的曲折反映”；二是总结扬雄首次将自然之“神”用于文艺批评，形成“宇宙——人事——艺术”的结构系统。第五部分“对东汉文学思潮形成的积极影响”从三个方面总结扬雄对东汉文学思潮形成的影响：第一，“以著述企求立名，破西汉儒门师法章句传统之学以成一家之言”；第二，“扬雄立‘玄’，于开东汉学术玄远旨趣的同时，亦开东汉文风中崇尚自然的思想情趣和达观玄览的艺术境界”；第三，“扬雄在时代变革

① 孙少华：《扬雄的文学追求与文学观念之迁变》，《清华大学学报》（哲学社会科学版）2012 年第 1 期。
② 张少康：《论文学的独立和自觉非自魏晋始》，《北京大学学报》（哲学社会科学版）1996 年第 2 期。
③ 万志全：《论文学的自觉理论探讨始自扬雄的丽》，《名作欣赏》2007 年第 1 期。
④ 钟志强：《扬雄的“以文立命”及其对文学自觉的影响》，《四川教育学院学报》2009 年第 3 期。

期对儒学传统与辞赋艺术的反思，促进了东汉文学观念的演变”。具体表现亦为三点：其一，“个性意识的觉醒与沉沦于西汉经学氛围的先秦人本位思想的复苏，使扬雄首开以文学笔触品藻人物之风”；其二，“扬雄文质副称说改变了西汉重质轻文观，为东汉重文思想创造了转机”；其三，“扬雄思想中萌发出一种自觉艺术观对东汉艺术观念的演变有一定影响”[①]。

（二）扬雄文学理论的重要范畴研究

扬雄的文学理论极为丰富且大多为妙言警句，因此在中国文学的漫长发展过程中逐渐成为文学理论的重要范畴，近百年来也多有学者撰专文研究。今摘其重要者介绍如下。

1. 丽则、丽淫与“文质”说

“丽”作为审美概念在扬雄之前也间有提及，如司马相如在《上林赋》描写上林的“巨丽”之美，汉宣帝认为“（辞赋）小者辩丽可喜”，但皆不及扬雄论述之广泛、深刻。学界一般认为《汉书·扬雄传》源自扬雄自传，本传“先是时，蜀有司马相如，作赋甚弘丽温雅，雄心壮之，每作赋，常拟之以为式”一语提到扬雄对司马相如“弘丽温雅”之赋的模仿；“雄以为赋者，将以风也，必推类而言，极丽靡之辞，闳侈巨衍，竞于使人不能加也”一语指出赋文体“极丽靡之辞”的特征。扬雄在与刘歆的书信中说自己“少不得学，而心好沉博绝丽之文”，“沉博绝丽”或可视为“弘丽”的注解。由此可见，扬雄认为“丽”是汉赋的主要文体特征，后来扬雄在《法言》中对汉赋之“丽”做了修正：“诗人之赋丽以则，辞人之赋丽以淫。”由此，丽则、丽淫成了中国文学理论史特别是赋论中经久不衰的审美范畴。扬雄《太玄·文》“阴敛其质，阳散其文。文质班班，万物粲然”可以看成是对丽则、丽淫给出的哲学解释。因此，文质相符又可视为丽则观的另一种表达。前文在论及扬雄文学思想时已粗略涉及“丽”的思想，此处再对相关专文予以介绍。

兰寿春《“诗人之赋丽以则”辩证——简论扬雄赋论的影响和意义》认为扬雄是汉大赋的叛逆者、批判者，扬雄“丽以则”的标准问题就是文与质的关系问题，是在“文人‘欲兴治’的创作立意，社会上强调雅乐经学的思想，促使文学家们反思汉赋的社会作用”这种背景下产生的，并认为扬雄的赋论约束了汉大赋的发展，同时客观上催生了东汉抒情小赋的出现[②]。

陈碧仙《兼论扬雄关于汉赋“丽则”和“丽淫”的文学思想》认为“丽则”“丽

① 许结：《论扬雄与东汉文学思潮》，《中国社会科学》1988 年第 1 期。

② 兰寿春：《“诗人之赋丽以则”辩证——简论扬雄赋论的影响和意义》，《龙岩学院学报》2007 年第 1 期。

淫”以及“文质相符”的文学理论特征有二：首先，扬雄第一次从审美高度明确指出了汉赋的共同特质——“丽”；其次，扬雄着眼于文学功能的文以致用的观点突出强调了文学的“则”。作者肯定这些理论：“从审美高度提出的文学丽靡特质和着眼于文学功用的文以致用观念是扬雄文学思想的核心，它对后代的文学创作和文学理论都产生了深刻的影响。”①

束景南、郝永《论扬雄文学思想之“文质相副”说》认为是扬雄首先系统地提出“文质”说这一重要范畴，而不是流行说法所主张的孔子和刘勰。为了要救汉儒以文害质和汉赋家文丽用寡之病，扬雄重点论述了“文质”说中“质”的方面，具体包括“质”是“情”、“质”是“道”、“质”是“事”等②。

田胜利《扬雄“文质说”及相关的文学观念与创作》认为扬雄“文质说”源自儒家，也有对道家思想的吸纳，并且借助宗经立义桥梁在具体的文学创作中得到实践③。

2. “诗人之赋”与“辞人之赋”

这一范畴出自《法言·吾子》：“诗人之赋丽以则，辞人之赋丽以淫”，与“丽则”“丽淫”紧密相关。这一理论范畴的主要焦点在谁是“诗人”，谁是“辞人”，哪些作品为“诗人之赋”。

曹大中《屈赋非扬雄所说“诗人之赋”辩》从四个方面否定屈原赋为“诗人之赋”的流行观点：第一，“则者可法则”，《法言·吾子》曾论述一切言论、行为、著述的法则，屈原及其赋作被排除在外；第二，扬雄《反离骚》批评屈原的处世哲学，可见他不以屈原及其作品为取法的准则；第三，据《文选·谢灵运传论》李善注知扬雄批评屈原作品“过以浮”；第四，《法言·吾子》评价屈原智否问题时只给了“丹青”之伦的评价，与可为法则的圣人不同。因此，“屈原的赋，扬雄认为够不上‘丽以则’的标准，不属于‘诗人之赋’的范围内。‘诗人之赋’只能是指《五经》之一的《诗经》的作品”④。

刘浏《扬雄“诗人之赋”辩义》也认为“诗人之赋”中的“诗人”“不是荀子或屈原，也不是通常意义上的‘作诗者’或‘以诗名家者’，而是专指《诗经》的作者”，因此“诗人之赋”即《诗经》中的赋。不过，这里的赋“与后世将‘赋’作为一种‘体’的概念毫不相涉”⑤。

---

① 陈碧仙：《兼论扬雄关于汉赋“丽则”和“丽淫”的文学思想》，《福建教育学院学报》2009 年第 1 期。
② 束景南、郝永：《论扬雄文学思想之“文质相副”说》，《文艺理论研究》2007 年第 4 期。
③ 田胜利：《扬雄“文质说”及相关的文学观念与创作》，《湖南工业大学学报》（社会科学版）2017 年第 6 期。
④ 曹大中：《屈赋非扬雄所说“诗人之赋”辩》，《中国文学研究》1990 年第 4 期。
⑤ 刘浏：《扬雄“诗人之赋”辩义》，《文艺评论》2011 年第 6 期。

冷卫国《“诗人之赋”与“辞人之赋”——论扬雄的赋学批评》晚出，且与上述两文观点不同，认为屈原之赋为“诗人之赋”，司马相如等汉代赋家之赋则为“辞人之赋”。可能因为该文侧重点在扬雄的赋学批评，并未对何为“诗人之赋”“辞人之赋”做出细致考论①。

3．童子雕虫与壮夫不为

语出《法言·吾子篇》：“或问：‘吾子少而好赋。’曰：‘然。童子雕虫篆刻。’俄而曰：‘壮夫不为也。’或曰：‘赋可以讽乎？’曰：‘讽乎！讽则已，不已，吾恐不免于劝也。’或曰：‘雾縠之组丽。’曰：‘女工之蠹矣。’”“童子雕虫篆刻”“壮夫不为”一般理解为：扬雄视赋为雕虫小技，壮年后不屑再作赋，甚至认为扬雄是“文学取消主义的始作俑者”②。近年来也有部分学者对此展开专题讨论，时有新意。

1986年，马夏民《扬雄薄赋辨》根据《说文解字》“学僮十七以上，又以八体试之”认为“虫书和刻符皆为学僮所习，当然是少年人的玩意”，并总结了扬雄薄赋的三个原因：汉代辞赋家的地位很低；悟其所作之赋，皆模拟之作；为了“明道”“宗圣”和“征经”。总之，扬雄薄赋“是从担心辞赋会惑乱经典这个意义上对赋加以否定的”③。

魏鹏举《“雕虫”与“雕龙”的故事——兼论扬雄与刘勰的文学观》将视文章为小道的扬雄“雕虫”论与刘勰“雕龙”论相提并论，分析了各自立论的缘由及相互的关联：“‘雕虫’在扬雄那里虽然不是对于‘文’的完全否定，但显然有着反对文滥的强烈忧患，是以‘破’的消极倾向为主的；‘文弊’的这一忧患虽然也被刘勰所继承，但刘勰是以‘破’而求立的，是从积极的方面认定和规范‘文’的价值的，所以他用‘雕龙’。”④

王虎《“雕虫”探源》视“虫”为“彤”的通假，意为“丹饰、雕饰”⑤。张明辉《关于扬雄辞赋观的一点厘清》由此认为“扬雄之‘雕虫’句”，指年轻时喜欢雕饰辞藻，写了些大赋，壮年后就不写这些“辞人之赋”了，这一观点表明扬雄发现了辞赋艺术形式和文学功能之间的矛盾，标志着“辞赋摆脱儒家经典附庸地位的开始”⑥。

---

① 冷卫国：《“诗人之赋”与“辞人之赋”——论扬雄的赋学批评》，《齐鲁学刊》2013年第3期。

② 顾易生：《先秦两汉文学批评史》认为“童子雕虫篆刻”“壮夫不为”的结论被“后来的道学家加以片面发挥，就成了文学的取消主义。扬雄作为始作俑者，有其一定的责任”，上海古籍出版社1990年版，第550页。张明辉：《关于扬雄辞赋观的一点厘清》总结说：“扬雄的‘童子雕虫篆刻，壮夫不为也’，长期以来一直被认为是矫枉过正的偏激之辞，是文学取消主义的始作俑者。”《南阳师范学院学报》（社会科学版）2010年第10期。

③ 马夏民：《扬雄薄赋辨》，《信阳师范学院学报》（哲学社会科学版）1986年第2期。

④ 魏鹏举：《“雕虫”与“雕龙”的故事——兼论扬雄与刘勰的文学观》，《文化与诗学》2008年第1期。

⑤ 王虎：《“雕虫”探源》，《光明日报》2009年10月19日。

⑥ 张明辉：《关于扬雄辞赋观的一点厘清》，《南阳师范学院学报》（社会科学版）2010年第11期。

四、扬雄文学研究的特点及趋势

近百年来扬雄文学研究成果较为丰硕，但在研究焦点、成果形式等方面皆带有不同的时代烙印。

第一，从研究时段的盛衰来看，20 世纪初至 1949 年，受文学成为独立学科的刺激，扬雄文学研究进入学者的研究视域；1950 年至 1979 年，受政治、文化的影响，扬雄文学研究几乎停滞，罕有开创性成果；1980 年至 1999 年，文学文艺思潮兴起，扬雄文学研究进入破冰期，产生了比较丰富的成果；21 世纪以来，受弘扬传统文化、地方文化的影响，扬雄文学研究进入空前繁盛期，产生了大量的研究成果，不仅多有开创性的成果，亦有不少普及性的论文。

第二，就研究焦点和情感倾向来看，1949 年之前多集中在扬雄赋的研究且以批评为主；改革开放至 21 世纪研究范围拓宽，多从儒道思想角度解读扬雄的文学思想，虽不乏批评之论，但亦时见同情之理解，甚或褒扬；21 世纪以后，研究范围更加宽广，扬雄文学研究全面展开，特别注重其文化价值及对地方文化建设的意义，虽然立论比较客观，但几乎全为褒扬之论。

第三，就成果形式而言，1949 年之前少有扬雄文学研究的专著专文，成果形式多是中国文学史、赋史等专著中的章节，甚至片言只字；改革开放至今多为单篇论文的形式。21 世纪以后扬雄文学研究的硕博论文大量涌现，已经接近专著的形式。虽然截至目前，除了三种扬雄文集的笺注本以外，尚未有扬雄文学研究专著正式出版，但相信很快就会涌现一批成果丰硕的研究专著。

第四，21 世纪以来，地方政府及相关研究机构成为推动扬雄文学研究的主要动力之一。四川省委省政府以及扬雄故里成都郫都区政府在各个层面推动了扬雄文学研究，四川省扬雄研究中心、四川省扬雄研究会各自召开多次扬雄学术研究会议并发布大量相关课题，极大地推动了扬雄文学研究的深入展开。

总而言之，近百年来扬雄文学研究虽然几经波折，但进入 21 世纪以后借助时代思潮，扬雄文学研究已经全面展开，可以预见其发展的可能方向：

第一，扬雄文学文献的研究与集成将进一步深入展开。随着中国经济、文化实力的不断增强，国家已经持续加大对古典文学文献的支持力度与范围。扬雄文集在历代皆有编撰，但大多散佚，致使其作品真伪、篇目多寡等存在较大争议，当前扬雄文学研究已进入活跃时期，学界有热情也有必要进一步展开扬雄作品真伪考辨、系年校注等文献工作，从而编撰出反映时代特色的经典文集。

第二，扬雄文学作品的解读、文学理论的阐释将更加深入且更具有时代特色。与西汉乃至两汉文学家相比，扬雄文学研究至少具有三方面优势：文学作品较多且涉及各种体裁，文学理论丰富且充满矛盾，文学理论与文学作品之间存在极大的张力。因此，扬雄文学研究的兴盛不但可以预见，而且由于国家和地方政府的推动，这种研究必然和当下的文化思潮融合，体现强烈的时代特色。

第三，海外扬雄文学研究特别是其研究成果的译介将进入一个活跃时期。中国古代很少关注日本、韩国的扬雄研究，几乎从未译介他们的成果，由于全球化的影响，学界不仅会译介日、韩的扬雄文学研究成果，对欧、美等其他地区近代以来的扬雄研究也将大量翻译。同时，扬雄研究中心、扬雄研究会最近几年召开的学术会议已经有不少日、韩乃至欧、美学者参会，可以预见扬雄文学研究的全球化也可能是一个趋势。

第四，扬雄文学研究乃至扬雄研究将进入一个集大成的时期。扬雄是中国早期难得的一个“百科全书”式的学者，其著作涉及哲学、文学、语言学等多个学科领域，由于学术分科、学术视野的变化，新时代的扬雄研究具有分科研究、综合研究相辅相成的特点。可以预见，学界必将在系统整理出版历代研究成果的基础上全面系统地推动扬雄研究，从而促成扬雄研究集大成时代的到来。

（作者单位：四川师范大学文学院）

21世纪以来的扬雄赋研究综述

曹闽川

内容提要：扬雄在汉赋方面成就卓著。21世纪以来，学界对其兴致不减，并取得了丰硕的研究成果。学者对扬雄赋作中的用韵、典事等进行了细致的考辨推究，对一些赋作的系年和存疑之处也多有辨勘与探讨。同时，学者将目光投放于扬雄的赋论及影响方面，归纳、总结扬雄的赋学理论，对“诗人之赋”与“辞人之赋”理论的辨析及探究扬雄由“好赋”到“悔赋”转变的原因。对扬雄具体赋作的研究依旧是学者们关注的重点。此外，研究者们还从地域角度分析扬雄赋的蜀中意蕴，关注扬雄赋中的天文书写，还深入挖掘扬雄赋中的文化内涵及生命意识。

关键词：扬雄；赋；赋论；创作论

扬雄（前53—前18），字子云，蜀郡成都（今四川成都）人，西汉后期著名的辞赋家和学者，是巴蜀文化的杰出代表，素有“西道孔子”之称。扬雄的辞赋成就巨大，是汉赋发展史上承上启下式的重要人物，他与同是蜀郡汉赋大家的司马相如比肩，并称“扬马”。自班固《汉书·艺文志》开始，各朝代公私目录书，都著录、选编有扬雄之赋作，其作品流传，长盛不衰。改革开放以来，在新的时代和社会环境下，有关赋和赋学的研究突破了原有的桎梏与约束①，形成一股研究的热潮。扬雄赋作为一块亟待开垦的学术富矿，逐渐受到学界重视，尤其是21世纪以来，在继承发扬传统学术的基础之上，以现代学术理念对扬雄赋进行的评论和研究成绩斐然、硕果累累。笔者拟对21世纪以来有关扬雄赋研究的现状做一述评，以期在前人研究的基础上，推动对扬雄赋的进一步研究。

---

① 许结：《二十世纪赋学研究的回顾与瞻望》，《文学评论》1998年第6期，第118—128页。

一、扬雄赋的辨伪及系年研究

根据《汉书·艺文志》载："扬雄赋十二篇。"[①] 在《汉书·扬雄传》中著录的有《解嘲》《解难》《长杨赋》《河东赋》《甘泉赋》《羽猎赋》《反离骚》七篇，加上有目无文的《广骚》《畔牢愁》[②] 及《汉书·游侠传》中的《酒赋》残篇[③]。以上有史征信，故为扬雄所作无疑。清人严可均辑录《全汉文》在收录以上篇目之外，多收《蜀都赋》《太玄赋》《逐贫赋》三篇[④]，故而其真伪成为研究者们关注和探讨的话题。问永宁从扬雄作品一贯坚持的忠孝思想、对五经的态度以及文风、用韵乃至于骑马一类的与现实不符的细节出发，条分缕析，认为"扬雄以思维缜密出名，这种矛盾的出现，说明《太玄赋》不是扬雄的作品"[⑤]。同时他提出观点，认为《太玄赋》的作者可能是晋代杨泉，但未做深入探讨。关于《蜀都赋》的真伪，徐中舒较早提出质疑，认为"此赋非扬雄作，不辨自明"，但未做深入说明[⑥]。随后郑文在《对扬雄生平与作品的探索》一文中，又从文献的角度提出质疑："《蜀都赋》虽略见于《艺文类聚》六十一，而《古文苑》言'世传孙洙巨源于佛寺经龛中，得唐人古文章一编，莫知谁录也。'（韩元吉《古文苑序》）说是子云所作，似乎不大可信。"[⑦] 此后，其他如方铭、王青也从不同角度提出了质疑[⑧]。到了 21 世纪，熊良智在《扬雄〈蜀都赋〉释疑》中对以上质疑进行了反驳，并以"东""冬"合韵的理由，得出结论："虽然这种异部通押的现象在其他方言中也有可能存在，但考虑到扬雄赋中这些用韵特点的统一性，我们认为扬雄作《蜀都赋》最有可能。"[⑨] 陶禹《扬雄〈蜀都赋〉知识来源与真伪辨析》则从史学与哲学的角度对《蜀都赋》文本中作者的观念与思想进行了勘探，断言"扬雄《蜀都赋》为托名之作"[⑩]。

扬雄赋的系年问题同样也是学界讨论的热点。杨福泉《扬雄至京、待诏、奏赋、

---

① ［汉］班固撰，［唐］颜师古注：《汉书》，中华书局 1968 年版，第 1749 页。

② ［汉］班固撰，［唐］颜师古注：《汉书》，中华书局 1968 年版，第 3513—3587 页。

③ ［汉］班固撰，［唐］颜师古注：《汉书》，中华书局 1968 年版，第 3712—3713 页。

④ ［清］严可均撰：《全汉文》，商务印书馆 1999 年版，第 516—539 页。

⑤ 问永宁：《〈太玄赋〉作者考辨》《湖北大学学报》（哲学社会科学版）2006 年第 5 期，第 635—637 页。

⑥ 徐中舒：《巴蜀文化初论》，《四川大学学报》（社会科学版）1959 年第 2 期，第 21—44 页。

⑦ 郑文：《对扬雄生平与作品的探索》，《文史》1985 年第 24 期，第 209 页。

⑧ 方铭：《扬雄赋论》，《中国文学研究》1991 年第 1 期。王青：《扬雄评传》，南京大学出版社 2000 年版。

⑨ 熊良智：《扬雄〈蜀都赋〉释疑》，《文献》2010 年第 1 期，第 114—118 页。

⑩ 陶禹：《扬雄〈蜀都赋〉的知识来源与真伪辨析》，《新疆大学学报》（哲学社会科学版）2020 年第 2 期，第 87—93 页。

除郎的年代问题》认为扬雄写奏《甘泉赋》《河东赋》二赋的时间应在汉成帝永始四年，并由此推断：扬雄至京的年龄，今传《汉书》本传“赞”文说“四十余”确实错了，应是“三十余”；扬雄除为黄门侍郎，应在此年末奏《羽猎赋》和元延二年上《长杨赋》之间的元延元年①。纪国泰《亦论“扬雄至京、待诏、奏赋、除郎的年代问题”——解读《汉书·扬雄传·赞》的新思路》一文则强调《汉书·扬雄·赞》全文对于解决以上问题的重要意义，他以正确理解“给事黄门，与王莽、刘歆並”句的含义为突破口，认为扬雄由蜀至京的时间“最大可能是阳朔三年末或阳朔四年初”；《甘泉赋》《河东赋》《羽猎赋》写奏于汉成帝元延二年，《长杨赋》写奏时间为元延三年；扬雄“除为郎”的时间“最大可能是元延三年”②。易小平《〈校猎赋〉就是〈羽猎赋〉吗？——兼论扬雄初为郎的时间及年龄》则根据《汉书》卷八七《扬雄传》的记载及传后“赞”的内容，兼以相关史料，断定《校猎赋》并非《羽猎赋》，而扬雄写《甘泉》《河东》两赋的时间应该为汉成帝永始四年，扬雄到京为郎的年龄应该是“三十余”，而非《汉书·扬雄传》中“赞”所言“四十余”③。何易展《〈文选〉李善注扬雄赋作年再堪》则考《汉书》扬雄本传及《成帝纪》等史料，从李善注引《七略》论《甘泉赋》等作年的矛盾之处提出质疑，认为《校猎赋》与《羽猎赋》确为两篇，《羽猎赋》作年大概在永始三年十二月之前，而《校猎赋》则作于元延二年④。熊良智《扬雄“四赋”时年考》对学界一贯认同的扬雄“四赋”的写作年代在“元延二、三年间”的说法表示怀疑，认为这种说法“只是简单地采用纪传相合的方式加以的印证”，他通过综合考证，得出“扬雄‘四赋’中《甘泉赋》《河东赋》《羽猎赋》作于永始四年，而《长杨赋》作于元延元年”的结论⑤。纪国泰《扬雄“四赋”考论——兼论扬雄“三世不徙官”的重要原因》对扬雄“四赋”的写作时间、旨趣与表现手法进行了十分深入的考证和评述。他认为：《甘泉赋》《河东赋》《羽猎赋》的写作年代是汉成帝元延二年（前11），《长杨赋》的写作年代是成帝元延三年（前10）；扬雄“出于关心民瘼、关心国家治乱的责任心而坚持‘为赋以风’的文学主张，是扬雄难以

---

① 杨福泉：《扬雄至京、待诏、奏赋、除郎的年代问题》，《上海大学学报》（社会科学版）2002年第1期，第17—21页。

② 纪国泰：《亦论“扬雄至京、待诏、奏赋、除郎的年代问题”——解读〈汉书·扬雄传·赞〉的新思路》，《西华大学学报》（哲学社会科学版）2017年第4期，第13—19页。

③ 易小平：《〈校猎赋〉就是〈羽猎赋〉吗？——兼论扬雄初为郎的时间及年龄》，《广西大学学报》（哲学社会科学版）2007年第3期，第117—120页。

④ 何易展：《〈文选〉李善注扬雄赋作年再勘》，《四川师范大学学报》（社会科学版）2020年第5期，第155—166页。

⑤ 熊良智：《扬雄“四赋”时年考》，《四川师范大学学报》（社会科学版）2005年第3期，第70—72页。

为西汉末世所容的重要原因”①。易小平《关于扬雄四赋作年的两个问题》一文对传统将四赋系年为“元延二年和元延三年”的说法表示怀疑，据他考证四赋作年分别为：永始四年（前 13）作《甘泉赋》与《河东赋》，元延元年（前 12）作《校猎赋》，元延二年（前 11）作《长杨赋》②。金前文《西汉蜀郡赋家赋作考》对扬雄《蜀都赋》《太玄赋》《逐贫赋》的系年遵从于陆侃如先生的说法③，即成帝永始三年（前 14）、哀帝建平三年（前 4）和新莽始建国四年（12）左右④。陶成涛《扬雄四赋作年新论》则是结合汉成帝时郊祀制度变迁的舆论背景、“预先献赋”的文学传统以及扬雄本人“归蜀葬子”的史实，认定扬雄四赋的作年，应该为永始三年（前 14）完成《甘泉赋》《河东赋》《羽猎赋》，绥和元年（前 8）完成《长杨赋》⑤。陶成涛此文一反学界关于扬雄赋作系年研究之约定俗成，走《七略》一途，且自证其说，角度新颖，为扬雄四赋系年提供了新的方向和可能。

二、扬雄赋论及其影响的研究

扬雄的赋学理论及影响是学界关注的重点。早在 1988 年，许结先生就在《论扬雄与东汉文学思潮》一文中提出扬雄“双重主旨的文学思想体系”的说法，认为扬雄赋作主要体现为两种精神，“一是儒家文为经世，翼教明道的精神，一是道家轻禄傲贵、淡泊自守的精神：前者决定其文学观宗经、征圣的倾向，后者决定其崇尚自然的倾向。”甚至最后说道，“（扬雄文学思想）对东汉文学思潮形成积极的影响……给后世文学的发展以有限的教训（摹拟，复古），无限的启迪（反思，变革）”⑥。踵继前人，21 世纪以来学界对于扬雄赋论及其影响的研究出现了许多新观点、新视野、新角度，主要集中体现在三个方面的探讨，即归纳、总结扬雄的赋学理论，扬雄“诗人之赋”与“辞人之赋”理论的辨析以及探究扬雄由“好赋”到“悔赋”转变的原因，扬雄赋论的影响。

（一）归纳、总结扬雄的赋学理论

陈朝辉《扬雄辞赋观简论》对扬雄辞赋中体现的“赋劝而不止”“赋家类俳”的

---

① 纪国泰：《扬雄“四赋”考论——兼论扬雄“三世不徙官”的重要原因》，《西华大学学报》（哲学社会科学版）2005 年第 6 期，第 27—30 页。

② 易小平：《关于扬雄四赋作年的两个问题》，《古籍整理研究学刊》2010 年第 6 期，第 92—95 页。

③ 陆侃如著：《中古文学系年》，人民文学出版社 1985 年版，第 8、20、43 页。

④ 金前文：《西汉蜀郡赋家赋作考》，《湖北工业大学学报》2010 年第 6 期，第 154—157 页。

⑤ 陶成涛：《扬雄四赋作年新论》，《西北大学学报》（哲学社会科学版）2017 年第 6 期，第 120—127 页。

⑥ 许结：《论扬雄与东汉文学思潮》，《中国社会科学》1988 年第 1 期，第 157—174 页。

特点进行了细致说明，强调了扬雄“重丽主用”的辞赋观的重要意义[①]。踪凡、冷卫国二人于2004年发表的《扬雄汉赋观刍议》则认为扬雄汉赋观是以儒家思想为基础，其主体是讽谏，其他的观点都是据此推演而成的。踪、冷二人之文对扬雄的辞赋观点进行了解析和说明，将他“变”与“不变”的根由归结于扬雄所处时代背景及其个人生平经历[②]。多洛肯《扬雄辞赋创作论》从扬雄评屈、扬雄悔赋两个方面入手，得出结论：扬雄不为的是“曲终奏雅”的靡丽大赋，扬雄悔赋的时期正是儒道思想在他世界观与人生观中激烈冲突、有机融合的时期，而这一时期扬雄思想中居于主导地位的是道家的消极避祸、自守无为的出世精神[③]。王栋《论扬雄赋论中的文体自觉意识》从新批评理论的角度入手，指出扬雄对“赋”体从形式到内容“双重谬误”的反思正是“文体谬误”和“意图谬误”的反思，认为这不仅是其辞赋理论的总结，更是其文体意识的自觉[④]。王文从西方文学批评的角度切入，充分肯定了扬雄赋论中展现出的文体自觉意识的重要意义，也为重新审评扬雄的赋论提供了新的视角。马光《扬雄赋论中文体自觉意识的形成》对王栋提出的观点进行了深化。认为扬雄关于辞赋功用和价值的否定以及他在赋体流变、文体自觉意识发展方面的贡献于两汉之际的赋学发展史上具有继往开来的重要意义[⑤]。常昭、陈天强《由辞赋异途看扬雄赋论》将扬雄赋论的主要内容归纳为尚丽、尚则、尚用以及重视诗人之赋而贬抑辞人之赋[⑥]。刘静安认为在大一统政权之下，一方面，作为赋家的扬雄之境遇与他本人的期望之间差距太大；另一方面，赋家的人格遭受到挫压，由此产生与政权的疏离，而个体自觉意识也逐渐地觉醒[⑦]。陈碧仙《扬雄辞赋创作浅论》则从扬雄辞赋创作的内容出发，立足文本，文章把扬赋分为前后两个时期并进行分期论述，发现其赋的确比较广泛而深刻地反映了现实生活，揭露了时代弊端[⑧]。魏鹏举以扬雄和刘勰二人的文学观相对比，认为“雕虫”在扬雄那里虽然不是对于“文”的完全否定，但显然有着反对文滥的强烈忧患，是以“破”的消极倾向为主的[⑨]。王德华《扬雄赋论准则及其大赋创作模式》认为扬雄“诗

① 陈朝辉：《扬雄辞赋观简论》，《成都师专学报》2002年第3期，第40—45页。

② 踪凡、冷卫国：《扬雄汉赋观刍议》，《陕西师范大学学报》（哲学社会科学版）2004年第5期，第80—84页。

③ 多洛肯：《扬雄辞赋创作论》，《新疆师范大学学报》（哲学社会科学版）2005年第3期，第108—111页。

④ 王栋：《论扬雄赋论中的文体自觉意识》，《西南交通大学学报》（社会科学版）2007年第5期，第44—48页。

⑤ 马光：《扬雄赋论中文体自觉意识的形成》，《中国社会科学院研究生院学报》2007年第5期，第108页。

⑥ 常昭、陈天强：《由辞赋异途看扬雄赋论》，《济南大学学报》（社会科学版）2006年第4期，第47—50页。

⑦ 刘静安：《从大赋创作到玄静之思：扬雄辞赋创作论》，陕西师范大学硕士学位论文，2007年。

⑧ 陈碧仙：《扬雄辞赋创作浅论》，《福建教育学院学报》2008年第7期，第59—63页。

⑨ 魏鹏举：《“雕虫”与“雕龙”的故事——兼论扬雄与刘勰的文学观》，《文化与诗学》2008年第1期，第261—274页。

人之赋丽以则”的赋论准则与批评的失误揭示了汉代赋体理论与创作实践的背离。扬雄大赋创作的失败及赋论导致的批评失误，是儒学主文而谲谏的诗教观在赋体理论与创作上的反映，也预示着此后大赋创作以颂美为主的历史转向①。该文以扬雄赋论为切口，透视儒学思想在汉代诗赋理论与创作实践的影响，角度新颖。定瑞雨《论汉代诗学背景下的扬雄文赋创作》则是将扬雄的文赋置于汉代诗学的大背景下进行考察。扬雄在汉代雅颂特征为主体的《诗》学背景和审美风格的影响下，在文赋创作中大量引《诗》用《诗》，充分将《诗经》的美刺功能在其创作中体现了出来②。熊良智《扬雄的文学思想与辞赋书写》认为扬雄悔赋而“辍不复为”的行为正是对辞赋创作的反思，对文学关注现实、讽喻现实作用的追求，体现了他的文学自觉意识，也反映了汉代大赋创作由凭虚转向征实的新特点③。熊文逐层深入，重视对扬雄辞赋文本产生的时代背景及描写细节进行分析，抓住了扬雄为文为赋的主要理论支点，论述用心，引用有据，而且文采独具，可堪细读。

（二）“诗人之赋”与“辞人之赋”的辨析及其“好赋”到“悔赋”的原因

张毅《关于汉赋的“丽以淫”与“丽以则”》从司马相如、扬雄、班固的为赋理论说起，认为扬雄“丽以则”论受当时儒家经学教化讽喻思想和尚智求实精神的影响甚大，是一个用功利态度和实践理性消解汉赋铺排夸饰的“侈丽”之美的过程，同时也是导致赋体文学衰落的一个思想文化因素④。兰寿春提出“扬雄是汉大赋的叛逆者”“扬雄是汉大赋的批判者”。认为扬雄关于“丽以则”的标准问题，其实就是文与质的关系问题，扬雄的赋论既有出于文学功用的目的，也有出于文学自身的考虑⑤。陈碧仙认为扬雄从审美高度明确提出了汉赋的文学丽靡特质，从文学功用角度突出强调了汉赋的讽喻性，而这正是扬雄文学思想的核心，也是其为辞作赋的理论支撑⑥。她在随后的《扬雄“文质”的美学思想及其对汉赋的评价》一文中从美学的角度出发，阐述了扬雄在前人思想成果和当时文学发展的基础上提出的“文质相称”的美学思想，肯定

① 王德华：《扬雄赋论准则及其大赋创作模式》，《浙江师范大学学报》（社会科学版）2011 年第 6 期，第 65—74 页。

② 定瑞雨：《论汉代诗学背景下的扬雄文赋创作》，《大众文艺》2019 年第 7 期，第 39—40 页。

③ 熊良智：《扬雄的文学思想与辞赋书写》，《四川师范大学学报》（社会科学版）2019 年第 6 期，第 135—142 页。

④ 张毅：《关于汉赋的“丽以淫”与“丽以则”》，《天津师范大学学报》（社会科学版）2002 年第 5 期，第 46—52 页。

⑤ 兰寿春：《“诗人之赋丽以则”辩证——简论扬雄赋论的影响和意义》，《龙岩学院学报》2007 年第 1 期，第 50—53 页。

⑥ 陈碧仙：《简论扬雄关于汉赋“丽则”和“丽淫”的文学思想》，《福建教育学院学报》2009 年第 1 期，第 81—84 页。

了扬雄作为一名辞赋大家在中国美学史上做出的“一定的贡献”①。此外，在《论扬雄辞赋的讽谏意识表现与形成原因》一文中，针对扬雄辞赋中明显而强烈的封建意识，陈碧仙认为，除了与其受汉代经学思想的影响和扬雄自身沉静深思的性格特征之外，更在于他务实尚用的文学思想。而这种务实尚用的文学思想，正是他对“丽以则”的“诗人之赋”的坚持②。罗红梅《扬雄悔赋考辩——以扬雄〈自序〉为中心》则是从扬雄的《自序》来考察他的立身行事与赋论思想，发现他晚年悔赋之语并非其真实想法的表达，而是反映他在目睹道之不行和赋之不用的情况下，对辞赋接受者的失望心态和对自己辞赋创作的回环自释③。张明辉《关于扬雄辞赋观的一点厘清》着眼于扬雄的“童子雕虫篆刻，壮夫不为也”的观点。他从文字学的角度对“雕虫”进行了解析。认为扬雄这句话的本意是反对过度的文饰，提倡文与质的统一④。张文依托语言学对传统的“雕虫”观提出了新的看法，为进一步辨析扬雄的辞赋理论提供了新的思路。宋烨从“立言观”的角度展开对扬雄赋学思想的探讨，认为“扬雄可以被看成是意欲借由文章去立言以升华立言者个体生命之价值的代表性人物”⑤。刘浏《扬雄“诗人之赋”辩义》对扬雄所言“诗人之赋”进行了辨析，其着眼于“赋”之词性，认为扬雄之“诗人之赋”“辞人之赋”中的“赋”为名词，即“创作的作品”⑥。冷卫国将扬雄的赋论批评以五十岁为界分为前后两个阶段，而“丽以则”的价值准衡，则在扬雄前后两期的赋学观念中始终一以贯之，并对后世的文学观念产生了深远的影响，即“它（指扬雄的赋论）开辟了赋学批评的一个基本路向”⑦。冷文立论清晰，措辞严谨，对于我们深入了解扬雄的赋学批评有很大的裨益。王德华对扬雄赋论做了整体的解读，认为扬雄“诗人之赋丽以则”的赋论准则与批评的失误揭示了汉代赋体理论与创作实践的背离，其大赋创作的失败及赋论导致的批评失误，是儒学主文而谲谏的诗教观在赋体理论与创作上的反映，也预示着此后大赋创作以颂美为主的历史转向⑧。车瑞、刘冠君则主要探讨的是扬雄“丽则”说同汉赋自觉之间的重要关系，并将其归纳为四个

① 陈碧仙：《扬雄“文质”美学思想及其对汉赋的评价》，《凯里学院学报》2009 年第 2 期，第 51—54 页。

② 陈碧仙：《论扬雄辞赋的讽谏意识表现与形成原因》，《莆田学院学报》2009 年第 6 期，第 62—67 页。

③ 罗红梅：《扬雄悔赋考辨——以扬雄〈自序〉为中心》，《宜宾学院学报》2009 年第 9 期，第 39—40 页。

④ 张明辉：《关于扬雄辞赋观的一点厘清》，《南阳师范学院学报》2010 年第 11 期，第 73—75 页。

⑤ 宋烨：《论中国古代的两种立言观——从扬雄的“辞赋雕虫论”到章学诚的“言公论”》，《江海学刊》2020 年第 5 期，第 211—216 页。

⑥ 刘浏：《扬雄“诗人之赋”辩义》，《文艺评论》2011 年第 6 期，第 18—20 页。

⑦ 冷卫国：《“诗人之赋”与“辞人之赋”——论扬雄的赋学批评》，《齐鲁学刊》2013 年第 3 期，第 111—116 页。

⑧ 王德华：《扬雄赋论准则及其大赋创作模式》，《浙江师范大学学报》（社会科学版）2011 年第 4 期，第 65—74 页。

方面：一是扬雄认识到“丽”乃汉赋的本质特征，并且将弘丽确定为大赋的文体特性；二是扬雄反思并批判汉赋之“丽淫”，提出“诗人之赋丽以则”的创作规范；三是汉大赋虽努力适应“丽则”思想而未能实现，从而表现出汉赋体制的惰性；四是后来抒情小赋的出现呼应了“诗人之赋丽以则”的美学主张，既在另外一条路径上实现了汉赋体制的转变，同时也表现出理论影响创作的滞后规律①。雷雨婷的硕士论文《扬雄辞赋创作变革及其赋学思想》从扬雄所处的时代特征和他独特的人生经历入手，将其置身于社会历史环境和学术思潮不断变化的背景中去探究其在辞赋创作变革上的成功和失败之处，并分析了扬雄在辞赋创作变革再认识过程中所形成的较为成熟的赋学思想②。雷文论述详细，对扬雄生平、作品关照精细，所得结论也确为应得之语。汤仕普从语言学的角度出发，认为扬雄“重文辞”的创作倾向，体现出文学创作由重客观写实向作家主观意识增强的发展趋势，使“赋”成为真正的“文学”样式，对中国韵文的发展产生了深远影响，标志着文学自觉时代的到来③。孙少华认为扬雄“诗人之赋”“辞人之赋”概念的提出，正是对刘向、刘歆父子赋学思想的继承，是进一步将汉赋纳入汉代主流的经学轨道的举措，是从理论上对汉赋的第二次改造④。张思齐创造性地提出扬雄文学批评观中存在的三条发展变化的曲线：即从童子到壮夫的变化曲线，从辞赋到学术的变化曲线，宗经与崇道交互运动的螺旋式上升的曲线，强调了扬雄的文学观念的核心是追求发展的⑤。许结《论扬雄赋学的建德观》则别出心裁，以扬雄赋学中的建德观为窗口，来透视扬雄赋学的理论构架与功用⑥。王志阳《扬雄赋论与辞赋创作变化成因考论》对扬雄赋论和赋学创作也呈现出前后相反的情况进行了探究，认为呈现这样的情况主要是由扬雄个人情感因素、个人经历与经学思想所决定的⑦。刘朝谦认为扬雄用喜好“雕虫篆刻”的“童子”拟喻喜好赋文学创作的人，其拟喻是对赋家身份的建构和价值评判。而从文艺学的角度看，正是扬雄赋家身份的经学建构导致了赋

---

① 车瑞、刘冠君：《“丽则”：扬雄赋论与汉赋嬗变》，《武汉大学学报》（人文科学版）2015 年第 4 期，第 129—133 页。

② 雷雨婷：《扬雄辞赋创作变革及其赋学思想》，宁夏大学博士学位论文，2016 年。

③ 汤仕普：《扬雄赋重“文辞”的创作倾向》，《中华文化论坛》2017 年第 12 期，第 21—27 页。

④ 孙少华：《“壮夫不为”与“不讽则劝”——扬雄对汉赋理论的改造与两汉之际文学批评思想的定型》，《铜仁学院学报》2018 年第 7 期，第 25—30 页。

⑤ 张思齐：《扬雄的文学批评观与发展意识》，《西华大学学报》（哲学社会科学版）2018 年第 4 期，第 25—40 页。

⑥ 许结：《论扬雄赋学的建德观》，《文学遗产》2019 年第 5 期，第 46—55 页。

⑦ 王志阳：《扬雄赋论与辞赋创作变化成因考论》，《成都理工大学学报》（社会科学版）2019 年第 6 期，第 78—86 页。

家身份之文学本位的缺失①。刘文站在西方文学理论的角度对扬雄赋论进行了详细的考察，为多角度研究扬雄赋论提供了文艺学意义上的参考。

（三）扬雄赋论的影响

陈恩维《试论扬雄赋的模拟与转型》将扬雄的辞赋创作阶段以成帝朝为界限分为两个时期，即模拟期和转型期。而扬雄以大赋代表作家的身份创作言志赋，可以说是开魏晋抒情赋之先声，“扬雄既是汉赋特色形成的推动者，又是汉赋新变的孕育者”②。兰寿春《“诗人之赋丽以则”辩证——简论扬雄赋论的影响和意义》认为扬雄“文质并重”“丽则”的主张正是作为一个赋家自主地对西汉大赋进行的梳理与评价之后得出的精妙之见，不仅对东汉赋的发展和曹丕、刘勰的赋论都有着重要的影响，并且也使赋与诗的结合有了良好的开端③。刘晓孟《论扬雄赋的深玮风格》以刘勰的评语“深玮”为切入点，认为扬雄昂扬恣肆而又以历史关照现实的创作倾向对东汉赋家辞赋创作以及深沉冷峻、平和雅正的赋风形成有重要影响作用，“扬雄辞赋是西汉赋向东汉赋过渡的桥梁”④。孙尚勇《汉大赋的三大功能与扬雄赋论的政治批判意义》则是对汉赋的三大功能即劝（歌颂和鼓励）、风（讽刺和谏止）、娱乐的确立关系进行了梳理，认为汉赋的劝与风两大功能是由司马相如的创作奠定的，娱乐功能则由汉武帝确立，扬雄则对大赋的这三大功能进行了理论上的概括⑤。侯文学《扬雄辞赋观的形成及其文学史意义》则从扬雄对屈原、司马相如作品的评价贯穿其一生的创作与著述活动的事实出发，认为扬雄辞赋观直接继承者就是班固，扬雄辞赋观影响于班固者，有两点：对“辞人之赋”的批评，对“诗人之赋”的深入诠解⑥。侯文从文学史的角度肯定了扬雄辞赋观对于赋体文学发展的重要作用，论述精辟，这是我们研究扬雄赋论首先应当注意的。

三、对扬雄具体赋作的研究

扬雄为赋甚多，众体兼备，可供学者研究探析者不胜枚举。许结在《论扬雄与东

---

① 刘朝谦：《童子—壮夫论：扬雄赋家身份建构的得失评议》，《成都大学学报》（社科版）2021 年第 1 期，第 83—92。

② 陈恩维：《试论扬雄赋的模拟与转型》，《中国韵文学刊》2003 年第 2 期，第 6—10 页。

③ 兰寿春：《“诗人之赋丽以则”辩证——简论扬雄赋论的影响和意义》，《龙岩学院学报》2007 年第 1 期，第 50—53 页。

④ 刘晓孟：《论扬雄赋的深玮风格》，北华大学硕士学位论文，2019 年。

⑤ 孙尚勇：《汉大赋的三大功能与扬雄赋论的政治批判意义》，《宝鸡文理学院学报》（社会科学版）2019 年第 6 期，第 5—9 页。

⑥ 侯文学：《扬雄辞赋观的形成及其文学史意义》，《清华大学学报》2020 年第 1 期，第 126—135、203—204 页。

汉文学思潮》一文中，就将扬雄赋分作三个系列：其一是反骚系列，包含《畔牢愁》《广骚》《反离骚》，象征扬雄早期处于模拟阶段的骚体赋创作；其二是大赋系列，包括《蜀都赋》《甘泉赋》《河东赋》《羽猎赋》《长杨赋》，代表扬雄才思雄博时期的创作；其三则是太玄系列，包含《解难》《解嘲》《太玄赋》《逐贫赋》，代表扬雄晚年的转型之作[①]。纵观 21 世纪以来学界对于扬雄具体赋作的研究，主要集中在《反离骚》《蜀都赋》及《逐贫赋》上，而这三篇恰好可对应以上三个系列，是扬雄三个阶段的代表之作。

（一）《反离骚》系列的研究

冯小禄《从模拟论扬雄〈反骚〉的范式意义》认为政治道德化批评和模拟消极论遮蔽了对《反离骚》文学史意义的准确认识。面对屈原的文学技巧与典型的人格模式，扬雄静观默察时代精神之变迁，而有意识地以模拟的形式“反骚”，从而达成新的文化——心理结构和文学风貌的建立，在文学技巧和人格心灵上成为新的范式，为后代文人所仿效。而这，也正是扬雄《反离骚》在文学史上的价值所在[②]。王思齐则从宋代之后学人对《反离骚》褒贬不一的现象出发，从文学的角度来分析《反离骚》的四种价值：首先，《反离骚》开启了一种新型的悼文形式；其次，《反离骚》虽是拟骚，但已经摆脱了《离骚》的笼罩，扬雄在《反离骚》中输入了自己的时代精神；最后，扬雄的《反离骚》中建构了自己独特的文化心理结构[③]。赵乖勋对目前有些学者仅从扬雄的道家思想或敬仰屈原的角度来分析《反离骚》的做法提出商榷的意见。赵文认为扬雄不应俗等优秀品质为其个体的自由发展拓展了空间，体现了扬雄思想中的闪光点[④]。宫婕《从历史角度看扬雄〈反离骚〉对屈原的评价》陈述了“扬雄在《反离骚》中明确表达了对屈原的崇敬与肯定，对屈原投江表示深深惋惜”的事实。宫文认为，屈、扬二人都是有远大政治抱负的，只是所选择的途径不同。扬雄在作品中针对某一观点表达自己的看法和主张，并不是反对和批判，更多的是崇敬和赞美[⑤]。她在随后的《〈反离骚〉“綦”字考释与文学解读》一文中，又从细处着笔，考察出《反离骚》中“綦”的本义应当是“鞋带”的意思，引申为“限制”，句意应为“屈原品格方正，行

① 许结：《论扬雄与东汉文学思潮》，《中国社会科学》1988 年第 1 期，第 157—174 页。

② 冯小禄：《从模拟论扬雄〈反骚〉的范式意义》，《北京师范大学学报》（社会科学版）2003 年第 3 期，第 129—134 页。

③ 王思齐：《试论〈反离骚〉的文学价值》，《考试周刊》2009 年第 43 期，第 25—26 页。

④ 赵乖勋：《再论扬雄〈反离骚〉》，《四川师范大学学报》（社会科学版）2010 年第 6 期，第 121—125 页。

⑤ 宫婕：《从历史角度看扬雄〈反离骚〉对屈原的评价》，《赤峰学院学报》（社科版）2015 年第 10 期，第 168—169 页。

动必然会受到限制”的意思[①]。如此才能符合扬雄对屈原的崇敬与肯定、对屈原艰难处境的理解和对屈原投江的深深惋惜。徐涓认为朱熹注释《楚辞》时对扬雄及《反离骚》极尽讽刺的行为有些不合情理。徐文分析了个中原因，认为既有现实政治方面的因素，更重要的是朱熹持道文统一并以道为本的道文观念[②]。许东海从朱熹对待《变离骚》的态度出发，强调了朱熹审视扬雄此赋时的主观意见及时代背景[③]。

（二）大赋系列的研究

吴明贤《扬雄、左思〈蜀都赋〉比较》认为，“但扬雄重在模仿相如，展示才华，为都城赋的先声；而后者重在讽谏，旨在表明主张统一，反对分，为都市赋的绝响”[④]。华学诚、马莲从语言学的角度对扬雄《蜀都赋》中的“渟皋”“户”“累峗”“漆”“寻卒”等5条词语古今注中有待商榷的地方进行了商讨与辨正[⑤]。此文以语言学的角度对《蜀都赋》的一些存疑词语进行考辨，对于我们进一步研究《蜀都赋》无疑起到了促进作用。王怀成则是对扬雄《蜀都赋》中涉及的现实图景进行分析，认为《蜀都赋》中的蜀地不包括川西高原，并对赋中言及的蜀都经济状况及城市面貌进行了考证，肯定了扬雄《蜀都赋》“不愧为一篇写实之作”[⑥]。邵小龙、谢小刚《扬雄〈蜀都赋〉未入〈文选〉探赜》一文对萧统等人编录《文选》时将《蜀都赋》排除在外的原因进行了探究。该文认为产生这样的情况是多种原因导致的，《蜀都赋》在成文后可能一直以单篇的形式流传，最终被收录在《古文苑》之中而非《文选》[⑦]。邵、谢二人此文从一个细小的文学现象出发，细察深究，丰富了《蜀都赋》研究的范畴。何易展《扬雄〈蜀都赋〉“巴賨”考论》对《蜀都赋》中的“东有巴賨”进行了探讨，从文学和文献学的双角度对“巴賨”进行重新考释，辨析其本义，重点厘清了巴、賨的文化生成以及巴、賨的字源本义、巴与賨的地理范畴等问题[⑧]。侯文学着眼于扬雄赋作中作为西汉政治的一道重要景观的甘泉宫，认为其彰显的是西汉政治的缺失。西汉后期掀起一场甘泉泰畤之祭与南郊祭天的制度之争，持后论者以为甘泉之祭不合古礼。扬雄以赋的

---

① 宫婕：《〈反离骚〉“綦”字考释与文学解读》，《文艺评论》2015年第8期，第127—128页。

② 徐涓：《朱熹对待扬雄与〈反离骚〉态度及其原因探析》，《湖北大学学报》（社科版）2015年第2期，第68—72页。

③ 许东海：《变骚与反骚：朱熹对李白〈鸣皋歌〉的论述与扬雄赋之对读》，《济南大学学报》2018年第2期，第82—89、159页。

④ 吴明贤：《扬雄、左思〈蜀都赋〉比较》，《四川师范大学学报》（社会科学版）2005年第1期，第91—97页。

⑤ 华学诚、马莲：《扬雄〈蜀都赋〉词语札记》，《语言科学》2008年第2期，第199—205页。

⑥ 王怀成：《扬雄〈蜀都赋〉之征实性略考》，《社科纵横》（新理论版）2009年第2期，第137、139页。

⑦ 邵小龙、谢小刚：《扬雄〈蜀都赋〉未入〈文选〉探赜》，《北京社会科学》2015年第10期，第53—59页。

⑧ 何易展：《扬雄〈蜀都赋〉“巴賨”考论》，《南京大学学报》（社科版）2017年第1期，第134—143、60页。

形式表达个人立场，主张罢甘泉泰畤之祭。这也影响到东汉班固、张衡对于甘泉宫的赋写①。侯文从甘泉宫的文化意蕴出发，以此作为透视扬雄《甘泉赋》的窗口，窥其创作背景，心裁别出，有理有据，可堪细读。蒋晓光、许结《元成庙议与〈长杨赋〉的结构与影响》一文认为，《长杨赋》创作背景和叙写结构实际根源于西汉元成时代的庙制之争。“祖有功而宗有德”的观念决定了《长杨赋》叙事结构与谲谏内涵，是赋中的戒淫史观和论辩体式，对东汉京殿大赋创作也有至为深远影响②。陶成涛《重估〈长杨赋〉的创新意义及其赋史地位》认为《长杨赋》体现出重要的突破和创新，从整个辞赋发展史来看，赋体从“通讽喻”的主流写法最终过渡到“宣上德”的主流格局，扬雄的《长杨赋》是一个具有标志性的开端③。王德华《主文谲谏　以颂为讽——扬雄〈甘泉赋〉〈羽猎赋〉〈长杨赋〉解读》一文对扬雄三篇大赋进行了由浅入深的解读，认为扬雄《甘泉赋》《羽猎赋》《长杨赋》更多地体现了扬雄对赋体文学的认识。“扬雄大赋以颂为讽创作模式带来的需要凭借赋序才能正确理解作品主旨的阅读尴尬，也预示着此后赋体创作模式的转向，这对我们认识汉代大赋的演变具有重要的意义。”④马建华《扬雄“四赋”的突破》对扬雄四赋在形式、内容、风格等方面的创新之处进行了一一说明和例证，认为正是由于这些创新之处才为扬雄在汉赋史上赢得了崇高地位⑤。龙文玲《扬雄甘泉四赋新解读》通过对甘泉四赋产生的时代背景的重新审视，认为四赋均针对当时重要的政治事件而创作，因以讽谏，具有极强的现实针对性，典型反映了当时士大夫期待社会变革、延续国运的普遍心理⑥。冯晓莉、张耀元主要关注的是扬雄四赋中大量引用《诗经》的现象，认为四赋对《诗经》的大量引用，宣扬先贤事迹，正是传承《诗经》的精神气质、文化气脉的具体表现，也揭示了扬雄“诗心”说的思想渊源⑦。

（三）太玄系列的研究

田胜利《论扬雄〈太玄赋〉及官箴创作与易学之关联》关注扬雄《太玄赋》中体

---

① 侯文学：《〈甘泉赋〉的文化承载——兼论扬雄〈甘泉赋〉的创作背景》，《贵州社会科学》2017 年第 7 期，第 45—53 页。

② 蒋晓光、许结：《元成庙议与〈长杨赋〉的结构及影响》，《浙江大学学报》（社科版）2011 年第 6 期，第 169—180 页。

③ 陶成涛：《重估〈长杨赋〉的创新意义及其赋史地位》，《聊城大学学报》（社会科学版）2018 年第 5 期，第 40—44 页。

④ 王德华：《主文谲谏　以颂为讽——扬雄〈甘泉赋〉〈羽猎赋〉〈长杨赋〉解读》，《古典文学知识》2010 年第 1 期，第 95—102 页。

⑤ 马建华：《扬雄“四赋”的突破》，《新乡学院学报》（社会科学版）2010 年第 2 期，第 107—108 页。

⑥ 龙文玲：《扬雄甘泉四赋新解读》，《首都师范大学学报》（社会科学版）2018 年第 1 期，第 94—104 页。

⑦ 冯晓莉、张耀元：《扬雄四赋中的〈诗经〉气脉》，《宝鸡文理学院学报》（社会科学版）2018 年第 6 期，第 82—86 页。

现的“易理”。田文提及《太玄》之理赓续《易经》，彰显出潜龙勿用、中正和合、盛极必衰等理念。尤其是扬雄中后期的箴、赋等文学创作，融入的易学理念甚多，情感的表达受到理性的节制，中后期系列赋、箴作品呈现出的是温和、平静、情理交融的风格特色[①]。王定璋《扬雄〈太玄赋〉与后世游仙诗》一文从《太玄赋》中“神仙世界”发引，肯定《太玄赋》在文学史上的地位与影响，认为“《太玄赋》对损益的重视，对祸福、喜忧的警惕，对吉凶的审慎，对丰盈、名誉的理智，几乎成为后世文学作品咏唱不衰的母题”[②]。马宗昌、张淑玉将关注的视角投放到《逐贫赋》中显露的汉代民俗，提出此赋并非运用了拟人和想象，其中的“贫”实系西汉民俗信仰中的“贫鬼”，与此相关的民俗为“除贫”，认为《逐贫赋》的意义在于第一次以文学艺术的形式回答了文化史上一个重大命题：当被政治的浊流冲击到社会生活的边缘以后，作为一个文化人应该以什么方式完成文化使命，实现人生价值[③]。谭淑娟以扬雄《逐贫赋》同韩愈《送穷闻》对比，得出结论：前者表白的是自己坚守儒家操守，是寂寞儒者的人格自慰，后者则是追求留名，是表面牢骚中的文人自炫[④]，肯定了扬雄作为一名大儒的高尚情操。贺麟迤《从“惆怅失志”到“予独无虞”——论扬雄〈逐贫赋〉对“咏贫”主题的开拓》一文提出扬雄《逐贫赋》对咏贫主题的开拓主要体现在：寓庄于谐的豁达、遁世无闷的退守、固穷守节的淡泊、予独无虞的安然这四个方面[⑤]。贺文站在文学史的角度审视《逐贫赋》，探析其对后世咏贫主题开拓之功，令人耳目一新。随后，其《从〈逐贫赋〉看扬雄思想对社会主义核心价值观的涵养》一文又以扬雄《逐贫赋》为切入点，深刻挖掘其思想内涵，分别从对国家社会的理想和个人立德修身等方面，探讨了扬雄思想涵养社会主义核心价值观的具体体现[⑥]。伏雪芹《扬雄〈逐贫赋〉中的用〈诗〉及其“互文”表现》一文认为扬雄引《诗》入赋，化《诗》为辞，不仅“赋诗言志”，而且还做到了赋文与《诗》义之间的互文关联，充分显示了其文学创作的自觉与修养[⑦]。随后又在《扬雄〈逐贫赋〉与“送穷”习俗及民间讲诵伎艺》

---

① 田胜利：《论扬雄〈太玄赋〉及官箴创作与易学之关联》，《文学与文化》2017 年第 4 期，第 39—47 页。

② 王定璋：《扬雄〈太玄赋〉与后世游仙诗》，《文史杂志》2021 年第 1 期，第 49—52 页。

③ 马宗昌、张淑玉：《扬雄〈逐贫赋〉与汉代民俗》，《昭通师范高等专科学校学报》2006 年第 3 期，第 17—20 页。

④ 谭淑娟：《孤寂者的自慰与牢骚者自炫——扬雄〈逐贫赋〉与韩愈〈送穷文〉比较》，《辽宁行政学院学报》2006 年第 3 期，第 143、145 页。

⑤ 贺麟迤：《从“惆怅失志”到“予独无虞”——论扬雄〈逐贫赋〉对“咏贫”主题的开拓》，《智库时代》2019 年第 39 期，第 205—206 页。

⑥ 贺麟迤：《从〈逐贫赋〉看扬雄思想对社会主义核心价值观的涵养》，《福建茶叶》2019 年第 12 期，第 215—216 页。

⑦ 伏雪芹：《扬雄〈逐贫赋〉中的用〈诗〉及其“互文”表现》，《辽东学院学报》（社会科学版）2020 年第 3 期，第 1—5 页。

一文中深挖《逐贫赋》中的礼俗背景，认为扬雄是借民间驱贫形式书写古代知识分子在遭受“不遇”之时的生存状态，为“贫”代言，借“贫”之口表达了自己的刺世精神和人生选择，是“送穷”文学题材最具开创意义的书写模式①。

四、扬雄赋其他相关研究

（一）从地域角度的研究。黄进《从扬雄辞赋看蜀人的艺术想象与生存智慧》一文探讨了扬雄辞赋作品中的蜀地元素。黄文深深服膺于扬雄辞赋中的蜀地气韵，认为“扬雄辞赋那天马行空般的想象，充分展示了蜀人的艺术个性，而这种奇妙的艺术想象力与艺术创造力又转化为他们自己的艺术人生，从而在其艺术人生中累积起丰富多彩的人生智慧”②，也是可信之论与应得之语。李秋香《扬雄作品地域审美观初探》则认为扬雄“注重审美的直觉感受”“天马行空的浪漫情怀”的作赋特点正是得益于巴蜀地域文化的影响。此外，扬雄“‘凭虚构象’的审美精神”及“‘弘丽华美’的审美直觉”同样也是巴蜀地域特有的审美特征③。李文充分肯定了巴山蜀水对于扬雄辞赋创作的重要意义，也充分认识到巴蜀基因在扬雄辞赋研究中不可或缺的价值。

（二）从天文角度的研究。马雅、刘敏《扬雄天文学研究与赋作的时空美学略论》一文注意到扬雄的天文探究与赋创作之间存在着联系，认为天文学研究为扬雄赋的铺陈提供了认识论的基础，形成了严密细腻的思维方式，赋成为扬雄理想世界的表现，为科学研究过程体验的外化找到了“润色宏业”的渠道。而作为赋家的扬雄的时空情怀，除了“包揽宇宙”的情怀之外，更在于“控引天地，错综古今”的时空美学④。马、刘二人还从汉代的历法、扬雄赋作的时间理性和空间理性等诸方面进行了说明。张宜斌则将目光集中于扬雄赋作中使用较多的如北极、北斗等天文星象，探究星象书写的功能，以及扬雄星象书写的特点、原因及影响，认为“扬雄的星象书写方式切合汉赋‘宣上德以尽忠孝’的功能需要，具有较强的示范效应，故对此后的赋家创作产生了明显的影响，他们赋作中的星象亦大都具有星占学色彩”⑤。

（三）其他。侯文学的博士论文《淑周楚之丰烈——扬雄作品的文化阐释》一文

---

① 伏雪芹：《扬雄〈逐贫赋〉与“送穷”习俗及民间讲诵伎艺》，《西华师范大学学报》（哲学社会科学版）2020 年第 4 期，第 88—93 页。

② 黄进：《从扬雄辞赋看蜀人的艺术想象与生存智慧》，《中华文化论坛》2012 年第 3 期，第 69—72 页。

③ 李秋香：《扬雄作品地域审美观初探》，《贵州师范学院学报》2019 年第 4 期，第 25—31 页。

④ 马雅、刘敏：《扬雄天文学研究与赋作的时空美学略论》，《巴蜀史志》2020 年第 5 期，第 278—283 页。

⑤ 张宜斌：《扬雄赋作的天文书写及其意义》，《中南民族大学学报》（社会科学版）2021 年第 2 期，第 132—138 页。

对扬雄的生平经历、著述，他的作品（主要是文学作品）对人物、艺术、自然事象的审美观照，他在不同时期对色彩的不同取向，其文学作品的文化走向等四个方面进行了尝试性的研究，认为扬雄赋的文化渊源攫引多方：在理念世界，扬雄对儒学是不断趋就的；现实政治的失意又使他颇多怨刺情绪，表现于外在行为及叙志写意类作品，是其淡泊疏放的生活方式及对道家占说的接受①。雷雨婷、王永则侧重于扬雄赋作中的生命意识探讨，雷、王二人指出，扬雄的个人经历和教育历程使他的生命意识具有儒道融合的特点，进而反映在他的辞赋创作中：渴求建功立业和期待“不朽”，由生不逢时引发感叹以及追求自我的超脱，而这也正是扬雄作为创作主体的生命意识的鲜明体现②。

五、结语

纵观近20年来扬雄赋研究的成果，可以看出当前扬雄赋的研究已经呈现出百花齐放、硕果累累的局面。笔者通过对21世纪以来扬雄赋研究现状的述评，提出以下一些不成熟的看法，以见教于方家。

一是“向深挖”。扬雄被誉为汉代大儒、西道孔子，他的赋作更是能够比肩“赋圣”扬雄，是汉代大赋创作的双子星之一。对于这样一位在汉赋创作上戛戛独造的大家来讲，现有的研究显然是不够的，现有的研究角度、研究思路是有待进一步拓宽的。对扬雄赋的研究要秉持着打“持久战”的思维来进行，而不能仅仅是抱着“蜻蜓点水”的、“打游击战”的态度来做。要回归传统的研究诗词的态度，对于扬雄赋中的创作主题、历史背景、思想感情、特殊的仕莽经历等进行综合的考量，要系统而不要细碎，要细致而不能大概，要追根溯源而不能点到即止，要创新深刻而不能旧饭重炒。例如扬雄赋中的易学主题的探析、扬雄赋中的“蜀地”情结、扬雄赋中的“儒道”情结等。扬雄赋能做的选题太多，但无一例外都需要学者摒弃浮躁和功利主义，转而安神静气地去认真阅读文本，同扬雄对话，从而找寻其中深广的社会、历史、文化内涵。

二是“向外求”。扬雄的赋以大赋和抒情小赋为主，又善于在自己的辞赋中透露出自己关于哲学、天文学、地理学、语言学、文学乃至于政治、历史有关的理论和看法。而中国传统本就有“文史哲一家”的观念，因而将赋与哲学、天文、地理等学科交叉研究也成为扬雄赋研究的重要方向，打破学科界限的综合研究方式也须为学者所注意，

① 侯文学：《淑周楚之丰烈——扬雄作品的文化阐释》，东北师范大学博士学位论文，2003年。
② 雷雨婷、王永：《扬雄赋作的生命意识》，《韶关学院学报》2016年第1期，第13—16页。

不同学科、领域之间的碰撞才能激起学术的火花。相较于中国传统的赋家，扬雄有“剧秦美新”的独特经历，因而他的赋作所承载的思想内容较于他者更丰厚，更复杂和特殊，他赋中所描绘的神仙幻境，流露出的牢骚抑郁的情绪、“好赋—悔赋”的转变等都是值得我们去深入探讨的，这需要研究者跳出传统的圈子，将视野投放到他的整个人生甚至整个汉代文学及中国文学史中去，更新耳目，从而得出新的观点来。

总之，21 世纪以来，随着扬雄文化的不断传播，尤其是四川省扬雄研究中心、四川省扬雄研究会的成立及多次召开相关研讨会、发布相关课题的推动，又扬雄获评“四川省十大历史文化名人”，国家政府层面对传统文化的愈加重视和支持等诸多因素的影响，我们可以在各种场合欣喜地发现学者们对扬雄赋愈来愈烈的关注，相关的研究文章层出不穷，这足以引起我们作为扬雄研究同仁的鼓舞和自豪。无论如何，对扬雄赋的研究会持续深入下去，也会有更多突破性的认知出现，这一点是毋庸置疑的。且让我们拭目以待吧。

（作者单位：西华大学文学与新闻传播学院）

21世纪以来的《太玄》研究综述

崔紫晴

内容提要：《太玄》乃西汉扬雄仿《周易》所作。从20世纪80年代至20世纪末，对扬雄《太玄》的研究主要集中在对其创作年代的考辨、内容的校释、哲学体系的论说、研究著作的整理等方面。21世纪以来，关于《太玄》的研究依旧络绎不绝。学者们分别从文学、哲学、历史、律学，甚至医学等角度对《太玄》做出更加多元化、多角度的研究，取得了丰硕的成果。本文拟从《太玄》之思想源流、思想主旨、思想内容、体系建构、作品影响五个方面对21世纪以来关于扬雄《太玄》的研究做出综述。

关键词：《太玄》；扬雄；玄学

西汉初年，黄老学说盛行，等到汉武帝“罢黜百家，独尊儒术”，道家的地位落于儒家。道家思想并未在儒家思想的冲击下丧失其影响力，而是与儒家并存于社会之上。西汉末年，扬雄作《太玄》，独创性地构建了一个以“玄”为最高范畴的哲学体系，于中国思想史和文学史都产生了重大的影响。扬雄的主要著作都在复古之中创新，《太玄》一书实为其政治、文学、哲学思想的代表作，体现了他深厚的学识功底。

一、《太玄》思想源流

根据班固所言“经莫大于《易》，故作《太玄》”①，扬雄撰写《太玄》的灵感和思想源流离不开《周易》。故后世常常将《周易》和《太玄》结合考究，寻求它们之间的具体关系。

---

① ［汉］班固撰，［唐］颜师古注：《汉书》，中华书局1999年版，第2659页。

刘保贞《论〈太玄〉对〈周易〉的模仿与改造》（《周易研究》2001 年第 1 期）一文提出《太玄》形式上仿《周易》之有经有传、遣词造句等，体例上仿《周易》卦爻符号创造“三、九”系统，赞词上《太玄》在继承《易传》的基础上有所创新，用生动形象的比喻直接说明事理。

问永宁《试论〈太玄〉与古易的关系》（《深圳大学学报［人文社会科学版］》2006 年第 4 期）中分析了《太玄》与古易文字及易义上的关系，认为《太玄》确实保留了很多古易义，与马、郑所宗的费氏易有较多吻合，以传释经的解释方法亦与费氏易一致，但不取费氏分野说。

同年，问永宁先生在《〈太玄〉与汉代易学》（《唐都学刊》2006 年第 5 期）中比较了各家易说，表达了如下观点：《太玄》与孟氏易的关系比较深，但不确定《太玄》的卦气说是否就是孟喜的卦气说；《太玄》和京氏易有相同之处，但更多的是不同，因此两者关系不大；《太玄》没有受到《易林》影响，与《易玮》没有直接关系。

在解丽霞的《综参古〈易〉:〈太玄〉的易学渊源》（《周易研究》2007 年第 4 期）中也论证了《太玄》不仅仅是模仿《周易》，其创作还受到了当时古《易》的影响，认为《太玄》“义取《连山》，数兼《图》《书》”，综合《说卦》与四者的关联，反驳“寻求《太玄》与《周易》一一对应关系”的观点①。

于成宝《刍议扬雄〈太玄〉对〈周易〉的模拟》（《诸子学刊》2019 年第十八辑）分别从其成名成圣思想、经学损益观、易学占验天道的独特优势及其天文学的造诣方面阐释《太玄》创作的学术背景，也进一步说明模拟《周易》经传是“本”，模拟孟、京易学是“用”。“玄”的宇宙图式既模拟了孟喜的卦气图，又吸取了京房对孟喜卦气图的修正成果。

《太玄》不仅和《易》有千丝万缕的关系，在思想上也受到了道家学说的影响。“玄”是扬雄《太玄》思想体系建构的核心理念，一言以蔽之，是其根本的世界观和人生观。这一理念是源自《老子》。

周立升《〈太玄〉对“易”“老”的会通与重构》（《孔子研究》2001 年第 2 期）一文认为“玄”是道的异称，两者不可分割。《太玄》吸收浑天说建构起宇宙图式，以太初历（三统历）为基础创制历法。太玄图式吸收并改造了孟、焦、京等人的卦气说。

由以上可以得知，《太玄》在形式和内容上都有仿《周易》的痕迹，吸收了众多思想学说，如《连山》《河图》《洛书》《说卦》、太初历、浑天说、《老子》等，模仿

① 解丽霞:《综参古〈易〉:〈太玄〉的易学渊源》，《周易研究》2007 年第 4 期，第 37—43 页。

的过程中渗入自己的理念加以改造，所包含的内容丰富，不局限于玄学一门学问，打破了《太玄》与《周易》有一一对应关系的固有观念，可以说是一部集大成之作。

二、《太玄》思想主旨

关于《太玄》，刚开始时很多人认为这是一部应该归于道家学说的著作，毕竟其中心理念“玄”的概念直接来源于《老子》。但学者研究发现，《太玄》并不是纯粹的道家作品，它是“以《易》《老》形式言儒”①，内核其实是儒道并存的，如解丽霞《取道宗儒：〈太玄〉的义理诠释》（《四川师范大学学报［社会科学版］》2009 年第 5 期）中认为《太玄》具有“儒道互补”的特点，其道家思想体现在“‘玄’的设定”“以‘玄’为本的宇宙生产论”“‘物极必反’的朴素辩证法”“‘退守无为’的自然价值观”等，儒家思想体现在象数、五常以及对儒家“重中和”“倡明君贤臣”“重时”“守信”等思想的阐释方面。通过分析《太玄》兼具“玄摛万类”的道家思想和“玄为仁义”的儒家伦理，得出“取道宗儒”的结论。

王兆立、于成宝《〈太玄〉的筮法和天道观略论》（《周易研究》2009 年第 4 期）中提到扬雄“玄”的理念是其尝试为儒学提供一种富有思辨色彩的宇宙本体论。

杨福泉《〈太玄〉的撰著旨趣及儒道兼赅的哲学思想》（《绍兴文理学院学报》2009 年第 4 期）分析了扬雄创作《太玄》的原因，将“玄”这个哲学范畴定性为“一种含有朴素唯物主义成分在内的精神性实体，最终应划归为客观唯心主义”②。其所持的观点也是认为扬雄在《周易》和《老子》的基础上建立了一个儒道兼赅的哲学体系。

魏鹏举《述“事”作“文”：扬雄〈太玄〉旨意探微》（《文学评论》2009 年第 3 期）直接否定了《太玄》所要表达的思想是道家的，也非抒发淡泊之志，而是扬雄的发愤之作，这种深广的忧愤是西汉士人们政治感情的投射；认为扬雄不是“醇儒”，而是一位通儒，是通过儒来表现道的，一变历史上部分学者所持有的“醇儒说”的观点；《太玄》的创作原则是“其事则述，其文则作”，从形式到内涵都是对儒家经典的传承。

“玄”是《太玄》的核心范畴，也是《太玄》最大的思想内涵。从“玄”的诞生、释义到影响，有诸多著作都对其进行了阐述。王青《扬雄评传》（南京大学出版社，2000 年）言：“‘玄’均可以理解为《太玄》这个图式，是自然、社会排列、构造的原

① 解丽霞：《取道宗儒：〈太玄〉的义理诠释》，《四川师范大学学报》（社会科学版）2009 年第 5 期，第 73—79 页。

② 杨福泉：《〈太玄〉的撰著旨趣及儒道兼赅的哲学思想》，《绍兴文理学院学报》（哲学社会科学版）2009 年第 4 期，第 54—59 页。

则，是事物发生、发展的规律。而这个原则、规律是广大悉备、无所不包的。”① 张昭炜《扬雄“太玄”释义》（《哲学研究》2018 年第 10 期）一文引经据典，认为玄即默，呈现为“四然”：卓然、旷然、渊然、渺然，太玄以“罔直蒙酋冥”的序列螺旋运动，呈现“环四中五”的特征②。

哲学思想方面，《太玄》兼具儒道，体现了道家的“玄妙”与儒家的“仁义”，这是其两大思想内核。从《汉书》本传的《自序》以及《法言》中都可以看出扬雄创作《太玄》的目的，即“拟之以道德仁义礼知”③。从根本来看，扬雄的创作动机就是为了宣扬儒家道统，借以反抗体制经学，挽救现实的文化危机。不少学者利用详细的笔墨分析《太玄》所蕴含的儒家、道家思想。如刘保贞《〈太玄〉赞辞所倡明君、贤臣思想述评》（《齐鲁学刊》2001 年第 2 期），其文利用文本分析法分析了赞辞，里面恪守儒家君君臣臣的道统观，表达了扬雄心目中理想的政治，侧面反映出了他对当下政局的不满，同时认为他的明君贤臣思想是融合孔孟老之说，缺乏独创性。

自宋以来，就有不少学者认为《太玄》是一部刺莽之作，这主要是从政治的角度来理解《太玄》的价值，比如明代王世贞，近现代吴则虞、郑文、徐复观。21 世纪以来也有学者论证了此思想主旨。问永宁《〈太玄〉是一部“谤书”——“刺莽说”新证》（《周易研究》2005 年第 6 期）立足《太玄》传文，结合五德终始之说，以全新的证据证实了《太玄》是一部刺莽之作。但学界也有很多不同的观点，认为它非刺莽之作。

另外，《太玄》中的人性论思想也常为学界所讨论。问永宁《从〈太玄〉看扬雄的人性论思想》（《周易研究》2002 年第 4 期）一文通过对《太玄》文本的分析认为徐复观先生对扬雄人性论的理解有不到位的地方，并肯定了扬雄有重阳抑阴的价值取向，人在接受后天教化的同时有自身内在的生命根据，并且认为《太玄》的人性论思想接近于性善说，其论人性的观点受到了荀子和孟子的影响。

总体而言，扬雄《太玄》的思想内核研究已经从单纯的儒家或道家思想过渡到了儒道兼融的阶段，它是两家思想互相碰撞的结晶，这基本成为学界公认的事实。在人性论方面，学者们发出“善恶混”说和性善说的不同声音，各有其依据。

---

① 王青：《扬雄评传》，南京大学出版社 2000 年版，第 139 页。
② 张昭炜：《扬雄“太玄”释义》，《哲学研究》2018 年第 10 期，第 54—62 页。
③ ［汉］班固撰，［唐］颜师古注：《汉书》，中华书局 1999 年版，第 2654 页。

三、《太玄》思想内容

21 世纪以来，对《太玄》的文本分析逐渐深入，除了基本的文字考订、内容校释、著述研究等之外，还出现了多元化的倾向，即利用文学 + 的方式来探讨《太玄》的内容，展现了更加蔚为大观的玄学体系。

刘韶军、张婷《论扬雄〈太玄·莹〉中福、祸、乐思想》（《西华大学学报［哲学社会科学版］》2018 年第 1 期）中以个例《莹》篇分析了关于福与祸、福与乐的关系问题，并结合西方文论，与弗洛伊德、康德的思想进行比较，探讨了《太玄》朴素的辩证思维，比如《太玄·莹》可以得出的一个结论是福祸能够相互转化，即《太玄》中的“极则反”原理。

张一方《符号动力学、易经、太玄和思维空间》（《安阳工学院学报》2010 年第 2 期）探讨的是《太玄》与科学的关系，从符号动力学出发，认为《太玄》实际是一种把三维哲学发展为十分完美的符号形式体系，《太玄》中的三种画可以表示为三个字母 LMR 的符号动力学。

罗艺峰《西汉扬雄〈太玄〉律学思想的初步认识》（《铜仁学院学报》2018 年第 7 期）一文从音律学的角度去认识《太玄》的思想。该文认为《太玄》律学思想在于其八十一“首”的体系建构中，其中有十二律与十二宫次、十二地支和二十四节气的日躔宿度、气应斗建的关系。

陈沛锦、张其成《扬雄〈太玄〉中的医学思想研究》（《医学哲学理论研究》2020 年第 15 期）一文是从医学的角度去认识《太玄》的思想。该文选取《太玄》五首，即“中、养、常、割、灶”进行分别论述，从文本分析到思想内涵，综合医学和养生之道，表明了阴阳中和的生命观、藏心于渊的养生观、及时求医的预防观、见微知著的治疗观、不洁致病的病因观五个方面的医学思想。

可见，在分析《太玄》思想上，学者们的角度繁多，且这一部分也是《太玄》研究最为主要的一部分。作为一部合百家之作，其价值不言而喻。在这个方面《太玄》开拓的空间尚有，比如陈沛锦、张其成《扬雄〈太玄〉中的医学思想研究》（《医学哲学理论研究》2020 年第 15 期）一文中提及《太玄》还有很多中医药思想可待深入考究。

四、《太玄》体系建构

《太玄》是一部集百家精华之作品，其体系建构是庞大的，深奥和晦涩是它的特征，故很多学者纷纷投入到《太玄》体例的研究，试图一探究竟，而这常常与《周易》的分析相结合。

刘保贞《论〈太玄〉对〈周易〉的模仿与改造》（《周易研究》2001 年第 1 期）在形式上点明《太玄》有经和传两部分，经分八十一首，每首也包括首画、首辞、赞辞三部分，传共有十一篇；《太玄》创制“三、九系统”，将一年分为三部分“天玄”“地玄”“人玄”，每玄分三部分，称为“天”，三玄共“九天”；赞辞上采用生动的比喻，以阐述儒家思想；筮法上类似《周易》。

王琛《西汉“卦气”与“太玄”世界图式的数理试探——消息用事之“二”“三”分》（《湖南科技学院学报》2008 年第 7 期）一文指出《太玄》变《周易》二分法为三分法，“即用‘一—三—九—二十七—八十一—七百二十九’来表明天地变化的终始和‘当止则止’的人事情理”①。

扬雄还独创“三玄”图式，区别于《周易》的三才。“三”是太玄图式的基本框架，“三和”“九天”共同构成了统一的太玄图式。解丽霞《重构象数：〈太玄〉的赞〈易〉之道》（《周易研究》2008 年第 6 期）指出扬雄开创了“以三为本”的玄数系统、“象应于数”的取象法则。刘韶军《二分与三分：〈周易〉与〈太玄〉的形式之差及其思想内涵》（《周易文化研究》2012 年第 1 期）同样分析了《太玄》三分结构的基本数字关系，形成了三分思维，三分思维把事物转化变化的过程分为三个阶段，即始、中、终，再具体化为思、祸、福和下、中、下等形式，相对于《周易》二分的无意，这种三分是作者的有意为之且是动态化的。

于成宝《刍议扬雄〈太玄〉对〈周易〉的模拟》（《诸子学刊》2019 年第十八辑）分析了《太玄》的《中》《释》《应》《饰》四首，认为是兼准了《坎》《震》《离》《兑》四卦；《太玄》在卦气图式的构建上借鉴了京房将六十四卦全部纳入一年三百六十五又四分之一日值日的图式。

《太玄》的框架结构是复杂且多元的，有前人的经验，同时也有自身的独创性。“三分法”是扬雄对“二分法”的模仿和改造，“三和”“九天”的太玄图式构建了一

① 王琛：《西汉“卦气”与“太玄”世界图式的数理试探——消息用事之“二”“三”分》，《湖南科技学院学报》2008 年第 7 期，第 8、10、23 页。

个玄妙的哲学系统，体现发展与变化的“三分思维”充满着辩证法的思想。因此，只有充分了解了扬雄的体系建构观才能更好地释玄。

五、《太玄》作品影响

《太玄》是易学的经典作品，拥有着巨大的文史哲价值，对于后世思想潮流的发展贡献匪浅。汤用彤曾在其作品中言：“亦此所谓天道，虽颇排斥神仙图谶之说，而仍不免本于天人感应之义，由物象之盛衰，明人事之隆污。稽察自然之理，符之于政事法度。其所游心，未超象数。其所研求，常在乎吉凶。”① 《太玄》内容深广，涉及天地人，对于后世学术的发展，对于认识世界、发现世界都有着独特的意义。

在对后世学问的影响方面，张涛《略论扬雄对汉代易学发展的贡献》（《河南大学学报［社会科学版］》2000 年第 1 期）认为扬雄思想体系是对《易传》和西汉易学的继承和发展，其太玄图式的建构对魏晋玄学的产生有启发作用，为玄学“本末”“有无”这些中心范畴的展开做了准备，也为“三玄”之学的兴盛奠定了氛围。潘殊闲、潘君瑶《扬雄〈太玄〉与魏晋玄学》（《福州大学学报［哲学社会科学版］》2019 年第 1 期）认为《太玄》兼具儒道，打通“玄学”的大门。魏晋玄学“清谈”“玄言”等皆是吸收了《太玄》儒道互融思想的结果。扬雄之“玄”是“从先秦儒道分判至魏晋玄学儒道杂糅的过渡与桥梁”②。

作为易学的代表作，放在易学史的脉络中，展现了极为重要的地位。《太玄》自成一门研究之学，从汉末三国到当代，研究论著从未间断，即使是研究低谷的明清时期亦然。于成宝《刍议扬雄〈太玄〉对〈周易〉的模拟》（《诸子学刊》2019 年第 1 期）一文专门有一部分阐述了《太玄》的易学史意义，主要有三点：其一，以《易》而非《易》的形式终结卦气易学，使易学重新回归到《周易》经传本身；其二，《太玄》高扬易学的道德指向，使道德重新成为人们修身处事和价值评判的依据；其三，《太玄》弘扬易学的简易之道，使易学率先从西汉繁琐的经学中走了出来③。

从以上论述可以看出扬雄《太玄》的文学价值和史学价值都是颇高的，它有效地对当时的体制经学拨乱反正，并结合儒道，完善了玄学体系。它还扬儒家道统，启魏晋玄学，使谈玄之风盛行，士人内心萌发归于自然的旨趣等。从大的角度来说，易学

---

① 汤用彤：《魏晋玄学论稿》，上海古籍出版社 2001 年版，第 43 页。

② 潘殊闲、潘君瑶：《扬雄〈太玄〉与魏晋玄学》，《福州大学学报》（哲学社会科学版）2019 年第 1 期，第 24—29 页。

③ 于成宝：《刍议扬雄〈太玄〉对〈周易〉的模拟》，《诸子学刊》2019 年第 1 期，第 151—166 页。

因《太玄》得以进一步发扬光大，成为一门专门的学问。

还有其他的一些综合性研究，比如金生杨《〈太玄〉研究史浅论》（《西华大学学报［哲学社会科学版］》2008 年第 1 期），叶福翔的《易玄虚研究》（上海古籍出版社，2005 年），郑万耕的《扬雄及其太玄》（北京师范大学出版社，2009 年），对扬雄《太玄》的研究较为宏观和系统。

综上所述，可以发现学术界主要集中在扬雄《太玄》的思想研究方面，其思想成就是极高的，儒道兼融，应用领域广。研究《太玄》体系者不在少数，仿《易》而作的特点使得《太玄》的研究往往与《周易》相关。《太玄》的影响研究主要集中在对魏晋玄学的滥觞作用上。总体来看，《太玄》研究逐渐深入和多元，但不足之处是不够系统全面，所以仍有待学界进行更深的开拓和研讨。

（作者单位：西华大学文学与新闻传播学院）

21 世纪以来的《法言》研究综述

李玲玉

内容提要：扬雄作为蜀地优秀的哲学与文学大家，以其突出贡献和伟大影响力入选四川省首批历史文化名人之一。他一生作品甚丰，《法言》正是其在有感世之骋乱、民惑于小辩的情况下，模拟《论语》而作的语录体著作；力求在当时复杂的政治格局和学术思想中，重新树立儒学权威。进入 21 世纪，对《法言》的研究也从未停止，除了既有的语言、思想、文学等方面的研究外，还有比较研究等新方向、新角度，基于对文献的整理，现就 21 世纪《法言》研究做出一个综述。

关键词：扬雄；《法言》；综述

一、《法言》的思想研究

（一）哲学思想研究

蜀地在文化上可谓多彩荟萃，兼容儒释道。早在西汉文翁任蜀郡郡守之时就努力推行文教，创立官办学校，移风易俗，大大推进了蜀地崇教尚文的潮流，为儒学发展奠定良好基础。此外，蜀地还是中国本土宗教——道教的重要起源地，成都青羊宫是著名古观，传说是太上老君降生的地方；青城山传说为黄帝寻仙求道的宝地；大邑的鹤鸣山，是张天师创设道教的开宗之地；江油窦圌山亦是道教名山。生长在思想文化如此多元的环境中，扬雄在《法言》中体现了自身思想的多样性，故学者们也从不同角度切入研究。

在 21 世纪伊始，《扬雄评传》① 问世，该书从西汉时期的社会背景开始，历数扬雄

---

① 王青：《扬雄评传》，南京大学出版社 2000 年版，第 181—241 页。

的生平经历、学术传承、文学理论及其各种著作等，其中第五章专论《法言》，从人性论、知识论等七个角度深挖其中的思想学说，可以说为21世纪扬雄《法言》研究提供了基本思路。郭君铭的《扬雄〈法言〉思想研究》所论更专深，建立了对扬雄思想的历史把握，作者在书中也提出了不少有新意的见解，比如在人性论上，认为扬雄是在孟子、荀子善恶有别的基础上，向孔子的回归等；新颖的观点，翔实的资料，对扬雄研究有不可忽视的贡献①。

谭继和先生在《“西道孔子”扬雄的大一统观与儒风在巴蜀的流布》一文中不仅称赞扬雄是孔子思想在汉代传承的集大成者，并且肯定其以“中和”精神为内核的关于“三”的创见，是汉文化统一进程在思维方式变革上的集中反映，在此基础上，进一步指出《法言》直接承袭了孔子的仁礼忠信孝悌的思想，是大一统思想的哲学显现②。张兵对扬雄的研究也用力颇多，其《儒主道辅　本道兼儒——论扬雄〈法言〉的思想特征》认为在思想内容方面，《法言》并非单纯儒家思想所能涵盖，儒道融合、交互影响才是《法言》一书的真实面貌③，对扬雄思想做出了更客观、准确的诠释。于成宝在《论扬雄〈法言〉对先秦儒学的回归》中则是基于西汉的时代背景，指出扬雄创作《法言》的目的是向孔子儒学回归，通过对孔子儒学精神的阐释与再创造，构建起适应社会发展、解决经学危机的“新”儒学④，高度赞扬了《法言》在当时矫枉纠偏的作用。王月《论扬雄“尚智”的理性精神——以〈法言〉为中心》认为《法言》最大的理论贡献是提出了“尚智”理论，深入分析了书中所体现的理性经学观、人性观和政治观等，在以董仲舒和谶纬经学为代表的神学唯心主义丧失了维护统治阶级统治的社会环境下，扬雄的“尚智”理论坚决维护了儒家尊严⑤。此外如陈晨《试论扬雄〈法言〉对儒学的发展》⑥、任敬文《由〈法言〉所论“师道”探讨扬雄对儒家道统的继承与发展》⑦《即圣而天：浅析扬雄〈法言〉中的“征圣”思想》⑧等文章也是研究《法言》中所体现的儒家思想及其个人增添发展之处，后两篇是选取“师道”“宗经”两个角度为切入点，以小见大。除了期刊论文外，也有几篇学位论文对《法言》进行了专门研究。张庆伟《扬雄〈法言〉思想研究》从《法言》对儒学的重建之

① 郭君铭：《扬雄〈法言〉思想研究》，巴蜀书社2006年版。

② 谭继和：《“西道孔子”扬雄的大一统观与儒风在巴蜀的流布》，《中华文化论坛》2001年第1期。

③ 张兵：《儒主道辅　本道兼儒——论扬雄〈法言〉的思想特征》，《理论学刊》2004年第5期。

④ 于成宝：《论扬雄〈法言〉对先秦儒学的回归》，《长春理工大学学报（社会科学版）》2007年第6期。

⑤ 王月：《论扬雄“尚智”的理性精神——以〈法言〉为中心》，《岭南师范学院学报》2019年第6期。

⑥ 陈晨：《试论扬雄〈法言〉对儒学的发展》，《文化创新比较研究》2020年第7期。

⑦ 任敬文：《由〈法言〉所论“师道”探讨扬雄对儒家道统的继承与发展》，《乐山师范学院学报》2021年第2期。

⑧ 任敬文：《即圣而天：浅析扬雄〈法言〉中的“征圣”思想》，《绵阳师范学院学报》2021年第7期。

用以及道家思想对他的启发进行论述，总的还是以儒学研究为主①；吴川雪《扬雄儒学思想研究——以〈法言〉为中心》也基本是从扬雄自身学术储备出发，论述其对诸子的批评之后再进行对儒学的重构②。

在众多研究《法言》儒学思想的文章中，侯文学的《扬雄〈法言〉的人物批评与西汉儒学》选取《法言》中对历史人物的批评为角度，以孟子、屈原、伏羲的相关批评为线索，研究扬雄在思想史上的地位和贡献③。这一有别于之前的新角度值得注意。

前面所提到的儒家思想研究中，虽有提及道家思想，但主要还是以儒学为主。而扬雄生长在蜀地，早年又随以治《老子》著称的严君平游学，不可避免地受到影响而带有道家色彩，有学者便从此出发，研究《法言》中所体现的道家思想。

张兵《扬雄〈法言〉中的道家思想》就是从扬雄当时所生活的社会环境以及他的师学渊源出发，认为他的道家思想主要体现在尚玄崇道和因循革化两方面，并且作者提出这些道家思想的存在并不与扬雄推崇儒家学说的主旨相矛盾，而恰恰正是为儒家思想服务的，主要还是"援道入儒"观点的体现④。由掌握的文献资料来看，研究扬雄道家思想的文章，如《扬雄与道家思想》⑤《严遵、扬雄的道家思想》⑥等，所使用的材料大多以《太玄》为主，对《法言》只是偶有提及，而且正如前文所列文献，谈"道"最终的旨归还是在"儒"。

（二）文论、文学观等其他研究

王栋的硕士论文《扬雄文论研究》中从先秦西汉儒道背景下之言意关系和文体意识两个方面出发，挖掘扬雄文论的丰富内涵，包括《法言》中所体现的言意关系等，探求扬雄对中国古代文论所做的贡献⑦。万志胜《扬雄美学思想研究》中也分析了《法言》中的"丽""文质"和"自然"等审美思想⑧。孔玺铭、张旻合作的《论扬雄对儒家美学思想的继承与发展——以〈法言〉为中心》以书中"文质""丽以则""言为心声"等材料出发，分析其对儒家传统"文质""中庸"的继承，并提出了扬雄在"丽"和"心"上的独特见解⑨。中南大学魏然的硕士论文《〈法言〉伦理思想研究》

① 张庆伟：《扬雄〈法言〉思想研究》，山东大学硕士学位论文，2008 年。
② 吴川雪：《扬雄儒学思想研究——以〈法言〉为中心》，山东师范大学硕士学位论文，2018 年。
③ 侯文学：《扬雄〈法言〉的人物批评与西汉儒学》，《天府新论》2021 年第 4 期。
④ 张兵：《扬雄〈法言〉中的道家思想》，《济南大学学报》2001 年第 5 期。
⑤ 清宫刚：《扬雄与道家思想》，《河北大学学报（哲学社会科学版）》1997 年第 4 期。
⑥ 王萍：《严遵、扬雄的道家思想》，《山东大学学报（哲学社会科学版）》2001 年第 1 期。
⑦ 王栋：《扬雄文论研究》，湖南师范大学硕士学位论文，2005 年。
⑧ 万志胜：《扬雄美学思想研究》，山东师范大学博士学位论文，2006 年。
⑨ 孔玺铭、张旻：《论扬雄对儒家美学思想的继承与发展——以〈法言〉为中心》，《文化天地》2020 年第 17 期。

则是从伦理学专业的角度出发，以扬雄人性论为基础，研究其个体伦理思想和社会伦理思想[①]。其他的论文如孙素秀《〈法言〉的文学观及其影响》[②]、翟蕾《扬雄〈法言〉的历史观及其影响》[③] 等基本是类似思路，故不再赘述。

《汉书》是如此描述扬雄的各类著作的："以为经莫大于《易》，故作《太玄》；传莫大于《论语》，作《法言》；史篇莫善于《仓颉》，作《训纂》；箴莫善于《虞箴》，作《州箴》；赋莫深于《离骚》，反而广之；辞莫丽于相如，作四赋。"[④]《法言》是模仿《论语》语录体的形式，此种文体也引起了研究者关注。如葛园《扬雄〈法言〉文体研究》通过分析《法言》结构、语言、表达方式等方面的特点，归纳了《法言》的文体特征；参考语录体直白灵活、易于理解等文体优势，探讨了《法言》的文体功能[⑤]。夏德靠《论扬雄的著述活动及文体实践》则是在对历代经籍志、提要和解题等的排查后，先对扬雄的著述进行梳理，再对其辞赋作品、《太玄》等分别论述，认为《法言》并不是以效仿《论语》的形式为目的，而是借助这一形式来阐发扬雄本人的精神、思想诉求；并且从文体的角度来分析了同样是语录体的《法言》和《论语》之间的差异，有利于了解扬雄在文体的创制方面积累的丰硕成果[⑥]。该作者后续又发表了《论〈法言〉的制作及文体特质》一文，分析扬雄对传统述做观念的突破，敢于承认自己著述活动"作"的一面，从而呈现了新的文献制作姿态[⑦]，因此他的《法言》虽言仿制，但实际上是借其形式来传达自身精神，与《论语》有本质上的差异。

此外还有教育思想方面的研究，从所查阅资料来看，广州大学随敬德对此方向用力颇多，有《试析扬雄〈法言〉对教学原则和方法的论述》[⑧]《试析扬雄〈法言〉对教育作用的论述》[⑨] 和《试析扬雄〈法言〉中的教师观》[⑩] 三篇文章，都以书中的材料出发，既论述对先秦儒家教学思想的继承和发展，又发掘扬雄自身许多独特的见解；并在此基础上考察先秦儒家教育思想在汉代的发展与流变情况，从而给予当代教育工作者新的启示。

---

① 魏然：《〈法言〉伦理思想研究》，中南大学硕士学位论文，2009 年。
② 孙素秀：《〈法言〉的文学观及其影响》，山东曲阜师范大学硕士学位论文，2008 年。
③ 翟蕾：《扬雄〈法言〉的历史观及其影响》，陕西师范大学硕士学位论文，2012 年。
④ ［汉］班固撰，［唐］颜师古注：《汉书》（第十一册），中华书局 1964 年版，第 3583 页。
⑤ 葛园：《扬雄〈法言〉文体研究》，扬州大学硕士学位论文，2015 年。
⑥ 夏德靠：《论扬雄的著述活动及文体实践》，《中华文化论坛》2017 年第 9 期。
⑦ 夏德靠：《论〈法言〉的制作及文体特质》，《河北师范大学学报（哲学社会科学版）》2021 年第 1 期。
⑧ 随敬德：《试析扬雄〈法言〉对教学原则和方法的论述》，《湖北第二师范学院学报》2020 年第 1 期。
⑨ 随敬德：《试析扬雄〈法言〉对教育作用的论述》，《黑龙江教师发展学院学报》2020 年第 6 期。
⑩ 随敬德：《试析扬雄〈法言〉中的教师观》，《齐齐哈尔师范高等专科学校》2020 年第 2 期。

二、《法言》的版本研究

扬雄作品的版本研究在20世纪更为突出，主要在作品系年、人物评定、版本流传等方面进行基础性的勘定考察工作，为我们的研究提供文献支撑。进入新时代后，得益于所掌握的材料不断增多，研究者们可以在前人的基础上进行更深层次的挖掘、考察。

张兵《扬雄〈法言〉的版本与流传》分析了《法言》在历史上所形成的两大版本系统，一为十三卷本，一为十卷本；分别简述了它们的特点，并对它们之间的优劣有所比较；通过唐宋类书、古书旧注对《法言》的征引，考察了《法言》在宋代以前的流传情况，得出旧本与今本之间差异甚微的结论①。马辉芬的《〈法言〉著录及版本考略》对该书著录及版本情况进行梳理和考证，分析比较了不同时代的著录情况及版本差异②。师为公《扬雄〈法言〉姚鼐评点辑析》③ 则是作者在完成儒藏项目扬雄《法言》校点任务时，在上海图书馆得见录有姚鼎评点的桐荫书屋明刻本，故将其评点文字予以辑录，为扬雄研究增添了新的历史文献资料。此外还有张钰瀚的《北宋扬雄〈法言〉〈太玄〉疏解著述考》④，搜罗了大量相关史籍，对北宋时期的扬雄《法言》《太玄》作疏解的著作进行考述，来讨论扬雄在中唐至北宋之间的地位与影响。这样断代影响研究的角度以及对史料筛选和考注的功夫都值得我们参考借鉴。

三、《法言》的语言学研究

此方面研究学者们大多把注意力放在《方言》一书中，但近年来也有将眼光扩展至《法言》一书来探讨扬雄的语言学思想。

张兵《扬雄〈法言〉语言艺术特色初探》分析了书中对《论语》等先秦散文所运用的修辞手法的继承，指出扬雄以辞赋和散文创作相融合的笔法，使其呈现出《论语》所未有的华彩气息和骈俪化的时代风貌⑤；从语言学角度改变长期以来认为《法言》仅是模仿而没有艺术特色的偏见，帮助我们重新认识《法言》在散文史、骈文发展史上的地位。

---

① 张兵：《扬雄〈法言〉的版本与流传》，《古籍整理研究学刊》2004 年第 4 期。
② 马辉芬：《〈法言〉著录及版本考略》，《图书馆理论与实践》2006 年第 4 期。
③ 师为公：《扬雄〈法言〉姚鼐评点辑析》，《文献》2013 年第 2 期。
④ 张钰瀚：《北宋扬雄〈法言〉〈太玄〉疏解著述考》，《国学研究》2013 年第 479 期。
⑤ 张兵：《扬雄〈法言〉语言艺术特色初探》，《西华师大学学报（哲社版）》2004 年第 3 期。

《〈法言〉词类研究》[1] 是第一次对《法言》进行较为全面的词类语法研究，以《法言》为语料，先对书中的名词、动词、叹词等十类词汇进行考察，后选取“为”“果”等词进行专论，汇总详细，论述清晰。此后的几篇论文如《〈法言〉动词研究》[2]《〈法言〉复音词研究》[3] 等都是选取其中一类，先叙述《法言》一书及作者概况，后对所选词类进行语法分析，此处不再重复说明。

后面发表的《扬雄〈法言〉语言学思想研究》是基于语言学角度去分析扬雄的语言思想及其理论，主要对其中的言语、语言应用与修辞、语言功能、社会方言及其他语言思想几个方面进行研究[4]。可以看出，对《法言》语言学方面的研究在逐渐趋向理论化、体系化。

四、《法言》研究展望

《汉书》称扬雄其人“自有大度，非圣哲之书不好也；非其意，虽富贵不事也”。其求知的热情与坚不可移的品格历经千年依旧熠熠生辉。在面对“诸子各以其知舛驰，大氐诋訾圣人”[5] 的社会环境下，以维护道统为己任，创作《法言》，因此我们在认识《法言》时要掌握其在一个特殊历史节点上承上启下的作用。

各家在《法言》研究中对其思想方面挖掘颇深，但正如前文所说，不管是从伦理学角度还是从人物批评角度入手，进入 21 世纪，跨学科、跨专业研究的现象不断增多，这种结合与突破，是一件非常重要的事。此外，《法言》语言学方向的研究也还有很多发展空间，无论是修辞还是语法研究等，都是有待继续深入的领域。正如叶嘉莹所说，“我们的时代正面临着种种变化，传统的文学批评也需要寻求一个新的拓展，才能够千古常新”，同样地，《法言》研究也应在 21 世纪融合更多新元素，才能不断发展壮大。

（作者单位：西华大学文学与新闻传播学院）

---

① 路广：《〈法言〉词类研究》，华东师范大学博士学位论文，2006 年。
② 吴婷婷：《〈法言〉动词研究》，陕西师范大学硕士学位论文，2012 年。
③ 张焕新：《〈法言〉复音词研究》，东北师范大学硕士学位论文，2004 年。
④ 周玉萍：《扬雄〈法言〉语言学思想研究》，《六盘水师范学院学报》2017 年第 2 期。
⑤ ［汉］班固撰，［唐］颜师古注：《汉书》（第十一册），中华书局 1964 年版，第 3514、3580 页。

扬子思想研究

《法言》中扬雄的“君子观”及当代意义探析

古 静

内容提要：在扬雄的君子观中，品德高尚是君子的基本品质，也是区分君子与小人的标准，谨言慎听是君子的行为规范，它规范着君子的行为；君子的品格还包括处世哲学，主要体现为君子对自身、朋友和处世的态度和原则。“求为君子”是成为君子的志向和动机；“强学力行”是成为君子的重要途径，它不仅是对知识的学习，更是对知识的实践，同时也是一种道德修养方式；“以礼约之”是君子的另一原则，以礼约束自身是君子规范自身的重要方法。在当代，扬雄的君子观于个人而言，可以促进自我发展，自我约束；于社会而言，有助于完善礼仪，构建和谐社会。

关键词：扬雄；《法言》；君子观；当代价值

“君子”不仅在儒家文化中是一个重要的概念，而且在中华传统文化中也是一个不可缺少的范畴。“君子”这一词语“按语言学规律分析，早在商代甚或夏代即应有‘君子’出现”①，其本意指“君王之子”。后来随着时代的发展，其内涵不断丰富，“君子”被赋予了浓重的道德色彩。到春秋时期，孔子则将其延伸为与“小人”相对的含义，孔子认为，君子应该具有绝对的善良、道德高尚、表里如一等优秀品质。到孟子时期，他试图从人性的深处寻找君子的起点。荀子则认为“君子博学”中“君子”是学问好的人。在扬雄之前的儒家学者主要是将“君子”看成为“圣人”的“必经之路”，但是对如何成为君子没有一个可以实行的标准。到扬雄时期，扬雄在其著作《法言》中将儒家先辈关于“君子”的观点融合并统一起来，将“君子”的概念与如何成为“君子”统一起来，对君子有了更加全面的论述。本文所谈及的君子指的是具

① 高喜田：《君子之道——中国人的处世哲学》，中华书局 2011 年版，第 8 页。

有高尚道德品质，可以成为楷模的人。君子观指的是什么是君子，以及如何成为君子的想法。本选题的意义主要表现在扬雄的君子观对当代社会的影响。目前学界关于扬雄的君子观的研究较少，仅有两篇论文提及，一篇是蒋春鹏的《扬雄"君子论"在人格教育上的承前启后》，另一篇是凤羽的《论扬雄"求为君子"的教育目的》，这两篇论文主要是讲扬雄的君子观在教育上的作用，偏重于教育学，因此《法言》中扬雄的君子观具有很大的研究空间。

一、君子的内涵

在《法言》中，"君子"一词，出现47处，并有专章《君子》，对"君子"的各个方面进行论述，主要是扬雄对于君子理想人格的美好畅想和道德内涵的解释。如"学者，所以求为君子也"① "君子自守"② "是以君子强学而力行"③ "君子微慎厥德"④ "君子谨于言，慎于好，亟于时"⑤ 等等。书后有小序"君子纯终领闻，蠢迪捡押，旁开圣则，撰《君子》"⑥，主要是讲君子善于听取别人的意见成就自己的美名，行动都遵循着法则展开，从而将圣人的原则发扬光大。而撰写《君子》一章。

（一）品德高尚

在扬雄看来，"君子"是品德高尚的人。先秦儒家学者大多以德为先，扬雄继承并发扬了这一观点。在扬雄的《法言》中，君子与小人往往是相伴出现的，扬雄认为君子和小人的区别是十分明显的，他在对比君子小人的过程中，主要突出君子的品德高尚。首先，君子和小人的区别在于他们的文章和言论之中，"故言，心声也；书，心画也。声画形，君子小人见矣。声画者，君子小人之所以动情乎？"⑦ 文章和言论都是人的内心深处情感的表达，君子和小人的区别在他们各自的文章和言语之中。其次，君子和小人的区别还在于君子追求品德高尚，而小人追求势力膨胀。"君子绝德，小人绝力。或问'绝德'。曰：'舜以孝，禹以功，皋陶以谟，非绝德邪？''力'。'秦悼武、乌获、任鄙扛鼎抃牛，非绝力邪？'"⑧ 君子极力追求品德的高尚，小人极力追求势力的

① 汪荣宝:《法言义疏》，中华书局1987年版，第27页。
② 汪荣宝:《法言义疏》，中华书局1987年版，第90页。
③ 汪荣宝:《法言义疏》，中华书局1987年版，第89页。
④ 汪荣宝:《法言义疏》，中华书局1987年版，第107页。
⑤ 汪荣宝:《法言义疏》，中华书局1987年版，第193页。
⑥ 汪荣宝:《法言义疏》，中华书局1987年版，第573页。
⑦ 汪荣宝:《法言义疏》，中华书局1987年版，第160页。
⑧ 汪荣宝:《法言义疏》，中华书局1987年版，第418页。

膨胀。舜的孝心、大禹治水的功劳、皋陶的计谋就是不可及的品德。只有拥有这样品德的人，才算得上是真正的君子，在这里扬雄明确了君子该具备的品德。再次，君子与小人的区别体现在与人交往过程中，待人待己的差别，“君子好人之好，而忘己之好；小人好己之恶，而忘人之好”①，这句话是说君子在与人相处过程中，总是欣赏他人的长处、优点，而忘记自己的长处、优点；小人反之，总是喜欢自己的缺点，而忘记忽略他们的长处、优点。最后，君子和小人的区别还体现在对人的忠诚度上。“君子忠人，况己乎？小人欺己，况人乎？”② 君子对人忠贞不二，对自己也忠诚，小人口是心非，欺骗自己也欺骗别人。扬雄在论及君子与小人的差别的同时，也对上位者的德行做出要求，上位者治国需以德来治理国家，“人君不可不学《律》《令》。曰：‘君子为国，张其纲纪，谨其教化。导之以仁，则下不相贼；莅之以廉，则下不相盗；临之以正，则下不相诈；修之以礼义，则下多德让。此君子所当学也。如有犯法，则司狱在。’”③ 君子治理国家的过程中要注重学习《律》《令》，以纲纪教化治国，用仁爱、礼仪、品德教化百姓，只有犯法时，才能动用司狱刑法。这是扬雄对于上位者的要求，作为统治者，应当以德来教化百姓。

（二）谨言慎听

“故君子名之必可言也，言之必可行也，君子于其言也，无所苟而已矣。”④ 孔子认为君子从不马虎对待自己的言行举止。扬雄在《法言》中极力推崇孔子，他继承了孔子的君子观，并有所发展。扬雄认为“君子”是谨言慎行的人，对自己的言行极其谨慎。“譊言败俗，譊好败则，姑息败德。君子谨于言，慎于好，亟于时。吾不见震风之能动聋聩也。”⑤ 扬雄认为胡乱地发表言语，会败坏风俗，所以君子应该谨慎地对待言语。在扬雄看来，君子不应该只谨慎地对待言语，还要谨慎地对待礼和书，“君子之所慎：言、礼、书”⑥。君子要谨于言，要么不言，言必有验证。“君子之言幽必有验乎明，远必有验乎近，大必有验乎小，微必有验乎著。无验而言之谓妄。君子妄乎？不妄。”⑦ 幽僻的道理必然验证于明白浅易，悠远的道理必然验证于浅近，宏大的道理必然验证于细小的，微小的道理必然验证于显著的，没有验证的言语叫作妄言。君子对于自己尚没有经验的事物并不轻易下决断而是通过不断接近该事物，掌握事物才做下

① 汪荣宝：《法言义疏》，中华书局1987年版，第511页。
② 汪荣宝：《法言义疏》，中华书局1987年版，第522页。
③ 汪荣宝：《法言义疏》，中华书局1987年版，第295—296页。
④ 金良年：《论语译注》，上海古籍出版社2010年版，第144页。
⑤ 汪荣宝：《法言义疏》，中华书局1987年版，第193—194页。
⑥ 汪荣宝：《法言义疏》，中华书局1987年版，第90页。
⑦ 汪荣宝：《法言义疏》，中华书局1987年版，第159页。

决断，因此君子不会虚妄乱言。谨言是对自己的约束，注重的是自己对于外界的影响，君子不仅要注重言语，还要谨慎地对待听。谨慎地对待听，是注重自己对外界的信息接收，听是对君子自己的影响。“君子言也无择，听也无淫。择则乱，淫则辟。”① 这里主要讲的是君子言语没有败坏风俗的言语，君子听声也没有淫乐，有了失误或不妥的言语，就会混乱；听了淫乐就会沉迷。“或曰：‘君子听声乎？’曰：‘君子惟正之听。荒乎淫，拂乎正，沈而乐者，君子不听也。’”② 君子听声，只听正声，荒淫、违反正声的、安逸的音乐容易使君子沉迷，君子不能听这些音乐。从中可见，君子对所听的音乐是有所要求的，有所节制的。总之，君子不仅要谨慎地对待自己的言语，还要谨慎地对待自己“听声”，从而规范自己。

（三）处世哲学

扬雄在《法言》一书中，对君子的内在以及外在都指出了明确的规定。对内即是扬雄对君子自身的人格品质方面的理解，在《君子》一卷中，扬雄以“玉”来比喻君子。“或问‘君子似玉’。曰：‘纯沦温润，柔而坚，玩而廉，队乎其不可形也。’”③ 君子的性格和为人要像玉一样，纯沦温润，柔中带坚硬，这是扬雄对君子的为人和性格的看法。君子的外在方面，即是君子的为人处世。在交友方面，扬雄认为君子要注重与朋友的交往，在交往中注重保持自我，有自己的原则。扬雄在《法言》中明确指出“上交不谄，下交不骄，则可以有为矣”④，与地位高的人交往不巴结奉承，与地位低的人交往不骄傲蛮横，保持自我，那么就可以有所作为了。这里主要讲的是君子在对上对下的交友中，要保持自我，这是君子的交友处世原则。“或曰：‘君子自守，奚其交？’曰：‘天地交，万物生；人道交，功勋成，奚其守？’”⑤ 天地交和，则万物生成；人道交往，则功勋建成。这一句话，讲的是君子的人际交往与天地交和一样重要，好的人际交往，有助于君子自省和成长；恶的人际交往则会将君子带偏，难以成就君子。这是扬雄对于君子自己以及君子的朋友的要求。在处世方面，扬雄提倡君子明哲保身。“君子所贵，亦越用明保慎其身也。如庸行翳路，冲冲而活，君子不贵也。”⑥ 他认为在生活处世中，君子应当明哲保身，不应随众往来、行无趋向。

---

① 汪荣宝：《法言义疏》，中华书局 1987 年版，第 74 页。
② 汪荣宝：《法言义疏》，中华书局 1987 年版，第 226 页。
③ 汪荣宝：《法言义疏》，中华书局 1987 年版，第 503 页。
④ 汪荣宝：《法言义疏》，中华书局 1987 年版，第 90 页。
⑤ 汪荣宝：《法言义疏》，中华书局 1987 年版，第 90 页。
⑥ 汪荣宝：《法言义疏》，中华书局 1987 年版，第 198 页。

二、“求为君子”的重要途径

扬雄深受孔子儒家文化的影响，但是他所在的时代，儒学被西汉时期的董仲舒等学者改造了，被谶纬化、经典化。儒学的原貌已经被扭曲，扬雄为了恢复正统的儒学，高举“君子”的旗帜，以期改变当时读书人对待儒学的看法。在《法言》中专列君子一章，来阐释儒学的君子精神，从而明确君子应具备的品德，以及成为君子的途径。简而言之，人们首先需要树立成为君子的志向，向着目标做出努力。其次，君子需要强学力行，用丰富的文化知识来充实自己的精神世界，再次，君子需要约之以礼，用礼仪来约束规范自己的言行举止。

（一）求为君子

成为君子前，首先要明确自己的志向，是否成为君子，即要有强烈的动机和成为君子的志向。“扬雄作为治学和教学的大师，既领略潜心苦读的甘苦，更懂得引导学生学习，清楚学习动机和态度对学习效果的影响有多大，所以也反复论及这两点。”① 扬雄在《学行》篇提到“学者，所以求为君子也。求而不得者有矣。夫未有不求而得之者也”②，学习是为了使自己成为君子，学习了不一定会成功，但是不学习就一定不会成为君子，学者要树立成为君子的志向。“是以君子贵迁善。迁善者，圣人之徒与！”③ 学者要以君子的标准严格要求自己，不断提升自身的道德水平，最终会成为君子。树立了成为君子的志向，志向指引学者去以君子的行为标准来要求自己，促使自己朝着君子的方向严格要求自身。

（二）强学力行

“学”是普通人成为君子的重要途径之一。《修身》中记载：“君子强学而力行。”④ 这句话是说君子应当勉励自己努力学习圣人的教诲并且付出行动。扬雄认为君子在追求学习圣人教诲的同时也需应当注意行动力，只拥有学问，但自身行动能力不行，那也不算是君子。真正的君子应当是将自己学习的知识运用于生活实践中，做到知行合一。学习对人的品格的塑造是可以发挥巨大的作用，因而学习是成为君子的重要途径，学习的内容也是非常关键的。“习乎习！以习非之胜是也，况习是之胜非乎？於戏！学

---

① 宋祥：《中国古代劝学文研究》，东北师范大学博士论文，2011 年，第 76 页。
② 汪荣宝：《法言义疏》，中华书局 1987 年版，第 27 页。
③ 汪荣宝：《法言义疏》，中华书局 1987 年版，第 31 页。
④ 汪荣宝：《法言义疏》，中华书局 1987 年版，第 89 页。

者审其是而已矣。"① 扬雄认为学习内容的正确与否直接关系到学习的结果，学习内容的正确，将有助于君子品格的养成。"好尽其心于圣人之道者，君子也。人亦有好尽其心矣，未必圣人之道也。"② 要成为一个有德的君子，就要尽心于圣人之道，不要误入迷途。"好书而不要诸仲尼，书肆也。好说而不要诸仲尼，说铃也。君子言也无择，听也无淫，择则乱，淫则辟。述正道而稍邪哆者有矣，未有述邪哆而稍正也。"③ 之所以要学习圣人的经典，就是因为圣人具有大智慧，跟从圣人学习才能从圣人那里得到智慧，圣人在世的时候就向圣人学习，圣人不在世了，那么就向圣人的著作书籍学习，因为圣人与圣人的著作书籍在根本上是一致的，都包含了圣人的思想。

（三）约之以礼

君子不仅要注重知行合一，还要注重仁、义、礼、智、信等良好品质的培养。孔子曰："非礼勿视，非礼勿听，非礼勿言，非礼勿动。"④ 这句话讲的是遵循礼仪是君子行动做事的基本准则。孔子是扬雄极为推崇的儒家圣人，孔子认为君子诸事皆须依礼。扬雄在《法言》中也阐释了君子须约之以礼这一观点。"君子之所慎：言、礼、书。"⑤ 君子要谨慎地对待言语、礼仪、书。在扬雄看来，言语、礼仪、书是极其重要的，君子必须谨慎。君子不仅要谨慎地对待礼仪、书，还要注重自身修养的建设。"或问'仁、义、礼、智、信之用'。曰：'仁，宅也。义，路也。礼，服也。智，烛也。信，符也。处宅，由路，正服，明烛，执符，君子不动，动斯得矣。'"⑥ 扬雄将仁义礼智信看作是自身修身的标准，成为君子的标准。"君子动则拟诸事，事则拟诸礼。"⑦ 下有疏言："宋云：'拟或作凝，非也。拟，据也。言君子不妄动，乃据事而后动；不伪其事，乃据礼而后事。"⑧ 这段话即是说君子在行动做事之前，要考虑所做之事是否可行，是否符合礼仪标准，只有符合礼仪标准的才会去做。"君子以礼动，以义止，合则进，否则退，确乎不忧其不合也。夫说人而忧其不合，则亦无所不至矣！"⑨ 君子的做事处世要按照礼仪来行动，合乎礼仪的就去行动，按照"义"来停止，不合"义"的则需要停止。这说明君子在行动之中也仍需要注重遵礼。

---

① 汪荣宝：《法言义疏》，中华书局 1987 年版，第 21 页。
② 汪荣宝：《法言义疏》，中华书局 1987 年版，第 215 页。
③ 汪荣宝：《法言义疏》，中华书局 1987 年版，第 74 页。
④ 杨伯峻：《论语译注》，中华书局 2015 年版，第 178 页。
⑤ 汪荣宝：《法言义疏》，中华书局 1987 年版，第 90 页。
⑥ 汪荣宝：《法言义疏》，中华书局 1987 年版，第 92 页。
⑦ 汪荣宝：《法言义疏》，中华书局 1987 年版，第 542 页。
⑧ 汪荣宝：《法言义疏》，中华书局 1987 年版，第 542 页。
⑨ 汪荣宝：《法言义疏》，中华书局 1987 年版，第 209 页。

三、扬雄君子观之当代意义

扬雄《法言》中的君子观不仅在当时有着重要的意义，而且对现在也有着不可忽视的借鉴意义。

第一，扬雄的君子观启发我们进行自我规范，促进自身的成长。外在的力量可以约束我们，但更多的是强制性的约束，缺乏自我主动性。君子不仅是一种精神人格，同时也是一种道德人格，其行为的规范来自我们内心对于自身的要求。我们可以通过自省来提升道德品质，当我们主动对自我内心、自我行为进行规范、深思时，才能认识到自己的不足之处，才能从根源上克服我们的不良行为。

第二，扬雄的君子观可以推动礼仪的规范，从而建构良好的社会秩序。“礼”是儒家文化的重要部分，在扬雄的君子观中，“礼”是君子的道德要求，不仅君子应当遵守礼，平常人也需要遵礼。在当今社会中，有越来越多不遵守礼的行为和现象出现，如丈夫杀妻、学生殴打老师、父母弃养孩子、子女不赡养父母等行为，都反映出普通民众对“礼”的缺失。大力提倡和弘扬君子的礼仪规范，可以更好地构建良好的文明社会；人们以礼相待、坦诚相见，有助于更好地构建和谐的社会环境。

第三，大力弘扬和倡导扬雄的君子观，有助于帮助当今社会的人们树立正确的三观，培养健全的人格。改革开放以来，国家经济发展大幅度提高，人民的生活水平在不断提高的同时，消费水平也在不断提高，消费主义、享乐主义和利己主义不断渗人人们的生活。在巨大的利益面前，部分民众无法抵挡诱惑，容易走上违法犯罪的道路，应当大力宣传扬雄进一步完善的儒家君子观，对社会道德产生正面的引导作用。

第四，本文希望通过对扬雄的君子观梳理，可以加强人们对君子的认知，增强人们对中华传统文化的重视程度。扬雄所倡导的君子形象不仅是儒家人文精神的集中体现，更是中华民族优秀传统文化的典型代表。

综上所述，扬雄通过“什么是君子”以及“如何成为君子”等一系列问题的回答，在做人做事等方面展示了君子的风貌，显示了扬雄的无穷智慧和巨大的人格魅力。

（作者单位：西华大学文学与新闻传播学院）

从《法言》看扬雄的“尊孔”意识

陈雨婷

内容提要：扬雄作为西汉儒学的重要代表人物，致力于恢复孔孟儒学的正道，仿《论语》作《法言》，树立起孔子的圣人形象作为体系核心。扬雄克服孔子“述而不作”的论述，提倡“既述且作”，在内容上是“述”，在形式上是“作”，以全新解读方式结构“述作”关系。

关键词：扬雄；《法言》；孔子；“述”与“作”

孔子是春秋时期著名的教育家、思想家，被后世尊为“孔圣人”“至圣先师”，其思想对中国乃至世界都有着深远的影响。作为儒家学派的创始人，为士人学子所推崇。儒学另一杰出代表孟子对孔子可谓推崇至极。孔子在《孟子》[①] 一书中出现了 81 次，他将孔子置于至高地位，认为“自有生民以来，未有孔子也”（《公孙丑上》）。他在《万章下》中是这样评价孔子的：“孔子，圣之时者也。孔子之谓集大成者。集大成者也，金声而玉振之也。金声也者，试条理也；玉振之也者，终条理也。”正是由于孟子对孔子的评价以及学说上的继承等，扬雄也肯定和推崇孟子，《法言·君子》篇记载有人问扬雄：“子小诸子，孟子非诸子乎？”扬雄答道：“诸子者，以其知异于孔子也。孟子异乎？不异。”在此基础上扬雄构建出孔子—孟子—扬雄这样一条道统延续的链条。因此扬雄也有了“西道孔子”的美名。

多年来学界对扬雄《法言》的研究蔚然成风。有从教师、教学角度出发的研究，如李桂芳《试论扬雄的教育思想》[②] 中指出，《法言》是扬雄教育思想的集中体现，其

① 杨伯峻：《孟子译注》，中华书局 2008 年版。
② 李桂芳：《试论扬雄的教育思想》，《中华文化论坛》2018 年第 2 期。

中阐述了教育的目的、方法、意义以及教师所能起到的作用；有从扬雄《法言》对儒学的继承发展和影响等方面的研究，探析扬雄与儒家正统道统的一脉相承和推陈出新；有从《法言》所蕴含的自然哲学等思想维度探究的；有从《法言》中透露的君子观角度研究的；有深挖《法言》的文体、文学特征和优势的。凡此种种，不可胜数。《法言》中展现了扬雄“明道、征圣、宗经”的辞赋创作和理论研究的核心观点①，而其所展露出对孔子的尊敬与推崇意识还有待深入研究探讨。

一、《法言》中孔子的形象

据不完全统计，《法言》中涉及孔子的大概有55处。在这些相关材料中，可以窥见扬雄对孔子的敬仰和推崇，可以树立起一个扬雄眼中的孔子形象。

（一）孔子的杰出才能

“或曰：‘有人焉，自云姓孔而字仲尼。入其门，升其堂，伏其几，袭其裳，则可谓仲尼乎？’曰：‘其文是也，其质非也。’‘敢问质。’曰：‘羊质而虎皮，见草而说，见豺而战，忘其皮之虎矣。’”（《吾子》）有人会质疑，一个人套上孔子的一切外在条件，是否就能取而代之？扬雄给出了答案，一个人就算承袭了孔子的一切外在因素，他也不能成为孔子。究其原因，在于孔子之所以是孔子，全然取决于他个人的内在品质、他的才能、他的思想，这是任何人都无法取替的存在。“圣人虎别，其文炳也；君子豹别，其文蔚也；辩人狸别，其文萃也。狸变则豹，豹变则虎。”（《吾子》）圣人能于众人之中脱颖而出，就在其才能与众人之别犹如百兽之王虎之别百兽，炳然殊异也。

“《易》始八卦，而文王六十四，其益可知也。《诗》《书》《礼》《春秋》，或因或作而成于仲尼，其益可知也。故夫道非天然应时而造者，损益可知也。”（《问神》）儒家许多经典著作背后都有孔子的影子，他整理古代文化典籍，编成《春秋》，修订《诗》《书》《礼》等著作。同时他也是一名出色的思想家、政治家、军事家，曾在治理鲁国时提出“文兼武备”的国策，然而这样的孔子却不被鲁国重用，故此扬雄才会在《寡见》篇中记载——或问：“鲁用儒而削，何也？”曰：“鲁不用儒也。昔在姬公，用于周而四海皇皇，奠枕于京。孔子用于鲁，齐人章章，归其侵疆。鲁不用真儒故也。如用真儒，无敌于天下，安得削？”鲁国也正是因为并未重用真儒孔子，才会国力削减，被强邻侵犯。

---

① 吴龙灿、苗泽辉：《扬雄对蜀学传统的继承与发展》，《天府新论》2021年第4期。

（二）孔子的高尚道德

“学之为王者事，其已久矣。尧、舜、禹、汤、文、武汲汲，仲尼皇皇，其已久矣。”（《学行》）扬雄将孔子与尧、舜、禹、汤、文、武等圣人并举，充分肯定了孔子的高尚道德，将孔子提到了至高地位，以夫子虽无王者之位，而有王者之德，故而放作一处称扬。

言道是“贤人则异众人矣，圣人则异贤人矣”（《学行》），扬雄一直称孔子为圣人，以其才学德性之盛与碌碌平身迥然殊异，众人终身难及。《修身》篇记有——“或问治己。曰：‘治己以仲尼。’或曰：‘治己以仲尼，仲尼奚寡也?’曰：‘率马以骥，不亦可乎?’或曰：‘田圃田者莠乔乔，思远人者心忉忉。’”此言仲尼之道深远，不可以强学。《论语》有言：“仲尼，日月也。”将仲尼比作日月，不观孔子之道，犹不见日月。不见日月，久则目盲；不观孔子之道，久则心顽。以孔子之道的引领性和优越性作为大众治学处事的模板和指导方针，习孔子之道以避眼盲心顽之倾向。

只有以孔子开明思想、崇高道德作为旗帜和标杆，个人才能走正道、国家社会才能有序健康发展壮大。“有德者好问圣人。或曰：‘鲁人鲜德，奚其好问仲尼也?’曰：‘鲁未能好问仲尼故也。如好问仲尼，则鲁作东周矣。’”（《修身》）孔子习周公，以周礼作为正己身、稳社稷的标准，鲁国并未充分重视仲尼的作用，否则有此等圣人，鲁国本应成为如周朝一般礼乐昌明的国家。

（三）孔子的名师风范

孔子是儒家开山先师，对儒家学派的树立和发展奠定了基调和方向，对后世的儒学士子意义特殊，影响深远，因而宋末文坛领袖刘克庄就曾感叹“仲尼已没世无师”“七十子之肖仲尼也”。孔子的七十二个弟子，深受孔子因材施教、以身作则的教育影响，成为孔子留名青史的又一张名片，弟子及再传弟子们也为孔子整理编纂了体现孔子政治主张、伦理思想、道德观念及教育原则的语录文集《论语》，从此《论语》成为中国文化史上不可逾越的一座思想丰碑。著名历史学家钱穆先生曾说：“《论语》自西汉以来，为中国识字人一部人人必读书。”

孔子最卓著的教育思想当属“因材施教”，针对不同个体特性，做最适合的教育。“或问：‘世言铸金，金可铸与?’曰：‘吾闻觌君子者问铸人，不问铸金。’或曰：‘人可铸与?’曰：‘孔子铸颜渊矣。’或人踧尔曰：‘旨哉！问铸金，得铸人。’”（《学行》）颜渊是孔门七十二贤之首，被后世尊为“复圣”，可谓是孔子最杰出的得意弟子。孔子就曾称赞他“贤哉，回也”，乃贤能好学仁人。“七十子之于仲尼也，日闻所不闻，见所不见，文章亦不足为矣。”（《渊骞》）圣人之言行，犹如天道之日新，学者得圣人而师之，其进益无有已时也。

孔子不仅对孔门学子的成长教育起引领作用，对后世的所有读书人都起到了重要的指导作用。“或问：‘孔子知其道之不用也，则载而恶乎之？’曰：‘之后世君子。’”（《五百》）《荀子》中曾记载胡子称赞：“仲尼之教，犹天地造化万物，生生日新，无气之不应，无息之或已也。”

（四）孔子的卓越地位

“天之道不在仲尼乎？”“视日月而知众星之蔑也，仰圣人而知众说之小也。”（《学行》）扬雄认为孔子的思想学说可以概括天道，其伟大卓绝非别家学说可以比拟取替的。孔子之伟大譬如天地日月之于世间的意义，因而才会有“天不生仲尼，万古如长夜”（《朱子语类》）[①] 此般感喟。

“仲尼，圣人也，或者劣诸子贡。”（《问明》）扬雄多次称孔子为圣人，将其置于至高之位，盖因其在各个领域都是无出其右的代表人物。扬雄在《吾子》篇对孔子给予了充分肯定：“好书而不要诸仲尼，书肆也。好说而不要诸仲尼，说铃也。”他认为孔子是治学问道的门径，要想有所得，必然不能越过孔子，因为孔子具有无可替代、不可超越性。——“山径之蹊，不可胜由矣；向墙之户，不可胜入矣。曰：‘恶由入？’曰：‘孔氏。孔氏者，户也。’曰：‘子户乎？’曰：‘户哉！户哉！吾独有不户者矣？’”（《吾子》）山径之蹊难行、向墙之户不通，皆以喻诸子。

> 或问：“五百岁而圣人出，有诸？”曰：“尧、舜、禹，君臣也，而并；文、武、周公，父子也，而处。汤、孔子，数百岁而生。因往以推来，虽千一不可知也。”（《五百》）
>
> 或曰：“孔子之道，不可小与？”曰：“小则败圣，如何？”（《五百》）
>
> 或曰：“圣人无益于庸也。”曰：“世人之益者，仓廪也，取之如单。仲尼，神明也，小以成小，大以成大；虽山川、丘陵、草木、鸟兽，裕如也。如不用也，神明亦末如之何矣。”（《五百》）
>
> 或曰：“仲尼之术，周而不泰，大而不小，用之犹牛鼠也。”曰：“仲尼之道，犹四渎也；经营中国，终入大海。它人之道者，西北之流也；纲纪夷貊，或入于沱，或沦于汉。”（《君子》）

上引《法言》诸选段可以看出扬雄认定孔子是五百岁而出的圣人，且圣人日少，以后可能千岁出或不可知，以衬孔子之难得。进而高呼孔子乃神明也。

---

① ［宋］黎靖德编：《朱子语类》，中华书局1986年版。

二、《法言》对孔子思想的继承和发展——既述且作

扬雄可谓是孔子的忠实信徒，孔子的思想对扬雄的治学、处事、为政等都产生了深远又难以磨灭的影响。西汉后期，黄老之学和法家等学派的思想对儒学长期浸染，董仲舒天人感应、灾异遣告说以及京房以易学作为演说政治的手段工具等多方面的影响下，出现了经学神学化的倾向，谶纬之学应运而生。扬雄视董仲舒、夏侯胜、京房等为旁门左道，非儒学正统。在这样的局面下，扬雄以当代孟子自居，为了复兴儒学正统做出了诸多努力。“雄见诸子各以其知舛驰，大氐詆圣人，即为怪迂，析辩诡辞，以挠世事，虽小辩，终破大道而或众，使溺于所闻而不自知其非也。”（《汉书·扬雄传》）一方面，他对诸子进行深刻批判，另一方面重申孔子的儒学正统地位，以求对儒学进行及时的拨乱反正。“大人之学也为道，小人之学也为利。”（《学行》）

《汉书·扬雄传》中记载扬雄：“以为经莫大于《易》，故作《太玄》；传莫大于《论语》，作《法言》；史篇莫善于《仓颉》，作《训纂》；箴莫善于《虞箴》，作《州箴》；赋莫深于《离骚》，反而广之。”扬雄仿《论语》著成《法言》，这是对经典文本形式的继承，同时，扬雄也在孔子的基础上做出了改变和发展。他并不赞成“述而不作”，提倡“既述且作”。

《论语·述而》：“子曰：‘述而不作，信而好古，窃比于我老彭。’”[①] 孔子认为自己只是整理古代典籍，阐述先贤之思想，传先王之道，不敢惶称“作”。《皇疏》云：“述者，传于旧章也；作者，新制作礼乐也。孔子自言我但传述旧章，而不新制礼乐也。夫得制礼乐者，必须德位兼并，德为圣人，尊为天子者也。”孔子是有德无位，故述而不作也。《礼记·中庸》云：“非天子不议礼，不制度，不考文。”礼仪、制度、考文等，皆为作者之事，而必须是天子才能做。

在《礼记》中是这样定义“作”的：“知礼乐之情者能作，识礼乐之文者能述。作者谓之圣，述者谓之明。”[②] 从这段表述不难挖掘出“作”之背后蕴含的“创始”意义，将“作”与“圣”二者相关联。虽世人皆以孔子为圣，但孔子并不以圣人自居，“若圣与仁，则吾岂敢”（《论语·述而》）。孔子以无位，不敢作礼乐，只以述之。前虽以礼乐为论，然广而言之，则凡有所创始皆谓之作，并不只以礼乐为限。虽然孔子自谦，但其所做贡献并未被忽视。朱熹在《四书章句集注》中给予高度肯定：“其事虽

---

① 杨伯峻：《论语译注》，中华书局 2017 年版。

② 陈浩注：《礼记》，上海古籍出版社 1987 年版。

述，而功则倍于作矣，此又不可不知。”①

将地位与“述”“作”相扣，并不是扬雄所倡之作。《汉书》记载：“诸儒或讥以为雄非圣人而作经，犹春秋吴楚之君僭号称王，盖诛绝之罪也。”② 对于这样的质疑，《问神》篇做出了回应：“或曰：‘述而不作，《玄》何以作？’曰：‘其事虽述，其书则作。’”扬雄对“述作”关系重新下定义，以一种新的认知方式坦诚自己作品中的创作成分，是一种难得的突破。

三、结语

在谶纬之学扰乱儒学正道之时，扬雄因匡正传统的责任感站到当世大儒的对立面，虽然时人及后世对其评价褒贬不一，两极分化，但不可否认的是，他在汉代儒学发展的过程中起到了独特的作用，有着特殊地位。他对儒学的反思和改造发展，对当世经学神学化等现象的抨击修正等，都对后世产生了深远的影响。古文运动的发起人韩愈就曾高度赞扬扬雄：“以为孔子之徒没，尊圣人者，孟氏而已。晚得扬雄书，益尊信孔子，因雄书而孟氏益尊，则雄者亦圣人之徒与。”（《读荀》）③ 班固则称：“自孔子后，缀文之士众矣，唯孟轲、孙况、董仲舒、司马迁、刘向、扬雄。此数公者，皆博物洽闻，通达古今，其言有补于世。传曰‘圣人不出，其间必有命世者焉’，岂近是乎？”（《汉书·楚元王传赞》）④ 扬雄是中华文化史上一颗瑰丽的明珠，值得后人反复研读。

（作者单位：西华大学文学与新闻传播学院）

---

① ［宋］朱熹：《四书章句集注》，中华书局2012年版。
② ［汉］班固：《汉书》，中华书局2012年版。
③ ［清］董皓：《全唐文》，上海古籍出版社1990年版。
④ ［汉］班固：《汉书》，中华书局2012年版。

扬雄“中和之政”思想的启示

蒲儒刿

内容提要：扬雄是学问大家，在政治学、哲学、语言学等方面皆有系统建树，本文就其“中和”治理思想的最基本观点、前提条件以及对当下的有关启示谈谈粗浅认识。

关键词：德治；中和；内圣

一、“审其思斁”的德治思想

（一）审其思斁

扬雄的治理思想或政治观的最基本、最核心的内涵，可以用“德治”二字概括，而德治的基本内容又是“审其思斁”。在他的《法言·先知》中有这样的表述：“或问：‘何以治国?’曰：‘立政。’曰：‘何以立政?’曰：‘政之本，身也。身立，则政立矣。’或问：‘为政有几?’曰：‘思、斁。’或问：‘思、斁?’曰：‘昔在周公，征于东方，四国是王；召伯述职，蔽芾甘棠。其思矣夫？齐桓欲径陈，陈不果内，执辕涛涂。其斁矣夫？於戏！从政者，审其思、斁而已矣。’或问：‘何思何斁?’曰：‘老人老，孤人孤，病者养，死者葬，男子亩，妇人桑，之谓思。若污人老，屈人孤，病者独，死者逋，田亩荒，杼轴空，之谓斁。’”这段话集中表明了扬雄治国理政的思想在于“思斁”二字，“思”的意思是怀想，“斁”的意思是厌恶；当政者治理国家或一方，要让老百姓怀想而不要使他们厌恶。显然这是从正反两个角度来告诉我们从政者的治理目标要以老百姓的感受作为最基本目标或判断标准，拿今天最时髦的语言来说，就是要让从政者治下的人有获得感或幸福感，否则就不是好的治理；换句话说，老百姓喜不喜欢、高不高兴是判断政绩的根本标准，获得民心或民心相通是最大的政治。

同样是说国家治理的目标或境界，《礼记·礼运》中集中在“大同”二字上，个人感觉就没有扬雄的温暖、亲切而亲民。请看“大道之行也，天下为公，选贤与能，讲信修睦。故人不独亲其亲，不独子其子，使老有所终，壮有所用，幼有所长，矜、寡、孤、独、废疾者皆有所养，男有分，女有归。货恶其弃于地也，不必藏于己；力恶其不出于身也，不必为己。是故谋闭而不兴，盗窃乱贼而不作，故外户而不闭，是谓大同”，对小国寡民式治理场面描述美则美矣，然而失之概泛。扬雄“蔽芾甘棠”“老人老，孤人孤，病者养，死者葬，男子亩，妇人桑”，一方面是治理者克己奉公，另一方面是把老百姓照顾得很到位；“执辕涛涂”“污人老，屈人孤，病者独，死者逋，田亩荒，杼轴空”，则是执政者强力与横蛮以及对治下百姓的忽视与抛弃。

扬雄在他的《法言·寡见》又这样说：“或曰：‘弘羊榷利而国用足，盍榷诸?’曰：‘譬诸父子，为其父而榷其子，纵利，如子何？卜式之云，不亦匡乎！’或曰：‘因秦之法，清而行之，亦可以致平乎？’曰：‘譬诸琴瑟。郑卫调，俾夔因之，亦不可以致箫韶矣。’”这段表述的基本意思是：桑弘羊为了国用充足，实行专利（“榷利”）而与老百姓争利是不可以的，就像做父亲的为了自己的利益而向自己的儿子实行专利（“榷利”）一样。扬雄说这段话的目的还不止于此，他最终要表达的是，仅仅廉洁公正地执法（“秦法”）是不可以“致平”的，而只有以德治国、利于百姓，才能使国家安定下来，国家才能长治久安。

同样是儒家的代表性人物，同样是主张“仁政”的孟子，他的治国理政观明显与扬雄不同。“民之为道也，有恒产者有恒心，无恒产者无恒心。苟无恒心，放辟邪侈，无不为已。及陷于罪，然后从而刑之，是罔民也。焉有仁人在位，罔民而可为也？是故贤君必恭俭礼下，取于民有制。”（《孟子·滕文公上》）强调物质资料（“恒产”）之于安居乐业（“恒心”）的重要性，因此治理者要致力于前者；大家熟悉的“老吾老，以及人之老；幼吾幼，以及人之幼。天下可运于掌。《诗》云：‘刑于寡妻，至于兄弟，以御于家邦。’言举斯心加诸彼而已。故推恩足以保四海，不推恩无以保妻子。古之人所以大过人者无他焉，善推其所为而已矣”（《孟子·梁惠王上》），则强调“推恩”——广施仁爱、恩泽百姓的重要性。

（二）反对苛法酷吏

从上述德治思想出发，扬雄必然反对苛法酷吏。

在《法言·先知》中，他说：“曰：‘民有三勤。’曰：‘何哉？所谓三勤。’曰：‘政善而吏恶，一勤也；吏善而政恶，二勤也；政吏骈恶，三勤也。禽兽食人之食，土木衣人之帛。谷人不足于昼，丝人不足于夜，之谓恶政。’”治理制度（“政”）、执政者（“吏”）与公平正义（“禽兽食人之食，土木衣人之帛。谷人不足于昼，丝人不足于夜”即不公平）是治理的“三要素”，如果缺失某一方面，都是老百姓不喜欢或反对的“恶政”。

由此可知，他反对申不害和韩非子等法家所秉持的法治思想。认为“申、韩之术，不仁之至矣，若何牛羊之用人也？若牛羊用人，则狐狸、蝼、蚓不膢腊也与？”（《法言·问道》），即认为法家的治理，是把人（老百姓）当作动物，如此治理，就会人与动物颠倒，人（百姓）成为动物的美食与大餐！

（三）尚于中和

值得注意的是，扬雄绝不是一味反对法治，相反他主张一种刚柔相济的“中正”“中和”“中庸”治理策略。在《法言·先知》中，他说：“龙之潜亢，不获其中矣。是以过中则惕，不及中则跃，其近于中乎！圣人之道，譬犹日之中矣，不及则未，过则昃。”即是说“潜”（潜伏、隐藏）与“亢”（高亢、飞高）都因不适中而不合适；超过恰好适宜的地位（“过”）就要警惕谨慎（“惕”），没有达到恰好适宜的地位（“不及”）就要努力上进（“跃”）。他还说“什一，天下之中正也。多则桀，寡则貉”，这是拿古代的“什一税”来解释什么是中和、中正，他认为“夏桀”与“貉”（野蛮人）都因为超过十分之一或低于十分之一的税率而有失中和与中正。同样是在《法言·先知》里，“甄陶天下者，其在和乎？刚则甈，柔则坏”，则用制作陶器类比说明陶泥太硬（“刚”）就会开裂（“甈”），太柔软就不成型，只有“和”——中和才恰到好处。

二、“外王”与“内圣”

上述“德治”“中和之治”的思想要落实到实践层面是有条件的，这个条件最为关键或最为核心的，就是治理者特别是人君的自身修养。

（一）人君的修养

在《法言·孝至》里，扬雄说：“或问：‘大？’曰：‘小。’问：‘远？’曰：‘迩。’未达。曰：‘天下为大，治之在道，不亦小乎？四海为远，治之在心，不亦迩乎？’”意思是：治理天下在于以小御大，以近御远，而“心”——人心、民心就是这个“小”与“近”，国家就是“大”与“远”。

扬雄还告诉我们治理者要德与位相配。“食如蚁，衣如华，朱轮驷马，金朱煌煌，无已泰乎”，就是德不配位，享受太过（“泰”）；“由其德，舜、禹受天下不为泰；不由其德，五两之纶、半通之铜，亦泰矣”（《法言·孝至》），只要执政者个人德行修养到位，治理天下就有保障，否则哪怕是最低的待遇——“五两之纶、半通之铜”也不合适。因此，修德是执政者头等大事或根本所在——“故常修德者，本也；见异而修德者，末也。本末不修而存者，未之有也”（《法言·孝至》）。

（二）人皆可成圣

在扬雄看来，不仅治理国家的人需要德行修养，人人都需要修德，而修德成圣是人之为人的理想境界。他说：“天下有三好：众人好己从，贤人好己正，圣人好己师。天下有三检：众人用家检，贤人用国检，圣人用天下检。天下有三门：由于情欲，入自禽门；由于礼义，入自人门；由于独智，入自圣门。”（《法言·修身》）意思是：一般人喜欢别人顺从自己，可以被家庭检验；贤德之人喜欢纠正自己而被诸侯国检验；圣人喜欢让人效法而需天下（全国）检验。天下事物可分三类，由情欲支配而行动的是动物，按照礼仪行动的算是人了，而只有具备超人智慧的才是圣人。

至于如何进入或达成圣人的人格境界，扬雄用“强学力行”来表达，意即需要人为的勤奋努力方可实现修炼目标。他说：“圣人之辞可为也。使人信之，所不可为也。是以君子强学而力行。珍其货而后市，修其身而后交，善其谋而后动，成道也。”（《法言·修身》）

三、有关启示

关于“中和”之治。扬雄的“中和”之治，是“德治”加“法治”，且德治大于法治，德治先于法治。我们认为这一刚柔相济、亦刚亦柔的治理策略可资借鉴，但应变为“法治”加“德治”，且法治大于德治，法治先于德治。

关于“内圣”之修。扬雄的“内圣”之修，主要是对于治理者、执政者而言的，他把成为“圣人”作为自己的人生目标，聚焦于“超人智慧”，矢志于人格修炼和人生境界的达成。我们认为，作为普通人，不断在人生进程中修炼自己的品性、完善自身人格也是极为必要的，而按照心理人格、道德人格、审美人格等不同层面与进路去展开修炼是可行的。

（作者单位：郫都一中）

扬雄教育思想对当代教育的价值

徐常云

内容提要：两汉时期的学术领军人物扬雄先生所著《学行》比较全面地阐述了他的教育思想。他对教育、教师、学生、学习方式均有论述。扬雄先生的《法言·学行》对教育理念、教师的要求、学生的培养、学习的方法等教育涉及的诸多方面都进行了阐述。

关键词：扬雄；学行；教育理论

在中国古代的文化史上，郫都人扬雄是具有重大影响的学者。扬雄是汉代著名的哲学家、思想家、语言文字学家、文学家、历史学家、教育家。扬雄的学术成就，使之成为我国历史上伟大的百科全书式的人物。扬雄对教育的论述，主要体现在他的重要著作《法言·学行》之中，扬雄所著《法言》共13篇，以《学行》开始，至《孝至》结束。贯穿全书的主线是对圣人和圣人之道的论述。《学行》全卷1058字，全面阐述了他的教育思想，对教育理念、教师的要求、学生的培养、学习的方法等教育涉及的诸多方面扬雄都有精辟的论述。

一、扬雄先生学行合一的教育理念

扬雄在《法言·学行》中提出："学，行之，上也；言之，次也；教人，又其次也；咸无焉，为众人。"

扬雄对学习方法和要求，提出学习能够身体力行，把知识和实际结合起来，这是最好的；学习之后，能够著书立说，把学习的知识进行阐述和传播，也是比较好的；

学习之后，只能把学习的知识教人理解其中的道理，这种情况，就是比较差的了。当然，一个人学习知识之后，上面三点都做不到，就是普通的人了。

扬雄“学行合一”的教育思想来源于先秦儒家的思想。我国古代思想家，大圣先师孔子提出“君子欲讷于言而敏于行”（《论语·里仁篇》）。意思是君子说话要谨慎，工作要勤劳敏捷。我国古代思想家荀子提出“学至于行之而止矣”（《荀子·儒效篇》），意思是学习以后，要落实在行动上，这样是最好的。我们看到，在我国古代，学行合一的思想是一个发展的不断完善的过程。到了汉代，扬雄构建了“学行合一”的教育思想体系。

“学，行之，上也”是扬雄教育思想的核心内容，他在《法言·学行》中对教育思想、教师、学生、学习方法等方面阐述了自己的看法和观点。《法言·学行》奠定了扬雄在我国古代教育史上的地位，使之成为我国古代著名的教育家。扬雄“学行合一”的思想，对中国“知行合一”这一传统哲学典型命题的形成具有重要的价值。知行合一是中国儒家思想历经千年发展后逐步提炼形成的代表性论述，蕴含着深厚的中国文化和中国智慧。

二、扬雄先生的教师观

扬雄在《法言·学行》卷中提出：“师哉，师哉！桐子之命也。务学不如务求师。师者，人之模范也。模不模，范不范，为不少矣。”

扬雄认为，老师呀老师！你们是关系到孩子未来成为什么样人，是决定孩子命运的人哦。一个人专心致志学习，不如认真选择老师，寻找一个有知识、有德行的人为老师。老师是社会的楷模，是孩子成长、成为人才的榜样。但是，社会上还有不少老师，没有达到模范的标准、起到模范的作用。

老师应当在各方面起到表率作用，成为学生效法的楷模。老师是关系到学生成长的人，是塑造学生成为人才的模型，如果老师不能起到木模铁范的作用，就达不到老师的标准，不是一个合格的老师。在现实生活中，思想道德水平和行为规范达不到模范标准的老师还是存在的。我们说，老师决定学生成长的速度和高度。那么，老师在学生学习和成长的过程中就要努力成为学生学习的榜样。2014 年 9 月，习近平总书记在北京师范大学师生座谈会上重要讲话指出：“第一，做好老师，要有理想信念。第二，做好老师，要有道德情操。第三，做好老师，要有扎实学识。第四，做好老师，要有仁爱之心。”习近平总书记在座谈会上引用扬雄“师者，人之模范也”，强调老师要加强自身修养的提升，成为社会和学生的表率，在学校的教育教学中，对学生培养要起到模范的作用。

“师者，人之模范也。”老师的职业特性决定了老师必须是道德高尚的人群。合格的老师首先应该是道德上的合格者，好老师首先应该是以德施教、以德立身的楷模。师者为师亦为范，学高为师，德高为范。老师是学生道德修养的镜子。好老师应该取法乎上、见贤思齐，不断提高道德修养，提升人格品质，并把正确的道德观传授给学生。

三、扬雄先生的学生观

扬雄在《法言·学行》中提出：“学者，所以求为君子也。求而不得者有矣夫，未有不求而得之者也。”

扬雄认为，学生学习的目的，是使自己成为君子那样的人。扬雄先生在《学行》里表述的君子，是指德才杰出的人，是圣人、贤人。学习是追求成为君子的重要途径，只有经过学习，追求成为君子而没有得到目的的情况是存在的，但是，绝对没有不经过学习，不去追求而实现目的成为君子的。

圣人是《法言》讨论的一个核心概念，反映了扬雄“宗儒崇圣”的思想，扬雄的君子观、圣人观都带有一定理想主义色彩。今天，我们传承扬雄的教育思想，就应该全面、深刻地理解扬雄先生的君子观，在学校教育中继承和发展他的学生观。

“学者，所以求为君子也”是扬雄学生观的核心内容。如何把学生培养成为君子，如何让学生立德修身，不断修炼，最终成为君子一样的人。扬雄先生所著《学行》比较全面地进行了阐述。首先，学生求为君子要确定目标，“孔子，习周公者也；颜渊，习孔子者也。”孔子学习的目标是周公，颜渊学习的目标是他的老师孔子。只有不懈地追求，不断地认真学习，最后才能达到成为君子的愿望。其次，学生求为君子要重视方法，扬雄认为，学生在老师的培养和自己的追求过程中，学行合一是最好的方法。再次，学生求为君子要不懈追求，每个人都成为圣人、贤人、君子是不可能的。一个人能不能成为君子，看他努力追求的程度。最后，每个人只要根据自己的能力不断做力所能及的事，从身边的小事、生活的小事做起，既有追求的志向，又能坚持努力，成为君子是可能的。

四、扬雄先生倡导的学习方法

扬雄先生所著《法言·学行》提出：“七十子之肖仲尼也，学以治之，思以精之，朋友以磨之，名誉以崇之，不倦以终之。可谓好学也已矣。”

孔子的七十个学生，为什么那样像孔子呢？这是因为，他们对孔子的学说，总是努力学习，认真研究；总是认真思考，努力精通。他们相互之间进行讨论，加深对孔子学说的理解。在任何时候、任何地点都推崇孔子学说，维护孔子的圣人名誉。孔子的七十个学生，始终孜孜不倦地探究孔子的学说，他们可以称得上是好学的典范了吧。

扬雄对孔子教育学生的方法进行研究，提炼出“治、思、磨”的三字学习法。可见，不管是古代教育，还是现代教育，老师教导学生，特别是培养优秀学生，必须讲究方法，古今教育概莫能外。

治，治理。扬雄治学、教导学生，提出“学以治之”的教育理念。学生要成为优秀的学生，就要尊敬老师，对老师讲授的知识认真学习，深刻领会，通过对学习内容的体会、研究，有效地掌握知识，从而提高自己的素养。

思，思考。学生在学习的过程要注重思考和反思。重视“思”的作用是儒家传统，孔子非常重视学与思的关系，提出“学而不思则罔，思而不学则殆”，说的是学与思要密切结合，强调思考能够促进学习的深入。深入思考、有所选择，方能去除糟粕，吸取精华，增益自身的道德修养。

磨，琢磨。学生在学习的过程中，遇到学习的问题，不能闭门造车，要相互进行交流、切磋。扬雄对“朋友以磨之”的作用是相当重视的。学生之间的交流不是随便进行的，对自己、对朋友都要有严格的要求，朋友之间应该真诚地相互交往。

扬雄提出“治、思、磨”的学习方法，对我们今天积极推进的素质教育具有非常重要的现实意义。中小学教育倡导的探究教学、反思教学、磨课教学都可以从扬雄提出的“治、思、磨”学习方法中吸取精华。

扬雄所著《法言·学行》中蕴含的教育精粹，影响着我国历代思想家对教育的论述。今天，我们传承和发扬扬雄的教育思想，对当今的中小学教育具有非常重要的现实意义。

（作者单位：成都市郫都区教培中心）

论“习是修身，强学力行”指导下的教学原则

蒋春鹏

内容提要：扬雄的教育思想对当今教育是很有启发的。以“习是修身，强学力行”为办学理念指导下的学校教育改革，包含着若干方面的内容，仅从教学改革的角度而言，在教学中能够真正实现：好学——学习态度是无欲重学；求学——学习过程是持之以恒；行学——学习技巧是行思结合；乐学——学习效果是自我满足。那么，追求高品质的教育改革与新时代就是最佳结合，高品质学校是能够坚持党的教育方针，遵循教育规律，营造最适合师生教育情境和发展需要，实现学生全面而有个性发展的学校。

关键词：办学理念；习是修身；强学力行；教学原则；高品质学校

成都市郫都区第四中学以“习是修身，强学力行”为办学理念，这八个字、四个词，可以说是对扬雄教育思想之精髓的最精彩的提炼。

新时代教育改革的目的在于“办好每一所学校，教好每一个学生”，使学生从“有学上”到“上好学”，其关键在于“立德树人，五育并举”。这是深化改革的新挑战，是跨越发展的新机遇，更是正本清源、返璞归真的新征程。而“习是修身，强学力行”的办学理念，与新时代教育改革的目的是一致的。

两汉时期的扬雄，既是思想家，也是教育家。在他全面阐述儒家正统理论的《法言》十三篇中，第一篇就是《学行》。他说：“天降生民，倥侗颛蒙，恣乎情性，聪明不开，训诸理，撰《学行》。”被老天降生到世上的人，原本蒙昧无知，放纵天性，智力没有得到开发。为了用道理教育他们，训导他们，所以撰写了《学行》。

《学行》是中国最早的教育著作之一。在重教、劝学、行道、修德和尊师等方面均

有较为精辟的观点，在论述性与习、学与行、博与约等关系问题上有引人注目的见解。

扬雄说：“习乎习，以习非之胜是也，况习是之胜非乎？於戏！学者，审其是而已矣。”扬雄之所以特别强调“学者审其是”，就是因为学习虽然很重要，但是，在学习之前，首先必须“习是”，即对学习内容、学习对象加以“是”与“非”的评价，然后才能去认真学习那些正确的知识。

扬雄说：“学者，所以修性也。视、听、言、貌、思，性所有也；学则正，否则邪。”因为“正”“邪”事关重大，所以必须通过“修性”即通过全方面的学习而使其“正”。

如何习是、修身？扬雄以射箭为喻，阐述“修身”（道德修养）、“矫思”（端正思想）、“立义”（人生目标）三者之间的关系，指出“是以君子强学而力行”。在强调“修身”重要性的同时，更强调“修身”的过程必须“强学”“力行”。

扬雄的教育思想对当今教育是很有启发的。以“习是修身，强学力行”为办学理念指导下的学校教育改革，包含着若干方面的内容，对展开“新基础教育、新样态学校、高品质学校”的改革实验是直接的助推剂。仅就教学原则而言，就应该包含学习态度、学习过程、学习技巧、学习效果诸方面，本文拟对此进行一些论述。

一、好学——学习态度：无欲重学

何为好学？《论语》说：“知之者不如好之者。”扬雄在《学行》中更指出：“未之好，学不羡。”扬雄反对将学习作为达到个人目的的手段，认为学习就是学习，是不能掺杂个人贪欲的。“学以治之，思以精之，朋友以磨之，名誉以崇之，不倦以终之。可谓好学也已矣。”真正的好学者，首先应该端正学习态度，除了“习是修身”，应当无所欲求。

扬雄生活的时代，正是神学思想扩散，部分人为求得永生而企图在书本中查询办法的时代。扬雄认为以这样的态度学习不是好学，而是为个人自我欲望的满足。他认为，唯有淡泊学习的目的性，才能从学习中有所收获。

学习态度是学习者对学习目标的意识程度、在学习过程中的情感体验、对学习活动的坚持程度等。对学习态度的探讨，不仅有利于教师认识学生的学习过程，而且有利于教师对教学策略的选定，更有利于培养学生终身学习的美德，这既是教育本身的需要，使教学成效更为显著，又是一个人生存和发展的基本需要，适应社会的需要。

学习者对待学习比较稳定的具有选择性的反应倾向，是在学习活动中习得的一种内部状态。它是由认知因素、情感因素和意志因素三者组成的一种相互关联的统一体，因而，我们可以从学习者对学习目标的意识程度、对学习对象的喜爱程度、对学习成就的追求程度、对学习活动的坚持程度等方面，综合地来判定或评鉴他的学习态度。

学习态度的好坏，不仅直接影响学习成效，而且直接关系学生个性与人格的形成与发展。形成积极主动的学习态度对每一个学生都具有极为重要的意义。在课程改革的今天，强调积极主动学习态度的培养，这是适应新课程的需求，也是培养高素质人才的必经之路。

学习态度不是生来就有的，而是后天习得的，是在家庭、学校和社会生活中，通过交往，接受别人的示范、指导、劝说而逐渐形成的。作为信息时代的今天，学习是一个人生存和发展适应社会的先决条件，同时也是一个社会、一个国家兴旺发达的基础。

学习的意义不言而喻，学校应理所当然担负起培养学生积极进取的学习态度的重任。

一个学生具有积极主动的学习态度，就是说他对学习的意义有着明确的认识，懂得学习的重要性，在学习上遇到困难或各种其他分心的事情时能够主动克服，坚持完成既定学习任务或目标。而一个具有消极被动的学习态度的学生却认识不到学习的意义，在学习过程中遇到困难时会采取逃避或抱怨的态度，而不去主动寻求解决办法。

真正的好学还应做到博学、深思、广交朋友互相切磋、重视学习、坚持不懈。

二、求学——学习过程：持之以恒

学习是每个人生命中不可缺少的部分。一个人的成长离不开学习。而学习过程最重要的就是要持之以恒，也就是“强学”。

扬雄说：“夫有刀者砻诸？有玉者错诸？不砻、不错，焉攸用？砻而错诸，质在其中矣。”刀不经过磨砺，玉不经过琢磨，哪里会有用处呢？扬雄强调学习是一个磨砺意志、琢磨问题的过程，是很有道理的。一个人的成才，不经过长期艰苦的努力，不克服一切影响成长的因素，那是不可能的。

在学习过程中，扬雄认为根本目的就在于自我修养的提高，在于学习做人做事，在于修养品行养成君子之气节。他说：“求而不得者有矣，未有不求而得之者也。”求学之路重在坚持，有求而不得的人，却没有不劳而获的人。教育正是如此，贵之以专，持之以恒。他用“百川学海而至于海，丘陵学山不至于山”来比喻，说明学习与品德修养皆靠持之以恒的坚持和坚持不懈的努力。

中国有句常用的谚语：“活到老，学到老。”这是一种乐观的激励，表达出一种

“生命不止，学习不止”的学习进取精神。学习需要持之以恒！学习伴随着人的一生，但是很多人却没有去坚持学习，而是把学习当作一种负担。

从来就没有什么方法可以一下子获得很多知识，那是不可能的。冰冻三尺非一日之寒。想要获取真正的知识，并没有什么奇妙的方法，只能日复一日地积累，只有这样，才能获得大量有效的知识。

很多人有虚心求学之心，却没有持之以恒的实际行动。所谓“语言上的巨人，行动上的矮子”说的就是这样的人。学习贵在持之以恒，日积月累的知识才能由量变达到质变，达到知其然更知其所以然的效果，发现更加精彩的世界。

三、行学——学习技巧：行思结合

扬雄在《学行》篇的第一句话就是：“学，行之，上也。”学习知识的重中之重即反作用于行为的改变。他在《学行》中还提道：“学以治之，思以精之。”强调学习、实践、思考三者相互联结的学习方法。这说明，在学习过程中也是需要技巧的，而技巧就是勤于思考，擅于思考，通过“力行”，提高解决实际问题的能力，将学到的知识再运用到社会实践中去。

学习不是死读书而是要思考，孔子早就有名言：“学而不思则罔，思而不学则殆。”一味读书而不思考，就会因为不能深刻理解书本的意义而不能合理有效利用书本的知识，甚至会陷入迷茫。如果一味空想而不去进行实实在在的学习和钻研，则终究是沙上建塔，一无所得。

人之所以是人，就是因为有能够进行思维活动的大脑，所以才能揭示事物的本质和规律，从而间接地、概括地、更加深刻地认识世界。要想掌握事物的本质和规律，仅靠感觉、知觉、表象是不行的，需要在感觉和知觉的基础上，借助于思维才能完成。

在中学的教学中，有许多必须熟记的概念，例如数学中的正数、负数、虚数、实数，物理中的质量、重量、速度、沸点、熔点，化学中的分解、氧化、还原、原子量，生物学中的同化、异化、光合作用、遗传、变异，等等，确立这些概念，都有从具体到抽象，从个别到一般，从个性到共性，从感性认识到理性认识的经历乃至飞跃过程，而实现这个过程，不通过思维活动，有可能实现吗？

也就是说，有思维活动的学习，才能真正继承人类的知识，并能运用知识来解决学习中的各种问题。离开了思维活动，感性认识就无法上升到理性认识，理性认识也无法指导实践活动。

在学习的全过程中，鼓励学生通过思维给自己提出问题。不仅在预习、上课、复习、作业、总结、课外活动时，甚至对考题的合理性，都要通过思考给自己提出问题，进行钻研，这样，学业才能大大长进。

在学习过程中，只要肯动脑，有些问题会自然产生。例如，因为旧知识没有掌握好而出现问题；因为突然出现一些新概念或现成的结论，使人容易产生问题；因为出现了相近的概念，混淆不清而出现问题；当旧知识不够用时，会出现问题；当从另一个角度重新理解同一事物时，会出现问题；当老师讲的或书上写的与自己掌握的知识发生矛盾时，也会出现问题；等等。

经过思维自己发现问题，经过思维自己解决问题，这才是具有创造性的“强学力行”的学习活动。会不会给自己提出问题，是学习有没有进入行思结合的重要标志，因为能提出正确的问题，往往等于解决了问题的大半。可以这么说，学习上提不出问题，意味着学习的停止；科学上提不出问题，意味着科学的止步。

四、乐学——学习效果：自我满足

《学行》中，扬雄借模拟与人对话，阐述了学习知识不应只学习发策决科所需，扬雄认为，“大人之学也为道，小人之学也为利”。这与《论语》在“知之者不如好之者”之后，接着就说“好之者不如乐之者”是一致的。伟大的人学习是为了道义，猥琐的人学习是为了利益，扬雄批判了功利性的学习动机，劝勉学生不要只追求名利，而要注重内在的修养，追求“道”的养成。

在扬雄看来，对“道”的追求是非常快乐的事情。所谓“道”，即自然规律抑或人生个人追求，实践“道”，就是以圣人为标准，追求理想境界的满足，使自己成为“君子”。他基于当时经学功利化的趋势提出此观点，认为在学习的过程中，纡朱怀金不如颜氏子之乐，学习重在自我的精神满足。扬雄对当时的思想发展敲响了警笛，而对于今天的教育也给我们启示，在教育的过程当中，给学生灌输的应该是“习是修身”——纯粹的知识和对理想的追求，而不是为了追求功名利禄才去读书。

人们常说，学习的敌人是自己的满足，要认真学习一点东西，必须从不自满开始。其实，在学习的过程中，人要学会自我满足。家庭不在贫富，贵在和睦温馨；生活不在显达，健康快乐就成；朋友不在贵贱，知音胜过黄金；距离不在远近，常来常往最亲；锻炼不在朝夕，贵在持之以恒；膳食不在丰富，贵在营养均衡。幸福就是一种感觉，它不取决于人们的生活状态，而取决于人的心态。所谓知足者常乐就是这个道理。

儒家强调学习是为己之学，就是要通过学习来提升自己的修养。儒家并没有把学习看成是纯粹的知识积累，而是把它看作为提升自己智慧的工具。因此，儒家强调在学习中体悟。体悟是儒家非常重要的学习和思维方法。“体悟”一词中的“体”本身就包括实践之义，即“强学力行”。在“体悟”中，儒家更强调悟，悟就是通过学习、思考来把握事物内在的精神，并灵活地运用它。

从教学改革的角度而言，在教学中能够真正实现：好学——学习态度是无欲重学；求学——学习过程是持之以恒；行学——学习技巧是行思结合；乐学——学习效果是自我满足。那么，追求高品质的教育改革与新时代就是最佳结合，高品质学校是能够坚持党的教育方针，遵循教育规律，营造最适合师生教育情境和发展需要，实现学生全面而有个性发展的学校。建设高品质学校，要做到“顶天立地、符合规律、文化浸润、全面发展”，而以“习是修身，强学力行”为办学理念指导下的学校教育改革，应该是一条成功之路。

（作者单位：成都市郫都区第四中学）

21 世纪以来的扬雄教育思想研究综述

方圆圆

内容提要：21 世纪以来，对于扬雄的研究进入一个新阶段，学界将目光转向其教育思想的研究，进一步深入探讨扬雄教育思想的具体内容、作用，以及在当下教育改革的背景之下的现代意义。为此，本文对扬雄教育思想研究做出综述。

关键词：21 世纪；扬雄；教育思想；综述

扬雄，字子云，西汉蜀郡成都人，是西汉末期著名的思想家、经学家、语言文字学家、文学家。扬雄生于汉宣帝甘露元年，卒于王莽天凤五年，寿七十一岁。一生历宣、元、成、哀、平及新莽五朝。扬雄一生仕途坎坷，家境清寒，但学识渊博、著述丰富，其思想博大精深，有"西道孔子"之称。后人在对扬雄的作品进行深入解读的同时，也逐步展开了对扬雄的多个角度的研究，包括其著作中教育思想的体现。步入 21 世纪，扬雄教育思想研究在继承和反思前人已有学术研究成果的基础上，不断深入挖掘，开辟了新的局面。本文通过对 21 世纪以来研究扬雄教育思想的文章综述，对扬雄教育思想做初步系统的整理，以期为扬雄研究做出微薄贡献，并能够适应新时代教育改革的需求，将先贤的教育智慧转化为当下的养分，让扬雄教育思想注入新的活力，顺应时代的洪流，做全新的解读。

一、扬雄教育思想内容研究

扬雄著作有《太玄》《法言》《方言》《蜀王本纪》等成书，以及赋、颂、铭及上书等数十篇散篇，这些作品共同构成了扬雄深奥精微的思想体系。其中《法言》是模仿孔子《论语》的体例而作，在形式上以问答或个人言论为主，记载了扬雄对哲学、文学、政治等领域的看法，涉猎广泛，言简意深，同时这些言论里也记载了扬雄对教育的一些理念，也可以说扬雄的教育思想主要聚集在《法言》之中。

作为继孔孟之后儒家思想的代言人，扬雄的教育理念代表了儒学正统，与孔孟之道的教育观有相同也有相异之处。21 世纪以来对扬雄教育思想内容的研究主要集中在对《法言》中与教育有关的内容进行阐释、解读，这样的研究好处是足够细致入微地解析扬雄的教育思想，方便后人理解扬雄教育思想的深刻含义，但同样也存在对其教育思想整理不够全面完善的情况，目前尚未出现有对扬雄教育思想的全部内容进行系统总结的文章。

以 2010 年武娜的《扬雄教育思想探微——读〈学行〉有感》为例，作者从《法言》中的《学行》篇作为切入口，谈论了《学行》中的三个主要教育思想，分别是：否定"为利"的学习目的，应享受学习的乐趣和重视学习过程中教师的作用。作者对《学行》篇的解读与当下社会教育现状相结合，但在语言组织上存在过度口语化现象以及对于扬雄教育思想内容的理解不够深刻等不足。2017 年佟丹的《蕴于〈学行〉的扬雄教育思想探究》也是以《学行》篇作为研究对象，从人性论的角度指出了扬雄教育思想是为改造人性服务的，教育的原则也应当是纯粹的对知识的追求。这要求学生要坚韧执着、行思结合，同时重视老师的作用。2012 年张培高、张爱萍的文章《扬雄教育思想发微》将扬雄与孔子、孟子、荀子等先秦儒家代表人物的教育思想进行对比，挖掘扬雄教育思想标新立异之处，体现了儒家学说的不断进步，同样，扬雄的教育思想集中体现在《法言》当中，作者通过对《法言》中语录的深入解读，指出扬雄在推崇教育、强调后天的学习上，有不可磨灭的功劳，但同时扬雄并未能真正区别"尚智"与"崇德"，这也显示出我国古代思想家缺少逻辑批判精神。这篇文章从哲学的角度研读扬雄教育思想，为整个扬雄教育思想研究领域拓宽了视野。2011 年东北师范大学宋祥的博士学位论文《中国古代劝学文研究》中分析了扬雄《法言・学行》篇的教育思想，从劝学的角度看待扬雄教育思想，好处是可以纵向地了解古代教育思想，将扬雄与先秦、汉魏、唐宋时期的劝学思想做一个前后衔接的对比。然而对于扬雄教育思想具体内容的意义，作者并未做过多的论述。

二、扬雄教育思想作用研究

除去对具体的与教育相关的言论进行分析，对扬雄教育思想的研究还集中在扬雄教育思想的具体作用。如 2018 年李桂芳的《试论扬雄的教育思想》一文，便指出了扬雄提出“性善恶混”的观点即是在强调后天教育的重要性，后天的教育可以培养出君子一样的人，在品德、学识上均有一定的改造与提升。作者发现了扬雄教育思想的作用是包含两个角色，一是对受教育者的要求，二是对施教者的重视，施教者在整个教育环节也扮演着不可或缺的角色，因而要重视老师的模范作用。值得一提的是李桂芳总结归纳了扬雄提出的具体教育方法，包括“学，行之，上也”“学以治之，思以精之”和“多闻多见”，这些表明对于扬雄教育思想的研究正在进一步规范，符合现代教育理念，现代教育认为教育是有四个要素，包括教师、学生、教学内容与教学方法，这些正是这篇文章的构成。但遗憾的是，作者并未进一步探讨扬雄教育思想中是否有对社会环境的强调，教育不仅仅是受教者与施教者的事情，更与整个社会教育环境相联系。扬亮的《论扬雄的治学特点及其启示》一文以扬雄治学为例，结合其成就引出扬雄的教育思想在实践中发挥的巨大作用。如扬雄虽推尊孔子，但并不循孔子旧路，主张“有教立道，无心仲尼”，撰写一系列著作，在原有儒学的基础上，推动儒学更进一步发展。因而，从扬雄的治学特点来看其中蕴含的教育思想，作者认为扬雄的教育思想是提倡创新的。2020 年凤羽的《论扬雄“求为君子”的教育目的》站在现代教育的立场上考察扬雄的教育目的“求为君子”的具体含义。置身于扬雄当时的社会背景，作者溯源了“君子”一词的历史，扬雄将其作为教育的目的，正体现了其坚定的儒家正统立场。扬雄对儒学传统的守护，一定程度上有循孔子之旧，但正是因为其对“君子”的强调，更加巩固了儒学的正统形象，对后世教育、思想、民族性格的培养均有不同程度的影响。因而在分析扬雄教育思想的作用时，应当关注其教育思想对其他领域的作用与影响。教育影响性格，性格塑造民族，当一个民族数百年来接受同样标准的教育，便会形成其民族性格，中华民族的性格也正是在这样的环境背景中形成的，扬雄作为前承孔孟，后续程朱的人物，在其中扮演了怎样的角色，其教育思想对民族性格的形成又有怎样的功用，值得各位学者深思。

三、扬雄教育思想与现代教育

对于扬雄教育思想的研究不仅仅着眼于古代，更应该放眼于未来。如何将古人的思想转化为当下社会进步的养分是学术研究更高一层的目标。现代教育之所以称为现代教育，首要之点就在于它能提出培养现代人，即全面发展的个人这一目的并将它付诸实施。以往一切教育都不能做到这一点。扬雄的教育思想更多的是为有一定基础的士人的上层阶级所服务，培养的人并非全面发展，更多地停留在理论层面，那么步入 21 世纪，随着义务教育的广泛推广，现代社会的飞速发展，在教育领域，整个社会取得了巨大的进步，有足够的条件去实践教育理念。基于这样的背景条件，如何将扬雄的教育思想活化为现代教育中的一部分，是学界需要设法解决的难题。在 2020 年徐常云的《扬雄教师观的当代意义》一文中，作者注意到扬雄教育思想中的教师观对现代教育具有借鉴意义。扬雄指出作为老师，需要有扎实的学识、过硬的教学能力、勤勉的教学态度、科学的教学方法，这些也是现代教育对老师的要求。

四、总结

综上，步入 21 世纪，对于扬雄教育思想的研究并不多，仅占扬雄研究的一个很小的领域。但这同样给我们提供了新的研究思路和方向。近年来，我国对教育体系的改革格外重视，因为教育关乎生计，关乎国之根本，中国教育改革发展关系全局，我国教育制度优势明显，但如何让“建设高质量教育体系”成为真正可以实现的目标，离不开社会各界的努力。扬雄虽为古人，其思想中仍有值得借鉴之处，立足于本国国情，取其精华，弃其糟粕，对扬雄教育思想做深入的研究。总体来看，学界初步整理出扬雄具体的教育思想内容，分析出扬雄教育思想的作用与影响，以及结合现代教育理念，将扬雄教育思想做更科学的现代化研究，但仍然存在一些不足之处。首先是研究思路的局限，将扬雄作为教育家、思想家看待，可以对比同时期的西方教育理念，中西教育一直存在巨大的差异，西方教育有可鉴之处，运用比较文学的理念分析扬雄教育思想，可以窥探得知中西教育自古以来的异同之处，对扬雄教育思想的海外传播也有一定的帮助。其次是理论需要与实际相结合，对于扬雄教育思想的研究不能停留在理论阶段，更多地要配合教育改革的进程，将理论转化为课堂实践，真正落实于实际教育之中，为此学界需要更多地注意到扬雄教育思想的可实施性，以及如何容纳到当下教育体系。新时期扬雄研究正在逐步深入地开展着，众多学者集思广益，扬雄研究领域会铺展得愈来愈广，扬雄的魅力也终将跨越千年时光，传播愈广！

（作者单位：西华大学文学与新闻传播学院）

21世纪以来的扬雄语言学研究综述

赖　涤

内容提要：扬雄《方言》的相关研究一直是语言学界的重点，其研究内容多集中于汉代的地区方言和具体词汇考释上。而近年来，随着新学科和新技术的发展，许多学者除了延续对《方言》的相关研究外，大多把目光聚焦于扬雄的语言学思想和语言学研究方法的归纳以及扬雄在语言学界的影响研究上，呈现出由现象到本质且不断深化和细化的发展趋势。《方言》作为重要的语言史料，仍有深入发掘的空间。

关键词：21世纪；扬雄；语言学；研究综述

扬雄是在文学、经学、哲学方面具有显著成就的伟大学者，学界近20年来对扬雄语言学的研究也取得了可喜的成就，其语言学著作《方言》是研究的主要对象。《方言》是一部“悬之日月而不刊之书”，其中丰富的语言学思想和语言学研究方法对后世语言学发展产生了深远影响。

一、有关《方言》的相关研究

有关《方言》的相关研究多从其学术价值、史料价值及语料价值的角度进行剖析和考察。通过对《方言》中的词汇进行语音、词义及词形方面的研究，在历时和共时的语境下，进一步分析其语法结构的特点使得后世对汉代各地区的方言发展状况有较为全面的认识和了解。

（一）史料价值

《方言》著录丰富，对汉代整个社会风俗、时代风貌、政治体系以及经济发展情况多有反映，现代学者对其进行严密考证和辨析，主要有以下成果：

郑漫《扬雄〈方言〉词汇与汉代日常生活》[①] 认为《方言》记载了众多汉代各地方言词汇，囊括了有关汉代饮食文化、服饰装扮、病理之学、亲属关系等诸多方面的内容，并且这些都是整个汉王朝赖以正常运转的基石。研究这些宝贵的史料，为我们研究汉代社会提供了更广阔的平台和更新的视角。同样其论文《扬雄〈方言〉词汇与汉代社会体系管窥》[②] 整理发现《方言》一书中囊括了有关汉代政治和经济体系、社会阶级关系、生产力水平以及战事物质配备等诸多方面的内容，从以上几个方面着手，立足《方言》词汇，尽可能窥见汉代社会体系的轮廓。王智群《扬雄〈方言〉词汇与汉代农牧业》[③] 认为扬雄《方言》中的词汇反映了汉代文化的多个方面。其中，"臿""刈钩""佥""杷"等农具，反映了汉代的农业发展水平；鸡、猪、马的不同方言名称及畜养方式和畜养工具，反映了汉代的畜牧业文化。这几篇文章都是从《方言》的记载整体关照汉代的经济、政治以及社会情况，还有很多研究都集中在具体的地区方言考释和词汇辨析上，这些研究成果仿佛一面穿越时空的镜子把汉代不同地区的社会风貌展露无余。

1. 汉代地区方言研究

学界对于古汉楚地的语言状况研究成果较多。谢荣娥《论扬雄〈方言〉楚地词"赵"与南方民族桃木崇拜》[④]《论扬雄〈方言〉楚地词"摩"》[⑤]《论扬雄〈方言〉楚地词"革"源自古越语》[⑥]《论扬雄〈方言〉楚地词"蘱葇"》[⑦] 4 篇文章分别考察了扬雄《方言》中的楚地词汇"赵""摩""革""楚""南楚"及"蘱葇"等字，通过追溯这些字在各文献中的记载，结合宗教学、历史学、民族史的相关方法，对其词性、词义、词语的发展轨迹进行考辨和分析。赵振铎《古蜀语词汇论纲》[⑧] 认识到古蜀语对中上古时期汉语研究的重要性，认为其具有文献学和语言学的双重价值。

而对汉代其他地区的方言状况研究也多有收获。陈立中《从扬雄〈方言〉看汉代

① 郑漫：《扬雄〈方言〉词汇与汉代日常生活》，《西昌学院学报》（社会科学版）2015 年第 1 期。

② 郑漫、赖慧玲：《扬雄〈方言〉词汇与汉代社会体系管窥》，《重庆三峡学院学报》2014 年第 6 期。

③ 王智群：《扬雄〈方言〉词汇与汉代农牧业》，《台州学院学报》2011 年第 2 期。

④ 谢荣娥：《论扬雄〈方言〉楚地词"赵"与南方民族桃木崇拜》，《广西民族大学学报》（哲学社会科学版）2019 年第 2 期。

⑤ 谢荣娥：《论扬雄〈方言〉楚地词"摩"》，《民族语文》2016 年第 6 期。

⑥ 谢荣娥：《论扬雄〈方言〉楚地词"革"源自古越语》，《中南民族大学学报》（人文社会科学版）2015 年第 3 期。

⑦ 谢荣娥：《论扬雄〈方言〉楚地词"蘱葇"》，《中南民族大学学报》（人文社会科学版）2016 年第 3 期。

⑧ 赵振铎：《古蜀语词汇论纲》，《云南师范大学学报》（哲学社会科学版）2009 年第 1 期。

南岭地区的方言状况》[①] 考察了扬雄《方言》中记录的15个南岭地区的方言词汇，依据这些方言词汇，结合历史材料，透视汉代南岭地区的方言状况，并由此而探讨它们对研究当代汉语方言尤其是南岭地区土话的借鉴意义。同样其《论汉代南楚方言与吴越方言的关联性》[②] 一文以汉代南楚与吴越方言拥有的共同底层、《方言》中记载地名并举现象出发，揭示南楚与吴越在汉代的语言关联性。还有对汉代地区方言进行剖析和考证的文章也较多。宋玉坤、汤倩《试论扬雄〈方言〉中的燕代方言》[③] 通过对《方言》中记载的燕代方言中特有的一般词语、服饰用语、饮食及生活用具用语、交通工具及生产工具用语等的梳理，并分析词义、词源和文化意义，为我们研究和了解当时燕代的方言、文化以及社会面貌提供有价值的资料。

王之瑄《扬雄〈方言〉中沿用至今的内蒙古晋语》[④] 从《方言》一书中各方言所注明的使用地域出发，根据内蒙古晋语所属区域，对相应区域所列方言进行分析，并与现代方言词汇进行对比，尝试探寻书中沿用至今的内蒙古晋语。裴新华《扬雄〈方言〉在今侯马方言中的痕迹》[⑤] 对当时的汉语方言口语进行了较为全面的描写，古侯马方言也在其中，以《方言》词条为纲要，简要对侯马方言词汇进行古今对比，并进一步分析其原因。王彩琴《扬雄〈方言〉里的河洛方言》[⑥] 认识到扬雄《方言》用不同的地名标记了汉代不同方言词语的地理分布的现象，从《方言》区域与河洛地区、《方言》中的河洛方言、《方言》与当今的河洛方言等方面探讨《方言》的语言学价值。

芜崧《扬雄〈方言〉中的荆楚方言词汇释》[⑦] 该文为扬雄《方言》中涉及的荆楚方言词语飺、筑娌、独、杜狗、颠、鸡头、笼、篾、曲、筲、楔、蠊蟒、訾、盏14个名词，揞、抱、扰、佻、挈、刳、括、侹、蒙、莽、怂恿、搪、毻、嬉、扭15个动词以及痴、冲、黜、伙、阒、謇、憋、耀、骚、僄、儓11个形容词作注，注释包含江陵话读音、意义（含本义和引申义或比喻义）、用法（举例）以及所构成的词语、俗谚的意义和相关书证。此文相比之前的文章不仅进行简单的词语罗列，更是经过实际语境对其含义注释。黄革《见于〈方言〉中的柳州方言词》[⑧] 一文中以名词“褛”“杯落”“题”“飞鼠”“崽”“杜狗”“蛤解”，形容词“泡”“瘌”“僻”“媱”“纜”以及

---

① 陈立中：《从扬雄〈方言〉看汉代南岭地区的方言状况》，《韶关学院学报》（社会科学版）2002年第4期。

② 陈立中：《论汉代南楚方言与吴越方言的关联性》，《中南大学学报》（社会科学版）2004年第2期。

③ 宋玉坤、汤倩：《试论扬雄〈方言〉中的燕代方言》，《参花》（下）2013年第6期。

④ 王之瑄：《扬雄〈方言〉中沿用至今的内蒙古晋语》，《作家天地》2021年第20期。

⑤ 裴新华：《扬雄〈方言〉在今侯马方言中的痕迹》，《戏剧之家》2018年第6期。

⑥ 王彩琴：《扬雄〈方言〉里的河洛方言》，《河南社会科学》2014年第12期。

⑦ 芜崧：《扬雄〈方言〉中的荆楚方言词汇释》，《荆楚理工学院学报》2009年第10期。

⑧ 黄革：《见于〈方言〉中的柳州方言词》，《广西右江民族师专学报》2003年第5期。

“痨”“箄”“绹”“拌”“搪”“櫂”等动词在《方言》中的释例，追溯柳州方言词的遗留痕迹。蔡晓《由扬雄〈方言〉看泌阳话中古语的遗留》[①] 总结了“憖、刘、好、大人、魏、沧、抱、逞、譁、班、间、帔、直衿、案、篓、绠、杷、薄、纫、逮、烂、逗、豚、鳻鸠、辕、扭怩、蚰蜒”等 27 个今天仍在使用的泌阳词语，对这些词在语言和表意上的变化进行仔细辨析和考证，梳理其历史发展的轨迹。陈树《从扬雄〈方言〉看扬州话中的古语遗留》[②] 结合《方言》中“慧”“奘”“笙”“挚”“泡”“镌”“赖”“轸”等 20 个词汇的历史累积层次，追溯考释这些古语词，从扬州方言历史沿革、探讨方言板块边缘区特点进行抽丝剥茧的探讨。杨春宇、王媛《扬雄〈方言〉所见的幽燕方言》[③] 吸取了林语堂、周祖谟、罗常培、司登义等前人的划分和研究成果，对幽燕方言地域范围的界定、与现代方言区的关系、释义类型、结构特点、语义分类都进行了较为系统的研究和分析。此文从追溯东北官话方言史的视角出发，通过对汉代扬雄《方言》中所列的燕代方言、北燕—朝鲜方言等进行描写，将其与现代方言的词汇进行对比，尝试探寻历史上幽燕方言的表象；阐释以广义上位的幽燕方言为东北官话溯源，而不以狭义下位的北燕—朝鲜方言溯源的原因。李长云《扬雄〈方言〉词语河南方言今证》[④] 对今天保留在河南方言中的古代汉语词汇进行研究，文章以汉代扬雄的《方言》为蓝本，对其保留在河南方言中的数例古语词按词性进行归类，并逐例加以探析。此文不仅可以为汉语语源学、汉语语义学、汉语史及文献学的研究提供重要的资料佐证，还可使我国的方言文化遗产得到更好的保护和传承。吴永焕《从〈方言〉所记地名看山东方言的分区》[⑤] 考察扬雄《方言》记录方言词语时所用地名单独列举与并举的情况，把秦汉时期山东方言大致分为齐鲁、东齐海岱两区四片。认为两区四片格局的形成同齐鲁各地不同的历史人文背景有密切的联系。并且把两区四片的内部格局与今山东方言进行比较，得出古今基本吻合的结论。

2. 汉代词汇考释

施伟宝《扬雄〈方言〉中的“嘽咺”考释》[⑥] 分析了“嘽咺”一词自《方言》始，仅被《广雅》收录的情况，结合《广韵》《集韵》中对“嘽”“咺”二字的记载，通过考察中国民族史和古代人口迁移史相关材料，得出“嘽咺”一词含义的衍变是楚

---

① 蔡晓：《由扬雄〈方言〉看泌阳话中古语的遗留》，《天中学刊》2003 年第 3 期。
② 陈树：《从扬雄〈方言〉看扬州话中的古语遗留》，《宁夏大学学报》（人文社会科学版）2013 年第 1 期。
③ 杨春宇、王媛：《扬雄〈方言〉所见的幽燕方言》，《辽宁师范大学学报》（社会科学版）2015 年第 6 期。
④ 李长云：《扬雄〈方言〉词语河南方言今证》，《新乡学院学报》2020 年第 11 期。
⑤ 吴永焕：《从〈方言〉所记地名看山东方言的分区》，《文史哲》2000 年第 6 期。
⑥ 施伟宝：《扬雄〈方言〉中的“嘽咺”考释》，《现代语文》2020 年第 1 期。

地方言和百越民族语言长期接触与发展造成的结论。钱曾怡《扬雄“蝇，东齐谓之羊”古今考》[①] 同样通过对扬雄《方言》“蝇，东齐谓之羊”的记录，结合古代文献的相关记载和今天山东地区的一些方言，考察西汉时期“蝇”“羊”同音的语言事实。李康澄《“崽”“子”同源论》[②] 从字形来源、语音演变以及语音语法功能三个角度认为扬雄仿“子”的籀文而创造的新字“崽”是从“了”分化而来，是“子”的地域变体，并认为“崽”“子”二字是横跨南北的基本语素。连淑敏《扬雄〈方言〉中“杯”这一词条中词的词源浅探》[③] 主要是通过因声求义等训诂手段，揭示了《方言》中“杯”这一词条中的词源意义。柳玉宏《说“通语”——扬雄〈方言〉术语商榷》[④] 通过对《方言》里提到“通语”字眼的29个例子进行分析，指出扬雄《方言》里的“通语”并不是现代意义上的共同语意思，而是指一种“通行的说法”，即它可以是共同语的词语，也可以是某地的方言语词。该文对汉代“通语”的使用范围作了考察，可以是某个地区或几个地区之间最通行的说法而已。华学诚《扬雄〈方言〉“奇字”考——兼析〈方言〉“奇字”的表词特点》[⑤] 前人有《方言》多“奇字”说。《方言》中的所谓“奇字”一为不见之奇，二为不用之奇。经考，《方言》中不见于传世的先秦两汉文献的“奇字”共有297个；见于出土文献的古字和传世文献的异体古字或俗字共41个；依《方言》通例推定属西汉通行字的9个；根据《方言》词语记载要求，从文字音义方面考明114个字的构成时代早于扬雄时代；真正的不见之奇的“奇字”，包括扬雄所制字，共有132个。《方言》“奇字”所表记的基本上是实词，而以名词居多；《方言》“奇字”一部分是表记的同义词，一部分是表记的同一词在不同方言地域的音变词形。张丽霞《扬雄〈方言〉词汇的历史嬗变及其现代意义》[⑥] 记载了西汉时代不同方域的词汇，探讨《方言》词汇从古到今的历史嬗变轨迹，把握它们从西汉到现代嬗变的时间性和地域性差异。该文有助于我们廓清其对汉语方言词汇历史变化研究的现代意义，同时从内容上来说是较为系统地分析了《方言》中的地区词汇。

朱敏、肖福平《扬雄〈方言〉之称谓词探析》[⑦] 从该书的称谓词入手，依次对其亲属称谓、社交称谓展开分析，揭示汉代人重视道德礼制的浓厚宗法观念。王彩琴

① 钱曾怡：《扬雄“蝇，东齐谓之羊”古今考》，《中国语文》2019年第4期。
② 李康澄：《“崽”“子”同源论》，《语文研究》2019年第1期。
③ 连淑敏：《扬雄〈方言〉“杯”这一词条中词的词源浅探》，《和田师范专科学校学报》2009年第3期。
④ 柳玉宏：《说“通语”——扬雄〈方言〉术语商榷》，《兰州学刊》2007年第5期。
⑤ 华学诚：《扬雄〈方言〉“奇字”考——兼析〈方言〉“奇字”的表词特点》，《中国文字研究》2001年第00期。
⑥ 张丽霞：《扬雄〈方言〉词汇的历史嬗变及其现代意义》，《管子学刊》2007年第4期。
⑦ 朱敏、肖福平：《扬雄〈方言〉之称谓词探析》，《科教文汇》（上旬刊）2019年第2期。

《扬雄〈方言〉中的文化词语探析》[①] 总结了《方言》中的文化词语，深入辨析有关语料，结合传世文献、民俗文化对《方言》中的相关语词进行剖析，主要从物质文化词、制度文化词和心理文化词等几个方面，对于研究和了解汉代的文化情况以及社会面貌，具有较为重要的作用。同样的还有《扬雄〈方言〉中的记音字与方言词》[②] 一文，统计了 519 个记音字包括实词 507 个、虚词 5 个，单纯词 505 个、合成词 7 个。文章从《方言》记音字与所记词语的关系以及《方言》记音字所表词的词汇特点等方面进行了分析，并指出其价值和意义。还有王氏在《扬雄〈方言〉联绵词初探》[③] 一文中对联绵词的主要来源以及扬雄《方言》中的联绵词具体应用情况、语音结构表现形式和特点进行分析和总结。认为联绵词在记音上呈现出无音转关系和有音转关系两个特点。有音转关系的联绵词在《方言》中表现为三种情况：一是通语与方言之间；二是属于同一个方言地域；三是分属于不同的方言地域。联绵词在语音结构上表现为叠韵联绵词居多和语音结构不太稳固的情况。且联绵词所表记的基本上是名词、动词和形容词，其中名词最多，并且标记自然万物的名词多于社会生活方面的名词。陈红《〈方言〉中的"知"与"晓"》[④] 对扬雄《方言》一书中"知"和"晓"的含义进行辨析，二者除了皆可表示"知道"之外，还讨论"知""晓"和后来凝固成词的"知晓"在古籍文献中表示"知道"含义的用法及其在现代汉语方言中的地理分布情况。

（二）学术价值

柳玉宏《论〈方言〉的学术价值》[⑤] 主要从方言学、词汇学两个方面讨论《方言》的学术价值，认为是扬雄第一次把研究视角转向了口语，使其进入了语言的研究领域。扬雄开创了个人调查方言的方法，也开了后代方言调查的先河。他第一次给出了全国方言的大致分区，并提出了转语、通语等概念，使其成为典型的意会性术语。这些都是扬雄所做的巨大贡献。

孙玉文《扬雄〈方言〉与方言特征词的判定问题——以〈方言〉部分方言词的重复注释为例证》[⑥] 以"虔""攓""憮""怜""逞""苦""怀""姡"等 12 个字在《方言》中的实际运用为案例，对存在于《方言》中的方言词重复注释的情况进行有力的证明：认为《方言》中表达某一个概念，某地用某词，并不是说只有某地用某词，

---

① 王彩琴：《扬雄〈方言〉中的文化词语探析》，《盐城工学院学报》（社会科学版）2017 年第 1 期。

② 王彩琴：《扬雄〈方言〉中的记音字与方言词》，《河南社会科学》2010 年第 6 期。

③ 王彩琴：《扬雄〈方言〉联绵词初探》，《平顶山学院学报》2008 年第 6 期。

④ 陈红：《〈方言〉中的"知"与"晓"》，《文教资料》2017 年第 12 期。

⑤ 柳玉宏：《论〈方言〉的学术价值》，宁夏大学硕士学位论文，2005 年。

⑥ 孙玉文：《扬雄〈方言〉与方言特征词的判定问题——以〈方言〉部分方言词的重复注释为例证》，《湖北大学学报》（哲学社会科学版）2011 年第 5 期。

其他的地域不用该词；某词见于某地，并没有暗含不见于其他地域的意思。《方言》中的很多方言词不能作为某一个地域独有而为其他地域所无的用词。将《方言》这一特点揭示出来非常重要，因为它牵涉如何利用《方言》研究秦汉时期的方言区划、方言之间的语音对应关系以及汉语词汇史等重要问题。

谢荣娥《论扬雄〈方言〉的“楚”与“南楚”》① 一文对学界存在的有关汉代南楚方言是否为独立方言区的问题提出自己的见解。作者认为南楚方言应归属楚方言，作为楚方言一个较大的次方言处理。该文依据扬雄《方言》对“楚”与“南楚”地区丰富的方言词记录，在前贤研究基础之上，以语言材料为主，同时参考地理名词并举与方言区划之历史沿革情况，对学界争论的汉代时期“楚”与“南楚”相关概念的界定进行了基础性的辨析。杨建忠《略论扬雄〈方言〉中“南楚方言”与“楚方言”的关系》② 同样对汉代楚地的文化渊源及《方言》中记载的实例进行考证，认同把南楚方言作为楚方言的一个次方言处理。徐玲英《论戴震对扬雄〈方言〉的贡献》③ 从《方言》著作权的确定、对《方言》的订讹辨误、阐幽著微、对清代《方言》研究之风的开启这三方面总结了戴震对《方言》的贡献。该文归纳了戴震的《方言》研究对《方言》所做的贡献，开启了清代《方言》研究之风。

还有多篇对《方言》中的讹误进行考证和辨认的文章。董志翘《扬雄〈方言〉辩证一则》④ 对《方言》卷七所记：“眴，貌，治也（谓治作也。眴，恪垢反）。吴越饰貌为眴，或谓之巧（语楚声转耳）”之条目训为“眴，貌治也。吴越饰貌为眴，或谓之巧（语楚声转耳）”。游帅《扬雄〈方言〉疏证一则》⑤ 对《方言》卷十中有关“怜哀”义的一则记述材料进行了疏证，分别解释了“嘳”“无写”“思”表“怜”之用，同时认为“人兮”系“宁兮”之方言音转，乃人相见问候的一种表达，并将转语词的考察模式概括为，以“音”为线索，以“义”为准绳而求其本“形”。刘洪涛《〈方言〉“散，杀也”疏证》⑥ 因卷三记载古齐方言“散，杀也”前人研究中只找到两个文献用例，且不甚妥当，不免使人生疑。文章指出，《史记·淮阴侯列传》韩信之语“何所不散”、东周齐国兵器铭文“散戈”等中的“散”都是杀伐义，齐国兵器铭文所记当然是齐方言，韩信是淮阴人（今江苏淮安），地近东齐，应该也会说东齐方言，证明

① 谢荣娥：《论扬雄〈方言〉的“楚”与“南楚”》，《求索》2009 年第 8 期。
② 杨建忠：《略论扬雄〈方言〉中“南楚方言”与“楚方言”的关系》，《古籍研究》2006 年第 2 期。
③ 徐玲英：《论戴震对扬雄〈方言〉的贡献》，《淮北师范大学学报》（哲学社会科学版）2012 年第 4 期。
④ 董志翘：《扬雄〈方言〉辩证一则》，《中国语文》2017 年第 3 期。
⑤ 游帅：《扬雄〈方言〉疏证一则》，《语言历史论丛》2020 年第 2 期。
⑥ 刘洪涛：《〈方言〉“散，杀也”疏证》，《语言科学》2017 年第 1 期。

训杀伐之“散”确实是古齐方言。根据出土先秦文献的用字习惯，文章又研究“散”之语源，指出训杀伐之“散”应语源于当翦灭讲的“刬”。“散”表杀义，不是一般地杀，而是全部地彻底地击杀。

（三）语料价值

吴吉煌《〈方言〉“标音材料”及其与“转语”的关系》① 注意到了《方言》中汇存的能够反映古汉语方言之间或方言与通语之间语音“标音材料”，认为学者们可以利用“标音材料”探讨两汉方言声纽、韵部的分合或构拟早期汉语的“原始形式”。对传统训诂工作提供重要参考。同时对其与“转语”间的语音关系进行了剖析，主要有以下三种：可能是同一个词语在不同时代的语音变转，也可能是由于意义引申而产生的义衍同源词之间的语音变转，或是不同来源的同义词之间的偶然音近。

二、有关扬雄语言观念和方法的研究

思想逻辑是进行文学创作活动的灵魂，研究扬雄的语言思想可以揭示其著作的生成机制和文化动因。钱荣贵《扬雄〈方言〉的编纂宗旨与编纂方法论》② 认为扬雄《方言》包括了“令人君坐帷幕之中，知绝遐异俗之语”的编纂宗旨和“即异求同，同中辨异”的编纂方法论。在这种思想的支配下，《方言》不仅以通语来训释被训释词，还尽可能地揭示出被训释的一组词之间的地域差异、时间差异和语转差异，并认为前者是扬雄继承旧有的采风习俗而确立的，这一思想使其将“先代绝语”和“异国方言”同时纳入《方言》采集和训释范围。后者则是扬雄对《尔雅》“以义类聚”思想的继承和发展。申小龙《汉代〈方言〉的经学超越与范式更新》③ 从语言本体论变革、方法论变革及语言界域的变革三方面推动了汉代小学研究的范式革命，对当时儒学经学化过程中出现的种种弊端起到纠偏与导向的作用，认为汉代扬雄的《方言》是中国第一部在全国性个人方言调查基础上完成的方言学著作。张文烨《历史比较语言学角度解析扬雄〈方言〉》④ 继承了 20 世纪傅鉴明从历史比较语言学的角度对扬雄《方言》的解析，通过古代与现代的纵向比较以及汉代地域之间方言的横向比较两大方面入手，对汉代的官话、方言以及共同语替换词进行分析和比较，梳理了中国古代词汇与古代方言之间的关系和历史演变。这种方法，使得两汉王朝的方言能够被解释和

---

① 吴吉煌：《〈方言〉“标音材料”及其与“转语”的关系》，《语文研究》2016 年第 3 期。
② 钱荣贵：《扬雄〈方言〉的编纂宗旨与编纂方法论》，《辞书研究》2015 年第 3 期。
③ 申小龙：《汉代〈方言〉的经学超越与范式更新》，《学术月刊》1998 年第 12 期。
④ 张文烨：《历史比较语言学角度解析扬雄〈方言〉》，《农家参谋》2018 年第 21 期。

保存，为后世的语言研究提供了极其宝贵的资源，是一种具有学术价值和史料价值的分析法。韩建立《〈方言〉与扬雄的语言思想》[①] 从《方言》本身的研究入手，探讨了扬雄的语言思想，认为《方言》体现了扬雄实事求是的语言思想，反映了作者语言的地域观和语言演变的历史观。

朱敏、肖福平《从〈方言〉看扬雄的语言观》[②] 通过对扬雄《方言》一书仔细地研判，得出扬雄在其中所运用到的历时比较、方域联系、民族意识、实证考察等语言学观念，重释了《方言》的思想特征，较为全面、成熟地揭示了扬雄复杂的语言观及其意义。周玉萍《扬雄〈法言〉语言学思想研究》[③] 一文基于语言学角度去分析扬雄的语言思想及其理论，主要对其中的言语、语言应用与修辞、语言功能、社会方言及其他语言思想几个方面进行研究。这篇文章注意到了《法言》中所体现出的语言思想，打破陈规，从前人较少涉及的语言角度去关注扬雄《法言》中的语言思想。

扬雄《方言》中所体现出的语言学方法对后世的语言学发展产生了很大的影响，学界对此也多有研究和考证。孔玺铭、张喜贵《扬雄〈方言〉语言学研究方法探析》[④] 主要以《方言》中存在的与现代西方语言研究方法不谋而合的基础，从历史和共时、田野调查法、分类编次法三个方面进行分析和总结。王彩琴《扬雄〈方言〉借音字考》[⑤] 通过考察《方言》中的306个借音字，对扬雄使用音同音近的借音字区分了各地方音差别的方法进行研究，以期对汉代方音的学者提供一些思路和证据。这篇文章对扬雄《方言》中借音分言的方法和实例进行了归纳和论述，总结了扬雄语言学研究的相关思路和角度。同时其论文《试论扬雄〈方言〉的“用字之奇”》[⑥] 对扬雄《方言》中根据方音借用借音字、联绵字和译音字记录方言词语的方法进行了研判。

三、有关扬雄《方言》地位和影响的研究

有关扬雄语言思想的传播研究：邓文彬《中国古代方言学的建立与扬雄〈方言〉的地位和影响》[⑦] 一文论述了中国古代方言研究的兴起与方言学的建立、《方言》的作

① 韩建立：《〈方言〉与扬雄的语言思想》，《长春大学学报》2003 年第 2 期。
② 朱敏、肖福平：《从〈方言〉看扬雄的语言观》，《成都理工大学学报》（社会科学版）2019 年第 1 期。
③ 周玉萍：《扬雄〈法言〉语言学思想研究》，《六盘水师范学院学报》2017 年第 2 期。
④ 孔玺铭、张喜贵：《扬雄〈方言〉语言学研究方法探析》，《现代语文》2019 年第 5 期。
⑤ 王彩琴：《扬雄〈方言〉借音字考》，《河南大学学报》（社会科学版）2006 年第 1 期。
⑥ 王彩琴：《试论扬雄〈方言〉的“用字之奇”》，《洛阳理工学院学报》（社会科学版）2009 年第 1 期。
⑦ 邓文彬：《中国古代方言学的建立与扬雄〈方言〉的地位和影响》，《西南民族学院学报》（哲学社会科学版）2001 年第 4 期。

者与成书背景、《方言》的内容与体例、《方言》的贡献和影响等问题，指出扬雄的《方言》对中国古代方言学的建立起了巨大的推动作用，它的问世标志着中国古代方言学的正式建立，因而它在中国古代语言学史上占有非常重要的地位。李峰、靳爱红《〈方言〉：开创中国方言之学的经典之作》[①] 同样从《方言》一书的全称、卷数、分类、体例以及对后世的影响等方面对其进行全方位的研判和剖析。王智群《论〈方言〉历史语言观的影响》[②] 对《方言》中"关于'古今语'的提出是汉语史上历史语言观的发端"的观点进行论证，结合后世学者在其影响下所做的一系列工作，比如甄别方言共时性，标注"今"字，展开历史比较研究，形成历史比较研究方法进行追本溯源的考证，客观认识《方言》历史语言观对汉语史研究做出的重要贡献。

除此之外还有比较《尔雅》《说文解字》与《方言》异同之处的一些论文。杨博显《浅析〈方言〉对于〈尔雅〉的传承和发展》[③] 从雅诂内容、雅诂形式、相同母题的对比，说明《尔雅》对《方言》的影响。童琴《〈说文解字〉引方言研究述评》[④] 对《说文解字》中引《方言》一百多处语言材料进行分析，认为《说文》对其所引甚众，可作补充《方言》之用。李清桓《郭璞〈方言注〉条例再述补》[⑤] 以《方言注》中注字条例、注中注条例以及讹误例说明《方言注》对《方言》的继承和后世校勘学的贡献。王东《〈说文解字注〉对〈方言〉的征引及探究》[⑥] 一文认为，段玉裁对于扬雄《方言》之研究成果主要集中在其《说文解字注》中，然而学界对这些成果重视不够。段玉裁为疏证《说文》征引《方言》的例子达 500 余条，其中包含着对《方言》诸多方面的研究成就，概言之，包括援引《方言》以订正《说文》，援引《方言》以说解《说文》，諟正《方言》之讹衍乙，纠正《方言》和郭璞注说解之误，揭示古、今本《方言》之差异，考寻《方言》之本字，考察《方言》词语及词义（训释《方言》词语之意义、探讨《方言》词义之演变、揭示《方言》词义之来源），探究《方言》字际关系等。

总　结

总的说来，21 世纪以来关于扬雄语言学研究取得了丰硕的成果，主要集中在其著

---

① 李峰、靳爱红：《〈方言〉：开创中国方言之学的经典之作》，《洛阳师范学院学报》2000 年第 4 期。
② 王智群：《论〈方言〉历史语言观的影响》，《励耘语言学刊》2016 第 1 期。
③ 杨博显：《浅析〈方言〉对于〈尔雅〉的传承和发展》，《北方文学》（下半月）2012 年第 6 期。
④ 童琴：《〈说文解字〉引方言研究述评》，《江汉大学学报》（人文科学版）2011 年第 6 期。
⑤ 李清桓：《郭璞〈方言注〉条例再述补》，《湖北社会科学》2011 年第 10 期。
⑥ 王东：《〈说文解字注〉对〈方言〉的征引及探究》，《语文研究》2019 年第 3 期。

作《方言》的相关研究，呈现出“现象——观念——本质”的研究趋势。同时在很多问题上经过学者们扎实的考据都收获了答案，并呈现出不断深化和细化的趋势。不仅单篇论文的数量和质量得到了保证，论述系统全面的经典著作也是不胜枚举。但是有些问题还需进一步商榷探讨，比如秦晋方言是否为扬雄时代通语的基础方言、《方言》中记录的汉代词汇的历时研究还不够全面等都有待解决。随着时代与科学的进步，新兴学科的兴起，新的材料的问世，我们坚信新理论和新方法的问世有助于我们解决那些悬而未决的疑问和难题，从而不断推进和完善研究的深入发展。

（作者单位：西华大学文学与新闻传播学院）

扬子文化研究

常璩与扬雄对古蜀的不同叙述

黄剑华

内容提要：扬雄《蜀王本纪》记述的古蜀历史与文化，对常璩产生了深刻的影响。常璩后来撰写《华阳国志》，对古蜀历史的追述，就采用了扬雄《蜀王本纪》中的许多说法。但对有些记述也做了不同的叙述，譬如扬雄说古蜀“不晓文字”，常璩说“彭祖本生蜀，为殷太史”，还有蜀人苌弘做过周室的史官，连孔子都要向博学多才的苌弘请教，说明当时蜀地的文化并不落后。彭祖与苌弘都做过史官，当然是要精通史料与各种书籍的，也说明蜀人应该有文字。但四川考古迄今尚未发现古蜀文字材料，这确实令人困惑和费解。只有期待以后的考古发现，来揭示古蜀文字真相了。

关键词：古蜀文化；蜀王本纪；华阳国志；老彭仕商；苌弘故事

一、常璩著述参考了扬雄与司马迁的说法

常璩应该是熟读过扬雄《蜀王本纪》的，其中的很多记述对常璩产生了深刻的影响。常璩后来撰写《华阳国志》，对古蜀历史的追述，就采用了扬雄《蜀王本纪》中的许多说法。

常璩也熟读过司马迁撰写的《史记·五帝本纪》等著述，对黄帝与蜀山氏的联姻记载深表赞同。《史记·五帝本纪》说：“黄帝居轩辕之丘，而娶于西陵之女，是为嫘祖。嫘祖为黄帝正妃，生二子，其后皆有天下：其一曰玄嚣，是为青阳，青阳降居江水；其二曰昌意，降居若水。昌意娶蜀山氏女，曰昌仆，生高阳，高阳有圣悳焉。黄帝崩，葬桥山。其孙昌意之子高阳立，是为帝颛顼也。”[1] 这段记载中提到了黄帝与古

[1] ［汉］司马迁：《史记》，中华书局1959年版，第10页。

蜀的两次联姻，先娶西陵之女为正妃，又为其子娶了蜀山氏女。在其他古籍中，也有类似记载，《山海经·海内经》就有“黄帝妻雷祖，生昌意，昌意降处若水”的传说。《帝王世纪》《世本》《大戴礼·帝系篇》等也有“黄帝娶于西陵氏之子，谓之累祖，产青阳及昌意”，“颛顼母濁山氏之子，名昌仆”，“昌意娶于蜀山氏之子，谓之昌仆氏，产颛顼”的记述。袁珂先生考证说，蜀，古字通“濁”，《世本》说的“濁山氏”也就是蜀山氏[①]。与黄帝同时期的蜀山氏，很可能是岷江上游最早养蚕的部族。有学者认为，蜀山氏因为长期养蚕和纺织丝绸，后来便以蚕为族名，称为蚕丛氏。蚕和蜀，其实都是和养蚕密切联系在一起的。汉代许慎《说文解字》解释“蜀”字，就是“蜀，葵（桑）中蚕也”[②]的意思。任乃强先生认为，蜀山氏是最早“拾野蚕茧制绵与抽丝”的部族，到了“西陵氏女嫘祖为黄帝妃，始传蚕丝业于华夏”[③]。正是因为这个原因，所以蜀山氏又被称为蚕丛氏。

常璩在后来撰著的《华阳国志·蜀志》中，叙述古蜀历史时便充分参考了司马迁与扬雄的著作，并将两者结合了起来，力图将古蜀传说与华夏历史相衔接。司马迁的著述，代表了汉代正统史家的观点，而扬雄的记载则偏重于地方史。常璩觉得，古蜀的历史很悠久，应该是和中原华夏历史同步发展的。常璩《华阳国志·蜀志》是这样写的：“蜀之为国，肇于人皇，与巴同囿。至黄帝，为其子昌意娶蜀山氏之女，生子高阳，是为帝（喾）〔颛顼〕；封其支庶于蜀，世为侯伯。历夏、商、周，武王伐纣，蜀与焉。”[④]这说明了常璩的史家眼光，认为古蜀与华夏从上古以来就交流往来，有着非常密切的亲缘关系，充分显示了他视野的开阔。

常璩不仅注意到了古蜀与华夏在历史发展进程中的关系，而且也注意到了古蜀独特的地理环境，对蜀与巴的关系、蜀与西南夷的关系给予了特别的关注，对此有着比较全面而深入的了解。众所周知，先秦时期的西南地区自古以来就小邦林立、部族众多，文献记载透露大大小小的部落至少有百数个，是世界东方典型的多民族地区。汉代司马迁对西南地区部族众多的情形曾做了真实的记述：“西南夷君长以什数”，其西其北又以什数[⑤]。汉代班固在《汉书》中也对此做了同样的记载[⑥]。这是汉代的情况，上溯至商周时期，西南地区大大小小的部族数目可能更多。史料中称这些部落首领为

---

① 袁珂校注：《山海经校注》（增补修订本），巴蜀书社 1993 年版，第 503—504、391 页。

② ［汉］许慎撰，［清］段玉裁注：《说文解字注》，上海古籍出版社 1988 年版，第 665 页。

③ 任乃强：《四川上古史新探》，四川人民出版社 1986 年版，第 44—48 页。

④ ［晋］常璩撰，刘琳校注：《华阳国志校注》，巴蜀书社 1984 年版，第 175 页。

⑤ ［汉］司马迁：《史记》卷一一六《西南夷列传》，中华书局 1959 年版，第 2991 页。

⑥ ［汉］班固：《汉书》卷九五《西南夷两粤朝鲜传》，中华书局 1962 年版，第 3837 页。

“戎伯”，或称为“诸侯”与“邑君”。《尚书·牧誓》记述协助周武王伐纣的有“庸、蜀、羌、髳、微、卢、彭、濮人”[①]，这些都是比较大的部族，才有实力出兵参与伐纣。其中的蜀当然是势力最强的，《战国策·秦策一》就说“夫蜀，西僻之国，而戎狄之长也”[②]。巴与蜀相邻，也是相当强大的部族。常璩后来撰写《华阳国志》时说，巴也和蜀一起参加了周武王伐纣的军事行动。常璩这样说，应该是有史料依据的。

从文献记载看，巴、蜀的崛起与兴盛，成为西南地区两个强大的宗主国，都具有天时、地利、人和的原因。其中一个很重要的原因，便是部族与氏族之间的相互联姻，或者结成联盟，从而形成了联盟式的政权。蒙文通先生曾精辟地指出：“蜀就是这些戎伯之雄长。古时的巴蜀，应该只是一种联盟，巴、蜀不过是两个霸君，是这些诸侯中的雄长”，“可见巴、蜀发展到强大的时候，也不过是两个联盟的盟主”[③]。这种多部族联盟的形式，正是古蜀王国与中原和其他地区在社会结构方面的不同之处。蜀国部族多，结构比较松散，内部常发生矛盾，影响了政权的稳定和巩固。到了开明王朝末代蜀王之时，由于蜀王腐化享乐、矛盾加剧，已趋于衰败。秦惠王准备伐蜀的时候，司马错就分析了蜀国的情形，将蜀国的众多部族比喻为群羊，说：“以秦攻之，譬如使豺狼逐群羊也。取其地足以广国也，得其财足以富民，缮兵不伤众而彼已服矣。”[④] 认为蜀国具有地广财多容易攻取的特点。常璩后来在《华阳国志》中，对此亦做了客观而翔实的记述[⑤]。

秦并巴蜀，是中国历史发展进程中的重大事件，其意义极其深远。产生的重大影响主要体现在两个方面，首先是秦国获得了扩展疆域的战略性重大胜利，为秦国带来了巨大的好处；秦并巴蜀之后，由于巴、蜀地区物产丰富，从而为秦朝进一步统一天下提供了充裕的人力资源与物质基础。其次是对蜀地的发展，也产生了积极而重要的影响；秦朝统一巴、蜀后，将北方和中原的很多东西输入了巴、蜀地区，促使并加快了巴蜀区域文明与华夏文明的融合。社会与历史都是由不同的发展阶段组成的，古蜀国的历史也正是这样，从传说的蚕丛、柏灌、鱼凫，到杜宇与开明王朝，就经历了漫长的由多个王朝更替组成的发展历程，然后被秦统一，进入了秦汉时期。传承了十二代的开明王朝虽然被秦灭了，传说色彩很浓的古蜀历史也由此画上了句号，却为巴蜀

---

① 《尚书正义·周书·牧誓》，见［清］阮元校刻《十三经注疏》上册，中华书局 1980 年版，第 183 页。

② 缪文远：《战国策新校注》（修订本），巴蜀书社 1998 年版，第 91 页。

③ 蒙文通：《巴蜀古史论述》，四川人民出版社 1981 年版，第 30、31 页。《蒙文通文集》第二卷《古族甄微》，巴蜀书社 1993 年版。

④ 缪文远：《战国策新校注》（修订本），巴蜀书社 1998 年版，第 91 页。

⑤ ［晋］常璩撰，刘琳校注：《华阳国志校注》，巴蜀书社 1984 年版，第 191—192 页。

地区开启了新的发展篇章。

秦朝统一巴蜀之后，采取了很多措施，来加强对巴蜀地区的统治和管理。其中最重要的是实行郡县制、移民入蜀、修筑城市、兴修水利、大力发展农业和商贸，使蜀地的经济面貌大为改观，变得更为兴旺发达了。秦朝任命的几位蜀郡守都很有作为，司马错在军事方面建立了巨大的功劳；张若修建了成都城、郫城与临邛城，促进了手工业与商业贸易的发展，为蜀地经济带来了繁荣；李冰修建了都江堰，从此水旱从人，使四川平原成了真正的天府之国。从文化方面看，秦人的文字也传入了蜀地，四川青川等地考古发现有出土的大量秦简，对此就有较多的揭示。从春秋战国以来，齐鲁的儒家文化与中原的诸子百家一直很活跃，很可能早就对蜀地有所影响，秦并巴蜀之后文化的传播自然是更为畅通了，这对蜀地的文化发展，很显然发挥了积极作用。

二、关于古蜀文化，常璩与扬雄的不同叙述

我们知道，古蜀历史悠久，在社会结构、礼仪制度与精神崇尚诸多方面都独具特色，自上古以来便与黄河流域中原王朝处于同步发展的状态之中，商周时期已形成灿烂的古蜀文明。三星堆与金沙遗址等重大考古发现揭示，古蜀先民擅长形象思维和图像表达，出土的青铜雕像群就显示了浓郁的古蜀特色，这与商周王朝以青铜礼器为代表的青铜文化有着明显的不同。古蜀图像发达，但文字却相对滞后，扬雄《蜀王本纪》所说“是时人萌椎髻左衽，不晓文字，未有礼乐”[①]。说的就是古蜀没有中原王朝那样的文字与礼乐，这似乎是古蜀较长时期的一种实际情况。也就是说，因为文字是文化的重要载体，而古蜀没有流行文字，所以古蜀在文化上比中原王朝还是要相对落后的。

其实扬雄的这个说法还是有疑问的，孔子《论语·述而篇》有关于彭祖的记述，子曰：“述而不作，信而好古，窃比于我老彭。”老彭是个人名，历来有不同说法，有认为是指老子与彭祖两人，有认为是殷商时的贤大夫彭祖，孔子以其自比，称“我老彭”，充分表示了孔子对这个人的亲切感[②]。关于彭祖，《世本》中有“在商为守藏史，在周为柱下史，寿八百岁”[③] 之说。司马迁撰《史记·五帝本纪》也提到了“彭祖”，与大禹、后稷等人“自尧时而皆举用”，索隐与正义曰彭祖自尧时举用，历夏、殷封于

---

① 《全汉文》卷五十三，见［清］严可均校辑《全上古三代秦汉三国六朝文》，中华书局 1958 年版，第 414 页。

② 刘俊田等译注：《四书全译》，贵州人民出版社 1988 年版，第 158 页。

③ 《世本》，见《帝王世纪·世本·逸周书·古本竹书纪年》，齐鲁书社 2010 年版，第 3 页。

大彭；《史记·楚世家》也记述了彭祖[①]。《大戴礼记》卷九亦有“商老彭”之称，认为是殷朝的贤大夫[②]。常璩读书很多，对这些史料记载应该是非常熟悉的，在《华阳国志》卷十二也记述说：“孔子‘述而不作，信而好古，窃比于我老彭’。则彭祖本生蜀，为殷太史。”[③] 在近代研究古蜀与殷商历史的著名学者中，顾颉刚先生对此做了精辟的分析，认为：“老彭是蜀人而仕于商，可以推想蜀人在商朝做官的一定不止他一个。古代的史官是知识的总汇，不论自然科学和社会科学他应当都懂。蜀人而作王朝的史官，可见蜀中文化的高超。”[④] 在《尚书·牧誓》与《古本竹书纪年》中都有蜀与彭参加武王伐纣的记载[⑤]，学者们大都认为，这应该是鱼凫时代的事情，鱼凫王朝与西周王朝是同时期的友好邻邦，彭也是当时的大部族，所以蜀国和彭族才参与了周武王的军事行动。由此可见古蜀与中原的关系与交流往来，一直是比较密切的，这也说明了古蜀的文化并不落后。常璩在《华阳国志·蜀志》中说，岷山之地不仅物产丰富，而且“其卦值坤，故多斑采文章”，“与秦同分，故多悍勇。在《诗》，文王之化，被乎江汉之域，秦豳同咏，故有夏声也”[⑥]。这是说古蜀国很早就接受了文王之化，古代蜀人擅长写斑采文章，而且擅长音乐。既然能写很多斑采文章，当然是有文字的。关于音乐，开明王朝末代蜀王就擅长谱写歌曲，曾为爱妃创作了《臾邪歌》与《龙归之曲》，据说还为秦国美女创作了《幽魄之曲》[⑦]。这说明常璩的记述，表达了与扬雄不同的看法，通过宏观概述肯定了古蜀文化绚丽多彩的特点。

春秋时期有一位名叫苌弘的蜀人，担任过周室的史官，博学多才，也很有名。诸多传世文献对苌弘的事迹都有记载，譬如《左传》从昭公十一年到哀公三年就有很多关于苌弘为周大夫的记述。刘安《淮南子·汜论训》说：“昔者苌弘，周室之执数者也。天地之气，日月之行，风雨之变，律历之数，无所不通。”[⑧] 由此可知，苌弘是个才能超群的人，其主要职责是观测天象、推演历法、占卜凶吉，对周王室的出行起居、祭祀与战事等做出预测，并对天象变化、自然变迁等进行预报和解释。据《国语·周语》记述，周敬王迁都成周时，苌弘曾到晋国游说，促成了晋国率诸侯扩建成周：“敬

---

① ［汉］司马迁：《史记》，中华书局校点本1959年版，第38、39页注〔二〕、1690、1691页注〔四〕。

② 见［清］王聘珍：《大戴礼记解诂》（王文锦点校），中华书局校点本1983年版，第178页。

③ 见［晋］常璩撰，刘琳校注：《华阳国志校注》，巴蜀书社1984年版，第897页。

④ 见顾颉刚：《论巴蜀与中原的关系》，四川人民出版社1981年版，第19、31页。

⑤ 参见［清］阮元校刻《十三经注疏》，中华书局1980年版，上册第183页；参见《古本竹书纪年》，见《帝王世纪·世本·逸周书·古本竹书纪年》，齐鲁书社2010年版，第79页。

⑥ 见［晋］常璩撰，刘琳校注：《华阳国志校注》，巴蜀书社1984年版，第175—176页。

⑦ 见［晋］常璩撰，刘琳校注：《华阳国志校注》，巴蜀书社1984年版，第188—190页。

⑧ 见《二十二子》，上海古籍出版社1986年版，第1267页。

王十年，刘文公与苌弘欲城周，为之告晋。魏献子为政，说苌弘而与之，将合诸侯。”[①]这也说明了苌弘的能干，以及对周室的效忠。这时发生了一件很重要的事情，孔子于周敬王二年（前518）来到成周，恭敬地拜访了苌弘，向苌弘求教韶乐与武乐之异同，以及其他不解之处。苌弘精通乐理，对孔子给予了指教。对于这段史实，《史记》和《孔子家语》等皆有提及。司马迁《史记·乐书》记载孔子曾与宾牟贾讨论《武》乐："子曰：唯丘之闻诸苌弘，亦若吾子之言是也。”唐代司马贞索隐说："《大戴礼》云孔子适周，访礼于老聃，学乐于苌弘是也。”[②]《孔子家语·观周》亦载：孔子"至周，问礼于老聃，访乐于苌弘"[③]。韩愈《师说》中曾说："圣人无常师，孔子师郯子、苌弘、师襄、老聃。”[④]可见苌弘为孔子之师，已成为后来文人们津津乐道的一个典故。苌弘忠于周室，却遭谗言与离间而被杀害了。《韩非子·内储说下六微》就有"叔向之谗苌弘也……因佯遗其书周君之庭而亟去行。周以苌弘为卖周也，乃诛苌弘而杀之”[⑤]的记述。《左传·哀公三年》也有"周人杀苌弘"[⑥]的记载。《庄子·杂篇·外物》说："人主莫不欲其臣之忠，而忠未必信，故伍员流于江，苌弘死于蜀，藏其血，三年而化为碧。”[⑦]疏云："苌弘遭谮，被放归蜀，自恨忠而遭谮，遂刳肠而死。蜀人感之，以匮盛其血，三年而化为碧玉，乃精诚之至也。”[⑧]晋人干宝《搜神记》亦说："周灵王时，苌弘见杀，蜀人因藏其血，三年乃化而为碧。”[⑨]成语"碧血化珠""碧血丹心"即由此而来，这个典故曾被后人广泛引用，然后便成了耳熟能详的成语。

关于苌弘为蜀人之说，主要是由《庄子》的记载而来的，学者大都赞同此说，认为苌弘是"周灵王的贤臣，被放归蜀，刳肠而死"[⑩]。或认为苌弘是"周王朝的贤大夫，相传流放巴蜀后被剖腹而死"[⑪]。但也有认为《庄子·杂篇·外物》中说的"蜀，周时一个小邑。在今河南禹县西北。传说苌弘死后，血凝成块，状似碧玉"[⑫]。这个说法比较独特，与众不同，为一家之言。在史籍的相关注引中，也有人指认苌弘死后葬

① ［周］左丘明：《国语》，上海师范学院古籍整理组校点，上海古籍出版社1978年版，第144页。
② ［汉］司马迁：《史记》，中华书局校点本1959年版，第1228页。
③ 见《百子全书》，浙江古籍出版社1998年版，上册第7页。
④ 《全唐文》，上海古籍出版社1990年版，第2500页。
⑤ 见《二十二子》，上海古籍出版社1986年版，第1154—1155页。
⑥ 王守谦等译注：《左传全译》，贵州人民出版社1990年版，第1500页。
⑦ 见《二十二子》，上海古籍出版社1986年版，第73页。
⑧ 郭庆藩辑，王孝鱼整理：《庄子集释》，中华书局1961年版，第921页注【三】。
⑨ ［晋］干宝撰，汪绍楹校注：《搜神记》，中华书局1979年版，第130页。
⑩ 陈鼓应注译：《庄子今注今译》，中华书局1983年版，第702页。
⑪ 张耿光译注：《庄子全译》，贵州人民出版社1991年版，第484页。
⑫ 曹础基：《庄子浅注》，中华书局1982年版，第407页。

于洛阳，譬如《史记·封禅书》集解引《皇览》曰：“苌弘冢在河南洛阳东北山上。”[①]《后汉书·郡国志》说洛阳周时号成周，注引《皇览》也说：“县东北山苌弘冢。”[②] 虽然关于苌弘之死与墓冢有不同说法，但苌弘是蜀人仍是公认的看法。

常璩对苌弘的故事也是熟悉的，在《华阳国志》卷十二有“周苌弘之血变成碧珠，杜宇之魄化为子鹃”的记述与质疑。蒙文通先生认为，可“知旧传蜀事，也就可能是《蜀王本纪》原有苌弘化碧于蜀之说”；又说“苌弘是历法家，他死于蜀，蜀地应该有他的学术传于后代”[③]。刘琳先生认为，苌弘是春秋末周大夫，“关于苌弘的传说很多，大抵说他是蜀人，因忠于周室，为晋所不容，迫周杀之”[④]。任乃强先生《华阳国志校补图注》对有关苌弘的各种传说也做了梳理与分析，表示赞同《庄子·杂篇·外物》的说法，在前言中很明确地称苌弘为“蜀士”[⑤]。在后来的一些地理志书中，都有关于苌弘为蜀人的记述。譬如《大明一统志·成都府·人物志》卷六十七就说：“苌弘，资中人，敬王时为大夫，孔子尝从之问乐。死而血碧，蜀人祀之。”[⑥] 曹学佺《蜀中人物记》也做了相同记述：“苌弘，资中人。事刘文公，为其属，大夫孔子尝问乐焉。”[⑦]《汉书·艺文志》中有“《苌弘》十五篇，周史”的记载[⑧]，可惜早已散佚。总之，苌弘在春秋时期做周朝的史官，连孔子都要向博学多才的苌弘请教，这也说明当时蜀地的文化并不落后，才能涌现苌弘这样的人物。

到了战国时代，开明王朝末代蜀王据有褒、汉之地，在褒谷狩猎时与秦惠王相遇，曾互赠礼品。之后，秦惠王相继赠送五头石牛、五位秦国美女给蜀王，蜀王派五丁力士去迎接，又派使者去秦朝致谢，扬雄《蜀王本纪》与常璩《华阳国志》对此都有记述。这里很自然涉及了一个问题：蜀王与秦惠王互派使者的时候是否有书信交往？按常理推测，秦人有篆书，蜀人不仅有图语，很可能也是有文字的。彭祖与苌弘都做过史官，当然是要精通史料与各种书籍的，也说明蜀人应该有文字。

但四川考古迄今尚未发现古蜀文字材料，因为缺少出土实证，古蜀时代究竟有没有文字，就成了一个令人疑惑的古蜀之谜。这确实令人困惑和费解，只有期待以后的考古发现，来揭示古蜀文字真相了。尽管有许多未解之谜，自从秦并巴蜀之后，蜀人

---

① ［汉］司马迁：《史记》，中华书局校点本 1959 年版，第 1364 页。
② ［南朝宋］范晔：《后汉书》，中华书局校点本 1965 年版，第 3390 页。
③ 蒙文通：《巴蜀史的问题》，见《古族甄微》，巴蜀书社 1993 年版，第 266—267 页。
④ ［晋］常璩撰，刘琳校注：《华阳国志校注》，巴蜀书社 1984 年版，第 899 页注【七】。
⑤ ［晋］常璩撰，任乃强校注：《华阳国志校补图注》，上海古籍出版社 1987 年版，第 6 页、第 729 页注文。
⑥ ［明］李贤等：《大明一统志》，三秦出版社 1990 年版，第 1048 页。
⑦ ［明］曹学佺：《蜀中广记》，杨世文校点，上海古籍出版社 2021 年版，第 405 页。
⑧ ［东汉］班固：《汉书》，中华书局校点本 1962 年版，第 1760 页。

便开始使用统一的文字，接受了来自黄河流域的诸子百家与儒家文化，并与古蜀的传统文化习俗相互融合，则是肯定的。这对蜀地文化的发展，以及秦汉之际蜀中文人的大量涌现，很显然是起到了很重要的作用。

总之，灿烂的古蜀文化是一个很重要的历史背景，秦并巴蜀为蜀地带来了新的发展机遇。这两者，对汉晋时期蜀地的文人学者都具有深远的影响。

（作者单位：四川省文物考古研究院）

李白诗歌称引扬马探析①

王红霞

内容提要：遍检李白现存诗歌，存在与司马相如相关称引18首，与扬雄相关称引12首，其中二人并称3首。通过分析比对李白诗歌对扬、马二人的称引情况，可佐证李白对扬、马二人文学成就的态度，可描绘出李白与仕途相接近最终却又背离的人生轨迹，可见出李白个人情志在诗歌作品中的体现。

关键词：李白；司马相如；扬雄；诗歌称引

司马相如与扬雄作为汉代文学史上流芳至今的两位赋家，后世文学作品中不时出现对二人的称引。最早将二人以“扬马”并提的应是南朝梁刘勰的《文心雕龙》，其《辨骚》篇：“是以枚贾追风以入丽，扬马沿波而得奇。”② 论及扬、马在辞赋发展过程中的作用；又《练字》篇：“故陈思称扬马之作，趣幽旨深，读者非师传不能析其辞，非博学不能综其理。”③ 提出扬马文学创作的共同点在于趣旨幽深，需要极强的造诣才能理解其文辞和义理。后世文人推而广之，常以此二人作为汉代文学创作水平的标杆，时时提及称颂。在今存唐代伟大诗仙李白的笔下，依然能够发现扬、马二人的诸多痕迹。

唐代魏颢为《李翰林集》作序时称：“自盘古划天地，天地之气艮于西南。剑门上断，横江下绝，岷、峨之曲，别为锦川。蜀之人无闻则已，闻则杰出，是生相如、君平、王褒、扬雄，降有陈子昂、李白，皆五百年矣。白本陇西，乃放形，因家于绵。

① 本文系2020年度四川省哲学社会科学重点研究基地李白文化研究中心一般项目“明代唐诗选本中的李白研究”（项目编号LB19－B15）阶段性成果。

② ［南朝梁］刘勰著，范文澜注：《文心雕龙注》，人民文学出版社1958年版，第47页。

③ ［南朝梁］刘勰著，范文澜注：《文心雕龙注》，人民文学出版社1958年版，第624页。

身既生蜀，则江山英秀。”① 崔颢以地域为切入，列举了巴蜀历代杰出文人：汉赋大家司马相如、王褒、扬雄，道家学者严君平以及唐代诗人陈子昂，将长于蜀地的李白并称于后。青年李白在刚离开家乡不久时，也创作了《淮南卧病书怀寄蜀中赵征君蕤》一诗，诗中有："朝忆相如台，夜梦子云宅"② 句，正是借同一家乡的扬、马二人表怀乡情。

李阳冰为《草堂集》所作序中同样提及扬、马二人："自三代以来，风骚之后，驰驱屈宋，鞭挞扬马，千载独步，唯公一人。"③ 该序并非以巴蜀文人作为切入，却依然举出司马相如、扬雄二人，作为衬托评价李白的标准。扬、马与李白三人时代不同，所擅长的文体有异，在唐人心中却能够并称，概就三人文学地位和影响而言的。

唐代诗人任华作《杂诗寄李白》："我闻当今有李白，大猎赋，鸿猷文；嗤长卿，笑子云。"④ 在他看来，李白的文章功底已然超越司马相如和扬雄二人。李白自己在《大猎赋》并序中也道："而相如、子云竞夸辞赋，历代以为文雄，莫敢诋讦。臣谓语其略，窃或褊其用心。"⑤ 尽管尊称扬、马二人为文雄，但是也对其创作提出了批评意见。

此外，李白在自己的诗歌《古风》第一首再次称及扬、马：

大雅久不作，吾衰竟谁陈。
王风委蔓草，战国多荆榛。
龙虎相啖食，兵戈逮狂秦。
正声何微茫，哀怨起骚人。
扬马激颓波，开流荡无垠。
废兴虽万变，宪章亦已沦。
自从建安来，绮丽不足珍。
圣代复元古，垂衣贵清真。
群才属休明，乘运共跃鳞。
文质相炳焕，众星罗秋旻。
我志在删述，垂辉映千春。
希圣如有立，绝笔于获麟。⑥

---

① ［唐］李白著，瞿蜕园朱金城校注：《李白集校注》，上海古籍出版社 1980 年版，第 1790 页。
② ［唐］李白著，瞿蜕园朱金城校注：《李白集校注》，上海古籍出版社 1980 年版，第 825 页。
③ ［唐］李白著，瞿蜕园朱金城校注：《李白集校注》，上海古籍出版社 1980 年版，第 1789 页。
④ ［唐］殷璠编：《唐人选唐诗六种》下册，华夏出版社 1998 年版，第 512 页。
⑤ ［唐］李白著，瞿蜕园朱金城校注：《李白集校注》，上海古籍出版社 1980 年版，第 61 页。
⑥ ［唐］李白著，瞿蜕园朱金城校注：《李白集校注》，上海古籍出版社 1980 年版，第 91 页。

该诗末尾四句："我志在删述，垂辉映千春。希圣如有立，绝笔于获麟。"明代徐祯卿认为："此篇白自言其志也。"① 清人王琦也认同："此诗乃自明其素志与!"② 可见该诗一定程度上代表着李白个人的文学创作志向。在这样自明其志的作品中，论及扬马有两句："扬马激颓波，开流荡无垠。"从唐人和李白笔下多次称引中能够发现，扬、马二人对于李白而言地位是特殊的。

遍检李白现存诗歌，共搜集到司马相如相关称引 18 首，扬雄相关称引 12 首，其中二人并称 3 首，详见下表。

	司马相如	扬雄
共同称引	《古风其一》 扬马激颓波，开流荡无垠。 《淮南卧病书怀寄蜀中赵征君蕤》 朝忆相如台，夜梦子云宅。 《秋夜独坐怀故山》 夸胡新赋作，谏猎短书成。	
分别称引	《宣城哭蒋征君华》 安得相如草，空余封禅文。 池台空有月，词赋旧凌云。 《赠张相镐二首其二》 十五观奇书，作赋凌相如。 《自汉阳病酒归寄王明府》 圣主还听子虚赋，相如却欲论文章。 《赠从弟南平太守之遥二首》 汉家天子驰驷马，赤军蜀道迎相如。 《酬殷明佐见赠五云裘歌》 相如不足跨鹔鹴，王恭鹤氅安可方。 《赠崔侍郎》 风涛傥相因，更欲凌昆墟。 （一本此下有"何当赤车使，再往召相如"二句，瞿本认为误）。 《梁园吟》 梁王宫阙今安在？枚马先归不相待。	《答杜秀才五松见赠》 昔献长杨赋，天开云雨欢。 当时待诏承明里，皆道扬雄才可观。 《古风其四十六》 独有扬执戟，闭关草太玄。 《东武吟》 因学扬子云，赋献甘泉宫。 《古风其八》 子云不晓事，晚献长杨辞。 赋达身已老，草玄鬓若丝。 投阁良可叹，但为此辈嗤。 《温泉侍从归逢故人》 汉帝长杨苑，夸胡羽猎归。 子云叨侍从，献赋有光辉。 《送王屋山人魏万还王屋》 吾友扬子云，弦歌播清芬。 《忆旧游寄谯郡元参军》 此时行乐难再遇，西游因献长杨赋。

① ［唐］李白著，瞿蜕园朱金城校注：《李白集校注》，上海古籍出版社 1980 年版，第 92 页。
② ［唐］李白著，瞿蜕园朱金城校注：《李白集校注》，上海古籍出版社 1980 年版，第 93 页。

续表

	司马相如	扬雄
	《寄上吴王三首其一》 谬以词赋重，而将枚马同。 《听蜀僧濬弹琴》 蜀僧抱绿绮，西下峨眉峰。 《游太山六首其六》 独抱绿绮琴，夜行青山间。 《白头吟其一》 相如作赋得黄金，丈夫好新多异心。 《白头吟其二》 相如去蜀谒武帝，赤车驷马生辉光。 一朝再览大人作，万乘忽欲凌云翔。 闻道阿娇失恩宠，千金买赋要君王。 相如不忆贫贱日，官高金多聘私室。 茂陵姝子皆见求，文君欢爱从此毕。 《玉真公主别馆苦雨赠卫尉张卿二首其二》 投箸解鹔鹴，换酒醉北堂。 《怨歌行》 鹔鹴换美酒，舞衣罢雕龙。 《对雪醉后赠王历阳》 谢尚自能鸜鹆舞，相如免脱鹔鹴裘。	《留别广陵诸公》 晚节觉此疏，猎精草太玄。 《侠客行》 谁能书阁下，白首太玄经。

其具体称引情况按照形式大致可分为三类：其一，直引其名，如“相如”“扬雄”“（扬）子云”“扬执戟”；其二，与他人并称，如“扬马”“枚马”；其三，以其著作、事迹代称，如“谏猎”“子虚赋”“绿绮”“鹔鹴”“夸胡”“投阁”“长杨赋”“草（太）玄”“太玄”。

按照其所引内容，大致也可分为两类：其一，对扬、马二人文学成就的态度。其二，对扬马二人人生际遇生发共鸣（具体包括对其以文见招的入仕途径的向往，以及对其“草《玄》”“投阁”经历的感怀）。

一、由诗歌称引观李白对扬、马文学成就的态度

前文提到，唐人及李白对于扬、马二人的文学成就有褒有贬。因此对《古风其一》：“扬马激颓波，开流荡无垠”这两句诗的理解，历来有完全相反的两种说法。部分说法认为“激”为“激扬”“激荡”之义，称扬马二人激扬起衰颓的文学风气，故

李白此处持否定态度。而宋人杨齐贤称："司马相如、扬雄激扬其颓波，疏导其下流，使遂闳肆，法乎无穷。"① 清代王琦从此义。杨、王二人口中所说的"激扬"，明显有"激浊扬清"之义，应为肯定态度。现代薛天纬提出并论证此处"激颓波"不作"激颓波扬"，而作"阻遏颓波"解，皆是认为李白对扬、马二人的文学成就持肯定态度。

其实从李白其他称引扬、马二人的诗歌作品中，也能够佐证此说。《赠张相镐二首其二》："十五观奇书，作赋凌相如。"② 此句李白称自己文才超过司马相如，试想，为何不用他人做比较，偏用司马相如？反见出相如在李白心中的地位成就不俗。《寄上吴王三首其一》也有类似表述："谬以词赋重，而将枚马同。"③ 李白自称不看重词赋，却依旧取得了与汉代枚乘、司马相如媲美的成就，同样是侧面反映了相如在李白心目中的分量。另有《宣城哭蒋徵君华》："安得相如草，空余封禅文。池台空有月，词赋旧凌云。"④ 此处用相如"凌云"典，《史记·司马相如传》载："相如既奏大人之颂，天子大说，飘飘有凌云之气，似游天地之间意。"⑤ 以汉武帝对司马相如文才的称颂来借喻友人生前的才华，对于司马相如才华的肯定表露无遗。

再看李白对扬雄的态度，《答杜秀才五松见赠》："昔献长杨赋，天开云雨欢。当时待诏承明里，皆道扬雄才可观。"⑥ 用扬雄献《长杨赋》典，《汉书·扬雄传》载："明年，上将大夸胡人以多禽兽，秋，命右扶风发民入南山，西自褒斜，东至弘农，南驱汉中，张罗罔罝罘，捕熊罴豪猪虎豹狖玃狐菟麋鹿，载以槛车，输长杨射熊馆。以罔为周阹，纵禽兽其中，令胡人手搏之，自取其获，上亲临观焉。是时，农民不得收敛。雄从至射熊馆，还，上《长杨赋》，聊因笔墨之成文章，故借翰林以为主人，子墨为客卿以风。"⑦ 李白直接以自己的才华、事迹比之扬雄献赋长杨，看似称"扬雄才可观"，实则是说自己"才可观"，对扬雄才气的肯定之意也非常明确了。

由上述称引情况看，李白对此二人的文学成就确是肯定的，这也佐证了"扬马激颓波"句的态度应是正面的。进一步对比还能发现，李白明显对于相如的文学创作更加青睐，是以称引夸赞相如才华次数更多，而扬雄仅存一首，这也印证了李白的相如情结确有其事。

---

① ［唐］李白著，瞿蜕园朱金城校注：《李白集校注》，上海古籍出版社1980年版，第93页。
② ［唐］李白著，瞿蜕园朱金城校注：《李白集校注》，上海古籍出版社1980年版，第762—763页。
③ ［唐］李白著，瞿蜕园朱金城校注：《李白集校注》，上海古籍出版社1980年版，第892页。
④ ［唐］李白著，瞿蜕园朱金城校注：《李白集校注》，上海古籍出版社1980年版，第1508页。
⑤ ［汉］班固：《汉书》，中华书局1962年版，第2600页。
⑥ ［唐］李白著，瞿蜕园朱金城校注：《李白集校注》，上海古籍出版社1980年版，第1137页。
⑦ ［汉］班固：《汉书》，中华书局1962年版，第3557页。

二、由诗歌称引观李白对献赋入仕一事的态度

司马相如与扬雄二人的入仕经历极其相似，都通过了以赋入仕这一途径。据《汉书·司马相如传》载："居久之，蜀人杨得意为狗监，侍上。上读《子虚赋》而善之，曰：'朕独不得与此人同时哉！'得意曰：'臣邑人司马相如自言为此赋。'上惊，乃召问相如。相如曰：'有是。然此乃诸侯之事，未足观，请为天子游猎之赋。'上令尚书给笔札……其卒章归之于节俭，因以风谏。奏之天子，天子大说……赋奏，天子以为郎。"① 司马相如因创作《子虚赋》而受到汉武帝赏识，由此进入仕途。又据《汉书·扬雄传》载："孝成帝时，客有荐雄文似相如者，上方郊祠甘泉泰畤、汾阴后土，以求继嗣，召雄待诏承明之庭。正月，从上甘泉，还奏《甘泉赋》以风。其辞曰……"② 扬雄的入仕途径与司马相如如出一辙，皆沿"自我创作—为人举荐—天子赏识—奉敕创作—用以讽谏"的路径发展。

这种入仕为官的事迹，特为李白所推崇，在诗歌中多次称引。《赠从弟南平太守之遥二首》："汉家天子驰驷马，赤军蜀道迎相如。"③ 据《汉书·司马相如传》载："上以为然，乃拜相如为中郎将，建节往使。副使者王然于、壶充国、吕越人，驰四乘之传，因巴蜀吏币物以赂西南夷。至蜀，太守以下郊迎，县令负弩矢先驱，蜀人以为宠。于是卓王孙、临邛诸公皆因门下献牛酒以交欢。卓王孙喟然而叹，自以得使女尚司马长卿晚，乃厚分与其女财，与男等。"④ 这正是如今成都"驷马桥"得名之由来，李白对于相如受天子命出巡家乡的事迹无限垂慕，也正合他自己渴望建功立业、衣锦还乡的心情。

扬雄同样成为李白仿效的典范，《温泉侍从归逢故人》："汉帝长杨苑，夸胡羽猎归。子云叨侍从，献赋有光辉。激赏摇天笔，承恩赐御衣。逢君奏明主，他日共翻飞。"⑤ 该诗创作于天宝元年（742），时李白 42 岁，正是初被玄宗赏识，供奉翰林的时候。诗中直引扬雄献《长杨赋》典自比，君王的看重、诗人的意气风发，皆在其中。又《秋夜独坐怀故山》："夸胡新赋作，谏猎短书成。"⑥ 创作于天宝二年（743），时李

① ［汉］班固：《汉书》，中华书局 1962 年版，第 2533—2575 页。
② ［汉］班固：《汉书》，中华书局 1962 年版，第 3522 页。
③ ［唐］李白著，瞿蜕园朱金城校注：《李白集校注》，上海古籍出版社 1980 年版，第 748 页。
④ ［汉］班固：《汉书》，中华书局 1962 年版，第 2581 页。
⑤ ［唐］李白著，瞿蜕园朱金城校注：《李白集校注》，上海古籍出版社 1980 年版，第 627 页。
⑥ ［唐］李白著，瞿蜕园朱金城校注：《李白集校注》，上海古籍出版社 1980 年版，第 1357 页。

白43岁，已然奉诏入京一年，逐渐感到政治抱负不得伸展，遂生出辞官归隐的念头。故连引扬雄长杨事和司马相如谏猎事，纪念得意之时，与后来的失意形成比较。又《东武吟》："因学扬子云，赋献甘泉宫……宾客日疏散，玉樽亦已空。"① 创作于天宝三载（744），时李白44岁，正是被玄宗赐金放还之年。萧士赟评曰："此诗乃太白放黜之后，作诗以别知己者。抱才于世，始遇而卒不合，见知而不见用……眷恋不忘之意悠悠然见于辞外，亦可慨叹也已。"② 大起大落、怀才不遇的内心愤懑终于迸发出来，再借扬雄事回首过去，纵有悲愤色，却尚能保留洒脱："书此谢知己，吾寻黄绮翁。"③ 又《忆旧游寄谯郡元参军》："此时行乐难再遇，西游因献长杨赋。北阙青云不可期，东山白首还归去。"④ 该诗作于天宝十载（751），时李白51岁，再次用扬雄献赋入仕典，却是终于向现实低头，不再做无谓期待了。

纵观李白诗歌对扬、马献赋入仕典的称引，最早一篇出现于其供奉翰林的第一年，而在李白最靠近仕途和实现抱负，最终又幻想破灭的三年中（742—744），皆有称引相同事迹的诗歌出现。自此之后，一直到公元759年，李白生命的末端，还作有《赠从弟南平太守之遥二首其一》。不得不说，供奉翰林为李白打开了仕途的大门，也为他的政治抱负带来了最大的希望，却也给了他最深的悲愤和伤痛，自此到死无法忘怀。

三、由诗歌称引观李白个性情志

除去前述的称引，李白之于扬、马还有很多其他事迹称引，趣味殊异，分列于下，可作为观李白情志意趣之佐证。

（一）千金买赋

典出司马相如《长门赋并序》："孝武皇帝陈皇后时得幸，颇妒。别在长门宫，愁闷悲思。闻蜀郡成都司马相如天下工为文，奉黄金百斤为相如文君取酒，因于解悲愁之辞。而相如为文以悟主上，陈皇后复得亲幸。"⑤ 李白《白头吟二首》皆是对此事的称引："此时阿娇正娇妒，独坐长门愁日暮。但愿君恩顾妾深，岂惜黄金买词赋？相如作赋得黄金，丈夫好新多异心。一朝将聘茂陵女，文君因赠白头吟。"⑥ "闻道阿娇失恩

---

① ［唐］李白著，瞿蜕园朱金城校注：《李白集校注》，上海古籍出版社1980年版，第398—399页。
② ［唐］李白著，瞿蜕园朱金城校注：《李白集校注》，上海古籍出版社1980年版，第400页。
③ ［唐］李白著，瞿蜕园朱金城校注：《李白集校注》，上海古籍出版社1980年版，第398—399页。
④ ［唐］李白著，瞿蜕园朱金城校注：《李白集校注》，上海古籍出版社1980年版，第844—848页。
⑤ ［梁］萧统编，海荣秦克标校：《文选》，上海古籍出版社1998年版，第109页。
⑥ ［唐］李白著，瞿蜕园朱金城校注：《李白集校注》，上海古籍出版社1980年版，第308页。

宠，千金买赋要君王。相如不忆贫贱日，官高金多聘私室。茂陵姝子皆见求，文君欢爱从此毕。"① 李白性情飘逸纵横，在这件事情上却不甚赞同司马相如，用了"丈夫好新多异心""相如不忆贫贱日"这样的否定性语言。可见李白尽管为人洒脱，也对发迹后抛弃发妻的行为不认同。

（二）鹔鹴换酒

典出《西京杂记》："司马相如初与文君还成都，居贫愁懑，以所着鹔鹴裘就市人杨昌贳酒，与文君为欢。"② 相关称引有《酬殷明佐见赠五云裘歌》："相如不足跨鹔鹴，王恭鹤氅安可方。"③《玉真公主别馆苦雨赠卫尉张卿二首其二》："投箸解鹔鹴，换酒醉北堂。"④《怨歌行》："鹔鹴换美酒，舞衣罢雕龙。"⑤《对雪醉后赠王历阳》："谢尚自能鸜鹆舞，相如免脱鹔鹴裘。"⑥

"鹔鹴换酒"恐怕是最对李白胃口的一件事典了，与《将进酒》"五花马、千金裘。呼儿将出换美酒，与尔同销万古愁"⑦ 中表现的场景极为相似，李白对这件事的称引多达四处，可见其对相如潇洒率性气质的推崇，更见白自己之洒脱不羁。

（三）绿绮名琴

典出傅玄《琴赋序》："楚王有琴曰绕梁，司马相如有绿绮，蔡邕有焦尾，皆名器也。"⑧ 后世传相如"琴挑文君"便正是用的这把绿绮。相关称引有《听蜀僧濬弹琴》："蜀僧抱绿绮，西下峨眉峰。"⑨《游太山六首其六》："独抱绿绮琴，夜行青山间。"⑩ 该典故用相如之名琴泛指后世之琴，暗含着李白对相如才情的认可。

（四）草玄投阁

典出《汉书·扬雄传》："哀帝时丁、傅、董贤用事，诸附离之者或起家至二千石。时雄方草《太玄》，有以自守，泊如也。或嘲雄以玄尚白，而雄解之，号曰《解嘲》。"⑪ 又据《汉书·扬雄传》记载："王莽时，刘歆、甄丰皆为上公，莽既以符命自立，即位之后欲绝其原以神前事，而丰子寻、歆子棻复献之。莽诛丰父子，投棻四裔，

---

① ［唐］李白著，瞿蜕园朱金城校注：《李白集校注》，上海古籍出版社 1980 年版，第 312 页。
② ［唐］李白著，瞿蜕园朱金城校注：《李白集校注》，上海古籍出版社 1980 年版，第 313 页。
③ ［唐］李白著，瞿蜕园朱金城校注：《李白集校注》，上海古籍出版社 1980 年版，第 580 页。
④ ［唐］李白著，瞿蜕园朱金城校注：《李白集校注》，上海古籍出版社 1980 年版，第 612 页。
⑤ ［唐］李白著，瞿蜕园朱金城校注：《李白集校注》，上海古籍出版社 1980 年版，第 361 页。
⑥ ［唐］李白著，瞿蜕园朱金城校注：《李白集校注》，上海古籍出版社 1980 年版，第 774—775 页。
⑦ ［唐］李白著，瞿蜕园朱金城校注：《李白集校注》，上海古籍出版社 1980 年版，第 225 页。
⑧ ［唐］李白著，瞿蜕园朱金城校注：《李白集校注》，上海古籍出版社 1980 年版，第 1159 页。
⑨ ［唐］李白著，瞿蜕园朱金城校注：《李白集校注》，上海古籍出版社 1980 年版，第 1416 页。
⑩ ［唐］李白著，瞿蜕园朱金城校注：《李白集校注》，上海古籍出版社 1980 年版，第 1159 页。
⑪ ［汉］班固：《汉书》，中华书局 1962 年版，第 3565—3566 页。

辞所连及，便收不请。时雄校书天禄阁上，治狱使者来，欲收雄，雄恐不能自免，乃从阁上自投下，几死。莽闻之曰：‘雄素不与事，何故在此？’间请问其故，乃刘棻尝从雄学作奇字，雄不知情。有诏勿问。然京师为之语曰：‘惟寂寞，自投阁；爰清静，作符命。’”① 两件事都发生在扬雄晚年仕途失意之后，与李白后期生活相应和。相关称引有《古风其四十六》：“独有扬执戟，闭关草太玄。”②《留别广陵诸公》：“晚节觉此疏，猎精草太玄。”③《侠客行》：“谁能书阁下，白首太玄经。”④《古风其八》：“子云不晓事，晚献长杨辞。赋达身已老，草玄鬓若丝。投阁良可叹，但为此辈嗤。”⑤ 相关称引多达四首，可见李白对扬雄晚年即使不受重用，坚持清净著书行为的认可。

比较看来，通过鹔鹴换酒、绿绮名琴等事典的称引，能见出李白对司马相如洒脱不羁情性的喜爱，这也与李白自己的情性相契合；而对于扬雄则主要称颂其晚年清净自守、寂寞著书的事迹，这不是李白由衷喜爱的性格，对其称引主要是将其作为自己晚年失意困惑、无奈愤懑的解嘲。

总体来说，从李白诗歌称引扬、马情况可证，李白对于扬、马二人的文学才华和地位是认可的；李白人生轨迹中最重要的两件与政治仕途相关的事件：供奉翰林和赐金放还，均体现在其不同时期诗歌对扬马的称引中；李白一生潇洒恣意的同时，仍难以忘怀仕途失意时的落寞无奈，这也在诗歌称引扬、马中得到了应和。

（作者单位：四川师范大学）

---

① ［汉］班固：《汉书》，中华书局 1962 年版，第 3584 页。
② ［唐］李白著，瞿蜕园朱金城校注：《李白集校注》，上海古籍出版社 1980 年版，第 171 页。
③ ［唐］李白著，瞿蜕园朱金城校注：《李白集校注》，上海古籍出版社 1980 年版，第 917 页。
④ ［唐］李白著，瞿蜕园朱金城校注：《李白集校注》，上海古籍出版社 1980 年版，第 275 页。
⑤ ［唐］李白著，瞿蜕园朱金城校注：《李白集校注》，上海古籍出版社 1980 年版，第 107 页。

近代以來日本研究揚雄的情況綜述

嘉瀨達男

内容提要：明治維新以後到2021年上半年在日本有不少揚雄研究。特別是70年代以後比較興隆。内容上討論《法言》的文章最多。題目提到《法言》的圖書文章有20種，提到《太玄》的有14種。討論揚雄辭賦文章的和《方言》的不算太多。最近日本研究中國古典的成果有一點減少，關注中國古代哲學家、文學家的研究現在沒有以前多。不過對揚雄的關心並沒縮減，日本研究家都認為揚雄在中國古代學術史上有廣泛的影響。

关键词：日本；揚雄；楊雄；近代以來；研究綜述

一、近代以來日本研究揚雄的圖書情況綜述

本文報告近代以來日本揚雄研究的情況，而討論日本揚雄研究所有的問題。明治維新以後2021年上半年爲期調查日本國内發表的日文圖書和文章，不包含國外發表的或中英文發表的圖書和文章。

主要資料來源如下。

·CiNii 國立情報學研究所：https://ci. nii. ac. jp/books/。

·京都大學人文科學研究所附屬東アジア人文情報學研究センター全國漢籍データベース：http://kanji. zinbun. kyoto－u. ac. jp/kanseki。

·京都大學人文科學研究所東アジア人文情報學研究センター東洋學文獻類目検索［第7.4α版］：http://ruimoku. zinbun. kyoto－u. ac. jp/ruimoku/。

·西川ゆみ·横山きのみ·谷口洋《國内辭賦研究文獻目錄（稿）》科學研究費

補助金基盤研究 C22520363 成果報告書。

・華學誠《揚雄方言校釋匯證》附錄“歷代方言及其注家研究文獻目錄”“歷代方言及郭注研究文選”。

・遠藤光曉・佐藤進・大和加壽子・松江崇“揚雄《方言》研究文獻目錄（稿）”（中國における言語地理と人文・自然地理・第 6 分册・揚雄方言研究論文集、200003）。

首先研討日本揚雄研究圖書的出版情況。日本揚雄研究圖書中首先要特書的是鈴木由次郎《太玄易の研究》和《太玄經》。鈴木由次郎（1901－1976）是日本中央大學名譽教授，易學專家。還有《易經上・下》（集英社，全釋漢文大系，1974）、《漢易研究》（明德出版社，1974）等不少易學著書。《太玄易の研究》是將《太玄》全文翻譯成日文，詳細地研究分析《太玄》。全文 500 頁，後來用日文要研究《太玄》時切要的重要大著。鈴木《太玄經》是從《太玄易の研究》取出《太玄》八十一首七百二十九贊的翻譯部分配三百六十五天的晝夜，把《太玄》安排年曆有特色。

日本《法言》研究上給豫不少影響的研究是鈴木喜一《法言》和田中麻紗巳《法言：もうひとつの《論語》》。鈴木喜一《法言》是第一次將《法言》翻譯成日文的。田中《法言：もうひとつの《論語》》是《法言》翻譯成日文後加上比較詳細地注釋。

這些兩種翻譯出版以前，在日本要讀《法言》時，一般參照《和刻本諸子大成》所收《揚子法言》的訓讀。《和刻本諸子大成》所收《揚子法言》是江戶時代前期京都儒醫立野春節訓讀的，《法言》本文上添加日式讀音順序符號來表示讀法和解釋。

《漢書楊雄傳殘卷》和《唐抄本《漢書》楊雄傳殘卷的影印》是唐抄本《漢書》楊雄傳上卷的影印本。唐抄本《漢書》非常貴重，釋文有吉澤義則《井々竹添先生遺愛唐鈔漢書楊雄傳訓點》（1930 年，參照本文末的論文目錄），又神田喜一郎的校記附在《漢書楊雄傳殘卷》卷末，文字上跟中華書局標點本《漢書》異同不太多。這唐抄本上添加日式讀音順序符號，據研究這些符號都是日本平安時代 10 世紀添加的。對這些符號（日文“訓點”）有小助川貞次的不少論文，參照本文末論文目錄。

還有佐藤進和松江崇的《方言》研究。日本中國語言學研究近年增加，《方言》研究也是近年增多的。

出版年月	作者	書名	出版社	備註
193505	班固撰	漢書楊雄傳殘卷	京都帝國大學文學部［編］、京都帝國國大學文學部	京都帝國大學文學部景印舊鈔本，第 2 集－3

续表

出版年月	作者	書名	出版社	備註
196410	鈴木由次郎	太玄易の研究	明德出版社	
197204	鈴木由次郎	太玄經	明德出版社	中國古典新書
197207	鈴木喜一	法言	明德出版社	中國古典新書
197509	長澤規矩也編	和刻本诸子大成　第三輯　説苑・揚子法言・忠經集註詳解・潛夫論・申鑑・傅子・文中子中説	古典研究會・汲古書院	（新纂門目五臣音註）揚子法言十卷，李軌・柳宗元・宋鹹等添注，萬治2年（1659）立野春?吏跋，中野小左衛門刊本影印
198804	田中麻紗巳	法言：もうひとつの《論語》	講談社	中國の古典
199206	志村治、福田忍	法言索引	東豐書店	《中國哲學》資料專刊第7號、北海道中國哲學會
199803	佐藤進編	中國における言語地理と人文・自然地理・第2分册・宋刊方言四種影印集成	科學研究費補助金（基盤研究A）研究成果報告書	
199903	松江崇	中國における言語地理と人文・自然地理・第4分册・揚雄《方言》逐條地圖集	科學研究費補助金（基盤研究A）研究成果報告書	
200003	佐藤進編	中國における言語地理と人文・自然地理・第6分册・揚雄方言研究論文集	科學研究費補助金（基盤研究A）研究成果報告書	
200707	竹田晃，黑田眞美子編	穆天子傳漢武故事神異經山海經他（蜀王本紀/揚雄［著］）	明治書院	
201912	京都國立博物館原本所藏・編，石塚晴通・上杉智英・小助川貞次解説	國寶　漢書楊雄傳　第五十七	勉誠出版	193505《漢書楊雄傳殘卷》（京都帝國大學文學部）的影印復原本。

二、近代以來日本研究揚雄的論文情況綜述

近代以後將日本揚雄研究以狩野直喜《楊雄と法言》開始。狩野是京都中國學的開創者之一、京都帝國大學名譽教授，著述有《中國哲學史》《兩漢學術考》等據於他講座紀錄學生編的圖書。《楊雄と法言》討論對揚雄的評價變遷、《劇秦美新》和王莽和揚雄的關係、《法言》所有的一些問題等。其後有廣島大學名譽教授御手洗勝《楊雄の處世觀》《楊雄と太玄－作者の傳統》。御手洗勝跟狩野直喜都是中國哲學研究家，他們都主要討論揚雄的人生態度和《法言》《太玄》。20 世纪 60 年代以前可以認爲日本揚雄研究的第一個階段。

然後有高木友之助《法言の研究－その著作の動機について》等《法言》研究，立石廣男《郭璞の音注について－上－《方言》における反切上字》等《方言》研究。20 世纪 70 年代、80 年代有不少重要研究。岡村繁《揚雄の文學・儒學とその立場》是其中之一。岡村繁是九州大學名譽教授，著名中國古典文學研究家，著有《岡村繁全集》10 卷（上海古籍出版社，2002－2010）。岡村論文討論揚雄生涯和對揚雄褒貶？厥岡村認爲揚雄前半生一心一意作辭賦，後半生又一心一意學儒學作《太玄》《法言》。文學家揚雄變爲思想家的原因在於揚雄的不顧一切只管學文學、儒學的個人性格。

町田三郎《《法言》について》《《太玄經》について》、田中麻紗巳《揚雄について－王莽・新に對する評價を中心として》《《法言》と春秋學》、池田秀三《《法言》の思想》、川原秀城《《太玄》の構造的把握》都是《法言》或《太玄》研究的重要論文。町田論文按照西漢後期的歷史情況，討論《太玄》《法言》和揚雄的思想。田中《揚雄について－王莽・新に對する評價を中心として》是詳細地調查《劇秦美新》來研討揚雄和王莽的關係，《《法言》と春秋學》是仔細地調查《法言》和春秋三傳的關係，結論說《法言》基本上採用《公羊傳》而參照《左氏傳》。池田論文分析《法言》的人性觀、學問論、政治思想、災異迷信批判、處世觀，跟孔子、孟子、荀子、董仲舒、道家思想比較。池田認爲《法言》的思想基於孟子、荀子的思想，希望恢復孔子思想。但揚雄的處世觀有道家思想的影響。川原秀城《《太玄》の構造的把握》分析《太玄》八十一首七百二十九贊的數理結構，天文學、數理學來討論《太玄》跟年曆的不一致的原因和解釋。後來川原將這篇論文收錄《中國の科學思想－兩漢天學考》，討論以天文學、術數學、律曆思想爲主的兩漢科學思想史上《太玄》的位置。竝

且川原論文可以認爲後來的堀池信夫《三進法の世界觀》、辛賢《《太玄》の“首”と“贊”について》等有關《太玄》論文的先導。堀池和辛賢論文也是用天文學、術數學、律曆思想來分析《太玄》數理結構的。辛賢論文特別主張八十一首和七百二十九贊有三次元立體關係。

從20世纪80年代到90年代不少人還繼續發表揚雄研究論文。其中重要的有福井佳夫《揚雄の《百官箴》について（上）（下）》《揚雄の《逐貧賦》について－遊戲文學論（1）》、邊土名朝邦《揚雄・桓譚・王充－三者における思想的繼承の問題について》《揚雄・桓譚・王充－三者における聖賢論と本性論の展開》、齋木哲郎《西漢末知識人の意識構造—揚雄の場合—》《揚雄の《太玄經》について》。福井論文討論揚雄文章注意其文體採用典故技法，據《文心雕龍》認爲《百官箴》是典故技法的先驅。邊土名論文關注揚雄思想對後代的影響，調查揚雄跟桓譚、王充的思想關係。齋木論文探討揚雄的人生態度和他作品，主張揚雄想當聖人。於是齋木認爲象《易經》作《太玄》，《論語》作《法言》的目的是因爲揚雄要當聖人，天祿閣投身的原因是因爲揚雄要開脫罪責而要做爲聖人去世。

從20世纪90年代到2000年是近代以來最多發表揚雄研究論文的時期。福井佳夫、齋木哲郎以外，還有和順《揚雄《法言》における人物評論》《揚雄《法言》と《論語》－摸倣の意圖》《揚雄《法言》における摸倣と創造》、佐藤達郎《漢代の古官箴譯注篇（上）（中）（下）》《漢代の古官箴論考篇》、谷口洋《揚雄の《解嘲》をめぐって－“設論”の文學ジャンルとしての成熟と變質》《賦に自序をつけること－兩漢の交における“作者”のめざめ》。論文基本上以《法言》比較《論語》討論人物評論、模範表現。佐藤翻譯揚雄《百官箴》，調查古代官箴的歷史上的揚雄《百官箴》位置。谷口討論《文選》中的設論分類上揚雄《解嘲》有如何意義、賦序和《揚雄自序》的關係。

嘉瀬達男發表《《漢書》揚雄傳所收《揚雄自序》をめぐって》《《法言》の表現－經書の援用と模倣》《蜀における楊雄の處世と學問》《楊雄《元後誄》の背景と文體》《楊雄《答劉歆書》とその小學》《楊雄の詩經學：《法言》を中心として》《楊雄《蜀都賦》と都邑賦》《楊雄の術數學と《太玄》》八編論文。主要注意揚雄的文體和文獻學上他作品的位置。

調查近代以來日本研究揚雄論文的篇數，20世纪60年代以前有11篇，60年代有10篇，70年代有20篇，80年代有16篇，90年代有30篇，00年代有27篇，10年代有18篇。總的來說70年代以後比較興隆。內容上討論《法言》的文章最多，題目提到《法言》的圖書文有20篇，題目提到《太玄》的有14篇。討論揚雄辭賦文章的和

《方言》的不算太多。

出版年月	作者	論文名/文章名	期刊名/書名	卷號	主編單位/出版社	備註
189800	久保得二	揚子雲の學を論ず	哲學雜誌	14（150）	哲學會・有斐閣	
190009	兒島獻吉郎	文學上楊雄の眞價值	龍南會雜誌	81	熊本大學・龍南會	
190010	兒島獻吉郎	文學上楊雄の眞價值（承前）	龍南會雜誌	82	熊本大學・龍南會	
191010	高瀨武次郎	揚雄	支那哲學史		文盛堂書店	
192308	狩野直喜	楊雄と法言	支那學	3－6	支那學社・弘文堂書房	後收、狩野直喜、《支那學文藪》、みすず書房、197304
192500	宇野哲人	揚雄	支那哲學史講話		大同館	
192500	吉澤義則	故竹添井井氏所藏唐鈔本漢書楊雄傳加點に就て——（上）	藝文	16－2	京都文學會	
193000	吉澤義則	井々竹添先生遺愛唐鈔漢書楊雄傳訓點	内藤博士頌壽記念史學論叢		弘文堂	
193900	平原北堂	揚雄	支那思想史	勅語渙下賜記念事業部		
194310	能田忠亮	蓋天説と渾天説の論爭	東洋天文學史論叢		恆星社	
195312	狩野直喜	揚雄	中國哲學史		岩波書店	
195503	御手洗勝	楊雄の處世觀	宮崎大學學藝學部研究時報	1－1	宮崎大學	
195710	御手洗勝	楊雄と太玄－作者の傳統	支那學研究	18	廣島支那學會	
196106	河野六郎	ポール・セリュイス著《《方言》に依る漢代のシナ語方言》	東洋學報	43	東洋文庫	後收、河野六郎、《河野六郎著作集》第3卷、平凡社、198001
196200	小林芳規	訓點記載の一樣式についての報告	訓點語と訓點資料	24	訓點語學會	

续表

出版年月	作者	論文名/文章名	期刊名/書名	卷號	主編單位/出版社	備註
196300	高木友之助	揚雄	中國の思想家（上卷）		勁草書房	
196303	鈴木由次郎	太玄經について	漢易研究		明德出版社	後收、鈴木由次郎、《增補改訂版漢易研究》、明德出版社、197409
196312	中島千秋	□獵の賦とその他(長楊の賦、甘泉の賦　河東の賦、酒の賦)、兩都の賦の系統（蜀都の賦）	賦の成立と展開		關洋紙店印刷所	
196403	高木友之助	法言の研究－その著作の動機について	中央大學文學部紀要(哲學科10)	35	中央大學文學部	
196503	宇野澤精一	書評《太玄易の研究》(鈴木由次郎著)	斯文	復刊42	斯文會	
196600	吉川幸次郎	揚雄	世界文學小辭典		新潮社	後收、吉川幸次郎、《吉川幸次郎全集》6、築摩書房、196800
196808	藤原尚	《三都の賦》の表現の特長について	中國中世文學研究	7	廣島大學文學部中國中世文學研究會	
196804	淺野通有	漢代の楚辭－《楚辭章句》成立への過程	漢文學會會報	14	國學院大學漢文學會	
197103	立石廣男	郭璞の音注について－上－《方言》における反切上字	漢學研究	8	日本大學中國學會	
197203	高木友之助	揚子法言五臣注引書考	中央大學文學部紀要(哲學科18)	65	中央大學文學部	
197203	立石廣男	郭璞の音注について－中－《方言》における反切下字	漢學研究	9	日本大學中國學會	

续表

出版年月	作者	論文名/文章名	期刊名/書名	卷號	主編單位/出版社	備註
197212	福田襄之介	揚雄方言の成立について	東方學會創立 25 周年記念東方學論集		東方學會	後收、福田襄之介、《中國字書史の研究》、明治書院、197902
197405	岡村繁	揚雄の文學・儒學とその立場	中國文學論集	4	九州大學中國文學會	
197500	大坪併治	漢書揚雄傳天曆點解讀文	岡山大學法文學部學術紀要	36	中央大學文學部	
197503	狩野直禎	古代巴蜀史の再構成：傳承時代	東洋史研究	33－4	東洋史研究會	
197503	町田三郎	《法言》について	哲學年報	34	九州大學文學部	後收、町田三郎、《秦漢思想史の研究》、創文社、198501
197503	田中麻紗巳	揚雄について－王莽・新に對する評價を中心として	舞鶴工專紀要	10	舞鶴工業高等專門學校	後收、田中麻紗巳、《兩漢思想の研究》、研文出版、198610
197510	藤川正數	《法言》注釋史上における增註（桃白鹿著）の地位について	日本中國學會報	27	日本中國學會	
197511	大坪併治	漢書楊雄傳天曆點讀文	岡山大學法文學部學術紀要	36	岡山大學法文學部	
197511	立石廣男	郭璞の音注について－下－《方言》における直音注を中心に	漢學研究	13・14	日本大學中國學會	
197600	田川一巳	楊雄とその著《方言》について	大東文化大學紀要社會・自然科學	14	大東文化大學	
197603	今濱通隆	愼言と妄言と－揚雄・王充と“言語”觀についての一考察	中國古典研究	21	中國古典研究會	

续表

出版年月	作者	論文名/文章名	期刊名/書名	卷號	主編單位/出版社	備註
197703	小川環樹	ポール・セリュイス氏《揚雄の《別國方言》にみえる漢代诸方言の研究》を評す	中國語學研究（小川環樹著）		創文社	もと《Monumenta Serica》19、輔仁人學、1960
197710	池田秀三	《法言》の思想	日本中國學會報	29	日本中國學會	
197803	町田三郎	《太玄經》について	哲學年報	37	九州大學文學部	後收、町田三郎、《秦漢思想史の研究》、創文社、198501
197810	川原秀城	《太玄》の構造的把握	日本中國學會報	30	日本中國學會	後收、川原秀城、《中國の科學思想－兩漢天學考》、創文社、199601
197903	清宮剛	揚雄と道家思想	櫻美林大學中國文學論叢	7	櫻美林大學文學部中文學科	
197900	田中麻紗巳	《法言》と春秋學	舞鶴工業高等專門學校紀要	14	舞鶴工業高等專門學校	後收、田中麻紗巳、《兩漢思想の研究》、研文出版、198610
198102	石田秀實	揚雄と桓譚－兩漢の際における儒家の生き方	文化	44－3・4	東北大學文學會	
198200	小助川貞次	文選テキストとして見た上野本漢書楊雄傳天曆二年點	訓點語と訓點資料	94	訓點語學會	
198203	松本光隆	漢書楊雄傳天曆二年點における訓讀の方法	國語學	128	國語學會	
198212	福井佳夫	揚雄の《百官箴》について（上）	漢文教室	143	大修館書店	後收、福井佳夫、《六朝文體論》、汲古書院、201403

续表

出版年月	作者	論文名/文章名	期刊名/書名	卷號	主編單位/出版社	備註
198303	福井佳夫	揚雄の《百官箴》について（下）	漢文教室	144	大修館書店	後收、福井佳夫、《六朝文體論》、汲古書院、201404
198610	町田三郎	揚雄の賦について	中國詩人論		岡村繁教授退官記念論集刊行會編、汲古書院	
198612	中村昌彥	漢代辭賦の推移－《大人賦》の變貌を中心に	中國文學論集	15	九州大學中國文學會	
198703	町田三郎	揚雄－漢代儒教の進展者	中國思想史（上）		日原利國編、ぺりかん社	
198707	吉田早苗	《四庫全書總目提要》所載《方言》譯注	開篇	3	早稻田大學文學部中國文學科中國語學研究班	
198703	小助川貞次	上野本漢書楊雄傳訓點の性格－中國側注釋書との關係	訓點語と訓點資料	77	訓點語學會	
198705	瀧本正史	揚雄の《酒箴》と蘇軾	集刊東洋學	57	東北大學	
198712	邊土名朝邦	揚雄・桓譚・王充－三者における思想的繼承の問題について	西南學院大學國際文化論集	2－2	西南學院大學學術研究所	
198811	齋木哲郎	西漢末知識人の意識構造—揚雄の場合—	東洋學術研究	27 別册	東洋哲學研究所	後收、齋木哲郎、《秦漢儒教の研究》、汲古書院、200401
198811	堀池信夫	三進法の世界觀	漢魏思想史研究（堀池信夫著）		明治書院	
198902	邊土名朝邦	揚雄・桓譚・王充－三者における聖賢論と本性論の展開	西南學院大學國際文化論集	3－2	西南學院大學學術研究所	
198910	伊藤直哉	五柳先生傳試論－高士の形象，そして揚雄の影	斯文	98	斯文會	
199009	小助川貞次	上野本漢書楊雄傳の聲點について	國語國文研究	86	北海道大學國語國文學會	

续表

出版年月	作者	論文名/文章名	期刊名/書名	卷號	主編單位/出版社	備註
199203	石塚晴通	上野本漢書楊雄傳の訓注と朱點－古辭書及び現行漢和辭典の記述に及ぶ	訓點語と訓點資料	88	訓點語學會	
199210	谷口洋	揚雄の《解嘲》をめぐって－“設論”の文學ジャンルとしての成熟と變質	中國文學報	45	京都大學文學部中國語學中國文學研究室	
199300	龜山朗	揚子“雕蟲篆刻”考	高知大國文	24	高知大學國語國文學會	
199303	上田武	《貧窮問答歌》における中國文學の影響について	學校法人佐藤榮學園埼玉短期大學紀要	2	埼玉短期大學	
199312	和順	揚雄《法言》における人物評論	中國古典研究	38	中國古典研究會	
199400	和順	揚雄の管仲論－漢代《論語》はどのように讀まれていたか	新しい漢文教育	19	全國漢文教育學會	
199402	和順	揚雄《法言》と《論語》－摸倣の意圖	論語の思想史		汲古書院	
199403	石川雅之・岩崎美佐子・宇野茂彥・和順	揚子法言典據考	中國學研究論集・鴻漸	4	名古屋大學文學部中國哲學研究室	
199409	小助川貞次	文選テキストとして見た上野本漢書楊雄傳天曆二年點	訓點語と訓點資料	94	訓點語學會	
199409	多田伊織	揚雄論	日本研究	11	國際日本文化研究センター	
199410	谷口洋	後漢における“設論”の變質と解體	中國文學報	49	京都大學文學部中國語學中國文學研究室	
199500	本田千惠子	揚雄小考－《反離騷》	國學院中國學會報	41	國學院大學中國學會	
199601	高橋章則	蘐園古文辭學と揚雄－熊坂臺州・大田南畝を端緒として	文藝研究	141	日本文藝研究會	

续表

出版年月	作者	論文名/文章名	期刊名/書名	卷號	主編單位/出版社	備註
199601	木下鐵矢	揚雄	“清朝考證學”とその時代：清代の思想（木下鐵矢著）		創文社	
199603	坂内千里	方言	月刊しにか	7－3	大修館書店	
199603	賴惟勤	方言	中國古典を讀むために：中國語學史講義（賴惟勤著）		大修館書店	
199605	齋木哲郎	學問による自己救濟—揚雄	中國思想の流れ（上）		橋本高勝編、晃洋書房	
199703	大島正二	方言書の誕生－《方言》	中國言語學史（大島正二著）		汲古書院	《同書》、增訂版、199809
199705	齋木哲郎	揚雄の《太玄經》について	中國文人論集		內山知也博士古稀記念會	後收、齋木哲郎、《秦漢儒教の研究》、汲古書院、200401
199712	大島正二	《方言》一著者をめぐる謎	“辭書”の發明：中國言語學史入門（大島正二著）		三省堂	
199800	本田千惠子	揚雄の生涯における《解嘲》の位置	國學院大學大學院紀要．文學研究科	29	國學院大學大學院	
199803	佐藤進・小方伴子	戴震《方言疏證》引《文選》考	人文學報	292	東京都立大學人文學部	
199803	嘉瀨達男	《漢書》揚雄傳所收《揚雄自序》をめぐって	學林	28	中國藝文研究會	

续表

出版年月	作者	論文名/文章名	期刊名/書名	卷號	主編單位/出版社	備註
199803	佐藤進	揚雄《方言》研究導論	現代中國語學への視座（神奈川大學中國語學科創設十周年記念論集・新シノロジー・言語篇）		神奈川大學中國語學科編、東方書店	
199803	佐藤進・小方伴子	戴震《方言疏證》引《文選》考	人文學報	292	東京都立大學人文學部	後收、佐藤進編《中國における言語地理と人文・自然地理・第6分册・揚雄方言研究論文集》・科學研究費補助金（基盤研究A）研究成果報告書、200003
199803	小助川貞次	上野本漢書楊雄傳天曆二年點における典據の問題について	訓點語と訓點資料	記念特輯	訓點語學會	
199903	本田千惠子	《法言》にみえる〈變〉について	東洋文化（無窮會）	82（316）	無窮會	
199906	嘉瀨達男	秦漢期の序と著作のあり方	文化研究	13	樟蔭女子短期大學	
199912	本田千惠子	《法言》にみえる〈禮〉の考察	國學院中國學會報	45	國學院大學中國學會	
200000	辛賢	《太玄》の“首”と“贊”について	日本中國學會報	52	日本中國學會	後收、辛賢、《漢易術數論研究：馬王堆から《太玄》まで》、汲古書院、200212
200000	川合康三	古文家と揚雄	日本中國學會報	52	日本中國學會	

续表

出版年月	作者	論文名/文章名	期刊名/書名	卷號	主編單位/出版社	備註
200003	佐藤進	四庫提要《方言》譯注	人文學報	311	東京都立大學人文學部	後收、佐藤進編《中國における言語地理と人文・自然地理・第6分册・揚雄方言研究論文集》・科學研究費補助金（基盤研究A）研究成果報告書、200003
200003	小方伴子	戴震《方言疏證》引《荀子》考	人文學報	311	東京都立大學人文學部	
200003	松江崇	漢代方言における言語境界線—揚雄《方言》による方言區畫の再檢討	中國における言語地理と人文・自然地理・第7分册・言語類型地理論シンポジウム論文集		平成9-11年度科學研究費基盤（A）研究成果報告書第7分册	
200003	遠藤光曉・佐藤進・大和加壽子・松江崇	揚雄《方言》研究文獻目錄（稿）	中國における言語地理と人文・自然地理・第6分册・揚雄方言研究論文集			
200003	西田龍雄	楊雄の《方言》	巨大言語群：シナ・チベット語族の展望		京都大學學術出版會	
200103	福井佳夫	揚雄の《逐貧賦》について-遊戲文學論（1）	中京大學文學部紀要	35-3	中京大學文學部	後收、福井佳夫、《六朝の遊戲文學》、汲古書院、200710
200202	町田三郎	揚雄論	中國古代の思想家たち（町田三郎著）		研文出版	

续表

出版年月	作者	論文名/文章名	期刊名/書名	卷號	主編單位/出版社	備註
200203	佐藤達郎［譯］	漢代の古官箴　譯注篇（上）	大坂樟蔭女子大學學藝學部論集	39	大坂樟蔭女子大學	後收、佐藤達郎《漢六朝時代の制度と文化・社會》、京都大學學術出版會、202102
200206	和順	揚雄《法言》における摸倣と創造	中國研究集刊	30	大坂大學中國學會	
200303	嘉瀬達男	《法言》の表現－經書の援用と模倣	學林	36・37	中國藝文研究會	
200303	佐藤達郎［譯］	漢代の古官箴　譯注篇（中）	大坂樟蔭女子大學學藝學部論集	40	大坂樟蔭女子大學	後收、佐藤達郎《漢六朝時代の制度と文化・社會》、京都大學學術出版會、202102
200400	和順	法言摸倣考	北海道大學文學研究科紀要	114	北海道大學文學研究科	
200402	吾妻重二	BookReview 術數理論と中國のパラダイム－辛賢著《漢易術數論研究－馬王堆から《太玄》まで》	東方	276	東方書店	
200403	佐藤達郎［譯］	漢代の古官箴　譯注篇（下）	大坂樟蔭女子大學學藝學部論集	41	大坂樟蔭女子大學	後收、佐藤達郎《漢六朝時代の制度と文化・社會》、京都大學學術出版會、202102
200503	佐藤達郎	漢代の古官箴　論考篇	大坂樟蔭女子大學學藝學部論集	42	大坂樟蔭女子大學	後收、佐藤達郎《漢六朝時代の制度と文化・社會》、京都大學學術出版會、202102

续表

出版年月	作者	論文名/文章名	期刊名/書名	卷號	主編單位/出版社	備註
200506	早田和彌	易經六十四卦ならびに太玄經八十一首のパターンダイナミクス	形の科學會誌	20－1	形の科學會誌	
200702	嘉瀬達男	蜀における楊雄の處世と學問	立命？ 厺文學	598	立命館大學人文學會	
200703	嘉瀬達男	楊雄《答劉歆書》譯注	立命館白川靜記念東洋文字文化研究所紀要	1	立命館大學白川靜記念東洋文字文化研究所	
200703	佐藤進	《方言疏證》及び《重校方言》所引“曹毅之本”について	二松	21	二松學舍大學大學院文學研究科	
200709	林田愼之助	酒の詩人陶淵明（3）陶淵明と揚雄	創文	501	創文社	
200711	戸倉英美、高芝麻子、郎潔、遠藤星希、山崎藍、松浦史子	《甘泉賦》新釋新考	東京大學中國語中國文學研究室紀要	10	東京大學文學部中國語中國文學研究室	
200711	大村和人	揚雄《甘泉賦》の受容史：唐代前半まで（《甘泉賦》新釋新考）	東京大學中國語中國文學研究室紀要	10	東京大學文學部中國語中國文學研究室	
200803	嘉瀬達男	楊雄《元後誄》の背景と文體	學林	46・47	中國藝文研究會	
200803	嘉瀬達男	楊雄《答劉歆書》とその小學	立命館白川靜記念東洋文字文化研究所紀要	2	立命館大學白川靜記念東洋文字文化研究所	
200910	戸倉英美、高芝麻子、遠藤星希	《甘泉賦》新釋新考（二）	東京大學中國語中國文學研究室紀要	12	東京大學文學部中國語中國文學研究室	
201001	谷口洋	賦に自序をつけること－兩漢の交における“作者”のめざめ	東方學	119	東方學會	
201006	嘉瀬達男	楊雄《蜀都賦》譯注	學林	51	中國藝文研究會	

续表

出版年月	作者	論文名/文章名	期刊名/書名	卷號	主編單位/出版社	備註
201102	嘉瀬達男	楊雄《反離騷》を讀む	LanguageS-tudies：言語センター廣報	19	小樽商科大學言語センター	
201103	高橋庸一郎	漢賦と漢字、“賦”に内包されている衰退への要因	中國文化史上における漢賦の役割		晃洋書房	
201112	嘉瀬達男	楊雄の詩經學—《法言》を中心として	學林	53・54	中國藝文研究會	
201210	赤尾榮慶	圖版漢書楊雄傳第五十七（特輯京都國立博物館上野コレクション）	國華	118－3	國華社	
201303	渡邉義浩	揚雄の《劇秦美新》と賦の正統化	大東文化大學漢學會誌	52	大東文化大學漢學會	後收、渡邉義浩、《“古典中國”における文學と儒教》、汲古書院、201504
201312	嘉瀬達男	楊雄《蜀都賦》と都邑賦	小樽商科大學人文研究	126	小樽商科大學	
201312	山内良太	慰めの自己戲畫化と誇りの自己戲畫化：揚雄《逐貧賦》と韓愈《送窮文》の比較を通して	大東文化大學中國學論集	31	大東文化大學文學研究科中國學専攻	
201401	辛賢	數理宇宙論の傳統：易から太玄へ	宇宙を驅ける知：天文・易・道教		堀池信夫編、明治書院	
201404	戸高留美子	揚雄《蜀都賦》の資料的價値に對する左思の評價	お茶の水女子大學中國文學會報	33	お茶の水女子大學中國文學會	
201507	吹野安、宮内克浩（譯注）	反離騷	楚辭後語全注釋	2	明德出版社	
201600	荻野友範	揚雄の文學觀	藝文研究	110	慶應義塾大學藝文學會	
201700	李祥	林希逸における《離騷》と“揚雄”評	九州中國學會報	55	九州中國學會	

续表

出版年月	作者	論文名/文章名	期刊名/書名	卷號	主編單位/出版社	備註
201703	田村有見惠	揚雄《太玄》の"思"	早稲田大學大學院文學研究科紀要	62	早稲田大學大學院文學研究科	
201809	Knechtges DavidR.，董詩韻［譯］	楊雄《□獵賦》における敍事、描寫および修辭について：漢賦における様式と機能についてのエッセイ	饕餮	26	中國人文學會	
201809	小助川貞次	階層構造から見た唐鈔本漢書楊雄傳の研究課題	訓點語と訓點資料	141	訓點語學會	
201912	嘉瀬達男	楊雄の術數學と《太玄》	立命館文學	664	立命館大學人文學會	
202103	吉岡剛志・中村昌彥	揚雄『太玄』八十一首における連續性への記號表記を用いたアプローチ：『周易』六十四掛と比較した『太玄』八十一首の構造	帝京平成大學紀要	32	帝京平成大學	

（作者单位：日本小樽商科大學）

西方学者对扬雄辞赋的研究

苏瑞隆 崔尚同

内容提要：康达维教授在1976年由英国剑桥大学出版的《汉代吟诵史诗：扬雄赋研究（公元前53年—公元18年）》是目前西方学界对扬雄辞赋研究最全面深入的著作。窦瑞格博士《扬雄及其古典主义之形成》是哥伦比亚大学博士论文，专注于扬雄的生平和思想方面，旨在通过追溯扬子的个人经历，用以分析其古典主义在其个人发展及历史背景下的形成与发展。另有考蒲斯基教授的《扬雄甘泉赋与河东赋中的祭祀研究》发表于香港大学《东方研究》期刊。本文分别对以上文献进行了综述。

关键词：西方学者；扬雄研究；康维达（David R. Knechtges）；窦瑞格（Franklin N. Doeringer）

《汉代吟诵史诗：扬雄赋研究（公元前53年—公元18年）》

西方目前研究扬雄最透彻的首推康达维先生在1976年由英国剑桥大学出版的《汉代吟诵史诗：扬雄赋研究（公元前53年—公元18年）》（*The Han Rhapsody, A Study of the Fu of Yang Hsiung [53 B. C. E. —A. D. 18]*）[①]。这是一部对扬雄辞赋全面的研究，此书原是康达维先生1968年于美国西雅图华盛顿大学完成的博士论文，经过数年修改而成。博士论文的题目原为《扬雄：其辞赋与汉代修辞》（*Yang Shyong, the Fuh,*

① Knechtges, David R. *The Han Rhapsody A Study of the Fu of Yang Hsiung, 53 B. c. - A. d. 18*. Cambridge: Cambridge University Press, 1976.

and Hann Rhetoric)[①]。全书内容包括：第一章是导言；第二章介绍了扬雄之前的辞赋传统；第三章——《甘泉赋》和《河东赋》；第四章——《校猎赋》和《长杨赋》；第五章是赋之批评分析与改革；第六章——结语。另载三个不可或缺的附录：（一）扬雄皇家大赋作年考辨；（二）扬雄赋真伪考辨；（三）扬雄生平年表。

该书前言部分系作者介绍其成书及自己的研究背景，而后分别感谢几位对其研究帮助匪浅的老师和同行。康达维先生对扬雄研究就此展开。康先生的赋学研究始于1963年秋在西雅图华盛顿大学攻读本科学位时。在卫德明教授（Hellmut Wilhelm，1905—1990）的指导下，他接触了德国汉学家赞克（Erwin von Zach，1872—1942）对扬雄主要文学作品的德文译本，并且尝试了自己对扬雄文学作品的翻译。同时，随着对扬雄作品的研读深入，他认识到，理解赋这种复杂文学样式的关键在于对中国早期修辞传统（rhetorical tradition）的检视，他曾在哈佛大学海陶玮教授的修辞学指导下受益匪浅。当他1965年夏再回西雅图继续汉代文学的深造时，两部非常重要的赋学专著的出现对其产生了很大影响。其一是法国汉学家吴德明先生（Yves Hervouet，1921—1999）的《汉代宫廷诗人：司马相如研究》（*Un Poète de cour sous les Han*：*Sseu - ma Siang - jou.*）[②]，另一部则是日本汉学家中岛千秋先生（Nakajima Chiaki）的《赋の成立と展开》[③]。尤其是中岛先生的著作中大量篇幅关于赋与游说传统的论述印证并启发了他的想法。在以上的背景下他完成了以扬雄赋为代表的汉赋的修辞学特征和传统的全面检视，在这部博士论文的基础上加以润饰，于1976年冠名《汉代狂想曲：扬雄赋的研究》（*The Han Rhapsody*，*A study of the Fu of Yang Hsiung*），由剑桥大学出版社出版发行，2009年再版[④]。

紧随前言之后的是耶鲁大学教授傅汉斯（Hans H. Frankel，1917—2003）为本书撰写的序言。该序言除了高度赞扬康先生不畏汉赋这门中国文学样式中艰涩高深的学问而勠力治学并创获颇丰外，还特别道出了康先生在其研究中的一个贡献——那就是康先生采用了一个特殊角度来讨论辞赋。他指出辞赋从战国时期纵横家们的激辩游说逐渐衍化为一种华美的书面文学样式，同时也将辞赋与古希腊、古罗马的辩论术和议会庭辩的这个法制传统做比较研究，并以此分析原本作口头用语的辩论艺术在中西的

---

① Knechtges, David R. *Yang Shyong, the Fuh, and Hann Rhetoric.* Unpublished Ph. D. Diss. University of Washington, 1968.

② Hervouet, Yves. *Sseu - Ma Siang - Jou; Un poète De Cour Sous Les Han*, Paris, Presses Universitaires de France, 1964.

③ 中岛千秋先生（Nakajima Chiaki）著：《赋の成立と展开》，大阪：关洋纸店印刷所，1963年。

④ David R. Knechtges, *The Han Rhapsody, A study of the Fu of Yang Hsiung* (Cambridge University Press, 1976).

不同。

第一章为全书的导言，着重在扬雄久负盛名的哲学著作，如《太玄》（*The Great Dark Classic*）、《法言》（*Model Sayings*）等外，有一批不可忽略的文学作品，这些作品足可以让他名垂青史，甚至可以达到在辞赋发展史上与公推为汉赋定制的第一人司马相如（约前179—前118）比肩的高度。康先生接着指出，在西汉这个赋传统渐次趋稳、固定的时间脉络里，扬雄的生活年代居于这个脉络的后端，而正是因为扬雄的贡献，西汉末年赋的基本形制才最终得以明朗可识。扬雄是一个极富传统自觉，也是第一个将自己的理论运用于辞赋中的诗人，而这点恰是司马相如所未曾做的。在扬雄看来，所有文学都应具提倡道德教化之功能，而辞赋更当为讽谏之事业，而非专事夸耀颂扬宫廷之奢靡。他的这一诉求却事与愿违，这直接导致了他最终弃绝作辞赋。扬雄对赋的贡献还在于他既为辞赋批评理论家，又能将其理论渗透于他的创作中，把道德说教的尝试贯穿赋作中。难能可贵的是，他并非只是模拟文学前辈，而是始终在创作生涯中寻求变革，这点可从其前后期的作品风格对比差异中明显看出。扬雄因在西汉末归附王莽政权而导致中国历史上的长期贬低，康先生认为不应囿于人格的偏见而否定其文学造诣与贡献。康先生指出，大部分有关扬雄的学术研究重心主要放在了除赋以外的方向上，如年谱、与王莽之间的关系等，其中较有争议的作品就是《法言》，此作作于王莽期间，因此许多学者在分析时与王莽相连。康先生在撇除这些政治因素之后，发现在《法言》中，扬雄非常希望回归圣人之教，他亦感觉到当时人们对此缺乏兴趣，强烈反对人们追求永生，反对当时流行对命理、占星等的追求。同时他对赋亦发表了一系列批评，扬雄拒绝以此文体为流行文体，并给出了自己的理由，亦说明了他所设想的赋体模式及其正确的功能。之后康先生又指出反映扬雄思想的另一篇重要作品——《太玄》，作于王莽时期前，其体裁仿《周易》，一直被公认为是一部十分复杂的作品，体现着扬雄宇宙生成模式的基本过程。其中同样的原则亦适用于扬雄的赋作，但其哲学作品因太过诗化，而不被现代哲学家所认可。康先生指出，尽管这本书将扬雄的身份仅限于赋作家中，但其实扬雄不仅仅是一位好的作家，更是一位知识渊博的哲学思想家。导言的末尾简要列举了研究扬雄所需的、载有扬雄生平传记的史籍及辑录其辞赋作品的文学总集，并分述其可靠程度。

全书第二章主要梳理扬雄之前的赋之发展概况。首先康先生欲为“赋”正名。“赋”曾被译为“rhyme prose”（“韵文”），“prose poetry”（“散文诗”），“poetical description”（“诗意描写”），“verse essay”（“诗文”）。他提出在英语语境中以“rhapsody”这个词来对应“赋”，“rhapsode”这个字原指古希腊的吟游诗人，这些诗人常常必须即席唱史诗。当然赋不是史诗，但史诗的恢宏壮阔，吟游诗人即席吟唱，这些都和赋的风格和动词的意义类似。因此应用“rhapsody”来翻译“赋”。当然多年之后，康先生现在已抛弃了这种看法，直接把赋翻译成“fu”。就中国文学史中的“赋”而言，他列举了高本汉（Bernhard Karlgren，1889—1978）、中岛千秋等几位汉学家对中国典籍既有的研究，列出其初有赋税、赋予、铺陈等涵义。在“表现”的这一意义上，又有着诵读《诗经》中的诗作的通常意义，也可以指自己创作诗篇。“赋”以术语形式首次正式的使用出现在《汉书·诗赋略》中。由此再推出日本铃木虎雄先生（Suzuki Torao，1878—1963）关于赋源于“不歌而诵”的这么一个政治工具的传统。基于此举证汉之前赋在宫廷之上以“不歌而颂”的形式作政教的史实。他所以选用“rhapsody”这个词来对应“赋”，也正是为了彰显辞赋由这一传统衍生为一种华美细致的文学样式之发展轨迹，至少在许多方面，这两个名词所代表的内涵之间是最有相似性的。不过由于赋本身在形式上的复杂性，要用一个明确的定义来界定这种样式是颇有难度的。故此作者全面回顾检讨了在扬雄之前的赋的发展史，以期在这个历史语境下，定位扬雄的辞赋作品。接下来作者依时间顺序，从《离骚》《九章》等楚辞作品中分析其作为赋发展源头的意义和特征，如通过分析《离骚》的句式、非重读音节或停顿等，再次证实其“不歌而颂”的特征。《离骚》在赋体的发展上非常重要，康先生提出在汉代之前或许被视为“赋”体，是一种政治批评的文体的观点。而后从荀子（约前316—约前237）的五章“赋篇”以及佹诗及小歌进行分析，他强调了《荀子·赋篇》的题目是刘向所加，这五篇韵文的谜语部分没有题目，文中也没有提到“赋”字。在佹诗及小歌中，因为它们与赋的传统非常接近，所以确实包含着以后在赋中出现的种种特征。其次，康先生再从政治游说等说辞的传统来论述赋的另一个源流，这段时期口述游说仍是最常见的外交手段。其中《战国策》是主要的参考文献。《战国策》一直是游说之术的典范，其中很多例子被汉代前及汉代的文献所使用。在当时，对游说者而言最困难的地方就是一边要用华丽的文辞描述引起听者的兴趣，同时亦要在叙述中向听者传递出自己的观点。在这种从说辞传统下发展出来的人物辩论游说的模式也变成了赋的其中一个重要特征。到了汉代初期，则有刘邦（前247—前195）、陆贾（前240—前170）、贾谊（前200—前168）等一些重要赋家。陆贾的作品中袭承了不少战国的游说之术，而贾谊则在此基础上对赋体的发展做出了贡献。《吊屈原》一作主要延续了赋的传统，同时在其文体技巧上做出了改动。《鵩鸟赋》则代表着赋体较大的进步。从此再过渡到司马相如和他同时代如枚乘（约前210—约前138）等作家，在结束了长期的政治动荡后，国家渐趋稳定，此时期文学作品的创作迅速增长。枚乘，以游说之士而为的文学家，其作品对赋的发展产生了很大的影响，其赋作中的人物辩论模式则直接袭自战国的政治游说。枚乘亦十分注重对赋体的铺采摛文，这也使文采华茂成为赋体的特征之一。而司马相如虽想使其作品具有更多的劝导作用，以影响皇帝的举止，但他似乎却对铺采摛文的兴趣更大，因此当时诗人的写作风格也变得更加讲究铺张扬厉、言贵浮诡。到了武帝时期，则出现了供宫廷娱乐游戏而创作的枚皋（约前153—?）、东方朔（约前161—约前93）等人。这种夸耀的辞赋创作风气一直到成帝时期依然存在，这个时期的刘向（前77—前6）也作有此类作品。而扬雄正是在这种辞赋浮夸风气达到顶峰的年代下诞生的，但扬雄并不仅仅只是一个此类作品的模仿者，亦非文绣鞶帨之徒。

本书的第三章对扬雄的《甘泉赋》和《河东赋》两篇赋做详细分析。皇家祭祀在汉代社会中具有重要意义，也经常被作为文学创作的对象。而赋在汉代趋向于华美铺张，正好是用来描摹这种浩大场面的理想媒介。康先生首先从《甘泉赋》这篇扬雄赋作中最著名的作品入手，引入这篇赋所写的场合、祭祀对象和渊源。《甘泉赋》的场合就是在甘泉宫祭祀天神太一。张谭（生卒年不详）、匡衡（生卒年不详）奏议甘泉宫的泰畤和河东的后土祭祀应该迁到长安，而汾阴的后土祭祀应该迁到北郊，成帝听从其建议。在此背景下，扬雄写下了这篇赋。关于甘泉祭祀的题材，前人已有赋作，只不过现今只存断简残篇。接着作者按照《汉书·扬雄传》和《文选》中的记载，用英文全译了这篇赋的序言、正文及结语。然后对比司马相如的《大人赋》，详细阐述文本中的神话幻想、夸张想象等文学艺术手法。康老师指出这种夸张的想象艺术手法并非为反映现实而作，而是为了将人带入想象，美化皇权而设计的。同时康老师分析，尽管在此盛扬此情此景之貌下，扬雄的主要目的却非表现口才，而是有着曲笔讽谏君主的真实用心。扬雄的讽谏之词在整个作品中显得较为无力，因此如果从整体来看，此作仍属于铺张描写之赋作，而此赋亦是扬雄赋作中最讲究铺排之作。除此之外，康先生指出，扬雄在此作中，特别是语言方面更表现出自己的独创性，如擅长用隐喻以比较。扬雄对语言的费心建设亦说明了当时铺采摛文之赋作仍十分流行。该章第二部分《河东赋》的分析篇幅明显要小于《甘泉赋》，而《河东赋》本来的文本篇幅就比后者短很多。作者依然按照《汉书·扬雄传》将该赋的序言、正文及结语全部英译，随后与《甘泉赋》对比，认为此赋的重点是放在以成帝为首的祭祀大部队在祭祀发生之后的行旅过程。与《甘泉赋》着重讽谏祭祀所费奢靡相对应的，此赋主要借行程追怀唐虞之风、殷周之世的古迹，最后一部分由对皇帝及汉朝的赞美而组成，扬雄将创作这首赋的目的描述为“劝”，显然希望进谏成帝当见贤思齐，再现治世。和《甘泉赋》相比，《河东赋》的文辞较为简朴，亦没有用很多的铺陈手法。

全书的第四章为《校猎赋》和《长杨赋》之分析。该章开头作者就扬雄在中国文学批评史上被普遍认为是司马相如忠实模仿者的观点进行了反驳，把这二人之间的一些大赋作品进行了比较。但他也认为，司马相如的《上林赋》可能是对扬雄影响最大的一篇赋作。皇室田猎的这个大赋主题已被司马相如发挥到极致，在扬雄《校猎赋》中则可看出对其的许多借鉴。接着作者将《校猎赋》全部英译，并仔细分析了《上林赋》《校猎赋》在写作手法和艺术特色上的异同之处，并着重举证二赋在文学描写上的差异。《上林赋》中最显著的特征即其富于想象力的描述，而同样的元素亦在《甘泉赋》中体现，但在《校猎赋》中，却没有太多这方面的描写。与司马相如的赋作不同，扬雄在《校猎赋》中甚至都没有多少关于狩猎环境的描写，扬雄将整个作品的重点放在了狩猎活动的进行上。康先生在末尾又点到扬雄在此赋的结语中借鉴《上林赋》，其旨在对君主进行讽劝，可见扬雄的作品是有意识地恢复赋体讽劝之功用。这样就引出了本章的第二部分，一篇几乎是纯粹意义上的讽谏赋——《长杨赋》。作者循例依然是参照《汉书·扬雄传》和《文选》，对这篇赋的序言、正文及结语进行了全部英译，尔后对比《校猎赋》，并分析该赋的写作和思想特色，认为它除了赋题之外，其实不是对一次田猎过程的描述，而实质上是通过虚构人物的辩论来自觉地达到讽喻之旨。在《长杨赋》中，扬雄有效利用讽刺的手法，表明其反对狩猎，同时劝导皇帝。在这篇赋中，扬雄的劝诫变得比之前更加直接，与其他赋作相比，此作的文辞则更趋简朴、直白，其措词用语的风格尽显其对战国游说劝谏传统的恢复和借鉴。

本书的第五章“赋之批评与改革”论述扬雄晚年时虽把注意力从文学转移到哲学领域，但是对于赋体文学，他并没有停止思考。作者指出，在汉代文学被视作一种内在的修习，不能用现代纯文学（belles lettres）的观念来涵盖汉代文学的范围。汉代所谓“文学”其实统摄了所有的学术、学识和教育，因此学习文学包括了对经学、礼学的掌握和以口头或书面形式创作的能力。武帝时甚至以此作为录用官员的主要标准之一。接着作者又讲到“辞”在汉代文学中的指涉和范畴，汉代人用“辞”或者“文辞”来指纯文学，或任何使用艺术、想象和装饰性文字写成的文学。接着再介绍中国上古文学理论中“文”和“质”的概念渊源。扬雄在其哲学著作《太玄》中就孔子关于这二者的理论做了细致的延伸，并且联系到了文学理论中。首先，扬雄提出形式要服从内容，他借用道家的自然观念指出铺张扬厉、太过华丽的文辞，是柔弱杂乱的。因此语言是强有力情感及思想的载体。在《法言》中，扬雄的语言观念则更趋现代化，他认为语言的象征力量可以表达终极的现实。写作是对文辞的特殊表现，每个人的表达都具有清晰的范围。语言则包含着各种感情与情绪，当语言灌注于神而创作时，这使得人们的感情可以不受时间与空间的限制而传递出去，语言和文字是心灵表达的代表，亦是区分人与人的重要手段。这个观点直接影响了扬雄对赋的观点。赋作为一种重视文字和形式表现的书写体裁，假如作者集中使用雕琢华丽的文字，则将扭曲对真实情况的描状，亦无法传达其道德教化之理。扬雄作为汉代出色的赋作家之一，清楚地认识到赋体中讽谏与文采两种形式之间所存在的冲突，一种用于规讽正道；另一种则是用于奢靡享受。为此他认为应肯定赋的合法作用——讽喻，主张“诗人之赋”的朴直，而摒弃壮美精妙有余而说教功能缺乏的那种赋。此章第二部分题为“失志之赋”，描写扬雄在正式摒弃赋作为一种有效的讽喻工具之后，并没有全然停止创作。作者在此列举并英译了扬雄的《解嘲》与《逐贫赋》二赋。虽然《解嘲》一篇并未冠之以赋名，但仍然反映了许多赋的写作、形式和语言特点。此赋虽不如扬雄的其他作品华丽，但其表达却更为直率，代表了扬雄的个人表达。该赋作为其“诗人之赋”的理念下的一个作品，被他用来作为申诉其忿怨不平的文学样式。而最能反映其“诗人之赋”理念的则是《逐贫赋》，虽然这篇赋因于今仅见存于《古文苑》，因此其真伪受到怀疑。其最大的特点是完全采用了《诗经》四言体式，尤以其中的“颂”为标本。其作以对话辩论形式而作，没有隐晦的讽谏或含蓄的游说，其所含的论点直接明了，旨在为道德教化而作。由此看出，扬雄至此已把其“诗人之赋”的文学理念彻底具体地实践到创作中了。扬雄在决定弃绝作赋时，很有可能只是弃作辞藻华丽，无道德教化之赋。自此，他的赋作与其理论渐趋吻合。在《甘泉赋》《校猎赋》中可见扬雄仍试图以藻饰为名用以劝诫，但到了《长杨赋》时，尽管扬雄没有直接陈述，但其所用的结构及修辞等则让人联想起战国的游说之术。之后当扬雄的兴趣转到哲学后，他的赋作语言更趋简朴，道德教化之意味更浓。《逐贫赋》，不论此作是否于扬雄名下仍有存疑，但此作确是将扬雄之理论实践于作品中的尝试，文辞直白、庄谐相生，又含理其中。

全书的第六章也即最后一章节，为一则简要的结论，回顾了从西汉桓谭开始，下至东汉、六朝、唐代的一些文学家、文学评论家对扬雄在赋的语言艺术与题材、理念的成就上的赞美，然后和民国初年学界对其贬低的情况做对比，重申了扬雄赋作前后风格的多变。这本身就反映了赋这种文学样式的内在复杂和多样性，而扬雄心目中理想的赋的风格、样式和功能，也导致了其后来逐渐摈弃以纯粹审美为目的或缺乏讽喻功能的赋。最后列举了扬雄赋作中的说辞表达和曲笔讽谏的技艺对西方学者的吸引和启发。扬雄对其先贤所实行的惯例予以尊重，但与此同时，又对自己想达到的目标亦有清晰的认识，扬雄从未忘记自己的宗旨。

全书对扬雄生平、著述、思想均有全面之考证，其通过直接、间接地引荐西方及日本学者对扬雄乃至汉赋的研究情况，增广了中国学者之见闻。作为美国汉学界较早的一部研究汉赋专题的赋学专著，它集中体现了华盛顿学派之汉学治学理念对中国传统学术研究方式的冲击以及吸收，对西方乃至东方汉学界的赋学研究都起到了开创新气象和启发后学的深远意义。

另外，康达维教授也于1982年在亚利桑那州立大学出版社出版了一本小书题为《扬雄的〈汉书〉本传》(*The Han shu Biography of Yang Xiong [53 B. C. —A. D. 18]*)①，重新把扬雄的赋翻译了一遍，增加了许多注脚。他在介绍中说明，这次翻译的目的在于精准地反映出扬雄辞赋的文字词汇。这种准确的翻译以及丰富的注释使得对扬雄文学的研究又前进了一大步。

《扬雄及其古典主义之形成》

窦瑞格博士（*Franklin N. Doeringer*）《扬雄及其古典主义之形成》（Yang Hsiung and His Formulation of a Classicism)② 是哥伦比亚大学博士论文。他主要研究扬雄如何发展自己的儒家文化，专注于扬雄的生平和思想方面，旨在通过追溯扬雄的个人经历，用以分析其古典主义在其个人发展及历史背景下的形成与发展。窦瑞格博士在文中也翻译了《羽猎赋》《甘泉赋》《长杨赋》《解嘲》和《汉书》的扬雄本传等，是一篇值得参考的论文。

窦瑞格博士认为扬雄的古典主义最终成为大多数正统儒家文学理论的基础，对中国的思想发展史做出重大贡献。在开始之前，先对“古典主义”之概念进行初步的探讨及定义，随后从《汉书》及《左传》中开始正式回顾扬雄的早年生活，包括其家庭、交友等，发现扬雄在早年时期就非常喜欢儒家、道家之哲学作品，扬雄的哲学思辨根源在此阶段也逐渐发展成熟，这也为他后来在文学作品中展现出强烈的道德意识而打下基础，导致其拒绝作单纯以娱乐为主的辞赋。扬雄早期时曾学习过司马相如的赋作，同时亦爱好屈原之作。窦瑞格博士提出，虽然这时期的扬雄仍遵循着赋的传统模式，但其却透漏出反对传统的想法，如在《反离骚》中，扬雄问屈原：“何文肆而质!”窦瑞格博士将此翻译成，“为何图案这么乱，而使织物狭窄?”认为扬雄在此对屈原用如此华丽的文辞来传达自己的抱怨存有疑问。或许是要考虑道德说教的原因，扬雄相比其他同时期的作家，在早期就没有大肆用极其奢华的文辞。因此，窦瑞格博士猜测，扬雄此刻已经埋下了日后悔作辞赋的道德观念。

不管怎样，这些早期创作为他赢得了皇帝的青睐，窦瑞格博士在第二章开始继续

① Knechtges, David R. *The Han shu Biography of Yang Xiong (53 B. C. — A. D. 18)*. Occasional Paper No. 14. Center for Asian Studies Arizona State University. Tempe, Arizona: Center for Asian Studies, 1982.

② Doeringer, Franklin Melvin. *Yang Hsiung and His Formulation of a Classicism.* Unpublished Ph. D. Diss. Columbia, 1971.

叙述扬雄在宫廷中与皇帝之间的经历。窦瑞格博士提出，扬雄在入宫之后提高了对赋的兴趣，又在其早期所形成道德教化观的影响下，他决定将其全部精力投入到讽谏之作中去。直到成帝邀请扬雄陪同去甘泉祠，窦瑞格博士推测，成帝在此是希望让扬雄作赋以增强自己的地位，增加声望。而扬雄也并不负成帝之望，对皇权大肆夸耀，《甘泉赋》享誉朝中内外，尽得成帝喜爱。但之后，在陪伴成帝去汾阴县时，或许是因为当地历史背景的感触，《汉书·扬雄传》："雄以为临川羡鱼不如归而结罔。"这让《河东赋》显示出与之前不同的风格，与其说这是一篇夸耀皇庭之作，不如说是一篇提醒人们注意先贤们道德行为之作，旨在暗示批评那些只会赞美古代圣贤而不会模仿他们行为之徒。此赋相比起《甘泉赋》可以说劝诫之意渐浓，而最后一句"既发轫于平盈兮，谁谓路远而不能从?"更能体现出扬雄劝勉之心。但成帝却并未发觉这其中的意味，仍视此为一般辞赋，更无改进之意。再之后成帝再邀扬雄一同校猎，扬雄作《校猎赋》用以讽刺这一场过于奢华的狩猎，夸耀铺排之辞更淡，道德说教之味更浓，但成帝对其劝诫依旧未予重视，随后更封其为黄门郎。这在扬雄看来，以为成帝的册封之举，实是对其劝诫之接受，更加强了扬雄的信念，即他可以通过讽谏皇帝以达到劝诫之效，为皇帝服务。之后扬雄又同去长杨之猎，作《长杨赋》，此作更进一步讽谏了这次狩猎，而劝诫之意也变得更加明显、直接。随后成帝终于意识到其中的讽谏之意，此后再不邀扬雄。扬雄与皇帝的这几次经历使他相信，精致的文辞与意向常常会掩盖了他认为应该呈现的道德信息，他开始寻找其他风格以传达讽谏之意，《酒箴》便是其之后的尝试。公元前7年，成帝的死迎来了政治动荡的时代，扬雄似乎也准备好了放弃他宫廷诗人的身份，开始寻求其古典主义的哲学事业。

第三章则主要在历史背景的追溯下，重点分析扬雄《太玄》中宇宙观的形成及其道家哲学思想。前半部分重点讲述当时汉朝的政治背景，包括成帝时期外戚擅政、哀帝早亡、皇权旁落等；同时亦兼叙当时的哲学背景，包括古今文经之争、真经伪经之辩等。在如此复杂的历史背景之下，扬雄开始对宇宙形成之哲学感兴趣。窦瑞格博士将扬雄对此的兴趣归因于他对科学的好奇，认为扬雄作《太玄经》，一方面希望逃避错综复杂的政治；另一方面则是希望尝试进行古代圣贤之工作，将世间之变化理论化。窦瑞格博士在此指出，扬雄是在有意识地想为其同时代的人们提供哲学思辨观点。随后开始对此作的体例做简介，发现扬雄在此作中试图将占卜作为宇宙的抽象模型，用以解释自然顺序及变化的循环观念。窦瑞格博士将其理论概括为，世界的明显转变只不过是规则周期的反复出现，并表明此时扬雄的哲学观念中主要以道家为主，随后开始分析扬雄儒家、道家之哲学理论的接受过程，侧面反映出当时的汉人有试图将道家和儒学哲学理论融合之倾向。最后讲到哀帝去世，王莽夺权开始，扬雄更加致力于用儒家阐述正统的古典主义思想。

第四章承接第三章而来，窦瑞格博士开篇表明真正让扬雄成为古典主义者的并非只有道家观念，扬雄将他的宇宙学思想与儒家伦理相结合，尤其是儒家对古代经典的坚持，才成就了他后来成熟的古典主义。扬雄自哀帝去世以来对儒家思想的重视，亦使他变得积极参与政事。在此章窦瑞格博士首先回顾了当时的历史背景，王莽复古改制，公元5年王莽网罗天下贤士，大肆宣扬礼乐教化，复古之风更盛，在此背景下扬雄作《法言》，旨在从非正统中解救真正的儒家思想，捍卫正统儒学，此章的中心是分析扬雄如何调节其早期的道家宇宙观与儒家伦理思想，才能得出只有圣人才可领悟的最终真理，并将其提供给后人的结论。这个结论使扬雄认为，将圣人的古典主义传承给后人，才是探索终极真理的唯一手段。这样的儒家哲学理念亦影响了扬雄对文学作品的看法，更加坚定了其认为作品中的道德价值决定了作品的价值的观念，提倡简洁朴实的文学风格，同时视古代圣人之作为文学作品的衡量标准。窦瑞格博士最后将扬雄对古典主义的追求总结为，这是一个基于时代流行，以儒家为基础而建设的古典主义。

最后一章首先叙述王莽篡权、改制建新的历史背景，讲述了扬雄此时为建设古典主义而做出的努力。最后一部分侧重分析扬雄古典主义对后世的影响力，回顾后世文人对扬雄的批评及其地位以作结。

《羽猎赋》

康达维教授在1972年发表了《扬雄〈羽猎赋〉的叙事、描写与修辞：汉赋的形式与功能研究》（Narration，Description，and Rhetoric in Yang Shyong's Yeu－lieh fuh：An Essay in Form and Function in the Hann Fuh.” In Transition and Permanence：Chinese History and Culture，A Festschrift in Honor of Dr. Hsiao Kung－ch'üan.）①，这篇文章刊于《转变与恒久：中国历史与文化——萧公权先生纪念论文集》中。在此文中，康先生指出赋的叙事顺序基本依照狩猎活动本身的次序。赋开始于狩猎地的准备，中间描绘了狩猎队伍的集结、皇帝行列的出现、动物的捕杀、水上表演、文人的参与，最后以皇帝态度的转变结束。康先生认为，只有最后两项似乎与狩猎活动的次序不符，不然的

① Knechtges，David R. *Narration，Description，and Rhetoric in Yang Shyong's Yeu－lieh fuh：An Essay in Form and Function in the Hann Fuh.” In Transition and Permanence：Chinese History and Culture，A Festschrift in Honor of Dr. Hsiao Kung－ch'üan*. David Buxbaum and Frederick W. Mote，eds. Hong Kong：Cathay Press，1972. pp. 359—77.

话，整个叙事结构将更为紧凑。这篇对于《羽猎赋》的分析，试图呈现以单一方法界定赋的不足。由此我们看到，这篇赋是叙事、描写与修辞的结合，另带有一些魔幻与奇妙的色彩。不过，如果有人概括这篇赋的特点，那他得将它归类于修辞性诗歌。扬雄巧妙地创作了这篇赋，将劝说的意图隐藏于叙述和描写之后。这么一来，赋所具有的修辞性效果大大削弱了。正因为如此，扬雄到了晚年否定赋是一种有效的道德劝诫方法，而在此之前他曾经是推崇赋之修辞性的主要倡导者。不过，扬雄对赋的否定态度不应阻止我们欣赏他的赋作。

《逐贫赋》

康达维教授曾将《逐贫赋》的英译本发表在北京出版的英文刊物《中国文学》上。

《扬雄甘泉赋与河东赋中的祭祀研究》

考蒲斯基教授（*Elma E. Kopetsky*）[①] 的《扬雄甘泉赋与河东赋中的祭祀研究》，(Two Fu on Sacrifices by Yang Hsiung)，发表于香港大学《东方研究》期刊[②]。

扬雄的《甘泉赋》《河东赋》收录于《汉书》，《甘泉赋》同时亦收录于后世的《昭明文选》之中，两篇赋的写作时间大约都在汉成帝时期（公元前32年—前7年）。汉成帝于公元前13年在甘泉宫祭祀泰一、在汾阴祭祀后土。此二祠建于汉武帝在位时期，其后帝王均定期亲身祭拜，直到汉成帝登基之际，便将神祠移至长安郊区，成为郊祀。但随后的二十年中，成帝一直膝下无子，于是他决定将此二祠重归原址，并亲身祭拜，以求除去降在自己身上与朝代的厄运。考蒲斯基教授指出将二祠复归于原址，正说明汉成帝承认了自己的错误决定，希望借由这个动作祈求神明的原谅与赐福。于是祭祀礼仪一切按照汉武帝故事进行，而成帝也按照武帝让司马相如作赋庆祝的模式，要求扬雄作赋来纪念这一重大事件。扬雄《甘泉赋》载：

> 孝成帝时，客有荐雄文似相如者，上方郊祀甘泉泰畤、汾阴后土，以求继嗣，召雄待诏承明之庭。正月，从上甘泉还，奏《甘泉赋》以风。（第85页）

考蒲斯基教授指出，《管子》卷十四《四时》：

---

① Knechtges, David R. *Early Chinese Rhapsodies on Poverty and Pasta. Chinese Literature* (Summer 1999): 103—113.

② 《东方研究》（香港大学），1972年第10期，第104—114页（Kopetsky, Elma E. *Two Fu on Sacrifices by Yang Hsiung. Journal of Oriental Studies* 10 (1972): 104—114）。

是故圣王务时而寄政焉，作教而寄武，作祀而寄德焉。此三者圣王所以合于天地之行也。

这段话在西汉成为一个重要的政治指导原则，其中包含三个概念，“时”“武”“祀”。这三者在武帝时尤为重要，武帝为其赋予了更多新的意义。(第86页)

首先是“时”，考蒲斯基教授指出“务时而寄政”是道法家“无为”概念的延伸，并不等同于儒家的社会等级关系划分。统治者虽没有直接施政，但所有事情已经被自觉有序地完成，达到“无为”。在西汉时期，这样一套儒家社会等级关系还未被完全接受，直到汉成帝晚期，其所接受的仍是道法家所提倡的概念，但此概念之后又被汉武帝修改。道法家所谓的“无为”即以法为本、公平对待。根据韩非子的论述，统治者平等对待所有人，不能感情用事，就像天地一样，不考虑与人的亲疏。整个社会可以通过建设“法”，而达到“无为”，依靠法律自然地运作。韩非子的天地运行概念仍是客观概念，这个概念在汉武帝时期被进一步延伸，将天地的运行模式与统治者直接相连，统治者的责任就是维持天地的正常运行。(第87页)

随后董仲舒在阴阳、五行等学说的影响下，对有关统治者责任的问题重新解释，提出“天人感应说”。董仲舒直接加强了统治者与整个宇宙自然之间的关系，认为统治者是天与人之间的重要枢纽，如果施政失当，不仅仅会影响百姓，更会收到天象的警示，引发不正常灾难，如干旱、饥荒等。与此同时，五行的概念也被进一步延伸，“金木水火土”不仅代表着一年“时”的更替，更与统治者的行为相连，统治者在适当的时节做适当的活动，才能使“阴阳”在整个宇宙中和谐运行。那么这就会牵扯到有关“时”的重新定义。考蒲斯基教授发现，“时”的定义在汉朝不断受到儒家的关注，而其中一个原因便是有关新历的推行。公元前104年前，汉朝均采用旧秦历，秦历以每年十月为元旦；当新汉历推行后，便修订为每年一月为元旦。因此一些处于冬春两季之间所发生的祭祀、天象等活动均需要请汉儒再重新定义，直到汉元帝前，仍有专门设立的儒学部门用以一一对应解释“四时”与“四政”之概念。汉武帝时期对统治者责任的重新定义不仅建立了依时为政的概念，更使“武”与“祀”的概念得以兴起。

考蒲斯基在铺陈了扬雄赋的政治与哲学背景之后，指出“武”的概念反映在兵法上，即“校猎”，将士们在君主的指令下向全世界展示其军事力量的强大，班固《两都赋》载：

因兹以威戎夸狄，耀威灵而讲武事。……种别群分，部曲有署。

一方面用以维持社会和谐，教导百姓，这就是君主对他们的期望；更重要的则是向神灵展现自己的美德，同时寻求神灵的帮助，以共同维护世界的正常运转。(第88—89页)

西汉的祭祀并非以古代制度为典范，因为这些上古的祀典并不为西汉人所知晓。汉代继承的祭祀主要来自秦朝。祭祀的概念牵涉的主要问题是神明与先皇之间地位的转换，《封禅书》就曾提及过神明与先皇：

周公既相成王，郊祭后稷以配天，宗祀文王于明堂以配上帝。

西汉时期，古代的祭祀仪式已经不能被当时的汉儒所知，但在这样的叙述中可见神明与先皇的祭祀确实是分开的。在西汉时期，显然前者比后者更重要，到了东汉时期，两者才视为同等重要，甚至后者比前者更重要。

汉武帝时期，武帝继承了许多先人所造的祀典，经常亲自祭祀，其中最重要的三种祀典分别为雍台、泰一与后土祀典以及封禅大典，三种祀典彼此代表着不同的学说，并随着时间的推移，渐渐被赋予新的意义。（第89页）

首先是五帝的祭祀，雍台（即辟雍，古代天子设立的太学）是最早的神祠。在西汉时期，五帝这一概念被所有学派所接受，又与五行相配，同时又与四时相连。祭祀仪式如祭司、用具等，会按照四时及五帝进行区分。主神坛在雍（壅）县，武帝会定期至雍县亲身祭拜。其次是泰一、后土之祭祀，代表道家学说，泰一祭天，后土祭地，乃武帝依司马谈的建议所设。公元前114年，河东汾阴地区发现了带有神秘铭文的大鼎，于是武帝便在此地建神祠，用以祭地。其后的公元前113年武帝又相继于甘泉祠建泰一神祠，用以祭天。公元前112年南越叛乱，西南疆域发生战争，武帝在建两祠后大获全胜，这让当时的人们更加信奉这两座神祠，更多的祭祀活动也得以展开。最后是封禅大典，为儒家所倡导。《史记·封禅书》中有许多关于封禅祭拜的记载，但是这些记载都缺乏一致性。例如：齐桓公在成为霸主后想要行封禅大典，管仲便劝阻他，指出古代以来虽有七十二位君主封禅，但只有十二位载于史册，因为他们都得到了天命。考蒲斯基教授指出这个记载的出现时期较晚，且封禅大典中的两个理念到东汉才得以进一步融合，因此认为这类记载前后矛盾。又如汉成帝在重建泰一、后土祠时，受到了大臣的严重批评，有的大臣建议他不如举行封禅大典。扬雄在《羽猎赋》中对这个建议提出了回应：

或称羲农，岂或帝王之弥文哉？论者云否，各以并时而得宜，奚必同条而共贯？则泰山之封，焉得七十而有二仪？是以创业垂统者，俱不见其爽，遐迩五三孰知其是非？

考蒲斯基把这段话翻译成："为什么在泰山上的封礼被七十二位君王所行？因为建立朝代者与传承封礼者无异。"这段的翻译明显有误，扬雄的意思是封禅大典随着时代的改变而改变。这段话的正确意思应该是"假如后人必须因袭前人的所作所为，那么泰山之封又怎么会有七十二种不同的仪式呢？因为自古以来创业垂统之帝王也看不出这些仪式的区别，他们都是各自随时宜而创立制度。”在此考蒲斯基教授也指出，扬雄的回答显示了公元前1世纪时最重要的问题不是有多少君主做了封禅大典，而是他们这么做是否恰当。(第91页)

考蒲斯基接着指出，在汉武帝时期，封禅这一概念还并未与“天命”的统治权相连①。武帝时期，封禅仅作为一种郊祀存在。值得注意的是，虽然当时用“郊祀”这一词概括，但郊祀却包含两个概念，一是所谓“王畿之祀”，而另一种是京都“近郊之祀”。封禅大典与泰一、后土不同的是，这两个祀典是为了寻求神灵的帮助，但封禅却是统治者将自己的功绩告知于天。随后有不少记载都讲述统治者因为太急于告成于天，而导致失败，例如公元前219年，秦始皇在建立秦朝两年后就去泰山封禅，结果十二年内秦朝灭亡。基于此，汉朝的皇帝们在没有明确的功绩之前，并不愿意去封禅②。又如汉文帝为封禅做了充足的准备，但后来因为发生饥荒，与此同时叛乱四起及匈奴入侵，让他不得不放弃封禅的想法。到了汉武帝时，其十五岁即位时便想去封禅，却被太后窦氏阻止，三十年后（公元前110年）武帝最终得以成功封禅，其后每五年一次行封禅大典，祭拜天地，直到其去世之后，封禅祭祀便就此停止。西汉时期，人们对神明的态度有了重要的改变。在武帝对祭祀热诚的推动下，人们认为神在地上有固定的居所，神灵会用一些神秘的现象以告知其存在，如祭祀时发出奇怪的信号或声音等③。与此同时，人们相信，寻找神灵并在其居所祭祀是君主的其中一个重要的职责。对此，方士公孙卿解释道，神灵不需要求助于人，但君主必须求助于神灵。

汉宣帝时期，有关神灵的观念先开始转变。神灵的住所由地改为天，其在地的住所仅有代表性意义，自此，天上逐渐充满着神灵，而神灵也渐渐远离现实生活的人们，而这一变化在汉成帝时期更为明显。汉成帝时期，轻神灵而重皇室先祖的观念转变得更加急速。首先是轻神灵的观念，迁泰一、后土祠可以说是一个很好的例子。武帝时，人们相信神灵有固定的住所，而皇帝的责任是到他们的住所去祈求赐福。而成帝却被指导为皇帝有自己固定的居所，神灵将在此赐福于他。成帝即位的第一年，匡衡便建议将泰一、后土迁至长安附近，因为长安为皇帝所在。随后成帝便将两祠迁至长安的

---

① 考蒲斯基指出，封禅本为王畿的祭祀，而关于“王畿”的定义在武帝时期儒士们仍难以定义，在儒家的解释中“普天之下莫非王土”，但实际上的边界却为其学说带来解释上的困难。首先如果要进行封禅，便需要将泰山涵盖于自己的统治领土下，这在当时并不是一件容易的事。

② 考蒲斯基对汉臣举出的汉朝第一个君主封禅的记录存有怀疑，当第一个君主封禅时，下山时曾遇到暴风雨，但这一事却被汉臣改编为其在上山时曾遇到暴风雨，因此被阻止封禅。考蒲斯基教授指出，第一位君主或许并没有行过封禅大典，只是被大臣们捏造出来作为封禅大典的例子而使用。

③ 第一次祭祀泰一时，夜晚出现了美丽的光，且祭坛中间出现了黄色的烟雾。公元前110年，武帝在封禅时，隐约听到“祝寿”之声传来。

南端及北端。(第 94 页)

其次，随着对神灵的兴趣衰颓，皇室先祖的地位渐渐强化。西汉时期皇室先祖的地位并没有神灵那么重要，这主要基于三个原因：一是皇室先祖之祭祀由朝廷办理，但是这种祀典为皇家私事，所祭祀的对象是皇室先祖而非先皇；二是皇室先祖之祭祀散落在帝国不同的地方。如汉高祖、文帝和武帝死后，他们生前去过的地方都有祭祀他们的祖庙，这使得汉代很难将注意力放在其他皇室先祖之祭祀；第三，皇室先祖的祭祀在西汉时期被轻视最重要的原因是因为人们重视的是统治者现在的作为，而非统治者的祖先。而这一现象渐渐在汉宣帝时期改变，这位非传位所致的皇帝，他在即位后，为其父亲与祖父补修了皇陵。汉元帝时期，汉朝已经有超过两百座祖庙，到宣帝时期，不少祖庙已经失修，考虑到经济因素，宣帝废除了多余的祖庙，只留下了高祖、文帝及武帝的祖庙，这让祖庙更加集中祭祀这三位皇帝。(第 94—95 页)

其次是对皇室先祖注重的转变，这一现象可以说在成帝一直膝下无子的情况下急剧加速转变。有关成帝膝下无子的补救方法中，最具有代表性的可以说是当时宫中祥瑞权威刘向的解释。公元前 18 年刘向将成帝无子归咎于后宫之乱，他的说法引起宫中的恐慌。有些宫人转向巫术求子，但只带来灾害，许多人因此遭到处决。后来刘向便提出了向神灵求助的方法，提出神祠对朝代而言十分重要。然而在成帝第一年即位，将泰一、后土及五帝祠移至郊区，并废除一些微小祀典的时候，并没有人反对。最后成帝接受了刘向的建议，将这些重大的祀典恢复至其原址，公元前 13 年的冬天及春天，成帝去泰一及后土祠做第一次的拜祭。随后或许在刘向的建议下，成帝更效仿武帝恢复了“校猎”。

成帝在恢复这些仪式时，遭到了强烈的反对，有一些大臣希望成帝进行封禅，以证明其受命于天。扬雄在《羽猎赋》中提到这些批评者的意见和官方的见解：

> 或称羲农，岂或帝王之弥文哉？论者云否，各亦并时而得宜，奚必同条而共贯？则泰山之封，乌得七十而有二仪？是以创业垂统者俱不见其爽，遐迩五三孰知其是非？

考蒲斯基发现，这段叙述主要包含了两个问题：首先，是有关王朝及统治者，批评者关注点在整个王朝而非统治者个人，他们并不会区分王朝的创始人以及后来的统治者，因为他们都受天命维持整个国家，因此不同的统治者可以选择适合自己的制度。而官方的观点则是建立一个朝代的建立者与后世的统治者不同，一个创立朝代的皇帝，他所立下的制度，不能被后世统治者改变，只能传承下去。第二，对仪式本身的争论。持反对意见的批评者认为成帝要将这些繁复的仪式恢复起来，并不合乎古代皇帝的作为。他们认为皇帝应该追随古代七十二位举行过封禅大典的皇帝，用这些仪式来展示自己的美德，而自身则应致力于打猎、农、渔业等民生活动。其次，是有关仪式本身的争议，古老的仪式或许不符合当时的实际情况，应该根据时代的需要来调整，每个时期都有适应当时需求的制度，谁又能来决定这些制度的对或错呢？

考蒲斯基指出，扬雄这段叙述包含了两个理论。封禅在武帝去世后便不再举行，而当时武帝所设的封禅大典与所谓“受天命”无关，仅仅是用来定期祭拜天地的手段。但一个世纪之后，武帝曾数次封禅的事实已经被忽略，焦点聚集在“天命”上。对此，大臣（批评者）与皇帝有不同的解释。大臣们认为皇帝既然得到了统治权，收到天命之后，才能行封禅去证明其合法性；但皇帝却认为天命落在施行封禅的朝代建立者身上，而且当时有一个新的理论认为一个朝代是有三代皇帝所建立，也就是说汉朝由高祖、文帝、武帝所建，最终武帝行封禅，就是为了证明朝代的建立。甘忠可在公元前13年前曾尝试调和这两种观点，他声称通过赤帝的启示，认为汉代可以再次受命，用以确认统治者所做的改变是基于第二次受天命。但汉成帝征询刘向的意见，刘向认为甘忠可的书是伪造的，因此甘忠可被下狱折磨，最终被杀。甘忠可死后不久，他的一些观点却被成帝所接受，虽然成帝没有行封禅，但却仍做出了许多制度上的改变，如公元前13年至前11年间，成帝恢复了大量已被取消了的武帝时期的仪式，并亲自效仿武帝拜祭泰一、后土祠、举行校猎等。

公元前13年到前11年间大臣对成帝的批评逐渐加强，主要认为这些祀典的地点距离京城太远，扬雄在其赋中表现了他对此事态度，公元前11年他在《河东赋》中，写道“既发轫于平盈兮，谁谓路远而不能从”，他支持成帝的做法，为他辩护。

扬雄的《长杨赋》中提到有大臣批评皇帝让外国诸侯参加校猎，并将其士兵获得的猎物据为己有，他们认为这简直是史无前例，等于皇帝偏爱外国诸侯胜于自己的子民。扬雄在《长杨赋》中反驳道：

> 且盲不见咫尺，而离娄烛千里之隅；客徒爱胡人之获我禽兽，曾不知我亦已获其王侯。

批评了大臣的目光短浅，不知汉朝已经虏获其王侯。这说明成帝在公元前13年至前11年之间，受到了大量尖锐的批评，也能说明成帝在几个制度上所做的改变。（第99页）

考蒲斯基接着指出：“赋代表了汉代音乐的一个改变，赋是一种歌曲，配乐以便在典礼中由乐府官署人员来呈现。对这些歌曲的批评就是他们总是只对当朝皇帝的某些行为歌颂。这些诗歌并未赞美皇家的先祖。”（第99页）笔者按，这种观念其实是完全错误的，赋是不歌而诵的文体，和乐府诗是截然不同的，虽然赋有歌颂赞美的作用，却不一定专门赞美当朝皇帝。考蒲斯基指出扬雄《甘泉赋》和《长杨赋》赞美了皇家祖先和汉成帝的作为，后者更记录了高祖、文帝和武帝的伟大成就，以及歌颂了成帝在公元前12年到11年之间冬季举办的校猎，她认为成帝维系了三祖建立的伟大传统。（第99页）

《长杨赋》的叙述一方面揭示了当时对成帝尖锐的批评不断上升，同时也证实了成帝确实同意重构汉代的历史，以提高汉高祖的声望。与此同时，考蒲斯基在对比两赋后得出，《长杨赋》中更体现了重视先皇的观念，尤其是高祖。在此之前，高祖作为开国君主，并没有非常高的评价，提及高祖处仅有与项羽作战的叙述，如扬雄在《河东赋》中提到“行睨垓下与彭城”，但其后的《长杨赋》中不提高祖战胜项羽，却重点讲述高祖受天命打败秦朝的过程：

> 主人曰：“昔有强秦，封豕其士，窫窳其民，凿齿之徒相与摩牙而争之。豪俊麋沸云扰，群黎为之不康。于是上帝眷顾高祖，高祖奉命，顺斗极，运天关，横巨海，漂昆仑，提剑而叱之。所过麾撕邑，下将降旗，一日之战，不可殚记。当此之勤，头蓬不暇梳，饥不及餐，鞮鍪生虮虱，介胄被沾汗，以为万姓请命乎皇天。乃展人之所诎，振人之所乏，规亿载，恢帝业，七年之间而天下密如也。”

此赋是第一篇赞颂汉代先皇事迹的赋（考蒲斯基认为是最早一首赞颂汉代皇室先祖的“新歌”，前文已提过将不歌而诵的“赋”称为“歌”是不恰当的），从此以后，就可以理解，汉朝乃天命及君主之德行所命定，而由高祖建立。成帝在去世前，仍继续重建更多的古代仪式，如设置辟雍、重建明堂以敬先祖等。

考蒲斯基更注意到《甘泉赋》《河东赋》两者的目的不同，前者扬雄用“风”（*to chant*，*to recite*），即用来影响人们的意见，让他们可以接受统治者重建的决定及其重要性。她也引用了《汉书·武帝纪》：“盖闻导民以礼，风之以乐……”来说明“风”作为“影响”的遗憾。又引《甘泉赋序》载：

> 孝成帝时，客有荐雄文似相如者，上方郊祠甘泉泰畤、汾阴后土，以求继嗣，召雄待诏承明之庭。正月，从上甘泉，还奏甘泉赋以风。

因此她认为，《甘泉赋》是一首“纪念歌”（*commemorating song*），目的是在劝说人们认可与接收汉成帝将泰一祭祀重新放置回原址的行动。而《河东赋》则用“劝”（*simply to make known*），她把“劝”翻译成“使人知晓”，这是不正确的。“风”（讽）和“劝”在汉赋的诗学中其实是同义词。《河东赋》和《甘泉赋》的目的类似，基本上也是赞颂成帝之祭祀及其丰功伟业。（第103页）

祭祀在西汉时期是重要的特征之一，在成帝即位前，经过不断地演变，祭祀已经失去了很多原先的意义，渐渐淡化。随着成帝的即位，由于其膝下无子，他想透过恢复旧制繁富的仪式，并在原址祭祀泰一和后土，以求神灵的眷顾。为了获得人们的认可与服从，便让扬雄作赋，以宣传其合理性。所以扬雄的赋不仅仅是记录事情，更重要的是展示了汉武帝对祭祀的热衷，包括定期举行祭拜，以求神对人的庇佑及渴望神的帮助等，祭祀活动更是成为统治者的重要责任。

最后，考蒲斯基将《甘泉赋》和《河东赋》译成英文，并详加注释。

（作者单位：新加坡国立大学）

试论扬雄《太玄》对张衡科学研究的影响

刘学智

内容提要：在我国科学技术史和世界天文学史中，我国东汉时期的张衡占有非常重要的一页。张衡是东汉时期最杰出的科学家，在科学研究的许多方面，特别是天文学上为我国科学的发展开拓了新的空间，并以他的思想与实践打击了盛行一时的谶纬神学。张衡（78—139），字平子，南阳郡西鄂县（今河南南阳石桥镇）人，东汉时期杰出的天文学家、数学家、发明家、地理学家、文学家，也是世界上最早的伟大的天文学家之一。他是蜀郡太守张堪的孙子。张衡对儒家经典多有研究，而且他的天文学思想受到扬雄所著《太玄》的影响。张衡的科学研究受扬雄《太玄》影响颇深。滴水见太阳，本文试图以张衡在天文、历数上的贡献为范论述扬雄的《太玄》对张衡科学研究的影响。

关键词：张衡；天文；历数；扬雄；太玄；道家思想；影响

张衡是东汉时期著名的文学家、科学家、政治家和思想家。在文学上，他以《二京赋》而名列汉赋四大家之一，因其《思玄赋》后之系词，被誉为七言诗之祖；在科学实践上，他先后制造了指南车、浑天仪、地动仪；在科学理论上，他第一次正确解释了月食形成的原因，认识到行星运行的快慢与距离地球的远近有关，在世界科学史上占有重要地位。此外，他在经学、史学上也有独到的见解，取得了相当的成就。

张衡以自己的实绩而成为“道德漫流，文章云浮，数术穷天地，制作侔造化”“三才理通”的通人、通才。

一、张衡其人

张衡（78—139），字平子，南阳郡西鄂县（今河南南阳石桥镇）人。东汉时期杰出的天文学家、数学家、发明家、地理学家、文学家。他是蜀郡太守张堪的孙子。张衡家族世代为当地的大姓。他的祖父张堪，自小志高力行，被人称为圣童，曾把家传余财数百万让给他的侄子。光武帝刘秀登基后张堪被任命为蜀郡太守，随大司马吴汉讨伐割据益州的公孙述，立有大功。其后又领兵抗击匈奴有功，被拜为渔阳太守。曾以数千骑兵击破匈奴来犯的一万骑兵。此后在他的任期内匈奴再也没有敢来侵扰。他又教人民耕种，开稻田八千顷，人民由此致富。因此，有民谣歌颂他说："张君为政，乐不可支。"张堪为官清廉，伐蜀时他是首先攻入成都的，但他对公孙述留下的堆积如山的珍宝毫无所取。蜀郡号称天府，但张堪在奉调离蜀郡太守任时乘的是一辆破车，携带的只有一卷布被囊。

张衡像他的祖父一样，自小刻苦向学，少年时便会作文章。16 岁以后曾离开家乡到外地游学。他先到了当时的学术文化中心三辅（今陕西西安一带）地区。这一地区壮丽的山河和宏伟的秦汉古都遗址给他提供了丰富的文学创作素材。以后又到了东汉都城洛阳。在那儿，他进过当时的最高学府太学，结识了后来著名的学者崔瑗，与他结为挚友。张衡兴趣广泛，自学《五经》，贯通六艺，而且还喜欢研究算学、天文、地理和机械制造等。但在青年时期，他的志趣大半还在诗歌、辞赋、散文上，尽管他才高于世，却没有骄傲之情。平常从容淡泊，不喜欢与俗人相交。

张衡少年时代就善著文，后入京师，观太学，精通《五经》、六艺。当时，天下太平自王侯以下，都以骄侈为时髦。张衡感叹世风不正，就仿班固《两都赋》而撰《二京赋》，讽刺时世。大将军邓骘欣赏他的才华，多次召他，都被他拒绝。张衡性格安静，心思多用于研究天文学、阴阳、历算。不久即被安帝召为太史令（掌管天文的官员）。此前，在先秦时代，慎到就已提出了浑圆的天地概念。到西汉，浑天说经过落下闳、鲜于妄人、耿寿昌、扬雄等人的论证，得到了很大发展，并逐渐为人们所接受。

汉安帝早就听说张衡善术学，永初五年（111），张衡被朝廷公车特征进京，拜为郎中，再升任太史令。于是研究阴阳，精通天文历法，制作浑天仪，著有《灵宪》《算罔论》，写得较为详细明白。虽然在汉顺帝即位初年再调动他职，但后来又任太史令，张衡任此职前后达十四年之久。他许多重大的科学研究工作都是在这一阶段完成的。

张衡在天文学方面著有《灵宪》《浑仪图注》等；数学著作有《算罔论》；文学作品以《二京赋》《归田赋》等为代表，与司马相如、扬雄、班固并称"汉赋四大家"。

《隋书·经籍志》有《张衡集》十四卷，遗憾的是，已经散佚。

张衡不慕当世的功名富贵，担任官职，往往多年都不得迁升。离开史官的职务五年后，又回到原职。于是设客问体，作《应问》来表明自己的心迹。当时，政事渐衰，宦官干政。张衡于是上疏陈事，劝谏顺帝。

张衡举孝廉出身，历任郎中、太史令、侍中、河间相等职。晚年因病，入朝担任尚书。永和四年（139），张衡逝世，享年六十二岁。北宋时，获封张衡为西鄂县伯。

张衡为中国天文学、机械技术、地震学的发展做出了杰出的贡献，发明了浑天仪、地动仪，是东汉中期浑天说的代表人物之一，后人誉为“木圣”（科圣），由于他的贡献突出，联合国天文组织将月球背面的一个环形山命名为“张衡环形山”，太阳系中的第1802号小行星命名为“张衡星”。后人为纪念张衡，在南阳修建了张衡博物馆。

二、张衡在天文历数上的贡献

张衡从小学习就很刻苦，后来到都城洛阳的太学，他访师交友，探讨学问，阅读了不少书籍。在三十七岁的时候，开始担任太史令的官职，专为朝廷观测、记录天象，选择“黄道吉日”和记载全国各地发生的各种自然现象。这些工作不能不促使张衡对天文、历法乃至地震等自然现象进行广泛的研究。

张衡在天文学方面的成就最为突出。他认真研究过扬雄的《太玄经》（一部哲学著作，里面涉及许多天文、历法、数学等方面的学问），从中受到很大的启发；又深入学习和研究了当时天文学的最新成果，并通过多年的实际观测和研究，最后写成一部天文巨著——《灵宪》。

我国自古以来，对于宇宙天体的看法，就有三种不同的论点。一种是“盖天说”，又称“天圆地方说”，认为天是圆的，像一把张开的伞，地是方的，像一个棋盘；一种是“宣夜说”，认为天没有一定的形质，日月星辰都浮游在天空之中；另一种则是“浑天说”，认为天地的形状像个鸟蛋，天像蛋壳，地像蛋黄，天和地的关系就像蛋壳包蛋黄那样，所以叫“浑天”。张衡就是“浑天说”的主要代表。在《灵宪》中，张衡大胆地对天象提出了许多新的见解。他说：“月光生于日之所照”，“当日则光盈，就日则光尽也”。正确地说明了月亮本身并不发光，它的光是受太阳的照射后反射出来的；月亮对着太阳的时候是满月，背着太阳的时候，月亮就不见了。他从日、月、地球所处的不同位置，对日月蚀的成因，做了我国最早的科学解释。张衡还对中原地区能够用肉眼观测到的星数做了精确的统计，指出较亮的星有二千五百颗，常明星有一百二十四颗，叫得出名字的星有三百二十颗。这个数字和现代天文学家所统计的，在同一地方、同一时间能用肉眼看到的星数为2500—3000颗，基本一致。张衡在《灵宪》中绘制的标明星体位置的《灵宪图》，是我国最早的一张星图。

《灵宪》是张衡有关天文学的一篇代表作，全面体现了张衡在天文学上的成就和发展。原文被《后汉书·天文志》刘昭注所征引而传世。文中介绍的天文学要点如下：

张衡认为宇宙是无限的，天体的运行是有规律的；月光是日光的反射，月蚀起因于地遮日光，月绕地行且有升降。他认识到太阳运行（应是地球公转）的某些规律，正确解释了冬季夜长、夏季夜短和春分、秋分昼夜等时的起因。他指出在中原可以见到的星有2500个，与今人所知略近。他经过对某些天体运转情况的观测，得出一周天为三百六十五度又四分度之一的结论，与近世所测地球绕日一周历时365天5小时48分46秒的数值相差无几。

公元117年，张衡根据他的“浑天说”，创制了比以前都精确全面得多的“浑天仪”。这个“浑天仪”是一个可以转动的空心铜球，铜球外面刻有二十八宿和其他一些恒星的位置；球体内有一根铁轴贯穿球心，轴的两端象征着北极和南极。球体的外面装有几个铜圆圈，代表地平圈、子午圈、黄道圈、赤道圈。赤道和黄道上各刻有二十四个节气。为了使“浑天仪”能够自由转动，张衡又利用水力推动齿轮的原理，用滴壶滴出来的水力发动齿轮，带动空心铜球绕轴旋转。铜球转动一圈的速度和地球自转的速度相等。浑天仪转动时，刻在它上面的天象依次表示出来，和天体上星球的运动十分相像。如此，人们坐在屋子里，便能从“浑天仪”上看到天体运行的情况。

张衡把对天体的构造、各种天象的看法和他制作水运浑天仪的方法等，专门写成一篇《浑天仪图象》加以介绍。张衡还曾经改进过测定天体位置的浑天仪。

科技史资料显示，从公元89年到公元140年，五十年左右的时间内，东汉都城洛阳和陇西一带，共出现过三十三次地震。特别是公元119年，洛阳和其他地区连续发生了两次大的地震。这促进了张衡加紧对于地震现象的研究。他终于在公元132年发明并制造出了我国第一架测报地震的仪器——“地动仪”。这架“地动仪”通体铜铸，形状很像一个大酒樽。樽上有凸起的盖子，可以打开。樽的外部装饰有篆文和山龟鸟兽等花纹，上面铸着八条龙；龙头按照东、南、西、北、东北、东南、西北、西南八个方向排列；每个龙嘴都衔有一个小铜球，并且在它的下面蹲着一只铜制的、头向上仰、张着嘴的蛤蟆。“地动仪”的内部有一根叫作“都柱”的上粗下细的铜柱，“都柱”的周围伸出八根横杆，分别有八个龙头的上半部衔接。哪个方向发生地震，地震波传来，“都柱”就会倒向地震发生的那个方向，压在曲杠杆的下端，由曲杠杆再牵动龙头，将龙头嘴里的铜球掉在蛤蟆的嘴里，并发出清脆的响声。这样，看守仪器的人便能知道地震发生的方向。

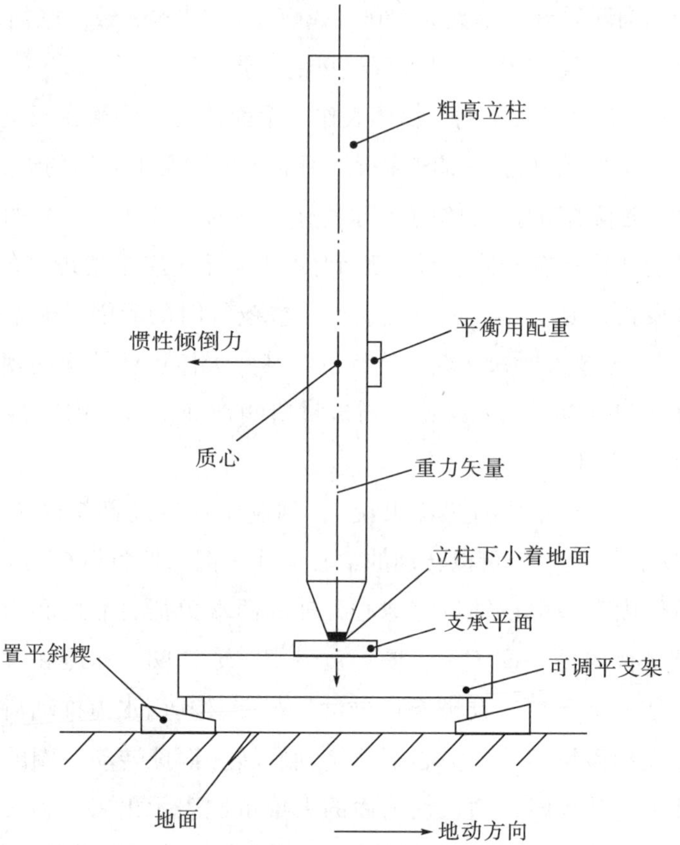

张衡地动仪的机械原理图

张衡制造的这台“地动仪”，相当灵敏准确。公元138年的一天，“地动仪”正对西方的龙嘴突然张开，铜球落了下来。可是住在洛阳的人们丝毫没有感觉到地震，有些“学者”怀疑“地动仪”的灵念。然而，过了几天，便有人从陇西来报告，说那里前几天发生了地震。陇西离洛阳一千多里，“地震仪”能够准确地测知那里的地震，它的精密程度已经达到相当高的水平了。

张衡在气象学方面，创造了测定风向的仪器——“候风仪”，又叫“相风铜鸟”。是在一根五丈高的杆顶上安放一只衔着花的铜鸟，可以随风转动。鸟头所对，便是风的方向。这个仪器和欧洲装载屋顶上的“候风鸟”相似。在地理学上，张衡还绘制过《地形图》。

张衡曾参加过在汉安帝延光二年（123）的一次历法大讨论，据《后汉书·律历志》记载，张衡时任尚书郎。这次大讨论的起因是，有人从图谶和灾异等迷信观念出发，非难当时行用的较科学的东汉《四分历》，提出应改用合于图谶的《甲寅元历》。又有人从汉武帝“攘夷扩境，享国久长”出发，认为应该倒退回去采用《太初历》。

张衡和另一位尚书郎周兴对上述两种意见提出了批驳和诘难，使这二宗错误意见的提出者或者无言以对，或者所答失误，从而为阻止历法倒退做出了贡献。张衡、周兴两人在讨论中还研究了多年的天文观测记录，把它们和各种历法的理论推算进行比较，提出了鉴定，认为《九道法》最精密，建议采用。的确，《九道法》的回归年长度和朔望月长度数值比《太初历》和东汉《四分历》都精密。

《九道法》承认月亮运行的速度是不均匀的，而当时其他的历法都还只按月亮速度均匀来计算。所以，《九道法》所推算的合朔比当时的其他历法更符合天文实际。只是如果按照《九道法》推算，将有可能出现连着 3 个月是 30 天的大月，或连着两个 29 天的小月等现象。而按千百年来人们所习惯的历法安排，从来都是大、小月相连，最多过 17 个月左右有一次两个大月相连，绝无 3 个大月相连，更无 2 个小月相连的现象。所以，《九道法》所带来的 3 大月或 2 小月相连的现象对习惯守旧的人是难以接受的。这样，张衡、周兴建议采用《九道法》本是当时最合理、最进步的，但却未能在这场大讨论中获得通过。这是中国历法史上的一个损失。月行不均匀性的被采入历法又被推迟了半个多世纪，直到刘洪的《乾象历》中才第一次得以正式采用。

三、扬雄《太玄》对张衡的影响

张衡的祖父曾经担任过蜀郡太守等职。巴蜀文化源远流长，巴蜀文化对张衡的祖父产生了一定的影响，从而影响了张衡，尤其是扬雄《太玄》对张衡的影响颇深。

张衡擅长机械，特别用心于天文、阴阳、历算，平常喜爱扬雄的《太玄经》，曾对崔瑗说："我看《太玄》，才知道子云（扬雄字）妙极道数，可与《五经》相比，不仅仅是传记一类，使人论辩阴阳之事，汉朝得天下二百年来的书啊。再二百年，《太玄经》就会衰微吗？因为作者的命运必显一世，这是当然之符验。汉朝四百年之际，《玄》学还要兴起来的呢。"

张衡的科学研究受扬雄《太玄》影响颇深。道家人物严君平是扬雄的老师，扬雄为学以老庄为主，其作品《太玄》所体现的正是道家的思想。《太玄》之书，奇奥深涩，喜之者寥寥。但张衡却"尝耽好玄经"，并认识到《太玄》的价值所在："吾观《太玄》，方知子云妙极道数，乃与五经相拟。非徒传记之属，竭力精思，以揆其义；使人观阴阳之事。"他反复研核《太玄》，并有《玄图》《太玄经注》等著作。而张衡大规模的科学活动正好在其研读《太玄》之后，他的很多科学思想，无疑受到此书的启发。可以说，以《太玄》为主要内容的道家思想体系，是张衡科学研究的哲学基础。

张衡所构建的关于宇宙生成、万物起源的理论，对道教之说也多有取资。张衡宇宙生成论的基本概念，就来自道教思想。除了元气、阴阳、有无等概念外，张衡以太素为中心，将宇宙形成分为溟涬（道之根）、庞鸿（道之干）、太元（道之实）三个阶段。而太初、太素等概念，最早都散见于《庄子》《淮南子》等道家典籍之中。

张衡在家乡专心读书和到京城洛阳就任郎中期间，曾经反复读了扬雄的《太玄经》。扬雄是西汉末年倾向于古文经学的哲学家，也是当时的文学家和语言学家，擅长辞赋和文字学。扬雄主张辞赋的基本内容应该有教育劝导的意义，否则，辞赋的写作仅仅堪称“童子雕虫篆刻”的小技而已，那就不是“壮夫”应该做的事情了。他的《法言》和《太玄》都是哲学著作。《太玄》的体裁模拟《易经》，扬雄认为这是自己的精心之作。当时著名的古文经学家刘歆看了《太玄》，曾经对扬雄说：“空自苦！今学者有禄利，然尚不明《易》，又如玄何？吾恐后人用覆酱瓿也。”换句话说，人们不肯读《太玄》，《太玄》将来只有当作废物去盖酱缸了。班固在《汉书·扬雄传》里也说，扬雄死后，他的《法言》很流行，《太玄》却很少有人去理会它。

当张衡研究《太玄》时，扬雄去世将近一百年了，他写信给崔瑗说：“以其《太玄》满乏，故时人不务此”，意思是说《太玄》内容太杂，所以当时的人不肯费功夫去研究它。张衡是一心想研究学问的人，为了博学多闻，对《太玄》花费了很多功夫，进行了详细的研究和分析。在精读《太玄》的过程中，张衡曾经写了《〈太玄经〉注解》，并绘制了《太玄图》，《〈太玄经〉注解》和《太玄图》是张衡研究《太玄》的成果，其中，也必然反映张衡的一些哲学思想，可惜它们都没有留传下来，使我们现在无法评论。

扬雄反对迷信，反对有主宰一切的造物主；但他又提出了一个解释天地万物的总原则——玄。他认为这种“玄”到处都存在着，是一种自己不露形象而在暗中摆布万物的东西。“仰而视之，在乎上；俯而窥至，在乎下；企而望之，在乎前；弃而忘之，在乎后。欲违则不能，嘿嘿则得其所者，玄也。”“仰而视之”“俯而窥之”“企而望之”，都是形象化的描述。这里总的意思是说“玄”是不可见、不可触及的，希望离开它不可能，而在不知不觉之中又能感到它的存在。这种理论实在是“玄之又玄”的“玄”。

所幸，扬雄的《太玄经》留传至今，从中我们可以探索张衡所受到的思想影响。侯外庐先生在《中国思想通史》中指出：“扬雄所谓的‘玄’与老子的‘道’同样，从玄妙莫测上而言，是超感觉的范畴，但同时又都是规定着万物的发展、运动及其秩序的最高原动力。”《中国思想通史》根据对《太玄经》的各篇内容的分析，认为“扬雄的世界观是由唯物主义因素和唯心主义因素所奇妙结合的二元论的体系”，更认为“扬雄的思想，一方面摄取《易经》与《老子》的理论，并杂以阴阳家的神秘主义

（历数），而铸成其二元论的世界观”。

张衡潜心钻研《太玄》后，曾经特别写信给崔瑗说：“披读《太玄经》，知子云（扬雄）特极阴阳之数也，……非特传记之属，乃实与五经拟。……竭己精思，以揆其义，更使人难论阴阳之事。”在他的晚期作品《思玄赋》中也说道：“仰先哲之玄训兮，虽弥高而弗违。”“结典籍而为罟兮，欧儒墨而为禽；玩阴阳之变化兮，咏雅颂之徽音。”“回志朅来从玄谋，获我所求夫何思。”从这些所引张衡的话中，可以看出他在学术思想上企图融合道、儒、墨、阴阳各家的学说，一同归纳到所谓的“玄训”和“玄谋”里面。由此可见，张衡是受到扬雄的哲学思想的影响很深的。这种影响在张衡重要的天文学著作《灵宪》中明显地反映了出来。

张衡通过研究《太玄经》，也接触到我国古代历史上的唯物论、无神论的遗产。比如，《太玄经·玄莹篇》里说：“夫作贵其有循而体自然也，其所循也大，则其体也壮；其所循也小，则其体也瘠。……故攫不所有，不强所无。譬诸身，增则赘而割则亏。……其可损益欤?”《中国思想通史》解释道：“是知在扬雄看来，唯有从客观世界出发，世界观才有根据，才可成为伟大的体系。”其次，“自然是独立于人类意识而存在的客观实在，一切学说，只有契合于自然的本质，才能成为真理，如果出于主观的歪曲，即或‘攫’自然所本有，或‘强’自然所本无，而妄事增减，则非‘赘’即‘亏’，皆是错误。这两点在基本的精神上，都是唯物主义世界观的命题”。《太玄》里的这种唯物主义因素，启发了张衡向自然探索的真理。

本来，在《太玄》里面就涉及很多道家、墨家、天文、历数的知识，这些都启发了研究自然科学的兴趣。扬雄所提出的难改天八事，是对于盖天说错误思想的彻底批判，影响是很大的，张衡能够成为两汉时期最重要的浑天家，扬雄对他的影响可能起到了相当大的作用。在这以后，张衡就逐渐转向天文、历数等自然科学的研究。

结　语

张衡是东汉时期最杰出的科学家，在科学研究的许多方面，特别是天文学上为我国科学的发展开拓了新的空间，并以他的思想与实践打击了盛行一时的谶纬神学。

道家思想是张衡科学思想的哲学基础，张衡之科学研究，受扬雄《太玄》的影响颇深。“玄”的哲学概念为老子首提，语出《老子》第一章的“故常无，欲以观其妙；常有，欲以观其徼。此两者，同出而异名，同谓之玄。玄之又玄，众妙之门”。“玄”的哲学内涵被汉代学者继承并逐步深化，最具代表性的是扬雄及其代表作《太玄》。

（作者单位：四川师范大学中华传统文化学院）

扬雄所居“岷山之阳曰‘郫’”考

罗家祥

内容提要：扬雄诞生于郫县，此地“处岷山之阳”。“郫邑”为古蜀国望丛二帝的故都，历史悠久，但其置“郫县”是自秦亡蜀始，是秦在蜀最早所置的三县之一。其上属郡为蜀郡。郫县是成都之副邑，城建规格低于成都，但高于他邑。21 世纪以来，“里耶秦简”和“郫”字青铜戈充分证明了战国时即置县。

关键词：郫阳；郫县；郫邑；小郫；里耶秦简；郫戈

《汉书》卷八七《扬雄传》载：“楚汉之兴也，扬氏溯江上，处巴江州。而扬季官至庐江太守。汉元鼎间避仇复溯江上，处岷山之阳曰‘郫’，有田一廛，有宅一区，世世以农桑为业。自季至（扬）雄，五世而传一子，故雄亡它扬于蜀。”

这是对扬雄家族初始入蜀的记载，记载扬家入蜀避难，定居于“岷山之阳”的郫县，后于汉宣帝甘露元年（前 53 年左右），在此诞生了“西蜀孔子”扬雄。《周礼·地官·遂人》：“上地：夫一廛，田百亩，莱（休耕地）五十亩，余夫亦如之。中地：夫一廛，田百亩，莱百亩，余夫亦如之。下地：夫一廛，田百亩，莱二百亩，余夫亦如之。”郫县地处都江堰灌溉的膏腴之地（即“上地”），应该说这样的家庭，属于中等，给扬雄的学习提供了一定的经济基础。

“郫”字何意？“郫”，本意为低下，意为“从属物”。“卑”与“邑”联合起来表示“从属性的城邑”。历史上，它曾是古蜀的国都，又曾是成都的副邑。

“郫”与岷山有何关系？其实，“处岷山之阳曰‘郫’”这句是说郫县是在岷山之南（山南水北为阳），而不是说岷山之南都叫“郫”。正如“华山之阳”简称“华阳”，“岷山之阳”应该简称为“岷阳”，此称常见于古诗。

“郫县”，今名成都市郫都区，是一个千年古县，以“郫县豆瓣”闻名。距今二千七八百年前的蜀王杜宇、鳖灵，都以郫为都邑，故它也是一个古都，是古蜀文明的发祥地。

自秦惠文王更元九年（前316）灭巴蜀二古国后，推行郡县制，遂设郫县。郫县置于秦，是早期文献所载，但美中不足的是早期文献都是汉代以后的补记，而且缺乏文物的支持。不过，21世纪以来，“里耶秦简”和“郫”字青铜戈的先后出土，充分证明了战国时即置县。

一、文献考证阶段

早期文献里的“郫”，其实有“郫邑”和“郫县”之别。古蜀时期的“郫邑”只是一个聚邑，并非县城（或在有县制之后不是县城）；而“郫县”则已经是一个秦汉“郡县制”之下正式的一个县了（有时也仅指县城）。

（一）郫邑（蜀都）

1. “郫”用于地名不止一处

因为“郫”字罕见，《新华字典》也唯指四川郫县，故世人常常误以为“郫”地名仅有四川省才有，其实不然。宋《集韵·支韵》载：“郫：邑名，在晋。”即今河南省济源市西邵原镇，在春秋时属晋之邑，《左传》鲁文公六年（前621）：“贾季亦使召公子乐于陈。赵孟使杀诸郫。”又载鲁襄公二十三年（前550）：“齐侯遂伐晋，取朝歌。为二队，入孟门，登大行，张武军于荧庭，戍郫、邵，封少水。”齐军所守的郫、邵，或以为“郫邵”一地。2015年在南京出现一个“郫躁戈”的文物，“郫”即此地。《战国楚简地名辑证》所录有《包山楚简》第121号简，有“郫昜”的地名，在今安徽。

2. 古蜀之“郫”曾是早期国都

四川也有郫，《汉书》卷八七《扬雄传》载：“处岷山之阳曰‘郫’。”此“郫”位于岷山的南边，即今四川省成都市郫都区一带。1966年，在郫县犀浦镇出土的《东汉王孝渊碑》亦载：“建宅处业，汶（岷）山之阳。”宋《集韵·支韵》载：“郫：县名，在蜀。”古有“郫江”，或江以县得名。

“郫邑”，其可以追溯的历史是在古蜀王时期，曾经是古蜀国都，最早见于西汉扬雄的《蜀王本纪》，云：“（望帝）治汶下邑曰郫，化民往往复出。望帝积百余岁。”①

① ［汉］扬雄著，张震泽：《扬雄集校注》，上海古籍出版社1993年版，第244页。

《华阳国志》卷三《蜀志》（下同）载："后有王曰'杜宇'，教民务农。一号'杜主'。时朱提有梁氏女利，游江源。宇悦之，纳以为妃。移治郫邑。"

望帝之后的丛帝也都郫邑。扬雄《蜀王本纪》说："荆有一人名鳖灵，其尸亡去，荆人求之不得。鳖灵尸随江水上至郫，遂活，与望帝相见。"① 因鳖灵善于治水，望帝委托鳖灵治水，后功高盖主，遂得以取代望帝而为"丛帝"，建"开明王朝"。故郫都区今有"望丛祠"。后来开明氏曾经继续都于郫，后徙至成都，《华阳国志》载："开明王自梦廓移，乃徙治成都。"《路史·余论》卷一亦载："开明子孙八代都郫，九世至开明尚，始去帝号称王，治成都。"

由于早期史料的缺失，特别是古蜀时期史料的亡佚（即使今天有一些所剩无几的"巴蜀图语"，仍然没有辨识出来，主要是巴蜀的语言和文字与秦完全不同，且亡国后即亡史），所以《史记》《汉书》里并没有郫邑的初置时间。有说郫邑在杜鹃城的，但也有说仅是西汉前期的。

（二）郫县

郫县之名，最早见于《汉书》卷二八《地理志》益州，蜀郡有县十五，第二个即是郫县："蜀郡，秦置：……郫，《禹贡》江沱在西，东入大江。"（大江即长江，今岷江。）

郫县置于何时？唐《元和郡县图志》卷三一《剑南道上》"成都府益州"载："郫县：次畿。东至府五十里。本郫邑，蜀望帝理汶山下，邑曰'郫'，是也。秦灭蜀，因而县之，不改。"其言是秦灭蜀后才设的县，甚是。这既是"郡县制"在巴蜀推行的产物，又体现了是秦置郫县而非汉置。

北宋《太平寰宇记》卷七一《剑南西道一》"益州"条载："郫县：[（成都）西五十里，依旧三十六乡。] 古郫邑也，秦灭蜀后，因而县之。"又云："郫江：一名都江，一名成都江。"

这些早期的史料，亦只能明确秦置，这确为大家的共识。而无法确定其初置时间。但言秦置，也只是唐代《元和郡县图志》之言，乃唐代的后出史料，因而这一结论并非言之凿凿。

二、文物考证阶段

文献尚需文物证。最早关于"郫"的记载是司马迁作于汉武帝太初元年（前 104）

① ［汉］扬雄著，张震泽：《扬雄集校注》，上海古籍出版社 1993 年版，第 244—245 页。

前后的《史记》，距离秦灭蜀已经过去200多年，许多郡县的情况已非秦刚刚推行郡县制之际的旧观。所以以后代的文献去论证以前之事，肯定会有出入。这就需要文物来证明。而“郫”的存在，也得到了出土文物的证明。

（一）“张家山汉简”

张家山247号汉墓竹简整理小组《张家山汉墓竹简》（247号墓）里的《二年律令·秩律》，原整理者对简443（局部见图1）里“成都、□雒、雒阳”等没有“郫”的释读①。但王子今、马振智在细看图片后却认为：这里的“□雒”，应有间隔号，即“□∠雒”，“雒”为广汉郡属县，而据其字迹，当是“郫”②。

据此简所断代的高后（吕后）二年（前186），就是那时文物对郫县建县时间的下限。但凭此仍然不足以上推到秦。

图1：“张家山汉简”简443（局部），第一个县是“成都”

（二）“里耶秦简”

“里耶秦简”（第一卷）里，赫然发现了3个带“郫”字的木简（见图2—1、2、3）：

郫士五（伍）小莫邻。□（简8－1025）

郫。（简8－1309）

尉史士五（伍）郫小莫邻“般”，毋它坐。（简8－1364）

（注：“小莫”，里名。“邻”，人名。）

对此“郫”，《里耶秦简》（第一卷）释为：“郫，县名。《汉书·地理志》属蜀郡，治所在今四川郫县。”甚是。

---

① 张家山二四七号汉墓竹简整理小组编著：《张家山汉墓竹简》（247号墓）（释文修订本），文物出版社2006年版，第70页。

② 王子今、马振智：《张家山汉简〈二年律令·秩律〉所见巴蜀县道设置》，《四川文物》2002年第5期。

图2－1："里耶秦简"简8－1025

图2－2："里耶秦简"简8－1309

图2－3："里耶秦简"简8－1364（左）

（三）"郫"字青铜戈

郫。（"郫"字青铜戈，2020年，见图3－1、3－2）

"郫"字青铜戈，是2020年5月14日由成都文物考古研究院公布的，成都市郫都区新川红花沟战国墓葬出土，是战国时期的产品，仅有一个"郫"字。其文虽然极其简短，但其意义十分重大。

经过秦代简、戈的证明，完全可以说明郫县确实为秦置。郫县位于成都之西，在秦属于蜀郡。东汉许慎《说文解字》："郫，蜀县也。"《大清一统志》卷三八四《成都府》："古蜀王杜宇所都，秦置郫县，属蜀郡。"历来没有异议。

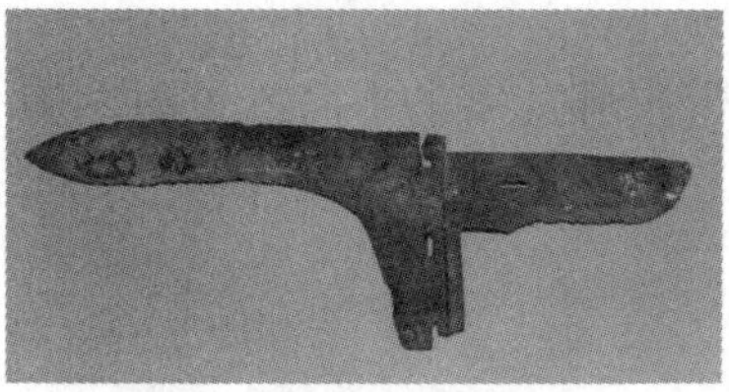

图3－1："郫"字青铜戈

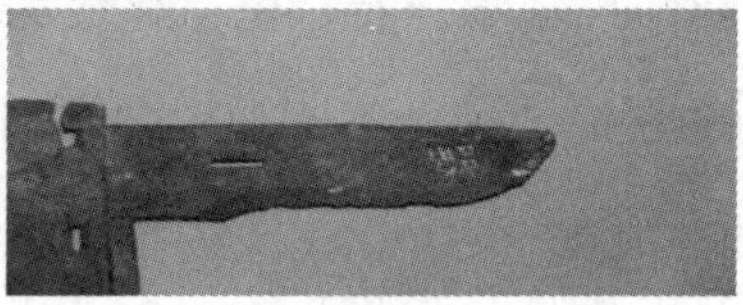

图3－2："郫"字戈特写（左）

三、小郫

郫县地处平原，物产丰富，李冰治水后，"是以蜀川人称郫、繁曰'膏腴'"（《华阳国志·蜀志》）。郫、繁虽然并称，但实郫金繁银，《元和郡县图志》卷三一"彭州"条下载："九陇县：望。西至州二里，本汉繁县地，旧曰'小郫'，言土地肥良，比之郫县也。”据此，繁县对郫县当甘拜下风也。

后世有谚语：“金温江，银郫县”，殊不知温江县在秦汉即属于郫县。同卷“成都府”载：“温江县：次畿。东至府七十五里。本汉郫县地也。”可见秦汉时期，得岷江之灌溉的郫县之经济是何等发达！

四、为什么设郫县？

早期的郫邑位于成都之西，是古蜀人聚居的地方，据1989年版《郫县志》，此地曾经出土过5000年前的石斧、3000年前的石矛。1972年，于四川郫县红光公社独柏树墓出土一戈，援长17.8厘米、内长7.5厘米，刻有一行铭文十余字，属于“巴蜀图语”。根据前述史料，郫之地曾经为故蜀国的国都，历史非常悠久，后才迁成都。

“郫”之得名，与《华阳国志·蜀志》记载相关：“七国称王，杜宇称帝，号曰‘望帝’，更名‘蒲卑’”，或曰“郫”即“蒲卑”的缩音。其辖地，约涉今郫都区及温江、彭州、都江堰市各一部分。

按照古蜀国的国都与秦都咸阳的政治地位对等的原则，郫都的地位高于古蜀国的其他聚邑。即便迁都成都后，郫邑仍然具有不低于县城的政治地位。但只有秦灭古蜀国、推行郡县制后，郫邑才正式建为郫县，而且是秦最早所建的3个县成都、郫、临邛之一。周赧王四年（前311年，秦惠文王更元十四年），张仪与张若修筑成都城后，又筑“郫城，周回七里，高六丈。临邛城，周回六里，高五丈”（《华阳国志·蜀志》）。此时当已经置县，其规制，低于成都，从“郫”之得名因其本义是表示从属性的城邑，故它是作为成都的副邑而设立的，但比一般性的县城邛崃高。

郫县海拔549.29米，高于成都市区平均海拔约50米，早期成都一带更加低湿，沼泽遍布，不适合为都，故古蜀立都于郫县。后来成都平原逐步得到改善，沼泽逐渐消失，遂迁成都。郫县既然适合为都，自然适合为县。

郫县不仅物产丰茂，而且人物荟萃。这与有名的“文翁化蜀”有关，《华阳国志·蜀志》载：“孝文〔景〕帝末年，以庐江文翁为蜀守。翁穿湔江口，溉灌郫、繁田千七百顷。”他继续治水，灌溉郫县一带，带来了物产的丰收，同时又开办学校，教育子弟，文风条畅。西汉宣帝时，有何武位至大司空，兄弟五人皆有名，二汉三国时期何氏后人多显。所以，扬雄诞生在这里，是完全有理由的。

（作者单位：四川省社科院四川客家研究中心、犍为历史文化研究会）

《文心雕龙》论扬雄

李梦露

内容提要：作为中国文学理论批评史上第一部“体大而虑周”的文学理论专著，《文心雕龙》对前代作家多有评述，其中论及扬雄用墨颇多。《文心雕龙》中约有49次与扬雄有关的称引，刘勰或论及扬雄的生平行事，或探讨扬雄文学的文体特色与创作技巧。深入分析后不难发现，刘勰对扬雄的生平行事具有诸多不满，而对其文学创作则持有极高的赞扬，这成为刘勰多次称引扬雄的矛盾之处，从中可以窥探刘勰的文论思想。

关键词：《文心雕龙》；刘勰；扬雄；生平行事；文学创作

扬雄，字子云，是汉代辞赋的代表作家，《甘泉赋》《羽猎赋》《长杨赋》《河东赋》《解嘲》《逐贫赋》等皆是其代表作品。其辞赋创作是我国古代文学历史中浓墨重彩的一笔，他的《法言》在我国古代文学批评史上也具有深远的影响。扬雄的一生文学成就突出，却坚持闭门著述、不恋名利，自有风骨。

刘勰的《文心雕龙》秉持着“本之于道，稽诸于圣，宗之于经”的总原则，从“论文”与“序笔”两个角度对各种文体进行了评述，对文学创作过程中的各种问题加以阐释，形成了独特的文学理论。

《文心雕龙》全书50篇，引及作家322人，其中《宗经》《辨骚》《诠赋》《颂赞》《铭箴》《诔碑》《哀吊》《杂文》《诸子》《封禅》《书记》《神思》《体性》《通变》《定势》《丽辞》《比兴》《夸饰》《事类》《练字》《时序》《物色》《才略》《知音》《程器》等25篇共49次论及扬雄，视角囊括了扬雄的生平行事、文体特色和创作技巧等三方面，遍涉《文心雕龙》文体论、创作论和文学评论。通过梳理和分析《文心雕龙》对扬雄的诸多评价，可以发现刘勰对扬雄的生平行事具有诸多不满，而对其文学创作则持有极高的赞扬，这成为刘勰多次称引扬雄的矛盾之处，对此加以研究，便于加深对刘勰文论的理解。

一、《文心雕龙》论扬雄的生平行事

关于扬雄的生平行事，刘勰在《文心雕龙·程器篇》多有评述。“程”意为计量考核，“器”指具有品德和政治见识的人才。“程器”便是指衡量作家的品德修养和政治见识。《程器篇》主要体现了刘勰对扬雄政治行事的不满。

在刘勰看来，文人各有各的毛病。《程器篇》中，刘勰列举了一系列作家生平行事的缺点：“相如窃妻而受金，扬雄嗜酒而少算，敬通之不循廉隅，杜笃之请求无厌，班固谄窦以作威，马融党梁而黩货，文举傲诞以速诛，正平狂憨以致戮，仲宣轻脆以躁竞，孔璋偬恫以粗疏，丁仪贪婪以乞货，路粹哺啜而无耻，潘岳诡诪于愍怀，陆机倾仄于贾郭，傅玄刚隘而詈台，孙楚狠愎而讼府。”[①] 在行事风格上，刘勰对扬雄的批评是“嗜酒而少算”。据《汉书》记载，扬雄家产不过“十金”，家境贫寒，自己却十分爱喝酒，人很少到其家中，当时有多事的人带着酒菜跟他学习。客观上说，扬雄的做法在一定程度上具有“传道授业解惑”的作用，甚至在当时社会上产生了“载酒问字”的美谈。而刘勰认为扬雄“嗜酒”是其个人品德上的缺点，对此加以批评，不免有失偏颇。“少算”主要是指扬雄为美化王莽新政，作《剧秦美新》一事。《颜氏家训》记载：“扬雄德败《美新》。”牟世金先生也说：“少算即讽其美新之失。”学者陈汉据颜之推和牟世金二人的观点，加以考证，认为这是符合刘勰原意的[②]。王莽夺权改制的过程十分残暴，可谓“附顺者拔擢，忤恨者诛灭”。扬雄作为一个儒生，本应“原道宗经”，却因惧祸而献上《剧秦美新》，称王莽新政“撤殷周”，“绍唐虞”，是“帝典”“王纲”发扬光大之至境[③]。这在刘勰看来是不符合儒家行为规范的。

同样是《程器》中，刘勰认为“盖士之登庸，以成务为用。鲁之敬姜，妇人之聪明耳；然推其机综，以方治国。安有丈夫学文，而不达于政事哉？彼扬马之徒，有文无质，所以终乎下位也”[④]，虽然扬雄、司马相如等人具有文学创作的能力，却没有处理政事的能力，最终只能处于下位。孔子曰：“文质彬彬，然后君子。”刘勰以此为依

---

① 刘勰撰，詹瑛义证：《文心雕龙义证》，上海古籍出版社 1989 年版，第 1870 页。
② 刘勰撰，詹瑛义证：《文心雕龙义证》，上海古籍出版社 1989 年版。
③ 刘勰撰，詹瑛义证：《文心雕龙义证》，上海古籍出版社 1989 年版。
④ 刘勰撰，詹瑛义证：《文心雕龙义证》，上海古籍出版社 1989 年版，第 1890 页。

据，秉持儒家传统理想人格的标准，试图将文人打造成为兼器用文采、达于政事、通于文武而又藏器待时、发挥事业的儒家理想的全职人物①。换而言之，评价一个人，为文与从政二者都是必要的评价标准，上位之人要做到德才兼备。据《汉书》记载："当成、哀、平间，莽、贤皆为三公，权倾人主，所荐莫不拔擢，而雄三世不徙官。及莽篡位，谈说之士用符命称功德获封爵者甚众，雄复不侯，以耆老久次转为大夫，恬于势利乃如是。"② 扬雄身历成、哀、平三世和汉、新两朝，却只担任了一个郎官，没有在政事上有所建树。显然，在刘勰看来，扬雄的这一做法是不符合儒家传统理想人格的评价标准的。

刘勰在《文心雕龙》中几次论及扬雄的生平行事，表现了对扬雄政治行事的不满。通过深入分析，便于理解刘勰创作《文心雕龙》的立场观点。

二、《文心雕龙》论扬雄的文体特色

《汉书·扬雄传》称，扬雄"以为经莫大于《易》，故作《太玄》；传莫大于《论语》，作《法言》；史莫善于仓颉，作《训纂》；箴莫善于《虞箴》，作《州箴》；赋莫深于《离骚》，反而广之；辞莫丽于相如，作四赋；皆斟酌其本，相与仿依而驰骋云"③。还有模仿司马相如文风而作的《县邸铭》《王佴颂》《阶闼铭》《成都四隅铭》等，另有《蜀都赋》《蜀王本纪》，皆是扬雄出蜀前作品，可见其创作数量之丰。关于扬雄的文体特色，刘勰在《文心雕龙》中多篇都有评述，遍及诠赋、颂赞、铭箴、诔碑、哀吊、杂文、封禅、书记等各种文体，以下分为辞赋创作、颂诔铭箴和杂文著述三方面，展开叙述。

（一）辞赋创作

《文心雕龙》论及扬雄的辞赋创作主要体现在《诠赋》《风骨》诸篇中，总体呈现肯定赞扬的态度。

一方面，刘勰肯定了扬雄"辞人之赋丽以淫"④ 的辞赋观。汉代散体大赋以文辞华丽、语言繁缛为主要特征。《文心雕龙·风骨》记载："辞之待骨，如体之树骸"⑤，

---

① 张震英：《"文人之疵"与刘勰的人才观》，西南师范大学学报（人文社会科学版）2003 年第 3 期，第 136—139。

② 班固：《汉书》，中华书局 1962 年版，第 3583 页。

③ 班固：《汉书》，中华书局 1962 年版，第 3583 页。

④ 刘勰撰，詹瑛义证：《文心雕龙义证》，上海古籍出版社 1989 年版，第 49—50 页。

⑤ 刘勰撰，詹瑛义证：《文心雕龙义证》，上海古籍出版社 1989 年版，第 1048 页。

“若瘠义肥辞，繁杂失统，则无骨之征也”[①]。辞赋创作追求语言华丽优美本无可厚非，但就像刘勰所说，过于肥胖的身体会影响骨骼的生长，过于斑驳的色彩会扰乱目光的聚焦，在辞赋创作中也是如此，过分繁缛的词汇堆积会影响文章主旨的阐释。《长杨赋》是汉大赋的代表作品之一。赋中描写了汉成帝在终南山围猎的盛大场面。“西自褒斜，东至弘农，南驱汉中，张罗网罝罘，捕熊罴豪猪虎豹狖玃狐菟麋鹿，载以槛车，输长杨射熊馆。”[②] 建造的围猎场面积宽广，熊罴豪猪、虎豹猿猴、狐兔麋鹿等猎物种类繁多，数不胜数。扬雄作此赋，旨在通过一些铺陈扬厉，极具夸张性的描写来讽刺汉成帝骄奢淫逸、忽视人民生产生活的做法。但是由于《长杨赋》的语言过于华丽，使人读来空感缭乱，损伤了情感的表达。其《甘泉赋》也是如此，全篇文辞华美、语言繁缛，歌功颂德般的描写反而掩盖了其中暗含的讽刺意味。刘勰认为这种辞赋创作方法无异于舍本逐末，本末倒置。这正是“扬子所以追悔于雕虫，贻诮于雾縠者也”[③]的原因。

另一方面，刘勰赞扬了扬雄的辞赋创作关系到国家大事的积极意义。《诠赋》记载：“夫京殿苑猎，述行序志，并体国经野，义尚光大。”[④] 扬雄的赋作或描写京都宫殿，叙述园林狩猎，或者记载出征远行，叙情述志，这些都关系到国家的大事，意义深远。公元前 13 年，扬雄奉诏陪汉成帝上甘泉宫，祭祀上天。还，作《甘泉赋》以呈，表规劝皇帝戒奢之意，立安民立政之志[⑤]。《甘泉赋》全篇十段，按照游赏顺序，极力铺写天子郊祀甘泉宫的盛况以及甘泉宫建筑的豪华，借以进行讽喻。《甘泉赋》所描写的是京都宫殿和园林风景，叙述了皇帝游园的场面，这些关系国家大事的体例，在扬雄笔下更显气势恢宏。如刘勰所言，“子云《甘泉》，构深玮之风[⑥]”，扬雄的《甘泉赋》作为汉代宫殿赋的代表作之一，包含着美好深远的教育意义。孝成帝时期，扬雄随从皇帝羽猎，创作了《羽猎赋》。“虽颇割其三垂以赡齐民，然至羽猎，田车戎马，器械储偫，禁御所营，尚泰奢丽夸诩，非尧、舜、成汤、文王三驱之意也。又恐后世复修前好，不折中以泉台，故聊因校猎，赋以风。”[⑦] 羽猎场面盛大，显示了国家的强盛，但奢侈之风终究不是历代先贤所倡导的，就像美国汉学家康达维所说，赋中皇帝的行为并非理想的圣贤明君所应有，故将汉成帝与古代的圣王进行夸张地类比，很明

---

① 刘勰撰，詹瑛义证：《文心雕龙义证》，上海古籍出版社 1989 年版，第 1055 页。
② 扬雄撰，张震泽译笺注：《扬雄集校注》，上海古籍出版社 1993 年版，第 114 页。
③ 刘勰撰，詹瑛义证：《文心雕龙义证》，上海古籍出版社 1989 年版，第 307 页。
④ 刘勰撰，詹瑛义证：《文心雕龙义证》，上海古籍出版社 1989 年版，第 283 页。
⑤ 王以宪：《扬雄著作系年》，《湘潭大学社会科学学报》1983 年第 3 期。
⑥ 刘勰撰，詹瑛义证：《文心雕龙义证》，上海古籍出版社 1989 年版，第 283 页。
⑦ 扬雄撰，张震泽笺注：《扬雄集校注》，上海古籍出版社 1993 年版，第 84 页。

显是有意讽刺。这也印证了《羽猎赋》是讽刺之作，具有针砭时弊的作用。

通过分析《文心雕龙》中对扬雄赋体创作的评价，可以发现，刘勰从两方面肯定了扬雄的辞赋创作，既肯定了扬雄“辞人之赋丽以淫”的辞赋观，又看到了其辞赋关系到国家大事的积极意义。

（二）颂诔铭箴

《文心雕龙》论及扬雄创作的颂诔铭箴等文体，刘勰对此做出了客观的评价，主要体现在《颂赞》《铭箴》《诔碑》《哀吊》诸篇。

《颂赞》指出“若夫子云之表充国……其褒德显容，典章一也”①。这里所说的便是扬雄所作的《赵充国颂》。汉成帝为了纪念赵充国的功劳，命扬雄作此颂。《赵充国颂》结尾“在汉中兴，充国作武，赳赳桓桓，亦绍厥后②”一句，点明了颂的中心思想。在刘勰看来，这一颂文可谓师范经典，典章之制。

《铭箴》记载：“至扬雄稽古，始范《虞箴》，作《卿尹》《州牧》二十五篇……指事配位，鞶鉴有征，信所谓追清风于前古，攀辛甲于后代者也。”③ 扬雄考查古制，模仿《虞人之箴》，写了卿尹、州牧等各种官吏的箴文共二十五篇。后来崔骃、胡广等又加以补写，总称为《百官箴》。按照不同的官位，提出应该箴戒的事项，充分发挥鉴戒的作用。刘勰把扬雄所作的这些铭箴誉为“前古清风”。

《诔碑》提及了扬雄的《元后诔》，称其“文实烦秽，沙麓撮其要，而挚疑成篇，安有累德述尊，而阔略四句乎”④。扬雄受王莽诏令，以王莽的《自本》为据，为元后作诔文，文章中，诸如“允受厥中，以安黎众。汉庙黜废，移定安公。皇皇灵祖，惟若孔臧。降兹珪璧，命服有常。为新帝母，鸿德不忘”⑤ 等大肆颂扬元后及其王氏一族的言辞比比皆是，而《汉书·元后传》中只是采录了“沙麓之灵”四句。刘勰的这一评论点明了扬雄在撰写诔碑这一文体的时候，其文辞是相当繁杂的。侧面印证了刘勰对诔文体制的要求在于“选言录行，传体而颂文，荣始而哀终”⑥。

《哀吊篇》则点评了扬雄的《反离骚》，对其文辞音韵进行了简要分析。“扬雄吊屈，思积功寡，意深反骚，故辞韵沈腿。”⑦ 刘勰认为《反骚》虽精深，但了无新意，

---

① 刘勰撰，詹瑛义证：《文心雕龙义证》，上海古籍出版社 1989 年版，第 324 页。
② 扬雄撰，张震泽笺注：《扬雄集校注》，上海古籍出版社 1993 年版，第 293 页。
③ 刘勰撰，詹瑛义证：《文心雕龙义证》，上海古籍出版社 1989 年版，第 414 页。
④ 刘勰撰，詹瑛义证：《文心雕龙义证》，上海古籍出版社 1989 年版，第 431 页。
⑤ 扬雄撰，张震泽笺注：《扬雄集校注》，上海古籍出版社 1993 年版，第 304—305 页。
⑥ 刘勰撰，詹瑛义证：《文心雕龙义证》，上海古籍出版社 1989 年版，第 431 页。
⑦ 刘勰撰，詹瑛义证：《文心雕龙义证》，上海古籍出版社 1989 年版，第 480 页。

有些滞涩[①]。"通过屈原这一历史经验的形塑作用"，关注"'士'之遇或不遇，是汉代文人'同意共感'的文化现象"[②]。扬雄为哀吊屈原写《反离骚》，立意要反诘《离骚》。在扬雄看来，屈原绝对不从俗的做法是不正确的，"以退为进"也是一种可行的策略，反映了扬雄在封建专制统治下，对个体自由的探索[③]。这在后世发展中证明是有价值的。而刘勰站在文学的立场上，认为"哀吊"这种文体"固宜正义以绳理，昭德而塞违，割析褒贬，哀而有正"[④]。内容纯正，具有义理才能称其为一篇好的吊文，刘勰基于此对扬雄的《反离骚》提出了批评。

通过分析《文心雕龙》中对扬雄颂诔铭箴等文体创作的评价，便于更深入地理解刘勰对颂诔铭箴等文体的创作要求。

（三）散文杂著

《文心雕龙》涉及扬雄创作的散文杂著类作品，包含在《辨骚》《杂文》《封禅》《书记》等篇目中。

《辨骚》曰："是以枚、贾追风以入丽，马、扬沿波而得奇，其衣被词人，非一代也。"[⑤] 扬雄和司马相如等人延续枚乘、贾谊的学习楚辞的遗风，创作出奇幻莫测的文学作品，影响着后世的文学创作。明代徐祯卿在《谈艺录》曾言："昔桓谭学赋于扬雄。雄令读千首赋。盖所以广其资，亦得以参其变也。诗赋粗精，譬之绨绤，而不深探研之力，宏识诵之功，何能益也？"[⑥] 扬雄在模拟他人文风的基础上，形成了自己的风格，扩大汉赋的创作趋势，具有典范性意义。

《杂文》论及了扬雄的《连珠》和《解嘲》。《连珠》一文现只存几条残文，从《文心雕龙》中我们只知其具有明润工巧的特点。扬雄所作的《解嘲》"杂以谐谑，回环自释，颇亦为工"[⑦]。汉哀帝时，外戚丁氏、傅氏和佞臣董贤等人先后辅政专权，趋炎附势之徒仕途坦荡，往往成为俸禄二千石的高官。而扬雄却因埋头撰写《太玄》，没能获得升迁，于是创作了《解嘲》。"当今县令不请士，郡守不迎师，群卿不揖客，将相不俯眉；言奇者见疑，行殊者得辟，是以欲谈者宛舌而固声，欲行者拟足而投迹。乡使上世之士处乎今，策非甲科，行非孝廉，举非方正，独可抗疏，时道是非，高得

---

① 何等红：《〈文心雕龙〉称引扬雄摭谈》，《语文学刊》2021年第3期，第14—20页。

② 颜昆阳：《论汉代文人"悲士不遇"的心灵模式》，见：（台湾）政治大学中文系《汉代文学与思想学术研讨会论文集》，台北文史哲出版社1991年版，第212、249页。

③ 赵乖勋：《再论扬雄〈反离骚〉》，《四川师范大学学报（社会科学版）》2010年第6期，第121—125页。

④ 刘勰撰，詹瑛义证：《文心雕龙义证》，上海古籍出版社1989年版，第485页。

⑤ 刘勰撰，詹瑛义证：《文心雕龙义证》，上海古籍出版社1989年版，第280页。

⑥ 徐祯卿：《谈艺录》，何文焕辑《历代诗话》，中华书局1981年版，第767页。

⑦ 刘勰撰，詹瑛义证：《文心雕龙义证》，上海古籍出版社1989年版，第490页。

待招，下触闻罢，又安得青紫?"[①] 在当时社会上，士与宾客得不到重视，侯王将相做不到虚心请教老师。士人的语言和行动都不得自由，猜忌和处分时时产生，要处处做到小心行事。面对如此境况，扬雄作《解嘲》以自我宽慰。

《封禅》指出："观《剧秦》为文，影写长卿，诡言遁辞，故兼包神怪；然骨掣靡密，辞贯圆通。"[②] 公元9年，扬雄看到王莽的举措有助于改善民生，寄希望其能从短命的暴秦中汲取经验和教训，真正达到大治，所以创作了《剧秦美新》[③]。这篇《剧秦美新》是扬雄模仿司马相如的《封禅文》而作，其言辞隐约诡诈，神仙鬼怪之事屡现，刘勰认为它"典而不实"[④]，缺乏实际。"权舆天地未祛，睢睢盱盱，或玄而萌，或黄而牙。玄黄剖判，上下相呕。爰初生民，帝王始存。在乎混混茫茫之时，亹闻罕漫而不昭察，世莫得而云也。"[⑤] 天地未分，宇宙混沌，天地间一片茫茫，《剧秦美新》一文让人读来深感怪诞。

《书记》曰："子云之《答刘歆》，志气槃桓，各含殊采；并杼轴乎尺素，抑扬乎寸心。"[⑥] 这里所说便是扬雄所作的《答刘歆书》。扬雄在《答刘歆书》中叙述了他创作《方言》的缘由和过程。扬雄用诗赋讨好成帝，博得好感，得以在皇家书库自由看书。采访记录各地方言的发音和意义，进行资料的收集整理，最终完成《方言》一书。在刘勰看来，扬雄的《答刘歆书》文章志气宏大，辞采组织别出心裁，异彩纷呈。

综上所述，《文心雕龙》中共10个篇目点评了扬雄的文体特色，几乎遍涉扬雄的作品，通过梳理有利于我们进一步系统地了解扬雄的作品风格。刘勰对扬雄的文体创作总体上呈现肯定赞扬的态度，但在《剧秦美新》的创作上持有批评的观点。

三、《文心雕龙》论扬雄的创作技巧

关于扬雄的创作技巧，《文心雕龙》中《体性》《杂文》《事类》《神思》《定势》《丽辞》《才略》《知音》《比兴》《夸饰》《章句》《练字》《熔裁》《时序》等篇皆有论述。刘勰点评扬雄的创作技巧主要从创作准备、创作风格和语言技巧三个方面展开。

（一）创作准备

在创作准备上，刘勰阐明了扬雄"好学深思"的特点。

---

① 扬雄撰，张震泽笺注：《扬雄集校注》，上海古籍出版社1993年版，第188页。
② 刘勰撰，詹瑛义证：《文心雕龙义证》，上海古籍出版社1989年版，第809页。
③ 梁琳筠：《扬雄生平及著述年表》，《文史杂志》2021年第3期，第87—91页。
④ 刘勰撰，詹瑛义证：《文心雕龙义证》，上海古籍出版社1989年版，第809页。
⑤ 扬雄撰，张震泽笺注：《扬雄集校注》，上海古籍出版社1993年版，第209页。
⑥ 刘勰撰，詹瑛义证：《文心雕龙义证》，上海古籍出版社1989年版，第924页。

“好学”体现在扬雄进行了大量的文献阅读工作。创作准备阶段离不开大量的文献阅读。《杂文篇》记载：“扬雄覃思文阔，业深综述”①，在天禄阁中静默深思，学业精深，善于综述前人著作，把一些琐碎的言辞集结起来旨创连珠这种文体。《事类》称他“观书石室，乃成鸿采”②。以扬雄那样的才华，还自称没有学问，后来在皇家的藏书室里读了大量的书籍，才构成了作品丰富的文采。

“深思”体现在扬雄的构思缓慢和性格特征上。刘勰认为，在文学创作上，人们构思写作快慢不同。不同于刘安在一个早上写成《离骚赋》，不同于枚皋刚接到诏令就完成作品，“相如含笔而腐毫，扬雄辍翰而惊梦”③。扬雄作赋太苦，一放下笔就做了怪梦，可见其构思之缓慢。《文心雕龙·体性篇》记载：“子云沈寂，故志隐而味深。”④在刘勰看来，扬雄的作品之所以含蓄婉转、意义深远，是因为扬雄性格沉静、好学深思。班固在《汉书》中为扬雄立传，其中对扬雄的记载是“为人简易佚荡，口吃不能剧谈，默而好深湛之思，清静亡为”，“家产不过十金，乏无儋石之储，晏如也”⑤。扬雄静默爱沉思，清静无为，在家境贫寒、家产短缺的情况下，依旧安然处事。《汉书》的记载在另一方面证实了刘勰对“子云沉寂”的评价。《才略》又说“竭才以钻思，故能理赡而辞坚”。只有竭尽全力进行思考，才能创作出扬雄那般义理与文辞兼备的文章。

总之，刘勰对扬雄好学深思的特点是非常肯定的。

（二）创作风格

刘勰在《文心雕龙》中指出了扬雄深识鉴奥的创作风格，《定势》《丽辞》《才略》《知音》等篇皆有记载。

据《定势篇》记载：《连珠》《七辞》等文章工于巧艳，崇尚华丽的辞藻。连珠之作是由扬雄开创的，这种体裁，篇幅都很小，一篇只有几句，大多骈偶而有韵。梁沈约在《注制旨连珠表》中说：“窃闻连珠之作，始自子云……连珠者，盖谓辞句连续，互相发明，若珠之结排。”从扬雄现存的几首连珠来看，内容主要是阐述儒家仁政爱民的思想，都是为了规劝皇帝而作的。自扬雄之后，继作者甚多，有演连珠、拟连珠、畅连珠、广连珠等名称。由此可见，“连珠”不但为扬雄始创，而且对后世产生了深远的影响。

---

① 刘勰撰，詹瑛义证：《文心雕龙义证》，上海古籍出版社 1989 年版，第 496 页。
② 刘勰撰，詹瑛义证：《文心雕龙义证》，上海古籍出版社 1989 年版，第 1422 页。
③ 刘勰撰，詹瑛义证：《文心雕龙义证》，上海古籍出版社 1989 年版，第 989 页。
④ 刘勰撰，詹瑛义证：《文心雕龙义证》，上海古籍出版社 1989 年版，第 1024—1025 页。
⑤ 班固：《汉书》，中华书局 1999 年版，第 2608 页。

《丽辞》曰："自扬、马、张、蔡，崇盛丽辞，如宋画吴冶，刻形镂法，丽句与深采并流，偶意共逸韵俱发。"[①] 自从扬雄、司马相如、张衡、蔡邕等人大力推崇华丽的辞藻，像宋人的讲究画画，吴人的讲究铸剑一样，注意文辞的雕饰。在这种观念的指导下，他们的作品中兼备骈句与文采、对偶与声韵，形成了深识鉴奥的创作风格。

《知音》中，扬雄自称"心好沉博绝丽之文"。扬雄不喜浮浅文章的写作，而爱好深沉渊博奇绝华丽的辞赋。只有具备深刻的认识能力，看到作品奥妙的地方，那内心就必然欢快愉悦。在刘勰看来，"子云属意，辞义最深，观其涯度幽远，搜选诡丽"[②]。扬雄的作品可谓内容深广，选词绮丽，辞义深远。

刘勰对扬雄的文学创作加以梳理，在《文心雕龙》中进行了客观评价，阐释了扬雄"深识鉴奥"的创作风格。

（三）语言技巧

扬雄的作品具有独特的语言技巧，《文心雕龙》对此多有点评。

在修辞手法的运用上，比兴指比喻和起兴修辞手法的运用，扬雄、班固等人的文学创作无不"纤综比义，以敷其华，惊听回视，资此效绩"。而《夸饰》篇主要论及夸张这一创作技巧，刘勰认为，扬雄的《甘泉赋》"语瑰奇则假珍于玉树，言峻极则颠坠于鬼神"[③]。这种近乎"失真"的夸张是刘勰所批判的，只有"夸而有节，饰而不诬"，才能创作出更好的文章。

在文字的选择上，《文心雕龙》论扬雄的创作技巧则见于《练字》中。到宣帝和平帝时期，皇帝曾征召精通文字的人才，"张敞以正读传业，扬雄以奇字纂训"[④]。张敞因能正定古字而传授文字学，扬雄编辑了解释奇字的《训纂篇》，他们都精通《尔雅》《仓颉》，全面掌握了文字的音义，而能在文学创作中加以运用。扬雄的作品大多是描写京都苑囿的，文中常用假借字来状貌形声，而且多用奇文异字，这与他学识渊博、通晓难字是分不开的。《练字》中引用了曹植赞扬扬雄和司马相如的观点，曹植认为"扬马之作，趣幽旨深，读者非师传不能析其辞，非博学不能综其理"[⑤]。扬雄、司马相如的作品，意义幽深，用字深奥，只有经过老师传授或者自己具有广博的学识才能很好地理解他们的创作。

综上所述，《文心雕龙》对扬雄的点评涉及创作技巧的方方面面，这直接影响了后

---

① 刘勰撰，詹瑛义证：《文心雕龙义证》，上海古籍出版社 1989 年版，第 1301 页。
② 刘勰撰，詹瑛义证：《文心雕龙义证》，上海古籍出版社 1989 年版，第 1779 页。
③ 刘勰撰，詹瑛义证：《文心雕龙义证》，上海古籍出版社 1989 年版，第 1389 页。
④ 刘勰撰，詹瑛义证：《文心雕龙义证》，上海古籍出版社 1989 年版，第 1451 页。
⑤ 刘勰撰，詹瑛义证：《文心雕龙义证》，上海古籍出版社 1989 年版，第 1455 页。

世的文学以及文论的创作，为以后作家的写作提供了思路。

纵观刘勰在《文心雕龙》中对扬雄的生平行事、文体特色和创作技巧三方面的评价，我们可以看出刘勰对扬雄十分推崇。罗宗强在他的《晚学集》中指出，《文心雕龙》中“提到的次数多少虽不能说明被提到的作者对刘勰影响的大小，也不能绝对地说刘勰对他们评价的高低；但似乎可以说明，那些被反复提到的作者，有可能是他最为熟识的作者，或者是作品涵盖面广，适于在不同的篇目中作为例证加以引用的作者。从这个名单中，我们也可以看到，提到次数多的作者，大体上是各种文体中的重要人物”①。扬雄是汉代最重要的儒生，在刘勰的年代，仍然占据着熠熠生辉的高位。他认为“犹骋郑卫之声，曲终而奏雅”，主张创作要达到“劝百讽一”的效果，这与刘勰的观点不谋而合。正如刘勰在《文心雕龙》中所说：“《文心》之作也，本乎道，师乎圣，酌乎经”，他看到了当时的文学创作存在楚辞和汉赋的弊病，而且呈现越发展越厉害，其势不可回还的趋势，为了纠正这些错误，使文风回归到经书的正路上去，刘勰提出了“宗经”的文论观点。因此，在这一点评立场的指导下，他对扬雄的评价总体呈现了褒扬赞赏的态度，但受儒家传统理想人格评价标准的影响，对扬雄政治行事的评价也存在批评否定的一面。

综上所述，刘勰在《文心雕龙》中多次提及扬雄，涉及扬雄的生平行事、文体特色和创作技巧各个方面，褒贬不同，态度各异，这对我们了解扬雄的生平和文学创作大有助益。另外，由于刘勰在《文心雕龙》中对扬雄着墨颇多，通过对其进行分析，有助于我们加深对《文心雕龙》文学价值及意义的理解。值得注意的是，刘勰对扬雄的评论以赞美褒扬为主，大多准确精到，或许有偏颇之处，但无损《文心雕龙》的价值。《文心雕龙》仍是我国古代文论史上一颗最为闪耀的明珠。

（作者单位：宝鸡文理学院）

① 罗宗强：《晚学集》，南开大学出版社 2009 年版，第 2 页。

对扬雄《蜀王本纪》与都江堰相关问题的思考

庄永红

内容提要：笔者从望丛祠、崇德祠、二王庙三个地名变迁联想到扬雄《蜀王本纪》等古籍，根据近年古蜀三星堆和金沙考古发现，从自然和人文角度对古蜀气候和都江堰与古蜀关系提出了两点思考。

关键词：望丛祠；崇德祠；二王庙；都江堰；古蜀文明

前　言

地名，不仅仅是一个称呼或一个特定地域的符号。地名能体现一个本地文化底蕴的地理信息，一些老地名有源源不绝的文明沉淀，有事过境迁的烟雨沧桑，更是本地变迁的刻痕印记。在成都平原上，就有两个这样的地名，一个是都江堰的二王庙，一个是郫都区的望丛祠。二王是谁？望丛又是谁？两者有什么关联吗？

一、望丛祠　崇德祠　二王庙

笔者带着这个问题陷入了思考。记得李白的《蜀道难》中有这么一句："蜀道之难，难于上青天！蚕丛及鱼凫，开国何茫然！尔来四万八千岁，不与秦塞通人烟。"大诗人李白显然引用了扬雄《蜀王本纪》中的记述，并加以了文学的夸张也显示了扬雄《蜀王本纪》对后世的影响。

扬雄（前53—18），字子云，西汉蜀郡成都（今成都郫都区友爱镇）人，撰《蜀王本纪》，记载蜀王之先名蚕丛，后代名曰柏濩，后者名鱼凫。后有一男子，名曰杜宇，自立为蜀王，号曰望帝。后鳖灵即位，号曰开明帝。而常璩（约公元291—361），字道将，蜀郡江原（今四川成都崇州）人，所著《华阳国志·序志》说：“司马相如、严君平、扬子云、阳成子玄、郑伯邑、尹彭城、谯常侍、任给事等各集传记，以作《本纪》，略举其隅。”《华阳国志·蜀志》所记：“蜀先称王，有蜀侯蚕丛，其目纵，始称王，死，作石棺、石椁。次王曰柏灌，次王曰鱼凫。鱼凫王田于湔山，忽得仙道。蜀人思之，为立祠。后有王曰杜宇，教民务农。一号杜主。周慎王五年秋，秦大夫张仪，司马错、都尉墨等从石牛道伐蜀。蜀王自于葭萌拒之，败绩。王遁走至武阳，为秦军所害。其相及太子退至逢乡，死于白鹿山。开明氏遂亡。凡王蜀十二世。冬十月，蜀平。”①

后世为了纪念蚕丛，曾修建有蚕丛祠，有些地名也与蚕丛有关，并称蚕丛为青衣神，有些地方还修建了青衣神庙，传世文献对此记载颇多。在岷江穿越丛山进入成都平原的地方，自古以来曾有“蚕崖关”“蚕崖石”“蚕崖市”等古地名，便与蚕丛氏南迁的史迹有关。《蜀中名胜记》卷十五也记述说：青神县的得名与蚕丛有关，“青神者，以蚕丛衣青，而教民农事，人皆神之，是也”。因为蚕丛是古蜀国的开创者，数千年之后人们仍在怀念他倡导养蚕和教民农事的功绩，对后世的影响可谓深远。

笔者继续查阅资料，有一天突然发现在今天的都江堰市和郫都区望丛祠、崇德祠、二王庙三个地名有关联，而且易混。地名的变化有没有当时统治者的需要？让我想到秦灭蜀有无可能抹杀古蜀人文化的可能？李冰之前的古蜀人与都江堰有无关联？

约公元前6世纪，杜宇作蜀王，称望帝。当时岷江洪水大发，淹没川西平原，望帝命丞相鳖灵治水，鳖灵劈开玉垒山，凿出宝瓶口，疏通岷江之水，变水患为水利，化西海为田畴，使川西平原从鱼凫时代直入到农桑时代，并且奠定了都江堰工程的基础②。杜宇隐入西山后，蜀国百姓仍旧怀念他“教民务农”的恩惠，每当早春二月杜鹃鸟啼，农耕即将开始的时候，蜀人便会想到望帝，蜀人在原灌县城西枕山临水的地方建起了望帝祠，以表达对杜宇的纪念。南朝齐明帝建武年间（494—498），益州刺史刘季连将望帝祠迁到郫县，与纪念鳖灵的丛帝祠移建在一起，称为望丛祠，而将原灌县（现都江堰市）原址更名为崇德庙，以祭祀李冰。二王庙是纪念中国都江堰的开凿者、秦蜀郡太守李冰及其子二郎的祀庙，位于都江堰岷江东岸的玉垒山麓，初建于南北朝，现存建筑是清代重建的，初名崇德祠，宋以后历代封李冰父子为王，清以后改用今名。北宋仁宗康定二年（1041），邑令赵可度将望帝与丛帝合祀，扩建望丛祠，始有今日规

① 郫县博物馆：《望丛古今》，四川人民出版社1989年版。

② 《四川历史》，四川教育出版社1986年版。

模。到南宋，当地人民把崇德祠（今天崇德祠这个地名已成为历史）改成了二郎庙，又把李冰排斥在外，因为二郎是民间传说中伏龙治水的英雄，他的特点是三只眼，额头上竖着个“纵目”，牵一条猎狗，分明是古蜀人的形象（据史书记载，古蜀王蚕丛就是“纵目”，直到东晋，人们还把古蜀人墓称为“纵目人墓”），与李冰风马牛不相及。后来朱熹说二郎是李冰的第二个儿子，曾协助李冰治水。元朝时，皇帝下诏封李冰为王，同时肯定二郎是“李冰之子”，也封为王，把二郎庙改成了“二王庙”。望丛祠在明末战乱中遭到破坏，清乾隆十二年（1747），知县李馨“伐石表道”，“始禁樵采”，保护了二陵。清道光十五年（1835），望丛祠重经修复，并于祠内遍植柏树。光绪三十四年（1908）祠东建“听鹃楼”。民国十八年（1929），四川督军熊克武驻防于郫，曾拨款培修祠宇，并于二帝陵前分别竖“古望帝之陵”“古丛帝之陵”石碑。碑高丈余，下款刻“熊克武立，但懋辛书”。这两座成都平原上最古老的帝陵，如今位于成都市郫都区城郊，这里古柏森森，环境幽雅，已成为人们经常去游览凭吊的一处人文古迹。

二、古蜀文明与都江堰

从最新的古蜀考古可以看出：1986 年三星堆出土的青铜人像、青铜神树、大量象牙等珍贵文物惊艳世界，2020 年再度发现宽 40 厘米、高约 27 厘米的金面具，比真人脸还大！还首次发现了 3000 多年前的丝绸遗痕。在 2021 年 10 月的第三届中国考古学大会上，“百年百大考古发现”发布，其中四川有三个考古发现入选，分别是金沙遗址、三星堆遗址、彭山江口明末战场遗址。同时，金沙遗址博物馆还位列 5 项考古遗址保护展示优秀项目中。金沙遗址的发现不仅解答了三星堆文明去向之谜，也将成都城市史向前推进到距今 3300 年左右，与成都平原的史前城址群、三星堆遗址、战国船棺墓葬共同构建了古蜀文明发展历程①。

顺着以上思路，笔者首先从自然地理的气候角度觉得三星堆和金沙发现的大量象牙本地出土可能性极大，新近考古发掘和分析表明在古蜀时期成都平原森林茂密，同时也是动物聚居、鱼类繁衍的美好家园。《山海经》中就有这样的记载：“西南有巴国，又有朱卷之国，有黑蛇，青首，食象。”根据文献记载及环境考古材料，商周时期四川盆地内气候比黄河流域和中原地区湿润温暖，土壤肥沃，林木茂盛，河流纵横、湖泊众多，且有大量湿地，更适宜鸟兽和大型动物生存，这里很可能是亚洲象群重要栖息之地。专家推测后期亚洲象等数量大大减少的原因，极可能是它的生存环境发生了重

① 王煜：《三星堆背后的古蜀文明》，《新民周刊》2021 年第 16 期。

大变化①。在成都市中心商业街2000年发现的战国时期古蜀王国船棺葬遗址中17具船棺均由直径1米以上楠木制成，最大的船棺长18.8米、直径达1.5米，应为千年楠木，可为当时成都平原植被的见证。2012年2月在彭州通济镇麻柳村小溪里发现乌木，最大的长达34米，这个也能佐证。

而从人文角度思考似乎可以这样理解：伟大的都江堰水利工程应该始建于古蜀之望帝、丛帝，后面的蜀郡太守李冰可能应该集古蜀治水之大成，绝非秦太守李冰一人之功。为什么这样说呢？

《史记·夏本纪》与《尚书·禹贡》都记载在李冰之前，岷江已得到治理，并开掘了沱江。并且《史记·河渠书》记载李冰"凿离堆，辟沫水之害，穿二江成都之中"。离堆位置虽有争议，但这个争议至少可以佐证都江堰的离堆与古蜀有关。因为鳖灵治水，鳖灵劈开玉垒山，凿出宝瓶口有了更好的解释。据史书记载，开明王朝的蜀国，农业发达，相当强盛。它不但攻略东方、南方的弱小民族，还向北进攻秦国，互有胜负。大约在公元前387年前后，蜀国与秦王相逢于秦岭褒谷。蜀王嘲笑秦王"东方牧犊儿"（东方放牛娃），秦王说"吾虽牧犊，当得蜀也"。史书上这段插曲说明，当时的蜀国以农业发达自豪，瞧不起秦国。秦人也自认农业落后于蜀人。

蜀人不仅治理岷江，还治理今雅安地区的青衣江。西晋太康年间出土的魏国史书《竹书纪年》上记载：魏国暇阳地方有人去到蜀国，参与了治理青衣江的工程，于魏惠王十年（前361）经秦国回到魏国。那如何解释后人将修建都江堰推到李冰身上呢？这要从秦灭巴蜀说起。

《战国策》记载了司马错主张秦国伐蜀的理由："取其地，足以广国；得其财，足以富民缮兵。"由此可见，开明王朝的蜀国是相当富饶的。秦惠王派兵攻取蜀国之后，便开始了对蜀地的经营。在政治措施上，秦朝采用了分封制与郡县制并用的统治方式，在蜀地驻防了大量军队，但对蜀地的控制仍不放心，又实施了从秦国本土往蜀地大量移民的措施。常璩《华阳国志·蜀志》说秦人认为"戎伯尚强，乃移秦民万家实之"，就真实地记述了这一状况。为了加强对蜀地的控制，秦采取的另一个重大措施，是仿照咸阳的模式修筑成都、郫城、临邛城②。

为了继续灭巴，进一步灭楚，秦国不排除将灿烂的古蜀文明说成文化十分落后，不可能有治理岷江、开掘沱江、建立强大王朝的能力。当然到李冰为蜀守的时候，蜀地大局已定，治理水患、兴修水利、大力发展农业生产，便成了李冰要做的头等大事。

---

① 付顺：《古蜀区域环境演变与古蜀文化关系研究》，成都理工大学2006年博士学位论文。

② 彭邦本：《三星堆——古蜀文明的来龙去脉》，《文史知识》2017年第6期。

常璩《华阳国志·蜀志》对此就记述得比较详细一些："秦孝文王以李冰为蜀守。冰能知天文地理"，"冰乃壅江作堋，穿郫江、检江，别支流双过郡下，以行舟船。岷山多梓、柏、大竹，颓随水流，坐致材木，功省用饶；又溉灌三郡，开稻田。于是蜀沃野千里，号为'陆海'。旱则引水浸润，雨则杜塞水门，故记曰：水旱从人，不知饥馑，时无荒年，天下谓之'天府'也。"

从文献中发现秦对蜀文化和秦对巴文化的态度一样也可佐证本文观点。在巴地秦以分封旧贵族借助他们原有的影响和势力实现间接统治，据《后汉书·南蛮西南夷列传》载："及秦惠王并巴中，以巴氏为蛮夷君长，世尚秦女，其民爵比不更（为秦二十四等爵中的第四级），有罪得以爵除。其君长岁出赋二千一十六钱，三岁一出义赋千八百钱。其民产出幏布八丈二尺，鸡羽三十鍭。"有限的推行郡县制。在蜀地，《史记·张仪列传》载：秦惠王"卒起兵伐蜀，十月，取之，遂定蜀，贬蜀王更号为侯，而使陈庄（壮）相蜀"。这其后秦三封蜀侯，蜀侯三反而见诛，终罢蜀侯而置郡县，设郡守。在蜀地推行全面的郡县制，而后秦又因蜀地"戎伯尚强，乃移秦民万家实之"。以此削弱蜀国旧贵族的影响，从而使蜀地全面接受了秦制①。

所以笔者认为古蜀文化通过近代考古不断证明，古代西南的蜀人，确实创造了令世界刮目相看的灿烂文化，我们应该重新认识和评价古蜀国的两位领袖——望帝杜宇和丛帝鳖灵。

（作者单位：成都市青羊区教育科学研究院）

① 宋治民：《蜀文化与巴文化》，四川大学出版社1998年版。

浅析苏轼论扬雄的两篇文章

徐康成

内容提要：历史上对扬雄的评价大致归为三类：一充分肯定，二主流肯定，三全盘否定。充分肯定以司马光为代表，主流肯定以刘歆为代表，全盘否定以程朱和三苏为代表。三苏的代表人物苏轼对扬雄的否定，没有他父亲苏洵那么极端，主要表现于他的几篇文章中，即《扬雄论》《与谢民师推官书》两论，其主要观点如下：人性无善恶、舍简就繁。本文将结合扬雄的《蜀都赋》一一予以说明。

关键词：苏轼；论扬雄

一、苏轼涉及扬雄主要著述之观点

苏轼留下的涉及扬雄的作品共31篇，其中诗14篇，散文计17篇。题目直接与扬雄有关的2篇，即《扬雄论》《韩愈优于扬雄》。本文选两篇有代表性的予以分析。

（一）《扬雄论》（节录）

昔之为性论者多矣，而不能定于一。始孟子以为善，而荀子以为恶，扬子以为善恶混。而韩愈者又取夫三子之说，而折之以孔子之论，离性以为三品，曰："中人可以上下，而上智与下愚不移。"以为三子者，皆出乎其中，而遗其上下。而天下之所是者，于愈之说为多焉。

嗟夫，是未知乎所谓性者，而以夫才者言之。夫性与才相近而不同，其别不啻若白黑之异也。圣人之所与小人共之，而皆不能逃焉，是真所谓性也。而其才固将有所不同。今夫木，得土而后生，雨露风气之所养，畅然而遂茂者，是木之所同也，性也。而至于坚者为毂，柔者为轮，大者为楹，小者为桷。桷之不可以为楹，轮之不可以为毂，是岂其性之罪耶？天下之言性者，皆杂乎才而言之，是以纷纷而不能一也。

孔子所谓中人可以上下，而上智与下愚不移者，是论其才也。而至于言性，则未尝断其善恶，曰“性相近也，习相远也”而已。韩愈之说，则又有甚者，离性以为情，而合才以为性。是故其论终莫能通。彼以为性者，果泊然而无为耶？则不当复有善恶之说。苟性而有善恶也，则夫所谓情者，乃吾所谓性也。人生而莫不有饥寒之患，牝牡之欲，今告乎人曰：饥而食，渴而饮，男女之欲，不出于人之性也，可乎？是天下知其不可也。圣人无是，无由以为圣；而小人无是，无由以为恶。圣人以其喜怒哀惧爱恶欲七者御之，而之乎善；小人以是七者御之，而之乎恶。由此观之，则夫善恶者，性之所能之，而非性之所能有也。且夫言性者，安以其善恶为哉！虽然，扬雄之论，则固已近之。曰：“人之性善恶混。修其善则为善人，修其恶则为恶人。”此其所以为异者，唯其不知性之不能以有夫善恶，而以为善恶之皆出乎性也而已。

【译文】从前关于人性的议论很多，但是没有统一的认识。最开始孟子认为人性本来是好的，而荀子认为人性本来是坏的，扬雄认为人性是好坏混杂的。而韩愈又综合前三人的观点，折中成孔子的观点，把人性区别为三个种类。他说：“普通人的人性能够变好也能变坏，但是高才智的和愚昧的人的人性不会发生改变。”他认为孟子、荀子和扬雄的观点，都是议论的普通人，而遗漏了才智高的人和愚昧的人。天下针对这个问题，大多同意韩愈的观点。

唉，韩愈是不懂得什么是人性，却把它当成才智来讨论。人性和才智相似但是不同，他们的区别就像黑色、白色的分别。圣人和小人共同拥有，都躲避不了的，才是真正的人性。

但是才智和人性有本质的区别。不像树木，得到土壤才能生长，雨露、空气给它提供养分，无拘束的生长并最后长得很茂盛，这是树木的共同点，这就是树木的“属性”。结实的做成车轴，柔软的做成车轮，大的做成房梁，小的做成椽子……

孔子说的普通人可以变好也可以变坏，但是才智高的和愚昧的人不能改变，是说人的才智。对于人性来说，却没有判定它的本质是好是坏，他只不过说了“人的品性差不多，习性差别很大”而已。韩愈的观点，更加偏颇了，他把人性当成情感，情感加才智作为人性。所以他的论证讲不通。如果说人性真的是指淡泊无为，那么就不该再有善恶的说法，如果人性有善恶之分的话，那么他说的情感，就是我说的人性。人生下来都担心饥饿寒冷，都有和异性交配的欲望，如果对人说：饿了吃饭，渴了喝水，男女间的性欲，不是因为人的本性，能行吗？所有人都知道这是不对的。圣人没有

"人性"，就没法成为圣人；小人没有"人性"，就没法成为坏人。圣人把自己的喜怒哀惧爱恶欲这七种情感控制平衡，就成了好人；小人把这七种情感控制不好，就成了坏人。从这可以看出，好坏、善恶，人的本性能改变它，并不是人性具有的属性。况且谈论人性的人，怎么能从善恶方面分析呢！就算如此，扬雄的观点，就差不多很接近了。他说："人的本性好坏混杂。培养好的方面就是好人，培养坏的方面就是坏人。"这之所以不同，只因为他不懂得人的本性不包括善恶，而以为善恶是属于人性的而已。

（二）《与谢民师推官书》（节录）

所示书教及诗赋杂文，观之熟矣。大略如行云流水，初无定质，但常行于所当行，常止于所不可不止，文理自然，姿态横生。孔子曰："言之不文，行而不远。"又曰："辞达而已矣。"夫言止于达意，即疑若不文，是大不然。求物之妙，如系风捕影，能使是物了然于心者，盖千万人而不一遇也，而况能使了然于口与手者乎？是之谓辞达。辞至于能达，则文不可胜用矣。

扬雄好为艰深之辞，以文浅易之说，若正言之，则人人知之矣。此正所谓雕虫篆刻者，其《太玄》《法言》，皆是类也。而独悔于赋，何哉？终身雕篆，而独变其音节，便谓之经，可乎？屈原作《离骚经》，盖《风》《雅》之再变者，虽与日月争光可也。可以其似赋而谓之雕虫乎？使贾谊见孔子，升堂有余矣；而乃以赋鄙之，至与司马相如同科。雄之陋如此比者甚众。

【译文】您给我看的书启、诗赋、杂文，我已读了多遍。大作犹如行云流水，原本无一定的形式，飘荡流动，当行则行，当止则止，文理毫不做作，千姿百态，舒卷自如。孔子说："说话不讲究文采，流传就不会广远。"又说："言辞只求能表达意思就行了。"言辞仅要求能达意，好像是不讲究文采，这是很不对的。要把握住事物的微妙处，真像捕风捉影那样难。心中能把事物彻底弄清楚的，大概在千万人中也找不到一个，而何况是要用口说和手写把事物表达清楚呢？表达清楚的，这就叫"辞达"。言辞要做到能够达意，那么文采就运用不尽了。

扬雄喜欢用艰深的辞藻来文饰浅显易懂的意思，假如直截了当地说出来，就人人都能明白了。这种写作方法正是扬雄自己所批评的"雕虫篆刻"那一套。他的《太玄》《法言》都属于这一类。而他偏偏只对作赋追悔，这是为什么呢？终身经营雕虫小技，而写作《太玄》《法言》时仅仅变有韵之文为无韵之文，便称之为经，这可以吗？屈原作的《离骚》，是《风》《雅》传统的再发展，即使与日月争辉也不逊色。难道我们可以因为它像赋而称之为雕虫小技吗？如果贾谊赶上了做孔子的学生，那么他的学行已经足以"入室"了。而扬雄却因他作过辞赋而贬低他，以至于与司马相如等同。像这样浅陋的见解，在扬雄身上是很多的。

谢民师，原名谢举廉，江西新干县溧江凰山村人，自幼聪慧，勤奋好学。宋元丰八年（1085），其与叔父谢懋、谢岐，弟谢世克进京参加乙丑会试，四人同中进士，轰动朝野，史称宋代“文林四谢”，是苏轼的粉丝。

以上著述主要观点归纳为：

1. 扬雄主张人性善恶混，与儒家“人之初，性本善”的观点相左。

2. 扬雄喜欢用艰深的辞藻来表达浅显易懂的意思。

二、苏轼贬扬雄的原因分析

1. 文人相轻：由农耕文化产生的中国历代文人与生俱来的自恋情结，在一定程度上是中国文学的发展之路被阻碍的原因，也是文人相轻的历史根源。

2. 人反我，其友也，亦必反之。武周酷吏来俊臣著的一部专讲如何罗织罪名、陷害杀人的书《罗织经》曰：“官之友，民之敌；亲之友，仇之敌，敌者无常也。”（《罗织经·瓜蔓卷第十二》）意思是：官吏的朋友，在以官吏为敌的百姓眼里便是帮凶；亲人的朋友，在和亲人有仇的仇人眼中也成了敌人，所以说敌人是变化不定的。

3. 扬雄虽然在文学、哲学、文字学、天文学方面确实做出过巨大贡献，但扬雄“文必艰涩”的文学主张和文学实践（扬雄的赋《甘泉赋》《羽猎赋》《长杨赋》，或者学术论著《法言》《太玄》《方言》都相当晦涩），使扬雄作品的广泛传播受到影响。

苏轼在《与谢民师推官书》中对此进行了一针见血的批评：

> 辞至于能达，则文不可胜用矣。扬雄好为艰深之词，以文浅易之说，若正言之，则人人知之矣。此正所谓雕虫篆刻者，其《太玄》《法言》皆是类也。而独悔于赋，何哉？终身雕虫，而独变其音节，便谓之经，可乎？

三、结论

三苏对扬雄的否定既有历史原因，即宋代大的历史环境，也有个人原因（文人相轻）。苏轼对扬雄的否定（或说批评）言辞没有他父亲苏洵那么激烈慷慨，多少还是有一定的合理因素。而扬雄的故意繁冗、舍近求远的文风也给反对者留下口实。

附：扬雄《蜀都赋》简介

《蜀都赋》是西汉扬雄的代表作，极尽美妙言辞以写成都之壮美秀丽。该赋对东晋左思“三都赋”中《蜀都赋》的创作影响很大，以至于有“洛阳纸贵”之典故。该赋文藻华丽，用了许多生僻字，超出电脑字库的存储量。宋章樵《古文苑》卷四录有全文，传世版本有岱南阁丛书本、守山阁本、惜阴轩本、四部丛刊韩元吉本等，严可均《全汉文》亦有录入。唐欧阳询《艺文类聚》卷六一有摘录。

笔者将嘉庆版《郫县志》所载扬雄《蜀都赋》原文介绍给大家。

《蜀都赋》原文：嘉庆版《郫县志》艺文卷影印件

扬雄

蜀都赋

蜀都之地，古曰梁州。禹治其江，渟皋弥坚。郁乎菁葱，沃野千里。上稽乾
度，则井络储精；下按地纪，则坤宫奠位。东有巴賨，绵亘百濮；铜梁金堂，
火井龙湫。其中则有玉石嶜岑，丹青玲珑。邛节桃枝，石鳍水螭。南则有犍
牂潜夷，昆明峨眉，绝限峎嶱，堪岩亶翔。灵山揭其右，离堆被其东。于近
则有瑕英菌芝，玉石江珠；于远则有银铅锡碧，马犀象僰。西有盐泉铁冶，
桔林铜陵，邙连卢池，澹漫波沦。其旁则有期牛兕旄，金马碧鸡。北则有岷
山，外羌白马。兽则麙羊野麋，罴犛貘貙，麢麝鹿麝，户豹能黄，獑胡雌玃，
猨蠝罴猱，犹毂毕方。尔乃苍山隐天，岎崯迴丛。增嶄重崒，峆石巉崔，𡾰嵬
嶵嵔，霜雪终夏。叩岩岑嶙，崇隆临柴。诸徼崼峴，五矶参差。湔山岩岩，
观山岑嵓。龙阳累峗，漼粲交倚。雌崪崛崎，集崄胁施。形精出偈，堪壿隐
猗。彭门嵋峣，嶓嵺嵑峒。方彼碑池，嵊咖輵巊，砾乎岳岳。北属昆仑泰极，
涌泉醴，凝水流津，漉集成川。于是乎则左沈犁，右羌庭，漆水浡其匈，都
江漂其泾。乃溢乎通沟，洪涛溶沆。千溪万谷，合流逆折，泌滋乎争降。湖
潜排碣，反波逆溭。潦石洌巇，纷汯周溥。旋溺宛绥，颓慚博岸。敌呷祽濑，
磴岩撗汾汾，忽溶閛沛，踰窘出限，连混陁隧，鋋钉钟涌，声欢薄泙，龙历
丰隆。潜潜延延，雷扶电击，鸿康滥速，远乎长喻，驰山下卒，湍降疾流。
分川并注，合乎江州。于木则楩、栎，豫章树榜，檐櫨桿柙，青稚雕梓，枌

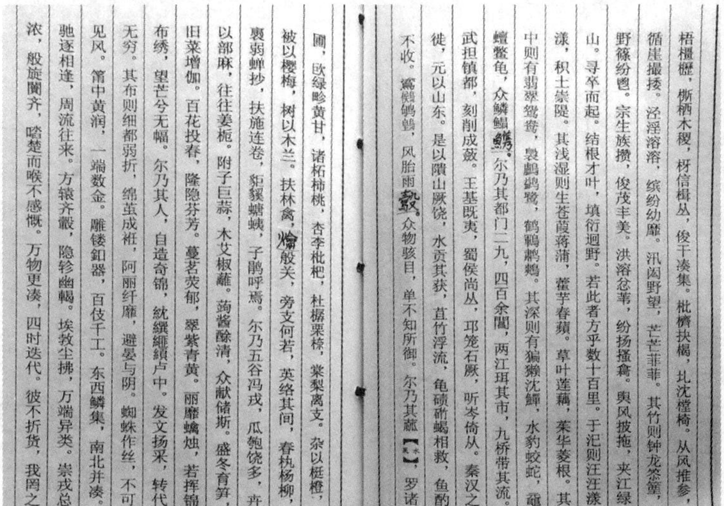

梧欂櫪，楖栖木稷，枒信楫丛，俊干凑集。枇槁扶楊，丮沈榿椅。从风推参，
循崖撮捼。泾淫溶溶，缤纷幼靡。汎闳野望，芒芒菲菲。其竹则钟龙笼篛，
野篠纷鬯。宗生族攒，俊茂丰美。洪溶忿苯，纷扬搔翕。舆风披拖，夹江缘
山。寻卒而起，结根才叶，填衍迴野。若此者方乎数十百里。于汜则汪汪漾
漾，积土崇隄。其浅湿则生苍葭蒋蒲，藿芋春蘋。草叶莲藕，茱华菱根。其
中则有翡翠鸳鸯，袅鸕鹈鹭，鹤鶤鹔鸘。其深则有猵獭沈鳣，水豹蛟蛇，鼋
蟺鳖龟，众鳞鳎鱴。尔乃其都门二九，四百余闾，两江珥其市，九桥带其流。
武担镇都，刻削成蕨。王基既夷，蜀侯尚丛，邛笼石厥，听岑倚从。秦汉之
徙，元以山东。是以隤山厥饶，水贡其获，苴竹浮流，龟碛硝蝎相救，鱼酌
不收。鴽鸧鸧鹯，风胎雨㲉。众物骇目，单不知所御。尔乃其蔬【□】，罗诸
圃，欧绿畛黄甘，诸柘柿桃，杏李枇杷，杜樆栗棕，棠梨离支。杂以梃橙，
被以樱梅，树以木兰。扶林禽，爚般关，旁支何若，英络其间，春执杨柳，
裛弱蝉抄，扶施连卷，䝙貜螗蝛，子鹃呼焉。尔乃五谷冯戎，瓜匏饶多，卉
以部麻，往往姜栀。附子巨蒜，木艾椒蘺。蒟酱酴清，众献储斯。盛冬育笋，
旧菜增伽。百花投春，隆隐芬芳。蔓茗荧郁，翠紫青黄。丽靡螭烛，若挥锦
布绣，望芒兮无幅。尔乃其人，自造奇锦，紌縩緟繶卢中。发文扬采，转代
无穷。其布则细都弱折，绵茧成衽，阿丽纤靡，避晏与阴。蜘蛛作丝，不可
见风。筩中黄润，一端数金。雕镂釦器，百伎千工。东西鳞集，南北并凑。
驰逐相逢，周流往来。方辕齐毂，隐轸幽輵。埃敎尘拂，万端异类。崇戎总
浓，般旋阛齐，嗒楚而喉不感慨。万物更凑，四时迭代。彼不折货，我罔之

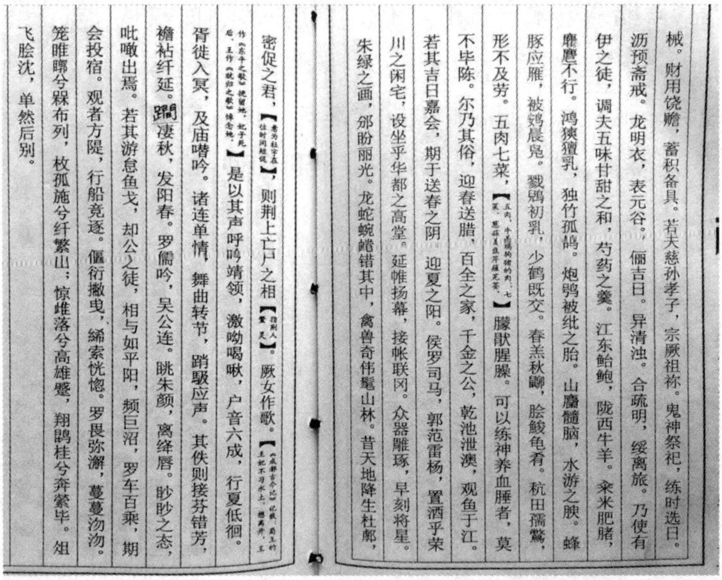
械。财用饶赡，蓄积备具。若夫慈孙孝子，宗厥祖祢。鬼神祭祀，练时选日。沥预斋戒。龙明衣，表元谷。俪吉日。异清浊。合疏明，绥离旅。乃使有伊之徒，调夫五味甘甜之和，芍药之羹。江东鲐鲍，陇西牛羊。籴米肥賭，麈麈不行。鸿㹶獶乳，独竹孤鸧。炮鸮被纰之胎。山麇髓脑，水游之腴。蜂豚应雁，被鸮晨凫。戮鹑初乳，少鹤既交。春羔秋鰳，脍鲮龟肴。秔田孺鷲，形不及劳。五肉七菜，【五肉，牛羊鸡狗猪的肉。七菜，葱蒜韭芹……菜。】朦猒腥臊。可以练神养血腥者，莫不毕陈。尔乃其俗，迎春送腊，百全之家，千金之公，乾池泄澳，观鱼于江。若其吉日嘉会，期于送春之阴，迎夏之阳。侯罗司马，郭范雷杨，置酒乎荥川之闲宅，设坐乎华都之高堂。延帷扬幕，接帐联冈。众器雕琢，早刻将星。朱绿之画，邠盼丽光。龙蛇蜿蜷错其中，禽兽奇伟髦山林。昔天地降生杜鄗密促之君，【意为杜宇在位时间短促】，则荆上亡尸之相【指荆人鳖灵】。厥女作歌。【《成都古今记》记载，蜀王的王妃不习水土，想离开，王作《东平之歌》挽留她，妃子死后，王作《臾邪之歌》悼念她。】是以其声呼吟靖领，激呦喝啾，户音六成，行夏低徊。胥徒入冥，及庙嗜吟。诸连单情，舞曲转节，踃驳应声。其佚则接芬错芳，襘祐纤延。蹦凄秋，发阳春。罗儒吟，吴公连。眺朱颜，离绛唇。眇眇之态，吡噉出焉。若其游怠鱼弋，却公之徒，相与如平阳，颊巨沼，罗车百乘，期会投宿。观者方隄，行船竞逐。偃衍撇曳，绵索恍惚。罗畏弥瀰，蔓蔓沕沕。笼睢嗝兮睬布列，枝孤施兮纤繁出；惊雌落兮高雄蹩，翔鹍桂兮奔鲨毕。俎飞脍沈，单然后别。

《蜀都赋》全文1440字，其中90个电脑打不出来，占全文的6.2%。

明明是杜宇的宇，非要写成鄗。再如蹦字，非要写成蹦字。这就变成谁也不认识的字。这就是扬雄舍近求远的佐证。

（作者单位：成都市郫都区发改局）

同治《成都县志》中的扬雄史料

赵仁春

内容提要：与嘉庆、同治《郫县志》相似，同治《成都县志》搜集了大量与扬雄有关的史料掌故，有助于我们了解成都人心目中的扬雄形象，以及扬雄在他们心目中的地位。此文对同治《成都县志》中部分与扬雄有关的记载进行简单梳理。

关键词：扬雄；同治《成都县志》；扬雄形象

扬雄故里向来有两说，一曰成都，一曰郫，均见于《汉书·扬雄传》。成都乃是首府，郫为县，即大地名包括小地名。况且扬雄也可能居成都城内，两者并不矛盾。蜀人和官蜀地者，往往在成都城内建筑纪念扬雄的亭馆以表彰乡贤，至于成都城内是否确有扬雄家宅，则不必深究。就所见四川诸县志，记载扬雄遗迹掌故史料最详赡者，一曰嘉庆与同治《郫县志》，二曰同治《成都县志》。

同治《成都县志》，又称同治《重修成都县志》，是在清嘉庆二十年（1815）刻《成都县志》的基础上续修而成。从同治四年（1865）昆明罗廷权任成都知县时开修，经过祥符李玉宣、天津金凤洲、荆门周翰、通州白赓棣、芜湖沈芝林等知县督修，到同治十二年（1873）方刊行。此书有五十多万字，保存了大量史料。其中关于扬雄的史料也比较多。

同治《成都县志》中记录的扬雄史料大体包括三类，一是引用扬雄的著述来证成都史地；二是记载扬雄留下的遗迹，多半是纪念性质的亭馆；三是考订扬雄留下的著述文章；四是歌咏扬雄和扬雄遗迹的诗文。因篇幅原因，以扬雄事迹和遗迹为主题的诗文，本文暂不讨论，留待将来。

同治《成都县志》中引用扬雄的著述来论证成都历史古迹的，大概有以下几条。

卷一《舆地志第二 · 形势》：

井络储精，坤宫奠位。（扬雄《蜀都赋》）

华阳西极，黑水南流。（扬雄《益州箴》）

扬雄是蜀人，他的著述《蜀王本纪》《蜀都赋》《益州箴》都是以蜀地为背景的著作辞章。“井络储精，坤宫奠位”一语见扬雄《蜀都赋》第一段，原文是这样的：“上稽乾度，则井络储精；下按地纪，则坤宫奠位。”[①] 这两句是对蜀地的天文分野和地理方位描述。用“乾度”来代指天上星辰定位规则，“井络”则是指二十八宿中的井宿，对应着蜀地的岷山各地。如前人引《河图括地象》曰：“岷山之地，上为井络，帝以会昌，神以建福。”这种说法，不仅见于《华阳国志》，还为历代文人用来形容四川，如王勃、李商隐诸人。

“华阳西极，黑水南流”出自扬雄《益州箴》，描述四川的地理环境。有说这两句当作“华阳南极，黑水西流”[②]。四川地区在华山之南，故名华阳，黑水之说，见《禹贡》“华阳黑水惟梁州”，认为蜀地境内有黑水。至于古黑水是哪条河流，恐难确考。

卷一《舆地志第二 · 山川》：

天回山在县北三十里。（扬雄《蜀记》以杜宇自天而降号曰天隳）

扬雄关于四川地区最重要的历史著作是《蜀王本纪》，但久已散佚。历代均有辑本。辑本《蜀王本纪》[③]：“后有一男子名杜宇，从天堕，止朱提。”没有提到杜宇“降”于何地。此后四川类似“天回”“天隳”的山名不止一两处。成都天回山即是其一。

卷一《舆地志第二 · 疆域》：

扬雄《蜀本纪》：蜀王据有巴蜀之地，本治广都樊乡，徙居成都。秦惠王遣张仪、司马错定蜀，因筑成都而县之。成都在赤里街，张若徙至少城内，始造府县寺舍，令与长安同制。[④]

这段是成都城市的起源和变迁，应该是记载成都城池历史最早的史料。扬雄于成都可谓功莫大焉。作为成都的方志，当然要大书特书。

卷二《舆地志第二 · 祠庙》：

龙女祠，唐即有祠，近扬雄宅。高骈筑罗城徙西门外。孟蜀封睿圣夫人。又见元费著《岁华纪丽谱》。

---

① 扬雄：《扬雄集》，上海古籍出版社 1993 年版，第 1 页。
② 扬雄：《扬雄集》，上海古籍出版社 1993 年版，第 334 页。
③ 扬雄：《扬雄集》，上海古籍出版社 1993 年版，第 245 页。
④ 扬雄：《扬雄集》，上海古籍出版社 1993 年版，第 248 页。

这里提到扬雄在成都的宅邸和唐代的龙女祠相邻。

卷二《舆地志第二·古迹》

扬雄宅，即今县治。《寰宇记》：在少城西南角，一名草元堂。《方舆胜览》：中有载酒亭、洗墨池。

草元亭，治南扬雄宅内。《寰宇记》在少城西南。

载酒亭，《成都文类》：益州中兴寺内有墨池，扬子云读书处，画像存焉。《图经》：中兴寺有子云载酒亭。

解嘲亭，宋庆历八年提刑司高惟几建。何涉《墨池准易堂记》：池心筑台，置亭其上，曰解嘲亭。

草元堂，治西南扬子云宅内，今废。

准易堂，宋庆历八年，提刑司高惟几建。何涉《墨池准易堂记》：直北而堂曰准易，绘子云遗像正位南向。今废。

草白堂，即洗墨池，明布政使程正谊建，国朝成都府知府冀应熊重建。池前立碑书洗墨池三大字。

洗墨池，县署前。汉扬雄草《太元经》处。宋米芾书洗墨池三字。明知府耿定力勒石。万历十六年，左布政程正谊浚广地基，甃石为岸。国朝康熙二年，知府冀应熊建草亭木桥，亦书洗墨池三字勒石以纪其事。道光元年，学使聂铣敏购置黄元澍亘连三大院，以中院为墨池书院，左为东园，右为廉泉精舍。后有紫竹数丛，为潇湘别馆，为竹韵堂。池东为蕉红桐碧之轩，池西为夕佳亭，为紫藤书屋。池之中则有先月楼，处处点缀花草竹木，图画天然，今为芙蓉书院，余见《学校志》。

同治《成都县志》中提到有关扬雄的古迹有“扬雄宅、草玄亭、载酒亭、解嘲亭、草玄堂、准易堂、草白堂、洗墨池”共九个。但这九处应该都在一个地方，相距不远，都在清代成都县治所在。“扬雄宅”可能是当年扬雄的居处，也可能是后人为纪念扬雄而建造的类似现在“纪念馆”一样的建筑。庭院中必有池塘，命名为洗墨池，也是顺理成章的。“草玄亭、载酒亭、解嘲亭、草玄堂、准易堂、草白堂”这些建筑，应该主要体现纪念意义。扬雄是四川的文化标志之一，以上这些建筑都是成都的文化地标，也包含了关于扬雄的掌故。“草玄堂、草玄亭”的意思应该一样，都是纪念扬雄写作《太玄经》的地方。至于是否在此写《太玄经》，还是应表示怀疑。扬雄四十多岁到京师，晚年作《太玄经》，应该写于长安才对。“载酒亭”应该是纪念扬雄好饮酒，后学往往载酒来请教学问的故事。“解嘲亭”则是扬雄有名篇《解嘲》。“准易堂”则是扬雄准《易》而作《太玄》之意。至于“草白堂”是何意义，暂不可考。

卷三《食货志第三·物产》：

龟，《续博物志》云，扬雄《蜀王本纪》言张仪筑城，依龟行迹筑之。

检《扬雄集》中《蜀王本纪》，未有查到此条。待考。

卷四《选举志第七·荐辟》：

扬雄，成都人，以荐待诏，除为郎。

按此条据《汉书》卷八七《扬雄传》："扬雄，字子云，蜀郡成都人也。"又云："除为郎，给事黄门。"

卷六《人物志第八·儒林》：

扬雄，《汉书》本传，字子云，成都人，少而好学不为章句，博览无所不见。为人简易佚荡，口吃不能剧谈，嘿而好深湛之思。清静亡为，少嗜欲，不汲汲于富贵，不戚戚于贫贱，不修廉隅以徼名当世。家产不过十金，乏无儋石之储，晏如也。自有大度，非圣哲之书不好也。非其意，虽富贵不事也。顾常好辞赋。先是，蜀有司马相如，作赋甚宏丽温雅，雄心壮之。每作赋常拟之以为式。孝成帝时，有荐雄文似相如者，上方郊祠甘泉，泰畤，汾阴，后士，以求继嗣。召雄待诏承明之庭，正月从上甘泉，还奏《甘泉赋》以风，天子异焉。其三月祭后土，还上《河东赋》。十二月羽猎，雄从，因上《校猎赋》以风。明年，雄从至射熊馆还，上《长杨赋》。哀帝时，丁傅董贤用事，时雄方草《太元》，有以自守，泊如也。或嘲雄以元尚白而雄解之曰《解嘲》，客有难《元》太深，雄解之曰解难。雄见诸子各以其知舛驰，是非颇谬于经，故撰《法言》。赞曰，初雄年四十余，自蜀来至游京师，大司马王音荐雄待诏，除为郎，给事黄门。三世不徙官，及莽篡位，以耆老久次转为大夫。恬于势利乃如是。实好古而乐道，其意欲求文章成名于后世。以为经莫大于《易》，故作《太元》。传莫大于《论语》，作《法言》。史篇莫善于《苍颉》，作《训纂》。箴莫善于《虞箴》，作《州箴》。赋莫深于《离骚》，反而广之。词莫丽于相如，作四赋。皆斟酌其本，相与放依而驰骋云。用心于内，不求于外，于时人皆曶之，唯刘歆及范逡敬焉，而桓谭以为绝伦。年七十一，天凤五年卒。王邑严尤闻雄死，谓桓谭曰，子常称扬雄书，岂能传于后世乎。谭曰，必传。昔老聃者著虚无之言，薄仁义非礼学，然后世好之者尚以为过于五经。扬子之书文义至深而论不诡于圣人，若使遭遇时君，更阅贤知为所称善则必度越诸子矣。

扬信，刘向《别录》，字子乌，雄第三子，幼而聪慧，雄算《元经》不企，子乌令作九数而作之。雄又拟《易》，羝羊触藩弥日不就，子乌曰，大人何不云荷戟入榛。《华阳国志》，乌童七岁预雄《元》文，九岁而夭。

卷七《人物志第八·高士》:

(严君平),扬雄少时从游学。及雄著书言当世事,称曰:蜀严湛冥,不作苟见,不治苟得,久幽而不改其操,虽随和何以加诸,举兹以旃不亦宝乎。

卷七《人物志第八·流寓》:

汉侯芭,巨鹿人,扬雄弟子,受其《太元》《法言》,雄卒,为起坟,丧之三年,见《汉书·扬雄传》。

以上大都节录自《汉书》,除了扬雄的传记,还有扬雄的老师严君平、儿子扬信、弟子侯芭与扬雄有关的事迹言行。有严君平这样澹泊似庄周的人,扬雄"清静亡为,少耆欲,不汲汲于富贵,不戚戚于贫贱,不修廉隅以徼名当世"的行为就很好理解了。严君平除了研究《老子》,有《老子指归》,还著有《周易骨髓决》,这不难看出扬雄著与《周易》类似的著作《太玄经》的学术渊源。扬雄的儿子扬信在七八岁时就能给父亲著书以启发,可谓天才世家,可惜九龄就去世了。侯芭是扬雄的弟子,也是传承扬雄学问的关键人物。如果没有侯芭等人,扬雄的著述,扬雄那艰深的学问就很难传下来。

卷九《经籍志第十·经籍》:

《太元经》十卷,汉扬雄撰。雄作《法言》拟《论语》,又作此书以拟《易》。宋衷、陆绩各为之注,范望又删定二家之注并自注赞文,定为此本。以《元首》一篇分冠八十一家之前,以《元测》一篇分系七百二十九赞之下,如费直之析十翼附《周易》,亦自望始也。

《法言》十卷,扬雄撰。宋司马光集注,旧本小序一篇在十三篇之末,宋咸始散置卷首,光亦仍之。雄《长杨》诸赋,文章殊绝,《训纂》诸书,于小学亦深。惟此书摹仿《论语》徒为貌似,不知光何取而注之。殆以尊圣人谈王道持论犹近正欤。

《训纂》一篇,扬雄撰。《汉书·艺文志》:《苍颉》七章者,秦丞相李斯所作也。《爰历》六章者,车府令赵高所作也。《博学》七章者,太史令胡毋敬所作也。文字多取《史籀篇》而篆体复颇异。所谓秦篆者也。是时始造隶书矣。起于官狱多事,苟趋省易,施之于徒隶也。汉兴,闾里书师合《苍颉》《爰历》《博学》三篇断六十字以为一章,凡五十五章,并为《苍颉篇》。武帝时,司马相如作《凡将篇》无复字,元帝时黄门令史游作《急就篇》,成帝时将作大匠李长作《元尚篇》皆苍颉中正字也。《凡将》则颇有出矣。至元始中,征天下通小学者以百数,各令记字于庭中。扬雄取其有用者以作《训纂篇》。顺续《苍颉》又易《苍颉》中重复之字凡八十九章。

《官箴》一卷，《玉海》：扬雄撰《州箴》十二，《卫尉》等箴十二。

《蜀记》一卷，《隋经籍志》，扬雄撰载蚕丛以前洪荒之事，下迄西汉，有本纪，有传，李膺、常璩多引用之。

《方言》十三卷，旧本题《扬雄》撰，然于古无征。许慎《说文》引雄说皆不见于《方言》，其义训用《方言》者又不言扬雄。至后汉应劭始称雄作，疑依托也。

《反离骚》一卷，扬雄撰。《玉海》，扬雄作书，摭《离骚》文而反之，名曰《反骚》，又傍《离骚》作重一篇，名曰《广骚》，又傍《惜诵》以下至《怀沙》一卷，名《畔牢愁》。

《扬子云集》六卷，副都御史黄登贤家藏本。案《汉书·艺文志》《隋书·经籍志》《唐书·艺文志》《唐志》皆载雄集五卷，其本久佚。宋谭愈始取《汉书》及《古文苑》所载四十余篇，仍辑为五卷，已非旧本。明万历中，遂州郑朴又取所撰《太元》《法言》《方言》三书及类书所引《王本纪》琴清英诸条与诸文赋合之，厘为六卷，而以逸篇之目附卷末，即此本也。雄所撰诸箴，《古文苑》及中兴书目皆二十四篇，惟晁公武《读书志》称二十八篇，《司空》《尚书》《博士》《太常》四篇。是集复益以《太官令》《太史令》为二十篇。考《后汉书·班固传》注引雄《尚书箴》。《太平御览》引雄《太官令》《太史令》二箴，则朴之所增未为无据。然考《汉书·胡广传》称雄作《十二州箴》《二十五官箴》，其九箴亡，则汉世止二十八篇。刘勰《文心雕龙》称卿尹州牧二十五篇，则又亡其三。不应其后复出。且《古文苑》载《司空》等四箴，明注崔瑗之名。叶大庆《考古质疑》又摘《初学记》所载《润州箴》中乃有六代都兴之语，则诸书或属误引未可遽定为雄作也。是书之首又冠以雄始末辨一篇，乃焦竑《笔乘》之文。谓《汉书》载雄仕莽作符命，投阁，年七十一，天凤五年卒。考雄至京见成帝年四十余，自成帝建始改元至天凤五年计五十有二岁，以五十合四十余已近百年，则与年七十一者又相牴牾。又考雄至京，大司马王音奇其文，而音薨于永始初年，则雄来必在永始之前。谓雄为仕于莽年者妄也。

扬雄是成都地区最早留下著作的文化名家之一。同治《成都县志》卷九著录扬雄的作品非常周详，而且还有较为详细的考订，这点胜过同期的同治《郫县志》。《太玄经》条下记云：“宋衷、陆绩各为之注，范望又删定二家之注并自注赞文，定为此本。”说明此书的版本源流。《法言》条下说：“惟此书摹仿《论语》徒为貌似”，一语说中《法言》的要害，也是此书不能像《论语》那样广泛流传的重要原因。《训纂》一篇，虽然久已亡佚，但县志仍然条理其源流，整理其史料，让读者知道其大概。县志编者可能没有读到扬雄的《官箴》，故着墨不多。《蜀记》当即《蜀王本纪》的别称，虽然已经散佚，"李膺、常璩多引用之"，犹有辑本传世。《方言》十三卷，因为出现在史料中比较晚，县志编者怀疑其委托。可参考。《反离骚》等作品，县志也据史料进行汇总，可供继续收辑。对《扬子云集》的成书过程，传世诸版本，书的散佚情况做了详细的记录，并有大篇幅考订。这些都有利于乡人了解扬雄作品的存佚状况。

同治《成都县志》细心收辑扬雄的史料，对表彰先贤，鼓励后进，无疑有巨大作用。而且，县志也方便有志于研究先贤著述的后学按图索骥，免入迷途。总的说来，同治《成都县志》对扬雄史料的搜集整理，功莫大焉。

（作者单位：成都市宏明电子实业总公司）

周亮工《因树屋书影》论扬雄

高光俊

内容摘要：周亮工是明末清初以博闻强记著称的学问家，和扬雄的学问广博非常相似，也是扬雄的崇拜者。今从周亮工的笔记《因树屋书影》来看周亮工对扬雄的看法，并初步梳理其史料来源。总的说来，周亮工对扬雄的崇拜表现为佩服其学问，欲辨白其污点。

关键词：扬雄；周亮工；《因树屋书影》

《三字经》有云："五子者，有荀扬，文中子，及老庄。"《三字经》是普及读物，将扬雄列为最重要的"五子"之一，足可见其在历代文化人心目中的地位。对著名历史人物有褒贬看法是很正常的，有扬雄"粉"（崇拜者），也有扬雄"黑"（厌恶者）。历史上最著名的"扬雄黑"当属南宋朱熹。因为朱熹身后地位越来越高，让元明清三代官方对扬雄非常不友好。不过，历代"扬雄粉"的数量更是非常多，明末清初的学者周亮工就是一个。

周亮工（1612—1672），字符亮，又字减斋，明末清初人，先世久居抚州之栎下，故号"栎园"，士人尊称"栎下先生"。河南开封府祥符县人。一生博闻强记，著述甚丰，今存十余种。周亮工在顺治十六年（1659）作于刑部大狱之中的《因树屋书影》（又称《书影》），多次提到扬雄著作，百计为扬雄辩白，连《四库撤毁书〈书影〉提要》也看不下去了，说："至扬雄仕于王莽，更无疑义，而杂摭浮词，曲为之辨。"可见周亮工是扬雄的崇拜者无疑。《因树屋书影》中专论扬雄的段落共有七处，今逐一论列。历来《因树屋书影》各版本略有差异，今以康熙间周亮工自刻本为准。底本有误，用【】增入正确的字。

苏长公讥扬雄好为艰深之辞，以文浅易之见，极中其膏肓。而重入者至谓其以《太玄》拟《易》，以《法言》拟《论语》，有僭经之罪，不足以服其心。夫圣人之言，偶成一体，垂之后世，何妨为诵法者所效仿。《左传》本之《尚书》，四言本之《三百》，后人之文因前人规模者何限！若夫辞有繁简，制有多岐【歧】，则踵事而渐增者耳。即如尊经翼圣，莫如朱紫阳，而《纲目》一书，全拟《春秋》，且以托始威烈，为直接麟经之嫡统者，又何以解乎。故曰不足以服其心也。若以规规摹袭，略无生韵，开后世拟托之滥觞为子云，嘲笑则可耳，罪之僭经，知乎反艺苑者，当必为之末减矣。彼《易林》亦属拟《易》，而文辞奥异，为后世所推重，亦未闻其以僭经罪也。〇苏明允作《春秋论》，谓孔子以天子之权予鲁，未尝自作。而迁、固之史，有是非而无赏罚，史臣之体宜尔。至末则曰，后之效孔子作《春秋》者，吾惑焉。谓其赏人功，赦人罪，去人族，绝人国而贬人爵，皆天子之权，而非他经可比也，况进退天子之爵号乎？以此言之，则紫阳僭经之罪，似浮于子云。而后世不之及，予固未敢深论也。（卷一）

按，苏长公即苏轼，其说法见《与谢民师推官书》，原文如下："辞至于能达，则文不可胜用矣。扬雄好为艰深之词，以文浅易之说，若正言之，则人人知之矣。此正所谓雕虫篆刻者，其《太玄》《法言》皆是类也。而独悔于赋，何哉？终身雕虫，而独变其音节，便谓之经，可乎？"苏轼主张作文要"辞达"，不要像扬雄一样，故意用艰深的语言来装点平常简单的观点。《法言》和《太玄经》都是这类故作高深的"雕虫"作品，不值得效法。周亮工也认为苏轼的说法一语中的，"极中其膏肓"。周亮工这样的扬雄崇拜者，也认识到扬雄的毛病，可见"为贤者讳"也有他的底线。

下一段是周亮工对世人认为扬雄"拟经"看法辨析，值得玩味。在明清两代，孔子五经的地位达到顶点，当时有人认为扬雄自己的作品模拟孔子经典——"以《太玄》拟《易》，以《法言》拟《论语》"，属于"僭经"，是超过自己身份地位的越界作法。周亮工者认为这个"不足以服其心"，可以分为两说。其一是："夫圣人之言，偶成一体，垂之后世，何妨为诵法者所效仿。"后代学者仿效前代成功的文体书籍，这非常正常，就像《左传》仿《尚书》，四言诗仿《诗经》，《易林》模仿《易经》，都是再平常不过的事情，从没有人说他们"僭经"。但扬雄某些作品"规规摹袭，略无生韵，开后世拟托之滥觞"，则必须正视其坏处，不能开脱其过失，"嘲笑则可耳"。大约周亮工不满意朱熹诋毁扬雄，暗中反"将"了已经类似"圣人"的朱熹一军。周亮工说："尊经翼圣，莫如朱紫阳，而《纲目》一书，全拟《春秋》，且以托始威烈，为直接麟经之嫡统者，又何以解乎。"他认为朱熹作《通鉴纲目》，直接续写《春秋》，才是真正的僭越，并引用苏明允之言说："后之效孔子作《春秋》者，吾惑焉。谓其赏人功，赦人罪，去人族，绝人国而贬人爵，皆天子之权，而非他经可比也，况进退天子之爵号乎？以此言之，则紫阳僭经之罪，似浮于子云。”大意是说，朱熹不仅模仿《春秋》，简直是在代圣人发言，代天子行权，才是真正的越权僭位行事。朱熹的罪过远大于扬雄，人们不去嘲笑朱熹，却来嘲笑扬雄。结尾说“予固未敢深论也”，自己也明白批评朱熹有危险。周亮工的儿子在重刻《书影》时，怕得罪人，把这句删掉，也没逃脱此书被官方查禁的命运。诋毁朱子，恐怕也是周亮工身后罪名之一。

扬子云恬澹寡营，不兢【竞】时名，以卖文自赡，文不虚美，人多恶之。及卒，其怨家取《法言》，援笔益之曰：“周公以来未有汉公之懿也，勤劳则过于阿衡”云云缮写行世。至今靡有白其心迹者。见《潜居录》。〇此说与其疑也，宁信。《美新》可知矣。冯元成以《美新》为刘棻作。（卷二）

按，检四库全书本《说郛》卷三二《潜居录》云：“扬子云恬澹寡营，不竞时名，以贾文自赡，文不虚美，人多恶之。及卒，其怨家取其《法言》，援笔益之曰：‘周公以来未有汉公之懿也，勤劳则过于阿衡’云云，缮写多行于世。至今靡有白其心迹者。”两相对照，差异不大。周亮工意在引用《潜居录》为扬雄辩白《法言》中表扬王莽的句子是别人塞入《法言》的。周亮工可谓费尽心力的“铁杆粉丝”矣。《潜居录》为何人所作已不可考，其史料来源也不可考。究竟能不能作为证据洗脱扬雄的嫌疑，难说。周亮工附带也把《剧秦美新》一文作者推给刘棻。这些现在都还缺乏坚实的史料支撑。现在看来，扬雄是否附于王莽，不是非常重要。王莽不过是失败的改朝换代者，才让人避之唯恐不及。如果王莽像赵匡胤一样成功了，似乎就另当别论。据《论语》，孔子沉潜下层，奔走衣食，也多次忍不住想投靠地方小势力甚至叛军。设想扬雄在汉帝国一直不得意，忽然有新兴势力向其递出橄榄枝，难免会心动，况且王莽真的能打扮作圣人的模样。如果扬雄当时为了自保和报答“知遇之恩”而写歌颂文字，也是人之常情。

蜀秦宓《与王商书》：如扬子云潜心著述，有补于世。泥蟠不滓，行参圣师。于今海内，谈咏厥辞。邦有斯人，以耀四远。怪子替兹，不立祠堂。于司马相如云，虽有王孙之累，犹孔子大齐桓之霸，《公羊》贤叔术之让云云。使《美新》果出子云，则宓亦当云虽有《美新》之累矣，何以称行参圣师耶！焦澹园为子云辨证甚明，似可引此为助。（卷三）

按，秦宓《与王商书》见陈寿《三国志·蜀书·许麋孙简伊秦传》。周亮工以秦宓的书信中没有提到扬雄依附王莽的事，就断言扬雄不曾依附王莽。这个论据显然不够充分。一封书信哪能写完所有的事情，也有可能秦宓因尊重扬雄而为之讳。或在秦宓眼里，扬雄曾经依附王莽根本不是什么问题。

扬雄《五经钩沉》曰：圣人之生，必资于阴阳。阴阳之理，即圣人所尽。但尽阴阳之理，则元照之本自见。此谓不求于自知，而理尽自然知者。按此则扬雄又有《五经钩沉》。（卷四）

按，明万历刻本《初学记》卷十七“先识玄照”条：“扬雄《五经钩沉》曰，圣之生必资于阴阳。阴阳之理，即圣人所尽；但尽阴阳之理，则玄照之本自见。此谓不求于自知，而理尽自然知者。”《汉魏遗书》辑本晋杨方《五经钩沉》第一条与上引《初学记》全同。汉魏遗书本《五经钩沉》之《序录》考证《初学记》误将杨方作扬雄。杨方，字公回，会稽人，有异才，补高梁太守，著有《五经钩沉》《吴越春秋》等，《晋书》有传。

扬雄《覈灵赋》曰：夫《易》之始，河序龙马，雒呈龟书。见《困学纪闻》。此赋名仅见。（卷七）

按，《扬雄集》中辑录《覈灵赋》残句：“河出龙马，雒贡龟书”，云引自《文选》陆倕《石阙铭》注。《困学纪闻》：“扬雄《覈灵赋》曰：《大易》之始，河序龙马，雒贡龟书。”上两书皆与周亮工的记录有小差异。应该是周亮工误记。《困学纪闻》中录清代何焯注：“《子云传》本《自序》，止于四赋，《覈灵》或出依托。何足据乃欲持以断此等大公案耶？”可参考。

《西京杂记》载卓文君为相如作诔。梁刘孝威诗：“君平子云閴不嗣，江汉英灵信已衰。”余按《史记相如传》天子访相如遗书，其妻对曰：“长卿固未尝有书也。”相如似是无子，故妻为之对耳。以此证之，相如、君平、子云皆弗嗣矣。子云姓扬，后世无有扬姓之人，亦是一证。杨用修云：宋杨补之，子云之后，字从“扌”不从“木”，与刘孝威诗异矣。（卷九）

按，此条嘉庆《郫县志》卷四十二《杂志》引，并说：“孝威诗言閴不嗣者，盖叹江汉之英灵昔盛今衰，人材寥落，更无人继君平之芳躅而绍子云之文藻耳。非谓其无后也。假令二人有子皆为中下之质，不能象贤，岂亦足当江汉英灵之所聚耶。然则以不嗣为无后说诗者，未免泥于一字之失矣。”已经标明周亮工乃是误会了刘孝威诗意，用来考证司马相如、扬雄、严君平等人均无后裔。刘孝威乃是慨叹自汉代严君平、扬子云等人后，蜀中再无领袖群伦的学问大家。经过千多年的沧桑，四川地区多次毁灭性的战争，若认真考证扬雄有无后裔，真是非常困难的事了。

扬子云投阁之事，宋孙明复曰：《太元》一书，乃明天人始终之理，君臣上下之分，盖疾莽而作也。王介甫诸家以年数考之，谓子云与莽不相及，及上符命投阁，恐系谷子云事，凿凿有据。是何世人忍于污蔑贤者如此！李本宁在川西以此段刻之墨池上，乃与同时意见不合，后竟入弹章。不但贤者被诬，即代辨诬之人，

亦被祸矣。冤哉。（卷九）

按，前贤今人考证扬雄是否依附王莽“新朝”的事，已经连篇累牍，不必多言。在下看来，扬雄无论依附王莽与否，都不减其光芒，只合同情其遭遇、佩服其学问。年代越来越久远，也很难梳理其史料获得确证。像王安石、周亮工这样佩服扬雄的学问，并一再洗刷其污点的人，历史上还有很多。这无疑是受到扬雄学问的影响，读其书，崇拜其人，并希望自己的崇拜者非常完美，也是人之常情。

列代文化人对扬雄的喜恶，是一个有趣的观察点，可以看出扬雄的影响力和学问的渗透力。周亮工仅仅是千百年来扬雄崇拜者中的一员。

（作者单位：彭州市磁峰镇花塔村）

从海外汉学与文旅整合看扬雄的历史名人效应

卢 婕

内容提要：扬雄作为四川历史文化名人，对四川的文化和经济建设具有不容小觑的影响。在利用扬雄的名人效应促进四川文化和经济建设之时，需要注重本土学者和海外汉学界对扬雄研究的视界融合，以及充分实现扬雄文化名人效应与旅游经济的相互促进作用。

关键词：扬雄；海外汉学；文旅整合

从2016年12月起，四川省组织成立了四川历史名人专题调研组，分赴全省21个市（州）开展调研，详细了解四川历史名人整体概况以及遗址遗迹等情况。2017年7月4日，四川历史名人文化传承创新工程领导小组对首批四川历史名人复选名单进行了审议，最终确定大禹、李冰、落下闳、扬雄、诸葛亮、武则天、李白、杜甫、苏轼、杨慎为首批四川历史名人。扬雄因其在文学、哲学、经学、美学、语言学等多个领域的突出贡献，以及他所倡导的人与自然和谐相处的生存智慧、身处逆境却安之若素的乐观豁达和博学深思、明辨笃行的学术追求对后世产生的深远而持续的影响，而当之无愧地入选为首批四川历史名人。然而，作为四川文化界的历史名人，扬雄身上肩负着的使命却不是面向历史，而是面向当代、面向未来的。在当下共建“一带一路”愿景与行动的社会发展大潮中，扬雄担当的新使命是“增强川人的历史记忆、文化记忆、精神记忆，延续中华优秀传统文化的巴蜀脉络，推动中华优秀传统文化传承创新，提升人民群众文化素养，增强四川文化软实力、影响力、竞争力”。因此，如何打好扬雄这张历史文化名人牌为当下的文化和经济建设服务是我们目前亟须思考的新课题。从文化建设而言，本文从扬雄对中外学术界的影响力谈起，探讨以扬雄为研究对象搭建中西学术桥梁、增进中外文化交流。从经济建设而言，本文探讨将扬雄的名人效应与四川旅游经济结合而形成互促共建良性发展态势的路径。

一、花开海内　香飘海外

国际儒联理事、四川师范大学政教学院黄开国教授指出，扬雄是“中国文化史上的一座丰碑，蜀文化史上第一位具有全国性历史影响、百科全书式的文化巨星，最有代表性的人物”。扬雄这位从巴蜀走出去的文化巨人，不仅对我国的多个文化思想领域产生了重大影响，他还对广大的英语世界的学者，尤其是美国汉学界产生了不容低估的影响。近几十年来的扬雄研究呈现出一种“花开海内、香飘海外”的趋势。

（一）花开海内：国内学界的扬雄研究

扬雄，四川成都郫县友爱镇人，作为我国西汉后期著名的文学家、哲学家、经学家和语言学家，他流传于后世的赋、散文和专著对我国历代学者产生了重大影响。其中，他的赋作以《解嘲》《反离骚》《广骚》《酒箴》《甘泉赋》《河东赋》《逐贫赋》《畔牢愁》为代表；散文以《太玄》《法言》《训纂篇》为代表；语言学著作是《方言》。《三字经》云：“五子者，有荀扬，文中子，及老庄”，把他列为“五子”之一。南朝梁代著名文论家刘勰在《文心雕龙》中更是将他的文学成就位列于司马相如之上，并称为“扬马”。唐代除了韩愈和柳宗元极其推崇扬雄之外，杜甫在《奉赠韦左丞丈廿二韵》中言：“读书破万卷，下笔如有神。赋料扬雄敌，诗看子建亲。”刘禹锡则在《陋室铭》中言：“南阳诸葛庐，西蜀子云亭。”把他与“智圣”诸葛孔明相提并论。扬雄在中国传统文化之中的重要地位可见一斑。南宋朱熹尽管站在维护封建君权的立场上，很大程度地贬损和破坏了扬雄的文化地位。“文化大革命”期间，作为讲究“形式主义”的宫廷文学的代表人物，扬雄更是遭遇了史无前例的批判。所幸的是随着改革开放，我国的文艺思想得以“解冻”和“复苏”，扬雄研究也在国内学界再次迎来了百花齐放的春天。

由于扬雄著述甚丰，思想超前，成果丰硕而且多样。从20世纪80年代以来，国内涌现了40多本专著，分别从生平、思想、文学、语言学、考据以及书法等角度对他的成就、局限和影响进行了多视角的探讨。从生平研究来看，2014年远山和张仕芳著《扬雄外传》以及2020年王青著《扬雄传》是其中的翘楚。这一类型的研究多从西汉年间的时代背景以及扬雄的生平经历入手，对扬雄的学术传承、人生态度以及政治态度进行了详细的介绍。而对扬雄思想的研究则主要分为哲学和美学两个板块。前者主要从道家和儒家思想入手，主要著作包括1989年黄开国著《一位玄静的儒学伦理大师——扬雄思想初探》、1993 年陈福滨著《扬雄》、2001 年张强著《宇宙的寂寞——扬雄传》、2006 年郭君铭著《扬雄〈法言〉思想研究》、2009 年郑万耕编著《扬雄及其太玄》、2011 年解丽霞著《扬雄与汉代经学》、2012 年纪国泰著《“西道孔子”扬雄》等。后者主要从扬雄在文学及书法等艺术领域的批评入手，代表性著作是 2008 年万志全著《扬雄美学思想研究》。对扬雄文学成就的讨论一直以来就是扬雄研究的重要组成部分。从文学研究来看，国内学者主要从文学创作与作品风格入手研究扬雄在中国文学史的独特地位与重大影响。从文学创作入手的研究包括 1993 年沈东青著《扬雄从模拟到创新的典范》和 2007 年魏鹏举编著《疏离体制化的书写：扬雄写作的文化诗学研究》。从作品风格入手的研究以 2004 年万光治著《蜀中汉赋三大家》为代表，他用“博雅深沉”高度总结了扬雄所作汉赋的特点。从语言学角度解读扬雄思想是近年来颇有成效的研究视角：《方言》作为中国历史上最早的语言学专著，是探索扬雄语言学观点的最好途径。1992 年刘君惠等著《扬雄方言研究》、2003 年李恕豪著《扬雄〈方言〉与方言地理学研究》、2011 年王彩琴著《扬雄〈方言〉用字研究》、2011 年王智群著《〈方言〉与扬雄词汇学》等著作都分析了《方言》中呈现出的扬雄独特的语言观。2011 年路广著《〈法言〉〈扬雄集〉词类研究》独辟蹊径，以扬雄的《法言》为语料库进行词类研究为扬雄的语言学研究开拓了一条新思路。除此之外，对扬雄的书法研究是我国学者独有的研究角度，国内现有的代表性成果是 2010 年龙开胜书《龙开胜书法字帖五种汉扬雄解难》。最后，作为扬雄研究中最基础和传统的考订与校注研究也取得了新的突破。郑文、林贞爱、张震泽等对扬雄的多本著作进行了整理、校注、笺注。他们为中外现代扬雄研究的学者提供了非常重要的保障。

除了对扬雄研究的专著之外，国内学术期刊对扬雄研究的成果也蔚为大观。截至 2017 年 12 月，以“扬雄”为主题词在中国知网检索到的学术期刊论文多达 1231 篇。国内学术期刊所发表的扬雄研究成果主要有三大特点：影响大：60 余篇相关论文发表在包括以《社会科学战线》《四川师范大学学报》《西南民族大学学报》《山东大学学报》《文史哲》《河北大学学报》《西北大学学报》《贵州社会科学》等国内权威学术期刊。历史久：1905 年《国粹学报》发表的《书扬雄传后》距今已有两个世纪历史。发展曲折：从 1905 年发源之后，国内期刊对扬雄的研究经历了半个多世纪的沉默和断裂（从 1905—1977 仅有 8 篇论文发表），然后在 1977 年到 2010 年稳定发展（共有 654 篇相关研究成果）。目前国内扬雄研究处于繁荣与飞跃阶段：从 2010 年至今短短十几年时间发表的相关论文数量约占总量的二分之一。

最后，从 21 世纪初至今，国内共有 33 篇博硕士论文分别从中国古代文学、汉语言文字学、中国哲学、文艺学、中国古典文献学、语言学及应用语言学、中国古代史、历史文献学以及政治学理论的角度对扬雄进行了专门研究。其中，1999 年杨福泉以《扬雄研究》获得浙江大学博士学位；2001 年石晓宁以《扬雄的明哲保身思想、文学创作和文论中的若干问题》获复旦大学博士学位；2005 年郭君铭以《扬雄〈法言〉思想研究》获北京师范大学博士学位；2006 年解丽霞以《扬雄与汉代经学》获中山大学博士学位；2006 年马莲以《〈扬雄集〉词汇研究》获华东师范大学博士学位；2006 年万志全以《扬雄美学思想研究》获山东师范大学博士学位；2007 年王智群以《〈方言〉与扬雄词汇学思想研究》获华东师范大学博士学位。以上七位青年学者不约而同地将扬雄作为自己的博士论文研究对象，进行系统和严肃的科学论证。这一现象有力地证明了扬雄在文学、哲学、美学和语言学等各个领域的重要价值。扬雄研究在本土虽然几经沉浮，但终究因其本身的重要价值吸引了国内众多人文学者的研究兴趣，结出丰硕的果实。

（二）香飘海外：海外汉学界的扬雄研究

扬雄在文学、哲学和语言学方面的成就还引起了广大海外学者的研究兴趣。以英语世界扬雄研究的发展为例，20 世纪中期英国汉学家、中国诗歌翻译先驱阿瑟·韦利（*Arthur Waley*）就翻译了扬雄的《逐贫赋》（*Driving away Poverty*），这是西方学者第一次关注到扬雄在中国古典文学中不可忽视的影响。随后，西方扬雄研究的重点基地转移到了美国：1971 年华兹生（Burton Watson）的《汉魏六朝赋选》（*Chinese Rhymed Prose: Poems in the Fu Form from the Han and Six Dynasty Periods*）和海陶玮（James Robert Hightower）的《中国文学论题》（*Topic in Chinese Literature*）介绍和研究了扬雄在中国赋学史的地位。同年梯莫特乌斯·波柯拉（Timoteus Pokora）发表《桓谭和扬雄论司马相如：散见于历史与传统中的一些评价》（*Huan T'an and Yang Hsiung on Ssu - ma Hsiang - ju: Some Desultory Remarks on History and Tradition*），介绍了扬雄的文学价值观和审美观。1984 年柯蔚南（Weldon South Coblin）发表了《扬雄的韵母系统》（*The Finals of Yang Xiong's Language*），这是西方第一次关注扬雄的语言学著作《方言》。1986 年倪豪士（William Nienhauser）出版的《印第安纳传统中国文学指南》（*The Indiana Companion to Traditional Chinese Literature*）收录何沛雄（Ho，Kenneth Pui - Hung）著《扬雄》（*Yang Hsiung*），这是海外较早对扬雄生平进行研究的成果。

美国扬雄研究的权威人士是华盛顿大学亚洲语言文学系资深教授、世界著名汉学家、美国人文科学院院士康达维（David R. Knechtges）教授。康教授是西方的赋学研究集大成者。他早在 1968 年就以《扬雄辞赋与汉代修辞研究》（*Yang Shyong, the Fuh, and Hann Rhetoric*）获得华盛顿大学博士学位。在之后的学术生涯中，康达维教授对扬雄和汉赋的研究持续了近半个多世纪，是西方汉学界当之无愧的对扬雄研究最为深入和成果最多的第一人。他继博士论文后，于1968年出版了《两种汉赋研究》（*Two Studies on the Han Fu*）。1976年他发表的《汉代狂想曲：扬雄赋研究》（*The Han rhapsody: a study of the fu of Yang Hsiung*）引发了格雷厄姆（WT Graham）、比肖夫（FA Bischoff）、波克拉（T Pokora）、桑德斯（Tao Tao Sanders）等许多西方同行的评议，对于西方汉学界的扬雄研究来说具有里程碑意义。1982年他出版的《扬雄的汉书本传》（*The Han Shu Biography of Yang Xiong53 B. C. - A. D. 18* ）引发了安妮·M·博雷尔（Anne M. Birrell）等学者发表文章回应，进一步深化和扩大了西方汉学界对扬雄的了解。2002年他出版的《汉代宫廷文学与文化之探微：康达维自选集》（*Court Culture and Literature in Early China*）于2013年由苏瑞隆翻译在中西文明圈中都产生巨大影响，为比较文学研究者进行汉赋以及扬雄的循环影响研究提供了可能。除了以上对扬雄作品的文学价值以及思想价值的细致而精深的探讨的专著之外，他发表的大量学术论文以及翻译的中国赋学研究成果涉及了对扬雄叙事、描述、修辞、影响以及翻译策略的研究。其中主要包括：1972年发表论文《扬雄〈羽猎赋〉中的叙事、描述与修辞》（*Narration, Description, and Rhetoric in Yang Shyong's Yeu - lieh fuh: An Essay in Form and Function in the Hann Fuh*）、1974年发表书评《华兹生的〈中国辞赋〉》（*Burton Watson, trans. Chinese Rhyme - Prose*）、1978年发表论文《打开酱瓿：对扬雄〈剧秦美新〉的文学诠释》（*Uncovering the Sauce Jar: A Literary Interpretation of Yang Hsiung's Chü Ch'in mei Hsin*）、1980年发表《刘歆与扬雄之间关于〈方言〉的通信》（*The Liu Hsin/Yang Hsiung Correspondence on the Fang yen*）、1983年发表《汉赋的可靠性》（*Authenticity in the Han Fu*）、1985年发表《翻译辞赋中的双声叠韵字的问题》（*Problems of Translating Descriptive Binomes in the Fu*）、1988年发表《论赋体的源流》（*On the Origins of the Fu Form*）、1995年发表《翻译辞赋的问题》（*Problems of Translating the Fu*）。他于1997年翻译出版龚克昌所著的《汉赋研究》（*Studies of the Han Fu*），把中国的汉赋研究成果介绍到了西方，产生巨大影响，引发了英国伦敦亚非学院教授傅熊（Bernhard Fuehrer）等学者的回应。

在阿瑟·韦利等汉学家把扬雄研究的希望之种撒播下去之后，又经过康达维等人的浇灌与精心培育，扬雄研究逐渐在西方学术界开花结果。扬雄，这位中国西汉的蜀中名人以其不朽的文学作品和深邃的思想突破了时间与空间的双重阻隔，生动地阐释了中国文人自古以来对“盖文章，经国之大业，不朽之盛事。年寿有时而尽，荣乐止乎其身，二者必至之常期，未若文章之无穷”的人生追求。

20 世纪末至21 世纪初，英语世界的扬雄研究呈现出新的特点。首先，线上古籍文献检索系统“中国哲学书电子化计划”（Chinese Text Project）收入杰弗里·S·布洛克（Jeffrey S. Bullock）翻译的《扬子法言》（*Yangzi Fayan*），网络传播的高效便捷对于扬雄哲学思想的海外传播起到了推波助澜的作用。其次，这一阶段的扬雄研究不仅成果丰硕，而且研究视角多样。英语世界的扬雄研究以专著、期刊论文和学位论文等多种形式集中探讨了扬雄在中国文学史上的地位和影响。比如，1993 年美国加州大学教授戴梅可（Michael Nylan）发表《扬雄著〈太玄经〉》（*The Canon of Supreme Mystery, by Yang Hsiung*）是这一时期影响力仅次于康达维教授的重要成果，引发了昆·莎拉（Queen Sarah）、威拉德·J·彼得森（Willard J. Peterson）、何莫邪（Christoph Harbsmeier）、J. 迈克·法玛尔（J. Michael Farmer）、齐思敏（Mark Csikszentmihalyi）等西方汉学家的关注和回应。除此之外，1995 年任博克（Brook Ziporyn）发表的《扬雄〈太玄经〉的时空顺序》（*Spatio－Temporal Order in Yang Xiong' s Taixuan Jing*）、2003 年柯马丁（Martin Kern）在《哈佛亚洲研究学刊》（*Harvard Journal of Asiatic Studies*）发表《西汉美学与赋的起源》（*Western Han Aesthetics and the Genesis of the Fu*）、2005 年吴茂源（Ng，Eric Mau－yuen）发表《扬雄赋的描述性研究》（*A Study of the Descriptives in the "Fu" of Yang Xiong*）、2014 年侯道儒（Douglas Skonicki）发表《北宋知识分子对扬雄〈太玄经〉的解读》（*Northern Song Intellectual Discourse on Yang Xiong' s Taixuan Jing*）都是这一时期的重要发现。再次，对扬雄的传记研究也得到进一步推广。2001 年《古代世界百科全书》（*Encyclopedia of the Ancient World*）和2010 年《大英百科全书传记》（*Britannica Biographies*）都收入介绍扬雄生平的传记。最后，西方青年学者开始以扬雄为研究对象撰写博士学位论文，他们的研究成果具有系统性、学院化特点，为扬雄作品和思想在海外的传播取得突破性进展做出贡献。目前，继康达维之后，美国又涌现了三位以扬雄为专门研究对象的英语博士论文：1983 年获得乔治城大学（Georgetown University）博士学位的迈克尔·基思·巴内特（Michael Keith Barnett）著《汉代哲学家扬雄：混乱时代求统一》（*The Han Philosopher Yang Xioong：An Appeal for Unity in an Age of Disorder*）、2001 年获得夏威夷大学（university of Hawaii）博士学位的安德鲁·理查德·科尔文（Andrew Richard Colvin）著《扬雄〈方言〉中的连贯性模式》（*Patterns of coherence in the "Fa yan" of Yang Xiong*）和 2010 年获得华盛顿大学（University of Washington）博士学位的康达维教授的弟子马克·杰拉尔德·皮特纳（Mark Gerald Pitner）所著的《中国汉赋中体现的地理：扬雄及其接受》（*Embodied Geographies of Han Dynasty China：Yang Xiong and his Reception*）。

中美两国对扬雄研究的学术热情的持续高涨正说明了四川历史文化名人对全国，乃至全世界产生的深远影响。充分利用好扬雄这张四川历史名人的文化名片来传承和传播中华优秀传统文化，对于提高四川文化软实力、国际影响力和竞争力意义非凡。然而，要打好“扬雄”这张名人牌，我们必须要了解中外对他的不同研究视角和观点，避免因我们自身缺乏对西方汉学界扬雄研究的了解而不能用好“扬雄”这张名人牌。

二、知己知彼　求同存异

从上文已知，扬雄是中外学者都极为关注的文化热点。然而由于中美文化传统的巨大差异、中美研究扬雄的时代和社会背景的不同，以及研究范式和思维习惯的差别，美国学者以“他者”的眼光研究扬雄汉赋时，得出的结论必然有诸多有别于中国学者之处。要打好扬雄这张名人牌，我们务必要以兼收并蓄的心态去了解海外汉学界对扬雄的不同解读，求同存异，在“和而不同”的指导思想之下，达成“各美其美，美人之美，美美与共，天下大同”的理想。

（一）海外学者对扬雄作品的兴趣

中国学者在介绍扬雄汉赋时往往将其分为“大赋”和“小赋”，重点推崇其“四大赋”——《河东赋》《羽猎赋》《甘泉赋》和《长杨赋》，因为它们集中体现了“赋”作为汉代的“一代之文学”所具有的恢弘大气、夸饰铺排等特点。而对于像《解嘲》《解难》《逐贫赋》和《太玄赋》等较大赋而言篇幅更短、语言更朴素的那些侧重于抒写个人心志、托物言志、咏物抒情、针砭现实的“小赋”，中国学者的研究兴趣则相对较小。然而，美国学者对扬雄作品的分类则别具一格。美国的辞赋研究专家康达维将扬雄的作品分为“描述性”（descriptive）、“修辞 - 描述性”（rhetorical - descriptive）和“修辞性”（rhetorical）三类。他认为以娱乐而不是以讽谏为目的的《蜀都赋》（*Fuh on the Shuu Captital*）就是典型的“描述性”作品，因为作者关注的是语言的雕琢，不进行道德示范；《甘泉赋》（*Gan - chyuan fuh*）、《河东赋》（*Her - dong fuh*）和《羽猎赋》（*Yeu - lieh fuh*）则是属于“修辞 - 描述性”作品，因为作者对地点或事件的描述是流于表面的，真正的意图是以间接的方式进行道德劝谏；而《法言》《长杨赋》和《解嘲》则是“修辞性”作品的代表，因为它们是完全以道德劝谏为目的，作者在乎的是伦理道德示范而不是词语的铺排。康达维认为除了《蜀都赋》之外，几乎所有的扬雄作品都不同程度地具有“修辞性”的特点。需要注意的是，康达维所说的“修辞性”不是指比喻、拟人或排比等增强言辞或文句效果的具体手段，而是源自于被视为演讲学的源头的亚里士多德的《修辞学》，所指的是劝说的艺术。同时他还说道："事实上，尽管扬雄的主要兴趣在于修辞性的道德示范，但是对于西方读者而言，也许大家更感兴趣的他的赋中的描述性特征。"他用阿瑟·韦利将赋这种文体描述成通过"对韵律和语言的完全的感官沉醉"（a purely sensuous intoxication of rhythms and language）来达成效果的"文字魔法"（word magic）为例来佐证西方读者对于扬雄赋中对文字运用的极致和机巧的惊叹。笔者认为，对于扬雄《蜀都赋》这篇最典型的"描述性"作品以及一些抒情小赋能够引起西方读者的关注，而在中国享有盛名的大赋却在海外遇冷的原因有三：首先，西式思维和表达本身更直接和外露，不像中式思维和表达那么婉转和含蓄。加之西方读者对于中国文学传统了解不够深入，因此他们难以了解中国的春秋笔法，难以了解"婉而成章""微言大义"等曲从义训，以示大顺的写作传统，难以认同扬雄用笔曲折而意含褒贬，"婉言谲谏"以进行道德劝谏的写作方法。其次，西方读者往往受到扬雄自身"悔赋"之言的影响。康达维分析《法言》中体现的扬雄文学观时引用了《法言》中关于赋乃"童子雕虫篆刻"的论断，他这段话体现了扬雄对诗歌的两种看法。其一，诗歌是教化的工具，主要用于劝说；其二，诗歌是一个审美对象，主要关注对语言富有艺术性的运用。扬雄看重的是文学的劝导作用，因此他晚年放弃了赋这种过于强调语言的装饰性的创作。除了《法言》，康达维还在扬雄的晚期诗赋中寻找他悔赋的蛛丝马迹。比如，在分析《羽猎赋》时，他指出这篇赋是叙事、描写与修辞的混合体，另带有一些魔幻与奇妙色彩……扬雄巧妙地创作了这首赋，将劝说的意图隐藏于叙述和描写之后，但是这么一来，赋原来所具有的修辞性效果大大削弱了。正因为如此，扬雄到了晚年否定赋是一种有效的道德劝诫的方法。从康达维的分析来看，由于扬雄自身意识到赋尤其是大赋这种文学体裁最后对于道德劝诫的效果只不过是"劝百讽一"，因此他及时地放弃这种文学创作活动而转向其他类型的研究不啻为明智之举。正是受到了扬雄"悔赋"之说的影响，西方读者对于其大赋的研究兴趣比起国内同行而言自是黯淡许多。最后，中西方文类学之差异也是导致中西学界关注热点不同的原因。陆机在《文赋》中言："赋体物而浏亮"；刘勰在《文心雕龙·诠赋》中言："'赋'者，铺也，铺采摛文，体物写志也。"白居易在《赋赋》中言："雅音浏亮，必先体物以成章。"从以上文论来看，中国文学传统中的赋是一种状物写景的文类。而在西方文学传统中，与这种文体最为接近的应该是"颂"（ode），尤其是英国浪漫主义时期的雪莱和济慈都曾创作了优秀的颂歌。比如，雪莱的《西风颂》（*Ode to West Wind*）是以气势雄阔、奇丽宏伟的语言描写西风摧枯拉朽的破坏力；济慈的《希腊古瓮颂》（*Ode on a Grecian Urn*）则笔触细腻、语言华美，生动再现了器物的色彩、形状和它带来的感官享受，表达"美即是真，真即是美"的艺术理想更是英语文学颂歌中的翘楚。然而尽管二者风格迥异，却都有一个明显的相同点：这两首颂歌都是以“体物”为特点，借着“体物”以抒发诗人自我的情感和理想。从这方面而言，扬雄的《蜀都赋》非常接近于英语文学中“颂”的传统。扬雄通过对“蜀都”这一客观对象的特殊地理位置、得天独厚的优越条件、丰富的物产资源的介绍呈现了古代蜀都的经济状况和城市面貌，抒发了自己热爱故乡的赤子之情。《蜀都赋》与英语文学中的一些著名颂歌之间存在的在文类和创作技巧方面的相似性是它更能引发西方读者共鸣的重要原因。康达维指出，“《蜀都赋》描绘的是对成都这座被认为当时中国最美丽和繁荣的城市之一的华丽盛景。它是中国文学史中第一篇对城市的颂歌（the first panegyric of a city in Chinese literature）……然而，对城市的颂歌在中世纪的欧洲文学中却相当普遍。一些修辞手册中甚至建立了一些对这类城市赞歌的具体规则。”康达维的论述更进一步说明了《蜀都赋》在英语世界受到好评，很大程度上受到了西方读者对其本土文学传统的接受惯性的影响。

（二）海外学者对扬雄思想的理解

中国学者对扬雄哲学思想的研究长期以来存在着“醇儒”“非儒”和“变儒”之争。而美国学者却几乎毫无异议地认为扬雄思想是中国儒家思想的典范，是“醇儒”。康达维认为《法言》是扬雄对儒家传统的捍卫和辩护。扬雄在《法言》中极力推尊孔子为圣人，崇奉五经，以圣人之道为判定是非的标准，阐扬礼义仁孝等伦常，因此，他“是一位保守的儒家”。这一观点与国内学界认同扬雄为“西道孔子”的身份是一致的。对于国内认为扬雄乃“变儒”或“非儒”的一些评价，康达维以西方学者的立场提出了不同的看法。在对扬雄汉赋的介绍中，他首先介绍了《反离骚》，把它列为扬雄的众赋之首。他评价道：“尽管贾谊也曾对屈原未能‘远浊世而自藏’微表异意，但是扬雄才是公开明确地赋诗反对屈原自杀的第一人。”他以刘勰《文心雕龙·哀吊》之言“扬雄吊屈，思积功寡，意深文略，故辞韵沈膇”为论据，说明中国不将《反离骚》视为杰出的文学作品的原因不是因为其在文学性和思想性上的欠缺，而是因为中国儒家思想推崇的是像屈原那样的以死明志、忠君爱国的道德楷模。然而在他看来，扬雄此诗的重要性甚至超过了其“四大赋”，因为，它“清楚地发出对屈原自杀的‘儒家式’的反对之声”。他分析：“在整个汉代，屈原被奉为儒家美德的典范，他的自杀也被认为是完全正义合理。但是这与宣扬当时代与环境不利于实施个人理想抱负，或者没能遇到贤明君主时，君子最好从不要参与政治生活的传统的儒家教条相悖。而扬雄一生中大部分时间都在倡导这样的儒家原则，尽管在王莽的治狱使者前往天禄阁时他在仓促之间做出了投阁的决定。”由以上论述可见，康达维一方面承认屈原舍生取义的自杀之举符合中国儒家正统思想，但是扬雄在《反离骚》中所提倡的“君子得时则大行，不得时则龙蛇”的思想却暗合了孟子的“达则兼济天下，穷则独善其身”的理念。因此，他显然是不赞同中国学者以《反离骚》之辞而否定扬雄为“醇儒”的结论的。美国滑石岩大学（Slippery Rock University）的科尔文（Andrew Colvin）在对扬雄哲学思想的定位问题上与康达维如出一辙。他指出“屈原把自杀看成是乱世中政治失败后的唯一选择，而儒家在政治抱负不能实现之后仍选择继续旅行、教育和写作以完成自己的理想”。他认为《反离骚》中“君子得时则大行，不得时则龙蛇”的主张不仅不能证明扬雄背叛了儒家思想，反而是扬雄彻底遵循了儒家思想的明证。以此推之，无论是扬雄的《反离骚》和《剧秦美新》，还是扬雄投阁，这些在中国学者眼中严重违背儒家道德的作品和行为“污点”，在康达维和科尔文等美国学者眼中却都是符合儒家教义的。究其根源，西方人文传统中根深蒂固的“生命意识”“个体精神”和“人本思想”无时无刻不渗透在美国学者的治学过程中。因此在对中国儒家思想的接受中，他们选择性地吸收到的是孟子的“穷则独善其身，达则兼济天下”的观念。正是由于西方汉学家对儒家思想的解读是经由美国思维和西方文化模子过滤之后变异了的东方哲学，并非中国儒家思想的全貌和原貌，因此，他们对扬雄思想的认同就不会产生国内学界“醇儒”“非儒”和“变儒”的分歧。

由此可见，要开拓海外的扬雄研究和传播，我们需要采取三个步骤：第一，怀着开放的心态，做到知己知彼、求同存异，尽量了解海外的研究状况，吸引更多的海外学者对扬雄进行深入的研究；第二，在了解到海外扬雄研究的兴趣点、不足点甚至盲点的前提下，有针对性地推出我们自己的研究成果，弥补和纠正海外汉学界的一些偏差；第三，以国际研究会和研究中心等形式为扬雄在国内和海外的传播搭建平台，促成中西合璧，视界融合，形成对扬雄文化价值的普适性认同。2017 年 11 月 11—13 日，由四川省社会科学界联合会、四川省人民政府文史研究馆、西华大学、四川省扬雄研究会、中共郫都区委、郫都区人民政府联合主办，中共郫都区委宣传部、西华大学人文学院、西华大学地方文化资源保护与开发研究中心承办，西华大学四川省人民政府文史研究馆蜀学研究中心、成都文史研究馆、中华孔子学会·蜀学研究会协办的“纪念扬雄诞辰 2070 周年暨四川省扬雄研究会第一届学术会议”在四川成都举行。会议共包括了“扬雄生平与著述研究”“扬雄文学研究”“扬雄哲学研究”“扬雄语言学研究”“扬雄经学研究”“扬雄史学研究”“扬雄与文化中国研究”“有关扬雄接受与传播研究”“扬雄与地方文化研究”“有关扬雄的其他研究”等十个议题。国内 60 余所高等院校、科研院所、出版机构、学术期刊的专家学者和四川省扬雄研究会会员参加会议，群贤毕至，少长咸集，共襄盛举。11 月 11 日上午，大会宣布“四川省扬雄研究会”正式成立。《中国社会科学报》报道“（扬雄）研究会的成立，学术会议的举办，将为成都市传承历史文脉，推动天府文化创造性转化、创新性发展，弘扬中华优秀传统文化提供强大动能。”四川省政府和社会各界在打出“扬雄”这张历史文化名人牌后，他对四川文化界的影响已然初见成效，我们期待着在新的历史机遇中，扬雄影响不仅走出四川，更能作为中华优秀文化的代表走向世界。

三、以文促建　整合包装

除了以扬雄促进海内外的文化交流之外，或许最能直接从扬雄这张历史文化名人牌中获益的当属四川扬雄相关遗址的旅游经济了。文化对社会经济的推动力量不容小觑，文化名人对旅游产业发展的宣传和支撑更是不容忽视。历史文化名人是塑造地方旅游品牌的重要条件。历史文化名人可以使旅游区的形象更为具体、更富有内涵，是提升旅游品牌附加值和竞争力的不竭源泉。因此，充分利用扬雄的名人效应，利用旅游区的平台，打造文化旅游品牌是扬雄服务于地方经济的有效途径。笔者认为要以扬雄拉动旅游经济需要注意两点：以文促建，推动扬雄作品与当地旅游产品的结合；整合包装，以“扬马”共宣四川旅游文化。

（一）以文促建：推动扬雄作品与当地旅游产品的结合

“儒者凌夷此道穷，千秋止有一扬雄。”2017 年 5 月 23 日下午，扬雄故里——成都市郫都区友爱镇举办了四川历史名人文化传承创新工程扬雄名篇诵读大会。通过此次大会，历史文化名人扬雄走出历史、融入当代，走出书斋、面向社会，走出四川，走向世界，成为新一代四川人内心深处“话”的记忆。此次扬雄名篇诵读大会不仅达到了“以文化塑形象、以文化增魅力、以文化聚合力”的目的，从旅游经济上来看，它也为郫都区作为扬雄故里的旅游经济的发展做好了前期的宣传与预热。郫都区作为古蜀国望帝和丛帝两代蜀王的都城“杜鹃城”遗址所在地，其传统名片为“鹃城”，旅游热点是望丛祠。而此次打出的“扬雄故里”新名片，必定可以为其旅游经济增加新的卖点和商机。

扬雄的赋作多以城市、宫廷、园囿等为描写对象，生动地再现了汉代的市井文化、民俗风情、皇家园林和古代娱乐。因此，除了做好现有的扬雄遗迹的保护和宣传之外，以游客参与体验为特点的文化主题公园的创建必能再现扬雄原文中的风物景观和古蜀都的繁华胜景。集历史文化旅游、民俗风情旅游、休闲度假旅游、趣味娱乐旅游和生态环境旅游于一体的主题文化公园，既能突出旅游园区的观赏性、娱乐性、参与性、趣味性，更能以“扬雄”的文化价值增加旅游园区的知识性和教育性。进入 21 世纪以来，我国主题公园行业目前正处于行业生命周期的成长阶段。如果将文化产品与旅游经济相结合，招商引资建设扬雄笔下的《蜀都赋》《河东赋》《羽猎赋》《甘泉赋》和《长杨赋》等相关的主题公园，一方面可以推动四川民众对巴蜀文化的历史传承，增强对本土文化的自信，宣传推广四川民俗风情、特色美食、巴蜀文化；另一方面能够促进当地文化、旅游和商业的结合，将“扬雄”相关的旅游产业建设为我省旅游产业的新兴增长点，使之成为实现四川旅游产业持续增长的一大支撑和后劲。

（二）整合包装：以“扬马”共宣巴蜀旅游文化

徐希平在一次采访说中说道：“中华文化源远流长，包含十分丰富的内容，是中华各民族地域文化在长期历史发展过程中不断互动融合而形成的。中华名人文化是中华优秀文化的结晶，同时对中华文化产生深远的影响。李白、杜甫既是‘四川历史名人文化传承创新工程’推出的首批四川历史名人，又是具有国际影响力的文化名人，为中华文化的弘扬发展与海外传播做出十分重大的贡献，堪称中华文化的杰出代表和融合互动的光辉典范。”作为四川杜甫研究中心首席专家，徐希平在推广杜甫时，总是连同推广李白的影响力，让二者相得益彰，因为“李杜”已经成为一个历史悠久的组合品牌，这个组合的社会和经济效应远远大于李白或杜甫作为单独的文化品牌所能产生的效应。事实上，在巴蜀文学历史上，扬雄的名字与司马相如总是紧密相连，他们是一对比“李杜”历史更为悠久的文化名人组合。所谓“歇马独来寻故事，文章两汉愧扬雄”；李白有诗云：“朝忆相如台，夜梦子云亭。”扬雄与司马相如的名字紧密相连，不仅仅是因为二者同为汉赋大家，更是因为扬雄的思想曾经经历过对司马相如的极度仰慕和模仿到晚年时期对他的批判和贬抑的变化。因此，同为蜀中名人，又在文学上有着如此紧密的联系，将此二人进行整合包装，以“扬马”之名共同促进巴蜀旅游文化市场的繁荣会比单独利用其中一人之名更为有效。

2017 年 9 月 27 日晚，“琴台文产　汉赋论坛”在四川成都文化公园北门外广场举行隆重的启动仪式。在与司马相如相关的历史遗迹琴台路不仅上演了舞台剧《凤求凰》，还吟诵了汉赋《子虚赋》《甘泉赋》《洞箫赋》《琴台赋》。不难看出，主办方意欲将司马相如、卓文君、扬雄、王褒等历史名人进行整合，用于琴台商圈形象的包装与提升的苦心。以文化为根本，文商旅相融合的“文化 +”产业整合模式对于提升旅游品牌的作用毋庸讳言，而将名人效应的整合和叠加必定更能对旅游经济的促进带来事半功倍的效果。巴蜀地区现存的与扬雄关系最为直接的遗址有成都郫都区友爱镇子云村的扬雄墓（衣冠冢）、子云桥、墨池和绵阳的子云亭；与其有间接关联的还有与他合称为“扬马”的司马相如的一些遗迹，如成都的琴台故径和驷马桥，邛崃市临邛镇里仁街文君井，蓬安的长卿祠、相如故宅、洗笔池、卓剑水、琴台、相如里、文君里等。要以扬雄拉动文化旅游经济，注重扬雄和司马相如两位名人的资源整合是不应忽略的关键问题。

扬雄才高行洁的高尚人品与丰厚的文化贡献，都是优秀传统文化遗产的精神财富，对中国梦的实现具有积极的历史文化意义。他在巴蜀众多的历史名人中脱颖而出，作为首批确认的四川历史名人之一。要利用好扬雄的名人效应完成“六个一批”（建立一批学术研究中心，创建一批文化传习基地，策划一批品牌文化活动，创作一批文艺精品力作，打造一批主题旅游线路，研发一批优秀文创产品）的重点任务，从文化建设而言，不仅需要推动国内学界对扬雄的研究，还需要了解西方汉学界对他的研究成果，促成中西视界融合和文化交流；从经济建设而言，还需要注意扬雄的名人效应与巴蜀地区文化旅游经济的结合，以及扬雄与司马相如名人效应。

（作者单位：四川大学外国语学院）

子云书院文化建设的三大向度

刘平中　邹晓姮

内容提要：扬雄是巴蜀哲学、思想与文化史上的重要代表人物。子云书院作为传承发展扬雄思想、学术与精神的时代载体，在继承书院优良传统的基础上，立足当下，着眼未来：构建扬雄与巴蜀天数历算思想学术谱系；建构扬雄与巴蜀经解融通诠释与研究谱系；打造巴蜀文旅走廊扬雄体验游金字名片。推进子云书院活在当下，子云书院文化建设再上新台阶。

关键词：扬雄；书院；向度

书院是我国独特的思想、学术与人才培养机构，在我国思想史、学术史和教育史上占有重要地位，做出了不可磨灭的重要历史贡献，积累了丰富实用的人才培养经验与智慧，是新时代中华优秀传统文化发展传承不可或缺的重要研究对象。

我国的书院之名，始于唐代。唐代是我国经济、思想与文化发展繁荣的重要历史时期，特别是随着雕版印刷术的发明与推广应用，刻书、藏书之风，在官府与民间悄然兴起。唐朝廷专门设置“丽正书院”，后改称“集贤殿书院”，从事刻书、藏书之业。刻书与藏书作为书院的三大主要功能之一，实始于唐代。到了宋代，随着程朱理学、陆王心学的不断发展，讲学（教学）、传播思想以及培养门人弟子之风大炙，涌现了名传后世的白鹿洞、应天、岳麓、石鼓（一说崇阳）“四大书院”，书院独特的祭祀、会讲与藏书三大功能至此最终定性，这时的书院主要以自由讲论的私学形式在民间四处开花，官学的性质与意味较淡。明代不断强化中央集权，大办各类学校，主张教与学均在官府，民间自由讲学之风受到很大限制，特别是明中后期，书院及书院讲学更是一度成为朝廷文化专制打击的重点对象。清代虽然提倡以程朱理学立政，但并没继承程朱自由讲学传播思想的文化传统，反而大兴文字狱，加强对汉族知识分子的钳制，康熙、雍正、乾隆虽然并不完全反对书院的传统功能，但出于维护专制统治需要，不断强化书院的官办、官管性质，诏令所谓“书院与学校相表里”，明确了书院作为官办学校的配角地位或是书院乃辅助科举考试的辅导机构。书院自由讲学、传播学术思想的功能大为蜕化，不过作为藏书、祭祀的功能或者道德传播高地的地位倒是得以保留，并在清末得到了进一步的发展。从书院性质、功能的历史演进来看，祭祀儒家先贤，传承乡邦学术，奖掖同乡后进，培养各种时代所需的人才等传统，一直为历代书院所坚持，这在地处西南墺壤，风习往往每落后于中原、京畿等人文学术发达之地的巴蜀而言，表现得更加突出。被称为“西道孔子”的巴蜀思想、文化与学术大师扬雄（前53—前18，字子云，蜀郡郫县人），成为巴蜀后学敬仰崇拜的重要对象，所谓“西蜀子云亭”成为古今皆知的扬雄纪念名胜，扬雄故里郫县（今成都郫都区）的扬雄墓、子云亭等扬雄遗迹遗址，成为历代巴蜀文人墨客吊唁祭拜的重要场所。明成化年间，宋景为传播扬雄思想学术，改“子愚书院”为“子云书院”，以专门祭祀乡贤扬雄；清道光时期，四川学政聂铣敏捐俸金，在成都青龙街道兴建专门纪念扬雄的墨池书院（今成都七中前身）。扬雄作为巴蜀哲学史、思想史和文化史上的著名代表性人物，于2017年入选四川首批十大历史名人之列。郫都区紧扣新时代四川历史名人文化发展建设主题，于2019年11月5日在郫都区子云书院旧址重建“子云书院”，正式启动扬雄文化“活态传承”、创造性转化与创新性利用的“六个一批”工程，努力打造巴蜀文明聚集区、天府文化性标地，助推成都世界历史文化名城工程建设。作为新时代扬雄思想文化的主要载体，子云书院必须在主动传承书院主要功能基础上，立足扬雄思想学术研究这一根本，不断拓展，走经世致用的创新之路，进而提升扬雄思想、文化的传承与创新发展水平，不仅要厘清扬雄博大思想的根脉体系、传承体系与阐释、解释体系，而且展示扬雄之学的演进、转型的特质、影响，努力做大做强做精扬雄文化研究，争当引领巴蜀文化再上新台阶的头雁。笔者以为，可从构建扬雄谱系发展赓续的向度，紧扣活态传承、活在当下的现实需要，坚持理论与实践相结合的研治与传承原则，推进子云书院文化建设的高质量发展。

一、扬雄与巴蜀天数历算思想学术谱系构建

巴蜀文化源远流长，天算历数一直是巴蜀人文的重要历史传统与显著特征，不仅人才辈出，成果丰硕，而且一度领先世界，素有“仙源在蜀”“道源在蜀”“天数在蜀”“易学在蜀”的美誉。扬雄师承巴蜀天数历算大师严遵，仿《周易》创作《太

玄》，在对周易思想、哲理的探求与阐释中引入巴蜀自古传存的天文、历算等科学思维，实现了科学、哲学与易学的首次融通，大胆建构了包揽宇宙、时、空，立足天、地、人终极关怀的宇宙模式、认知模式和社会模式，对人为天地之心做出了哲理与形象两方面的解释，为儒家哲学注入了以天文历算为代表的自然科学思想属性，赋予了巴蜀哲学、经学独特的天数历算特性，促进了巴蜀易学的科学化、哲理化发展，厚植了巴蜀天数历算的历史根基，成为巴蜀天数历算发达的源头活水。可以说，扬雄不仅是巴蜀天数历算的集大成者，也是承前启后的核心中枢。他的太玄思想，既有巴蜀古老天文历算主要代表苌弘的思想文化基因，也有其师严君平的易学、道学与天文之学的强大学术根基，更对后世巴蜀天数历算名家如谯周、袁天罡、李鼎祚、秦九韶、来知德等产生了重大影响，据此建构以扬雄为核心的巴蜀天数历算继往开来的思想学术传承谱系、研究体系与传播体系。

苌弘（约前565—前492），字叔，又称苌叔，古蜀地资州人。苌弘博学多才，知天文地理，精星象音律，为周景王、敬王的大臣刘文公所属大夫，是“以方术事周王”之贤士。《淮南子·泛论训》载：“苌弘，周室之执数者也。”即苌弘通过观测天象、推演历法、占卜凶吉，对周王室的出行起居、祭礼战事等做预测。孔子在齐国久仰其名其才，于周敬王二年（前518）前往周造访苌弘，求教韶乐与武乐之异同和不解之处。《礼记·乐记》载：“丘之闻诸苌弘，亦若吾子之言是也。”《庄子·外物》载：“苌弘死于蜀，藏其血，三年而化为碧。”后人以“苌弘化碧”形容一个人精诚忠正。苌弘作为故巴蜀天文历算的著名代表，对严君平、扬雄师徒的天数历算产生了较大影响，无疑是扬雄所著《太玄》的重要思想来源与显著文化基因。

严遵（前87—约6），字君平，西汉时蜀郡郫县人，亦有临邛人之说。他终身不仕，以卜筮和讲授《易经》及老子之学为生，是汉代著名思想家扬雄之师。著有《老子注》二卷、《老子指归》十四卷，其道论与哲学思想为扬雄、王弼、成玄英等人所继承，成为魏晋玄学所提出的“贵无”“自然为本”的本体论与重玄学的萌芽。《蜀中广记》称他“知天文，认星象，善占卜，通玄学”，可见其博学多才，无所不通。严遵也是一名有为的教育家，《汉书》记载：“与人子言依于孝，与人弟言依于顺，与人臣言于忠，各因势导之以善，从吾言者，已过半矣。”表明他治学从者众，以育人为旨趣，德行才学令后人景仰，《汉书》赞他“蜀人爱敬，至今称焉”。扬雄作为严君平门下高足，对传承发展严遵之学具有重大作用，为巴蜀古老天数历算的哲理化与学术化发展做出了重要贡献。

落下闳（前156—前87），字长公，巴郡阆中（今四川阆中）人，西汉天文学家，汉武帝时任待诏太史。曾制造观测星象的浑天仪，创制“太初历”，又称“八十一分律历”，在天文学上有较大的影响。其在家乡阆中蟠龙山建立了我国最早的民间观星台，改制了观测仪器浑仪，后来的天文历法家如贾逵、张衡、祖冲之等人，则是在落下闳的基础上加以改进和发展的。落下闳完善了古代天文学说浑天说，奠定了我国古代先进的宇宙结构理论基础。他在天文学上的贡献，承前启后，代表了巴蜀在天文学上的重要成就，对于推动中国天文学的发展起到了重要作用。

谯周（201—270），字允南，巴西郡西充国县（今四川阆中西南）人，历任蜀汉中散大夫、光禄大夫、阳城亭侯，三国时蜀汉经学家。他幼年丧父，少读典籍，研精六经，尤善书札，颇晓天文。著作颇丰，计百余篇，多散佚，现存《古史考》（二十五卷）、《五经然否论》（五卷）等清代辑本。《晋书·司马彪传》载：“初，谯周以司马迁《史记》一书，周秦以上，或采俗语百家之言，不专据正经，周于是作《古史考》二十五篇，皆凭旧典，以纠迁之谬误。”表明其书多补正旧说，校以他家之书，且蕴涵古史发展之深层意蕴。门下有陈寿、罗宪等人，陈寿在《三国志》中著有《谯周传》。谯周的天文之学以及纠正司马迁之“谬误”，对传承发展扬雄《太玄学》《法言》思想，具有一定的影响。

袁天纲（生卒年不详），又作袁天罡，益州成都人，隋末唐初玄学家、天文学家。少孤贫，好修炼长生之术，精于相术，与西汉严君平齐名。在隋朝曾为资官令，入唐任火井令。著有《五行相书》《易镜玄要》等相书、天文书、风水书，多亡佚。传说与李淳风合推《推背图》，共撰《晋书》中的《天文志》《律历志》和《五行志》。

李淳风（602—670），岐州雍县人，唐代天文学家、数学家、易学家。自幼聪慧好学，博览群书，尤其精通天文、历法、阴阳、道家之说等。授将仕郎，入太史局，卒后追“太史令”。著有世界气象史上最早的专著《乙巳占》，编定和注释著名的十部算经，《皇极历》一卷、《悬镜》十卷、《文史博要》等史学、数学、天文学著作，并传说与袁天罡合推《推背图》。李淳风是世界上第一个给风定级的人，他编制新的历法“麟德历”，制造按黄道观测日月五星运行的浑仪，在气象学、天文算历等方面建树颇丰。

袁、李两位唐代著名的天数历算大师，将巴蜀天文历算之学推向了历史的高峰，尤其在天文和历法上面的成就，可谓对严君平、扬雄以来巴蜀天数历算的突破性发展，并产生了举世瞩目的重要影响。

李鼎祚（约710—780），唐朝中后期资州盘石（今四川资中）人，以经术称于时，尤通象数易学，擅筮占，官至左拾遗、秘书省著作郎、殿中侍御史。撰有《平胡论》，在唐代宗登基后，将撰成的《周易集解》献于朝，此书以集前人成果为主，每节集解后常附有“案语”，对前人未尽之意加以补充。从这个意义上说，《集解》是一部资料性的著作。同时，他曾推演六壬五行，撰成《连珠明镜式经》十卷，说明他对象数易学及术数理论颇有研究。据《蜀故》记载，他“预察胡人判亡之日期无爽毫发，象数精深，盖如此然”。《通义堂文集·周易集解跋》称他：“唐代儒林之内不愧为第一流人物，非独《集解》之书有功于易学已也。”李鼎祚代表了巴蜀易学在扬雄之后的又一高峰，彰显了巴蜀易学渊源有自，承前启后的历史特征。

秦九韶（1208—1268），字道古，祖籍鲁郡（今河南范县）。南宋著名数学家，宋元数学四大家之一。他聪敏勤学，宋绍定四年（1231）考中进士，历任县尉、通判、参议官、州守、同农、寺丞等职，后遭贬，卒于梅州任所。秦九韶精研星象、音律、算术、诗词、弓、剑、营造之学，1247 年完成著作《数书九章》，其中的大衍求一术（被称为“中国剩余定理”）、三斜求积术和秦九韶算法（高次方程正根的数值求法）是有世界意义的重要贡献，表述了一种求解一元高次多项式方程的数值解的算法——正负开方术，代表了同时代世界数学的最高水平。从巴蜀天数历算的历史与文化发展的脉络考察，秦九韶在数学上的重要成就与贡献，代表了巴蜀学人在世界数学史上的显著地位，彰显了巴蜀天数历算在数学上的最高成就。

二、扬雄与巴蜀经解融通诠释与研究谱系建构

西汉文翁以儒化蜀，蜀学比于齐鲁，巴蜀经学得以逐步发展。扬雄仿孔子《论语》著《法言》，尽管有批评先秦诸子的意味，但重点还是在于维护孔子及其所代表的儒家的正统地位，阐发孔子及其所代表的儒学的思想意涵，传播孔子及其所代表的儒家的政治、人伦和道德价值理念。扬雄也因此得到了司马迁、韩愈、柳开、石介、孙复的高度称赞，把扬雄列入孔孟儒学道统的正宗谱系。随着程朱理学的兴起，特别是二程、朱熹站在道学家的评判立场，以“新大夫”蔑其气节之后，扬雄的历史地位被理学家们所遮蔽，但是扬雄勇于创新开拓，重建儒家学术思想理论体系的创举，成为后世蜀中学人所追慕的重要对象，从“三苏”经解、魏了翁《九经》、杨慎《经说》、刘沅《经学恒解》、廖平《经学六变》的经学思维模式与经学立场而言，无疑继承并创新了扬雄的《法言》思维特质，催生了巴蜀经学重宏观、重统体，兼容包并，圆融通达以及勇于开新的独特价值与经解个性。从巴蜀文化史与经学史的角度，不难看出巴蜀经学所受扬雄经学道统思想、解经范式影响的根脉与基因，据此可以构建巴蜀具有扬雄创新、圆融的经解融通诠释与研究谱系。

苏洵（1009—1066），字明允，一说自号老泉，眉州眉山（今四川眉山）人，北宋文学家，历任秘书省试校书郎，霸州文安县主簿等，与陈州（今河南）项城县令姚辟一同修撰礼书《太常因革礼》。苏洵与其子苏轼、苏辙并以文学著称于世，世称“三

苏”，均被列入“唐宋八大家”。

苏轼（1037—1101），字子瞻，一字和仲，号铁冠道人、东坡居士，世称苏东坡，北宋文学家、书法家、历史治水名人。嘉祐二年（1057）中进士及第。宋哲宗即位后任翰林学士、侍读学士、礼部尚书等职，并出知杭州、颍州、扬州、定州等地，晚年因新党执政被贬惠州、儋州，病逝后宋高宗时追赠太师，宋孝宗时追谥“文忠”。著有《东坡七集》《东坡易传》《东坡乐府》等。

苏辙（1039—1112），字子由，一字同叔，晚号颍滨遗老，北宋文学家。嘉祐二年（1057）登进士第，历官右司谏、御史中丞、尚书右丞、门下侍郎等职，后因上书谏事而被贬知汝州，连谪数处。病逝后追复端明殿学士、宣奉大夫。宋高宗时累赠太师、魏国公，宋孝宗时追谥“文定”。著有《栾城集》等行于世。

“三苏”除了杰出的文学成就外，他们父子在经学研究方面也取得了很高的成就。他们的经学著作共十一类六十四种，自成体系，卓然一派，父子三人在对六经的解读上既各具特色又相互影响，合力推动了儒家经典阐释的不断深入。“三苏解经”具有以权变入经，以人情为据，以儒为主，兼采佛、道的圆融特征，同时不囿成见，经史结合，勇于创新而又考证严谨。“三苏”阐发经学不在于寻求章句的训诂，而在于发掘其中义理来达到治心和治世的目的，这与扬雄《法言》经解思想是一脉相承的。“三苏”经学的完备体系与思想精华是“苏氏蜀学”的内核和主体，也是巴蜀经学诠释的独特价值与个性，成为北宋初期经学的重要学术流派之一。

魏了翁（1178—1237），字华父，号鹤山，邛州蒲江县（今属四川）人，南宋理学家。庆元五年（1199）进士，累迁秘书监、起居舍人，封临邛郡开国侯，去世后获赠太师、秦国公，谥号“文靖”。著有《鹤山全集》《九经要义》《古今考》《经史杂钞》《师友雅言》等。魏了翁师承朱熹学派的学术思想，又受陆九渊派学说影响，终至“折衷朱陆”，并将两派学说融会变通，转到以心学为主的立场，成一家之言，反对佛、老“无欲”之说，提出“心者人之太极，而人心已又为天地之太极”，强调“心”的作用，认为“心”与“理”处于同等地位。此外，魏了翁所著《九经要义》，正是对扬雄《法言》学术思维的创新性发展传承，要在建构新的经学体系。

杨慎（1488—1559），字用修，初号月溪、升庵，又号逸史氏、博南山人等，四川新都（今成都新都区）人，东阁大学士杨廷和之子。杨慎于明武宗正德六年（1511）状元及第，授官翰林院修撰，参与编修《武宗实录》。杨慎全面否定当世流行的“道学”（即理学）和“心学”，认为儒学本是“明明白白，平平正正”“内外一者也”。他揭示理学和心学弊端，批判阳明心学和程朱理学，并指出心学、理学是同禅学相联系的。杨慎一生刻苦学习，勤于著述，是著名的博学家，对文学、天文、地理、生物、医学等也有很深的造诣。杨慎综博而犀利的解经、说经方式，成为继扬雄之后巴蜀经学史上的又一亮丽风景，对彰显巴蜀经学风采做出了重要贡献。

来知德（1525—1604），字矣鲜，别号瞿塘，明夔州府梁山县（今重庆梁平区）人。明代理学家、易学家，著名诗人。嘉靖三十一年（1552）举人，屡上公车不第，隐居求志，著述为乐，万历三十年（1602），被特授翰林院侍读。著有《周易集注》《来瞿唐先生日录》，分别收入《四库全书》和《续修四库全书》。精研《易》学，《易经集注》侧重取《系辞》“错综其数”以论象，撰易学图式、太极图解释昼夜交替与四季更迭模式，了解宇宙阴阳消长与阴阳循环的规律，成就独树一帜，时称“绝学”，“孔子以来未曾有”，对后世影响至深，尊其为“一代大儒”“崛起真儒”。来知德取数论象成就独特，为易学在巴蜀发展做出了重要贡献，值得巴蜀后进深入研究。

刘沅（1767—1855），字止唐，一字讷如，亦号青阳子，双流县云栖里（今成都双流区彭镇柑梓社区）人，清代四川著名国学大师，时人称之“川西夫子”，一生教书育人、著书立说，未曾做官。他师承徐十樵、静一道人、野云老人等，治学严谨，经史功底深厚。创立槐轩学派，以儒学精神为根本，融道入儒，会通禅佛，成为集古今大成的一代通儒。他精通诗书，曾多次前往成都武侯祠、望江楼、簇桥等地，留下了许多诗词墨迹。他精研医学，是中医火神派的开派祖师。刘沅一生著作甚丰，现存著作逾200卷，《槐轩全书》收录了《大学恒解》《中庸恒解》《论语恒解》《孟子恒解》《周易恒解》等。刘沅通过以训诂求解的解经方式，重构儒学元典，重建儒学道统谱系，正是对扬雄在经解上勇于创新，自成一体解经思想的继承与发扬，在巴蜀经学上占有突出地位。

廖平（1852—1932），四川井研县青阳乡盐井湾（今四川井研县研经镇）人。光绪十五年（1889）进士，后历署射洪县训导，绥定府（治今达县）教授、尊经书院襄校和嘉定九峰书院、资州艺风书院、安岳凤山书院院长、四川国学学校校长等职。一生勤于著述，成果斐然，有著作140余种，先后辑有《四益馆丛书》《六译馆丛书》，内容涉及经史、小学、医药等领域，是公认的晚清著名经学大师。廖平经学思想一生凡六变，曾自说：“为学须善变，十年一大变，三年一小变……若三年不变已属庸才，十年不变斯为弃才矣!”其以礼制判分今古文经，并倡“托古改制”之说，其钩深探隐，穷辩伪古文经学，开启学术界厚今疑古之风，对历史学方面的影响甚大。张之洞曾致书廖平，谓康有为是其嫡传弟子，梁启超为再传弟子。廖平经学“六变”，致力于通过经解阐发革新思想，对以康有为为代表的维新思想产生了重要影响，体现巴蜀经学家经世致用、关注现实的解经传统，而廖平曾经提倡的重构“十八经典”主张，则是对扬雄《法言》经学思想的进一步发挥。

三、打造巴蜀文旅走廊扬雄体验游金字名片

巴蜀文旅走廊的建设，是与以扬雄为代表的巴蜀十大历史名人文化资源的活态保护与创新性发展利用密不可分的。在巴蜀文旅走廊建设中注入扬雄文化的根脉、精神与基因，是建设巴蜀文旅走廊不可或缺的重要一环。据此，可以整合巴蜀扬雄文旅资源，创新打造扬雄文旅体验金字名片。

扬雄曾著仿照《周易》著《太玄》，将《周易》思想推升到了新的高度。《周易》以阴阳二爻诠释天地万物，《太玄》以天地人三爻，正反合诠释天地万物。《太玄》在二进制基础上发展出三进制，将《周易》六十四卦演变为《太玄》八十一卦，在易学史、中国哲学史上占有显著地位，开创了巴蜀哲学的历史最高峰。千里嘉陵，武胜最长。嘉陵江水在武胜县礼安镇左环右绕，受独特地质构造影响，形成了“亚洲第一，世界第三”的河流曲度，造就了绝无仅有的三个相互环绕的河曲自然奇观。每一个河曲双岛对峙，江水左环右绕，神似负阴抱阳的“太极图”。今人称此生态奇观时说：“天生太极东西关，一览三图互入环。天下奇观奇若此，阴阳鱼跃波浪翻。”因此，从文化创意的角度，可以将太极湖从上而下“太极”三连环，分别视作天（——）地（－－）人（－－－）三爻，借此打造武胜“太玄”天然之象景观，以与成都城市地标天府广场人造“太玄”城市景观遥相呼应，建构一城一野巴蜀文旅走廊双“太玄”奇观。太极三连环自然景观，为人们窥见扬雄“太玄”思想奥秘提供了直观视角，是当之无愧的“太玄”天眼。此外，还可以借助东西关形似阴鱼、西关形似阳鱼的天然结构，整合烈面镇专门供奉唐太史令李淳风的淳风寺、礼安镇新修建的太极广场景区，建成巴蜀文化十二大体系之一的“天数在蜀”天数历法文化景区，为武胜增添太极文化性景点。

扬雄先祖在楚汉相争之时落户巴郡江州（今重庆市），在太玄意象景观基础上打造扬雄故里文化新景观，将其与刘禹锡所云“西蜀子云亭”、郫都区扬雄墓文化景区、成都天府广场，一并整合成立“巴蜀文旅景观扬雄体验游联盟”，拓展扬雄文化历史旅游的范围，提升扬雄文化的影响力。

扬雄《太玄》除受其师严君平思想影响外，还受到同居于嘉陵江中游的阆中人落下闳“浑天说”思想的启发，并在辞赋创作上受蓬安人司马相如的影响，据此可从四川历史文化名人的角度，建构四川历史文化名人扬雄文化体验长廊，为打造巴蜀文旅走廊注入“新鲜血液”。

（作者单位：成都师范学院马克思主义学院）

作为文学典事的扬雄形象研究

杨瑞琪

内容提要：西汉大儒扬雄是蜀文化孕育出的英才，他的士人品质与为学态度也深刻地影响了后世士子，且逐渐进入文学领域成为较为固定的文学典事。从魏晋到晚清的诗文创作中总会借用“扬子居”“解嘲赋”等与扬雄相关的典故，这些文学典事从不同方面出发，显示了对扬雄的不同评价，塑造了扬雄不同儒学形象的文学形象，显示出后世文人对理想化人格的追慕。

关键词：扬雄；文学意象；扬雄典事；文化传承

扬雄（前 53—18），字子云，蜀郡郫县（今四川成都郫都区）人。扬雄是庐江太守扬季五世孙，名士严君平弟子。其生平经历基本可分为四个时期：清静寡欲的乡居时期、入京后积极入世的以赋进谏时期、游离于政治及学术中心的边缘化时期及王莽新政时期。扬雄好求知，重独立理性思考，甘于寂寞，于经学、哲学、文学、语言学及天文学等多方面都有着杰出贡献。同时代的王莽、刘歆、桓谭、班固等人对扬雄都评价极高，桓谭更是称其为“西道孔子”，“子云亦东道孔子也。昔仲尼岂独是鲁孔子？亦齐、楚圣人也”，将扬雄提升至与孔子比肩的天下圣人的高度。

扬雄好学求知、甘于寂寞的学术性格也对后世士人产生了深刻的影响，逐渐成为史事典故见于后人的诗文作品中。在以往的扬雄研究中，多集中于扬雄对经学、文学、哲学、语言学的贡献及与巴蜀地方文化关系，关于其后世评价及后世诗文中所形成的扬雄相关典事的关注较少，似仅见 2013 年侯文学的《中国古典诗歌中的扬雄典事及其主导取向——以扬雄的儒学史境遇为参照》。因此本文拟从后世文学作品中的扬雄相关典事出发，分析其类别、感情色彩与价值取向，探究后世文人心中的扬雄形象以及借扬雄典事所想表达自身的人生抱负与价值取向。

一、扬雄生平及后世评价

后世文学作品中所出现的扬雄相关典事，主要还是来源于扬雄的生平及其作品。扬雄的生平事迹主要见于班固所作的《汉书·扬雄传》，《扬雄传》亦多依据扬雄本人作品中的自序，是研究扬雄生平较为可靠的材料。考察其生平经历，大致可分为四个时期：清静寡欲的乡居时期、入京后积极入世的以赋进谏时期、游离于政治及学术中心的边缘化时期及王莽新政时期。

扬雄来自西蜀，是汉代文翁化蜀、蜀地教育兴盛文化博兴后所孕育出的英才，是西汉巴蜀地区继司马相如后走出去的又一位大家。蜀地乡居时期是扬雄清静寡欲、专心求知的学术积累期，《汉书》记载“雄少而好学，不为章句，训诂通而已，博览无所不见。为人简易佚荡，口吃不能剧谈，默而好深湛之思，清净亡为，少耆欲，不汲汲于富贵，不戚戚于贫贱，不修廉隅以徼名当世。家产不过十金，乏无儋石之储，晏如也。自有大度，非圣哲之书不好也；非其意，虽富贵不事也”。后世“子云居”“扬雄宅”的相关典故亦多歌颂此时扬雄甘于贫贱、专心读书的良好士人风习，为后世士人树立了专心向学的良好典范。巴蜀地区也对扬雄产生了深刻影响，对故乡的情感及见闻积累促使他写出了记述巴蜀远古历史的《蜀王本纪》、开京都大邑赋先河的《蜀都赋》及记载了大量蜀地方言词汇的方言学著作《方言》，其政治追求、人生道路选择与为学态度等亦对后世的巴蜀学子产生了深远影响。

后世对扬雄评价分歧最大的就是扬雄在王莽朝的政治取向以及边缘化的选择。扬雄所处的西汉中后期的政治趋势是外戚擅权，小自耕农阶级上升，在代表小自耕农阶级立场的儒生群体的支持下，王莽整合外戚势力，内廷与外廷势力联合，甚至超越了王权。扬雄亦主张复古，他的政治理想与王莽的改革措施大部分相同。但王莽上台后的具体政策却与扬雄的思想主张相矛盾。思想学术方面，儒学作为官方意识形态，服务于现实政治，灾异与礼仪之学大兴，学术重章句。扬雄的学术思想重视对智性的追求与客观理性，因此能不受时风影响，不言灾异，同时强调发展变化与独立思考，反对章句之学，游离于学术中心之外。扬雄生活的时代背景凸显了他在中国思想史上的重要价值。他以自己的生活实践，为后世的知识分子提供了一套独特的生活方式，甘心寂寥困守书斋的同时亦不放弃自己的社会责任，保持人格的完整独立，坚守学术立场与理性精神。

后世对扬雄的评价经历了一个先高后低的过程。扬雄在东汉三国评价极高，魏晋更是大兴《太玄》，扬雄成为绝对权威。韩愈更是将扬雄塑造为儒家道统的传承者，与孟子、荀子、董仲舒等人并列为儒学大师。在宋代，扬雄成为研究热潮，对扬雄的评价也由此开始两极分化，评价的分歧甚至超越了党派之争，呈现出一种复杂状态。分歧主要集中于扬雄仕莽、扬雄人性论、扬雄作为儒家思想家的历史地位及扬雄文章风格等焦点问题。这样的不同看法也反映于其诗作中使用扬雄相关典事时的不同感情态度上，丰富了扬雄相关典事的内涵。

二、扬雄事典分析

扬雄作为后世所敬仰的先贤哲人，也频繁出现于后世的文学作品中，成为后世借以表达自身态度与抱负的典事。本文主要以诗歌为例，分析其中反复出现的几类扬雄事典。从中也可看出不同时代士人对扬雄相同或不同的评价，也反映了士人心中理想人格形象的变化。

1. 居室类

如“子云亭”“扬子居”等。《汉书·扬雄传》中描述扬雄蜀地乡居时期的状态是“有田一廛，有宅一区，世世以农桑为业”，静守农田甘于贫贱，清净自足，博览好学。即使后来至京，经历了荣华与追捧，最终还是选择了边缘化的学术道路，在清净自守中坚持自己的学术理想。《汉书·扬雄传》后班固的赞中提到“家素贫，耆酒，人希至其门”。扬雄甘于贫贱寂寞、一心向学的为学态度也为后世士子树立了典范。他以自己的生活实践，为后世的知识分子提供了一套独特的生活方式，在灾异、章句之学大兴的学术环境下仍保持理性思考，坚持自己的学术理想，甘心寂寥困守书斋的同时亦不放弃自己的社会责任，保持人格的完整独立，坚守学术立场与理性精神。因此后世诗歌中“扬子居”等多在渲染寂寥清贫的同时突出其学术态度与人生追求。

西晋左思《咏史》诗中便出现了“寂寂扬子宅，门无卿相舆。寥寥空宇中，所讲在玄虚。言论准宣尼，辞赋拟相如。悠悠百世后，英名擅八区”，描述了扬雄生前寂寞，而身后终扬名后世。其中也熔铸了诗人自身的身世之感，在门阀制度下出身寒门，自怀高才的抱负与自我安慰的寂寥。左思《咏史》诗开“扬子宅”意象的先河，后初唐卢照邻《长安古意》在左思诗句的基础上演变为“寂寂寥寥扬子居，年年岁岁一床书”。以贫寂著书的扬雄对比长安城的豪奢，豪奢繁华只是一时的，终会声名俱灭，而清净自守终能以文名流芳百世。其中也带有不遇于时者的愤慨寂寥之感和自我宽解的意味。“扬子宅”也逐渐成为寂寂无名之时甘守贫贱的代名词。杜牧“昔为扬子宅，今是李膺门”即连用两个典故，将“扬子宅”与“李膺门”形成对照，形容由寂寂无名到一朝登龙门的过程。

此类事典多强调清净寂寥，宅前无宾客车马，身居贫贱而清净自足，甘于贫贱一心读书求知。此类事典也多会提到书、酒与琴，以此来衬托主人的高雅品性与人生追求。作者在诗中多是以扬雄自比或比赠诗的朋友，在对扬雄高才却甘于寂寞的人生态度的赞赏下，也多带有作者本人的身世之感。

2. **扬子解嘲**

《解嘲》是扬雄在哀帝朝时面对身处盛世而不争功名的质疑而作的赋。当时“丁、傅、董贤用事，诸附离之者或起家至二千石。时雄方草《太玄》，有以自守，泊如也。或嘲雄以玄尚白，而雄解之，号曰《解嘲》”。《解嘲》立足汉代，对历史上的人物和事件进行审视，展开纵横捭阖的评说，从中抒发愤懑之情与落拓之志。扬雄精通易学，对世道与时位都有着清晰的认识，因此能在政治纷乱的时代下选择合适的立身方式，保持自我的同时亦承担其学术责任，独守《太玄》，为后世学者提供了一条堪为典范的立身之路。《解嘲》亦是对自我的开解，表明自身的立场与处世态度。

怀才不遇的处境最能引起古今士人的共鸣。在后世诗作中，多用扬雄解嘲的典故来抒发作者自怀高才而不遇的愤懑与自我安慰心态。如王维“扬子解嘲徒自遣，冯唐已老复何论”（《重酬苑郎中》），杜甫“旁人错比扬雄宅，懒惰无心作解嘲”（《堂成》），牟融“曾闻贾谊陈奇策，肯学扬雄赋解嘲”（《题赵支》），等等。诗作中的“解嘲”成为一种人生态度的标签，表明作者在繁杂处境下以扬雄作为榜样开解自己，坚守自身的态度选择。

3. **生平感慨及不同感情色彩**

扬雄的生平经历与人生选择也引起了后世士人的感慨。如宋初徐铉“寂寞扬子云，口吃不能辞。著书述圣道，徒许俗人嗤。汉室已久坏，往事垂于兹。眇然千载下，慷慨有余悲”（《咏史》），张咏“才雄扬子云，古称蜀川秀。千载遗英声，三贤继其后”（《送张及三人赴举》），刘敞“昔有扬子云，著书恬势利。家贫官不达，宾客罕肯至。时复好书者，相从问经义。千载故寥寥，吾人一何似”（《寄王深甫》），等等，多反映了对扬雄生平经历的感慨及人生选择的敬仰，扬雄亦逐渐被塑造为清净恬淡、不慕富贵的隐居式圣人形象，成为后人典范。

自宋朝开始，对扬雄的研究兴盛，评价也开始两极分化。分歧主要集中于扬雄仕莽、扬雄人性论、扬雄作为儒家思想家的历史地位及扬雄文章风格等焦点问题。这样的不同看法多反映于他们的文集中，同样也反映于其咏史诗作及诗作中使用扬雄相关典事时的不同感情态度上。如王安石“千古雄文造圣真，眇然幽思入无伦。他年未免投天禄，虚为新都著剧秦”（《扬子》）及“孔孟如日月，委蛇在苍旻。光明所照耀，万物成冬春。扬子出其后，仰攀忘贱贫。衣冠渺尘土，文字烂星辰。岁晚天禄阁，强颜为剧秦。趋舍迹少迩，行藏意终邻。壤壤外逐物，纷纷轻用身。往者或可返，吾将与斯人”（《扬雄》）。《汉书》记载在王莽当政时期，扬雄不愿追随时代潮流，作符命赞美新朝，为避世进入天禄阁校书，却意外受牵连，“恐不能自免，乃从阁上自投下，几死”。“扬雄投阁”也成了无故受牵连获罪、走投无路的象征，为后世文人感慨。感慨如李白“投阁良可叹，但为此辈嗤”（《古风第八》），杜甫“相如逸才亲涤器，子云识字终投阁”（《醉时歌》），亦有如陆游“书生识字亦聊尔，莫作扬雄老投阁”（《丰年行》）等不赞赏的态度。不同的感情态度或是出于对扬雄的不同评价，或是出于翻新出奇的史论意识，也反映了不同时代士人心中的理想人格形象。

三、文化传承

以上仅列举了一些诗歌中的扬雄典事，反映出后世文人心中的扬雄形象。扬雄的文学形象也逐渐与他的儒学形象分离，成为一种士人处事的典范与文化标签。他不慕富贵、清净自足的人生态度，专心求知、保持理性思考的为学态度与时代潮流下坚守自身的士人品格，为后世士人树立了典范之路，在后世的文学作品中被敬仰追慕，被不断塑造，成为后世文人借以表达自己的象征，也显示了不同时代文人对理想化士人人格的追慕。扬雄的文化品格也随时代不断传承，在今天依然具有重要的典范意义。

（作者单位：西华大学文学与新闻传播学院）

韩国学界扬雄研究之简介

金洪水

内容提要：本文将韩国学界有关扬雄研究成果进行了整理简介，主要涉及哲学、文学研究两大方面。并对韩国学界有关扬雄研究的单行本中的翻译书和研究书，分别进行介绍。

关键词：韩国学界；扬雄研究

根据韩国《叁国史记》的《百济本纪》和《高句丽本纪》，表明在韩国有关扬雄著述的记载，最初可见于韩国的叁国时代。韩国《高丽史》和《朝鲜王朝实录》中，记录了扬雄在韩国的文庙里，以"成都伯扬雄"名义得到供奉。由此可知韩国学者们对扬雄的敬仰，学习及研究由来已久。

韩国关于扬雄的研究持续至今。自1984年《扬雄〈甘泉赋〉详释》发表，开启了现代韩国学界对于扬雄的研究热潮。1996年开始将扬雄的《法言》及其他主要著作翻译成韩国语。以扬雄为主题的研究共计44篇，其中4篇是中国学者在韩国以汉语发表的论文。本人从哲学和文学两个方面将对韩国学者的40篇论文及单行本分别进行介绍。

首先，有关哲学方面的论文共12篇：①《关于扬雄宇宙论的研究》，②《扬雄的性善恶混说——探索汉代人性论》，③《扬雄的应时变经的方法》，④《扬雄和葛洪有关"玄"概念的比较研究（1）——以宇宙生成论为中心》，⑤《扬雄和葛洪有关"玄"概念的比较研究（2）——以宇宙生成论为中心》，⑥《有关扬雄教育思想的研究》，⑦《扬雄的政治思想研究》，⑧《有关扬雄"玄"研究》，⑨《有关扬雄修养论的思想研究》，⑩《扬雄"太玄"叁分法体系和玄道》，⑪《扬雄的善恶论》，⑫《朝鲜王朝时期儒学者对扬雄理解研究》。

以上研究按时期区分：20 世纪 90 年代 1 篇、2000 年后为 11 篇，按内容区分：宇宙论 6 篇、人性论 2 篇、教育论 1 篇、修养论 1 篇、政治论 1 篇、历代学者对扬雄人物品评 1 篇。其中，韩国曹玟焕 2018 年 6 月 27 日在江陵大学人文科学研究所主办的第 6 届"新子学国际学术大会"上发表的《中韩儒学者对扬雄理解的研究》的论文中，他对朝鲜王朝儒学者们在哪些观点上，对扬雄的处世术、学术、文学等进行评价，如何理解进行阐述，论文具有独特的见解。

其次，有关文学方面的论文共 18 篇：其中关于研究扬雄文学作品及其理论的论文有：①文锺鸣（1984）《扬雄的〈甘泉赋〉详释》，②李寅浩（2002）《扬雄"子长多爱爱奇也"析论》，③金旻锺（2002）《扬雄的文学理论及其影响——以对赋之讽谏功能的前后反转为中心》（《中国研究》），④金旻锺（2003）《扬雄的文学理论及其影响——以对赋之讽谏功能的前后反转为中心》（《中国学报》），⑤任振镐（2006）《扬雄的，〈太玄赋〉考析》，⑥李长徽（2010）《扬雄文论译注》。其余 12 篇均为有关《方言》的研究内容，论文题目在此省略，其中 6 篇中，涉及与朝鲜及东北区域词汇有关的主题。

以上有关文学方面的论文共 18 篇，按时期区分：20 世纪 80 年代 2 篇、2000 年后 16 篇，按内容区分整理如下：言语 10 篇、文学理论 2 篇、作品译注及分析 4 篇。其中，若严格区分，金旻锺的论文《扬雄的文学理论及其影响——以对赋之讽谏功能的前后反转为中心》2002 年在《中国研究》登载，又在 2003 年《中国学报》上登载，出现重载的问题，因此与文学有关的论文应为 17 篇。

下面将对单行本中的翻译书和研究书，分别进行介绍。

首先，翻译书中，对扬雄的作品《太玄》《法言》《方言》都用韩国语进行翻译。其中有关《太玄》的翻译书有①《太玄经》（金台植译），②《太玄集注 1—2》（曹玟焕译注）；有关《方言》的翻译书有《方言疏证 1—3》（李妍周、李妍承译）；有关《法言》的翻译书有《法言》（崔亨柱译）、《法言》（李妍承译）、《法言——大字册》（李妍承译）、《法言——憧憬汉代的〈论语〉》（李俊荣译）、《译注扬子法言 1》（朴胜珠译注）等；其中《方言疏证 1—3》和《太玄集注 1—2》是韩国研究财团丛书中学术名著翻译之东洋篇系列，由教育部基金支援项目的成果。

其次，利用扬雄思想及著作作为研究类：《扬雄——汉代知识人的苦闷》；利用《方言》进行言语学方法比较作为研究类：《古朝鲜的言语系统研究——以扬雄〈方言〉中收录的古朝鲜语进行分析》。

这 10 种单行本按时期区分：20 世纪 90 年代 1 种、2000 年后 9 种；按内容区分：

《太玄》2 种、《方言》2 种、《法言》5 种、言语学 1 种、哲学思想 1 种等。

综上所述，整理有关扬雄的现代研究成果 40 篇，与朝鲜时代进行比较，感到有所后退，这并不是夸张的说法，因此为了促进中韩扬雄研究与发展，本人希望提出两点建议。

首先，朝鲜时代正祖的《日省录》（1781 年闰5 月 22 日甲子）中，评价“《太玄经》亦甚美好矣”，包括韩国学者退溪等，很多学者对《太玄经》有详细言及，可以推测朝鲜时代学者们对《太玄经》的研究已经达到相当高的水准。尤其韩国召南尹东奎（1695—1773）针对《太玄经》所写的《书太玄经》和《读扬子太玄经诸篇记疑》论述，可视为有特色的论著。但是，现代韩国既存研究中，却对尹东奎的研究无人提及。在对扬雄进一步研究历程中，需要收集韩国资料，进行系统化整理的研究工作，会开启对扬雄理解的新篇章。

其次，将中国有关扬雄的研究成果，翻译成韩国语的工作也是非常必要。外国学者的研究中，最大的障碍就是语言问题。如果翻译工作顺利进行，韩国研究者们所需要的资料得以完善，不仅在争取成果的同时，可以减轻心理的负担，同时也可以节省时间。由此，扬雄研究的基础更加坚实。

（作者单位：韩国东国大学二程研究中心）

有关绵阳西山扬雄读书台及子云亭的诗赋楹联选辑

李德书　刘文传

内容提要：本文对绵阳西山主要风景、建筑进行了介绍，并对有关绵阳西山扬雄读书台及子云亭的诗词诗赋楹联进行选辑、注释、简介。

关键词：绵阳西山；扬雄；读书台；子云亭；诗词

绵阳，古称涪县、涪城、绵州。四山环峙，三水汇流，东阁西亭，南塔北楼，山水园林，美不胜收。绵之西山，形似凤凰，又称凤凰山，包括三个山头两个湾，即仙云嘴、凤凰嘴、营盘嘴、泉水湾、竹林湾，面积400余亩，是以“西蜀子云亭”为中心的文物古迹与园林建筑相结合的风景名胜区。这里集名亭、古墓、祠观、秀山、碧泉为一体，茂林修竹，景色优美。主要景观有扬雄读书台、子云亭、仙云观、玉女泉、玉女湖、蒋琬祠墓、安阳亭、凤尾湖等。

西山最早的古迹与建筑，当数扬雄读书台和仙云观。扬雄（前53—18），字子云，蜀郡郫县人。据《直隶绵州志》记载，扬雄在40岁时前往京师长安途中寓居涪县，在西山留下了读书台和洗墨池等遗迹。仙云观始建于汉代，传为蜀中八仙之一的尔朱先生修炼之处。晋代谯秀《蜀记》称：“容成公、李耳、董仲舒、张道陵、严君平、李八百、范长生、尔朱，为蜀中八仙。”现在的仙云观系清道光十五年（1835）重修。

为纪念西汉文学家、哲学家、语言学家扬雄，隋代在仙云观下扬雄书台上建起了子云亭，后历毁历修。现在的子云亭是1988年迁建于凤凰嘴上，阁上重亭，规模宏大，有“天下第一亭”之称。

“记得西山云外楼，当年雅集太风流。”西山以其凤凰展翅之形胜，玉女泉水之神奇，扬雄、蒋琬之英名，引得历代名人雅士魂牵梦绕、竞相题咏，留下了30多篇诗文，更兼朱德、郭沫若的视察和题匾，为西山增添了不朽的光彩和灵魂。诗仙李白在《淮南卧病书怀寄蜀中赵征君蕤》诗中写道："国门遥天外，乡路远山隔。朝忆相如台，夜梦子云宅。"中唐诗人刘禹锡在《陋室铭》中称赞："南阳诸葛庐，西蜀子云亭。"宋代大诗人陆游在《和罗隐》诗中赞颂："尊酒登临遍山寺，歌辞散落满江楼。"明代状元杨升庵《早发子云亭》诗咏："夜宿杨云阁，晨游帝子城。暖烟芳草色，残月杜鹃声。"清代著名学者、诗人、戏剧家李调元《西山观石壁所刻扬子云真像歌》咏叹："嗟公吾蜀词坛祖，前无相如竟谁伍？""今过西山读书处，令我流连不能去。"

"山不在高，有仙则名。"绵之西山，实不算高，却因扬雄读书台和子云亭之名气，再加上李白、刘禹锡之名句而享誉天下，名传千古。

淮南卧病书怀寄蜀中赵征君蕤

唐·李白①

吴会一浮云，飘如远行客。
功业莫从就，岁光屡奔迫。
良图俄弃捐，衰疾乃绵剧。
古琴藏虚匣，长剑挂空壁。
楚怀奏钟仪，越吟比庄舄。
国门遥天外，乡路远山隔。
朝忆相如台，夜梦子云宅。
旅情初结缉，秋气方寂历。
风入松下清，露出草间白。
故人不可见，幽梦谁与适。
寄书西飞鸿，赠尔慰离析。

题解：

本诗选自《李白全集》，表现了李白后期居淮南（726），在扬州病中，因感功业未成而倍思蜀中从学之师赵蕤及故乡汉赋鼻祖司马相如与扬雄。相如台指绵州所辖梓潼县长卿山司马相如读书台，子云宅指绵州西山扬雄读书台及子云亭。

注释：

①李白（701—762），字太白，蜀之绵州彰明县（今四川江油）人。李白青少年时代，除了在家乡刻苦读书外，还曾习剑术、游仙，隐居岷山之阳（长平山安昌岩），游历成都、峨眉、渝州等地。尝结识梓州隐士、纵横家赵蕤，从学岁余。大约在二十五

岁（开元十三年），李白经三峡出蜀，南泛洞庭，东游吴越，还憩云梦，隐于安陆（今湖北安陆）之寿山。唐玄宗时诏为翰林、拜右拾遗。李白死后，李阳冰将他的诗文编为《草堂集》十卷，后人经过增删，才改为《李翰林集》《李太白集》等名称。李白的诗歌今存890余首。他的诗歌创造性地继承了汉、魏以来乐府民歌的丰富遗产，具有鲜明的积极的浪漫主义个性。从艺术上说，李白受庄、屈、鲍、谢（二谢）影响最大，其作品中见悲愤及自然清新之特色却绝非任何前人所能涵盖。李白就是李白！他既是民族遗产的继承者，又表现出空前绝后的独特个性。唯其如此，他才能超越时空，成为举世公认的世界第一流的伟大诗人，世称诗仙。

陋室铭

唐·刘禹锡[①]

山不在高，有仙则名。水不在深，有龙则灵。斯是陋室[②]，惟吾德馨[③]。苔痕上阶绿，草色入帘青。谈笑有鸿儒[④]，往来无白丁[⑤]。可以调素琴，阅金经[⑥]。无丝竹之乱耳[⑦]，无案牍之劳形[⑧]。南阳诸葛庐[⑨]，西蜀子云亭[⑩]。孔子曰："何陋之有?"

题解：

本篇选自《刘梦德文集》。全文以"山不在高，水不在深"作比喻，以诸葛庐、子云亭作例子，说明了居住在简陋的屋子里，只要自己品德高尚，生活也会充满乐趣。文章善用比喻，文字简练生动，读起来朗朗上口，铿锵悦耳，是千古流传的散文佳品。

注释：

①刘禹锡（772—842），字梦德，洛阳人。唐贞元九年（794）中进士，登博学宏词科，授监察御史，因参加王叔文革新集团失败，被贬为朗州（今常德）司马，迁连州刺史等。后裴度力荐，任太子宾客，加检校礼部尚书，故世称刘宾客。其诗通俗清新，《竹枝词》《杨柳枝词》等组诗，是他长期生活在巴山蜀水间，学习民间歌谣而创作出来的，其诗歌多采用比兴手法和谐音双关语，格调清新、含蓄，为唐诗中别开生面之作。其散文清新流畅，善用比喻。有《刘梦得文集》《刘宾客集》传世。

②斯：这。陋室：简陋的房子。陋，简陋。

③德馨：品德高尚。馨，散布很远的香气。

④鸿儒：大儒生。

⑤白丁：封建社会没有功名的人。

⑥金经：珍贵的儒家经典。

⑦丝竹：琴、瑟、箫、笛等乐器的总称。

⑧案牍：公事文书。

⑨南阳诸葛庐：诸葛亮住南阳时的茅屋。

⑩西蜀子云亭：汉代西蜀扬子云读书台，在今绵阳西山公园内仙云观下，隋代始建子云亭，1989年移至凤凰嘴上。新建的子云亭十分壮观。

早发子云亭

明·杨慎[①]

夜宿杨云阁[②]，晨游帝子城[③]。
暖烟芳草色，残月杜鹃声。
曲岸飞花送，长堤到厨迎。
登临虽自适，怀古得无情。

注释：

①本诗选自《升庵集》。杨慎，字用修，一字升庵，四川新都人，大学士杨廷和之子。举正德辛未（1511）科殿士第一，时年廿四岁，授翰林修撰。世宗继位充经筵讲官。嘉靖三年（1524）议大礼，廷杖下狱。谪戍云南永昌卫。八年（1529）乃父廷和病故，禀造巡抚欧阳重请于朝廷，准予还乡安葬乃父。葬毕复归。自此，或蜀或滇，或居云南会城，或留成所，大吏咸善视之。年七十，还蜀。嘉靖三十八年（1599）卒，终年72岁。明以前蜀中著作之富惟升庵为第一，诗文杂著一百余种并行于世。隆庆初赠光禄少卿，天启中谥文宪。

②杨云阁：指绵州西山扬雄读书台及子云亭。

③帝子城：指越王楼所在的绵州城。

游西山

明·尹衮[①]

昨日东山今日西，西山遥望北山齐[②]。
仙云台殿归尘土，岩石犹存姓字题[③]。
扬子仙游不可从，涪西山下访遗踪[④]。
山灵不记千年事，回首东风劝力农。

题解：

本诗选自《绵阳县志》。为作者任绵州知州时所作。全诗概略描写了游西山时的见闻和感想，尤其对几处名胜古迹做了浓墨题咏。

注释：

①尹衮：江西永新人，明正德（1506—1521）年间任绵州知州，善诗，尤对西山题咏较多。

②北山：亦有选本作“此山”。

③仙云台殿：指仙云观的楼台殿宇。岩石句：是说岩石上还保存着石刻造像和古人题咏。

④扬子：此指扬（亦作杨）雄，字子云，故简称扬子。涪西：涪江以西。

游西山（二首）

明・苏民望[①]

七律

赏花时节近清明，策马涪西一步瀛[②]。
仙苑芝香春不老，龙池鱼跃水常清[③]。
出尘风景追三岛，入画书台胜五城[④]。
到此顿令心虑息，欲从禅侣学长生[⑤]。

七绝

远骑西山访隐沦，洞门深锁鸟声频[⑥]。
采芝何处未归得，满院落花空自春[⑦]。

题解：

这两首诗均选自《绵阳县志》。为作者任绵州训导时游西山所作，前一首作于仲春，后一首于暮春。分别表达了作者游览名胜风景的不同感受和心情，前者明快、舒畅，后者深沉并流露出归隐情绪。

注释：

①苏民望：邓州（今河南邓县）人，明正德五年（1520）任绵州训导。

②策马：骑马、打马。一步瀛（yíng）：意为很快即到。瀛，本为海或仙山，此喻西山。

③仙苑芝香：像仙境一般的花园里散发着百花的香气。龙池：此指玉女泉下的水池。

④出尘风景：指仙云观等处的风景。书台：指扬雄的读书台。三岛、五城：均为传说中神仙的住所。

⑤心虑息：指内心的忧虑平息。禅侣：僧人、和尚。

⑥隐沦：被隐藏和沦落的东西。

⑦采芝：即采花。未归得：没有归来。

西山题诗

明・白翱①

一凭栏槛意无穷，万秀千奇耸碧空②。
陌上管弦清似语，人间日月疾如风③。
青山对榻岚光重，野水横天晚照红④。
歇马独来寻故事，文章西汉愧扬雄⑤。

题解：

此诗选自《绵阳县志》，本为七律二首，这里为前一首，原镌刻在仙云观下的岩壁上。作者站在仙云观凭栏远望，并描绘了西山的奇秀和四周迷人的远景；通过寻访子云读书台，抒发了作者对扬雄的仰慕之情；同时还对时光易逝“人间日月疾如风”发出了感叹。

注释：

①白翱，生卒年代不详。绵州人，明成化二十三年（1487）进士，官南京工部虞衡司郎中，按察司副使。归田后，筑室于绵北荆山下（今绵阳市游仙区忠兴场），终日吟咏以自娱。

②凭：靠着。栏槛（jiàn）：即栏杆。此句意为：一旦凭栏远望，便觉意趣无穷，无数奇特秀丽的峰峦高耸蓝天之下。

③陌：田间小路。管弦：管乐和弦乐，泛指音乐。清似语：清澈明亮，好像在诉说。日月：指时光、光阴。疾：快。

④对榻：即对床，古人有“对床共语”之习惯，用以形容亲密无间。此处将青山人格化了。岚光：山中雾气的反光。重（zhòng）：浓厚。野水横天：指原野上的江水横流于天际。

⑤故事：旧事，此指前人遗事。文章句：是说扬雄的文章为西汉文章之冠，即西汉所有文章与扬雄文章相比都感到有愧色。

游西山

明·周淑①

众访群真何处寻，迢迢一径上西岭②。
老君道观云阴复，扬子书台草色侵③。
闲眺爱摹山水趣，遍题忘却利名心④。
浮生共享升平乐，难料重游再合簪⑤。

题解：

本诗选自《绵阳县志》，为作者远道而来游览西山名胜之后的真情流露。全诗既表现了当时的苍凉景况，又表达出了热爱绵州山水、喜爱题咏不爱名利的思想情绪。

注释：

①周淑：江西吉水人，曾任过明代绵州学正。

②众访：访问了许多地方。群真：许多真正的古迹。迢迢一径：很长一条小路。

③老君：道教的创始人。道观：即仙云观。

④闲眺：即闲暇爱登高望远。爱摹：即爱描摹、爱写。遍题：到处题写。却：忘却、去除。

⑤浮生：即一生或人生。簪（zān）：插在头发上的簪子。

扬子云真像歌

清·李调元

四山冤鸟清昼闻，攀滕觅路松巅分①。中有石象须眉古，擘窠书题扬子云②。嗟公吾蜀词坛祖，前无相如竟谁伍③。惜未抽身居摄年，至今后人称党羽④。笑公口吃谈非便，我为公辩当云然。当年石牛符命起，井边鬼梦呼天子⑤。市上小儿皆王侯，独居三世官不徙⑥。可怜著述皆穷居⑦。倘使寓名缘献匮，肯教投阁为校书⑧。君不见虞帝匕首竟无凭，渐台美人呼不应⑨。铜人夜徙哀长乐，罘罳晓望哭延陵⑩。奸雄气焰空复尔，藏热收声正谓此⑪。早知一跌能赤族⑫，悔不来参太元理。始信虬螭腾九阍，龙蛇不蛰必湛身⑬。眼前桓子真知己⑭，身后侯芭是解人。今过西山读书处，令我流连不能去。拜罢灵祠宿鸟吟⑮，似诉长歌明我心。君不见佐命刘甄何其荣？祸至犹看太白星⑯。

题解：

本诗选自《绵阳县志》，为作者在西山观看石壁所刻扬子云真象后所作的一首长篇歌行。全诗追忆了扬雄当年的生活片段和写作境况，并对作品中的许多精彩处做了提要，同时也表达了作者的悲凉心境。

注释：

①冤鸟：鸣冤的鸟，此指啼血的杜娟。清昼：即清晨。觅路：寻找路。松巅：即长满松树的山岭。

②须眉：胡须和眉毛。擘（bāi）窠（kē）：翻开老书读古文。书题：书里面有记载。

③词坛祖：即作词写赋者的鼻祖。

④居摄（shè）年：居于统治地位的年月。党羽：反动势力里首领以外的人。

⑤当年句：均为扬雄当年创作时所做的梦。

⑥市上句：指那些专门投机钻营的人都成了王侯，而扬雄独居数载官衔却没有改变。徙，即改变、变化。

⑦著述：著作、论述。

⑧缘献匮：摘录并奉献出珍贵的文献。投阁：进入楼阁。

⑨虞帝匕首：即周朝国王的匕首。

⑩罘（fú）罳（sī）：古代设在门外的一种屏风。

⑪奸雄：指朝廷中有野心有势力的人。藏热收声：心里藏隐着热情但不愿说出来。

⑫一跌：摔了一跤。赤族：牵连到宗族。

⑬虬（qiú）：龙的一种。螭（chī）：无角的龙。阍（hūn）：看门人或宫门。蛰（zhé）：蛰伏，潜伏。

⑭桓子：古人名，善于以诚待人。解人：指押送犯人。

⑮灵祠：祭奠亡灵的祠堂。宿鸟：归宿的鸟。

⑯太白星：即太白金星，相传李白死后成了天上的太白金星。

左绵竹枝词（节选）

清·文棨

有谁提笔怕提糕？载酒遨游意自豪①。

偶向西山深处去，子云亭上共登高②。

题解：

本词选自《直隶绵州志》。竹枝词是古代富有民歌色彩的诗，最早为巴、渝一带的民歌，唐宋以后演变成《竹枝词》。此词唱时通常有短笛和击鼓应节者伴奏，歌者边舞边唱，其音调婉转动人。竹枝词形式为七言绝句，语言通俗、调子轻快，最初多是歌唱男女爱情的，以后常用来描写某一地区的风土人情。这里选录文桀十首《左绵竹枝词》中的一首，表现了人们提糕、载酒、游西山、登子云亭的自豪和欢快情景。

注释：

①提糕：此处意为带着饮食，糕点或酒菜。遨游：远游，慢游。

②西山深处：指西山有很多景点。子云亭：即著名的西山西蜀子云亭。

洗墨池

清·孙澈[1]

扬子文章擅两川，才高为累至今传[2]。
岂知尼父争名日，正是姬公盗国年[3]。
苔径更无人载酒，草庐空有客谈元[4]。
遗经独抱观终始，照影空贻墨水怜[5]。

题解：

本诗选自《绵阳县志》，为作者以池起兴，全面追忆扬雄之作。洗墨池在西山扬子云读书台下，当年游人至此池水可照见人影，给人以无限遐想，该诗即是一例。

注释：

①孙澈：清代绵州人，出生年月及生平不详。

②擅（shàn）：压倒。累：连缀成捆，或连续成串。

③尼父争名：孔子作《春秋》以正名。尼父，即孔子。父，同“甫”。鲁哀公诔孔子曰：“天下遗耆老，莫相于位焉，呜呼哀哉尼父!”争名：力争正名。孔子曰：“名不正，则言不顺。”姬公：周王朝下的诸侯。盗国：窥视王朝，这里暗指王莽。

④谈元：即谈玄。清代为避清世祖玄烨的讳，往往将“玄”写为“元”。玄，这里指扬雄的著作《太玄》。

⑤遗经独抱：即独抱遗经，指扬雄所著的《太玄》《法言》《训纂》《州箴》。谭桓论其书曰：“文义至深，而论不诡于圣人。”照影空贻：人影白白地留给。墨水怜：可怜的洗墨池。

仙云观石柱联

清·欧阳尚异[①]

胜地足通京索引钩深山下试寻杨子宅[②]，雄城堪吊古词明旨远尊前谁赋越王楼[③]。

题解：

本联收自西山仙云观，标题为编者所加。该联于清道光十五年（1835）所建之仙云观一石柱上书写，其石柱联落款为“江西欧阳尚异书”。

注释：

①欧阳尚异：清代江西人，与宋代欧阳观、欧阳修同宗，曾官宦于绵州。

②杨子宅：指仙云观所在的西山山鹿有扬雄读书台和后人修建的子云亭。

③越王楼：指唐代越王李贞所建的名楼，位于绵州龟山之巅，是中国古代“四大名楼”之一。

仙云观[①]有子云亭[②]，亭前洗墨池[③]扬子遗迹也。钟阳镇[④]亦有洗墨池，距城南三十里，昔贤游历，芳躅[⑤]宛然，丙申三月[⑥]，偕同志游仙云观，感赋一章，用志倾慕

清·吴朝品

城西六七里，居金山之阳。扬子昔侨寓，洗墨池水香[⑦]。

池今何处所？企想徒旁徨。扬马本异曲，冠冕汉文章[⑧]。

辞赋长卿胜，经术子云长。子云通训诂，深湛隐闭藏[⑨]。

口吃辩方言，训纂括三苍。外家连翁孺，诵赋赖杨庄[⑩]。

嗟哉莽大夫，纲目书堂堂。我欲讼此冤，畏惧谁为匡[⑪]。

班史年接近，谬漏已堪伤。雄年四十余，京师始为郎[⑫]。

观书于石渠，绣补真擅场。天凤五年卒，记载重圭璋[⑬]。

建始及天凤，五十年相当。四十又五十，百年登寿康。

雄年七十一，抵牾自荒唐。美新诚赝作，萧楼亦混茫[⑭]。

颂莽实戏莽，漫云冠三王。当时两子云，谷永相颉颃（永亦字子云）[⑮]。

孟坚叙雄文，此篇独不详。《法言》谀汉公，后人疑雌黄（《太平御览》扬子云卖文自赡，文不虚美，及卒，怨家取《法言》益之曰：自周公以来云云）[⑯]。

卓杰桓君山，新论破天荒。成帝祠泰畤，奏赋喧庙廊[⑰]。

甘泉竟绝笔，噩梦惊收场。子云不仕莽，证据岂诗张[18]？

刘歆甄丰辈，恶可与等量。伊昔遡江上，郫县勤农桑[19]。

五世传一子，蜀中无他扬。三世不徙官，清静愿先赏[20]。

知己都水君（谓刘更生），田仪同故墙，三寸把弱翰[21]。

铅椠随行囊，好奇张伯松。比诸日月光，侯芭门弟子[22]。

起坟梧檟旁，墨是何年洗？池水澄清凉，洗墨池尽黑[23]。

张芝复雁行，锦城一都会。涪县遥相望，梓潼长卿山[24]。

巴西子云乡，西山读书台。造像凌风霜（仙云观侧有扬子读书台石，右镌扬子像）。草系亭已杳，鸿鹄千里翔。芳邻同肸蛮，汉宋两贤良（蒋恭侯墓、欧阳崇公祠俱临近）。古人不可见，载酒长慷慨[25]。

题解：

本诗选自吴朝品（字立卿）《涪雅堂诗草》，为诗人于光绪二十二年（1896）三月与友人游西山时所作。

注释：

①仙云观：位于今绵阳西山观，古名仙云观，始建年代无考，相传为“蜀中八仙”中的尔朱仙修炼处。晋书《神仙传》记东汉顺帝汉安元年（142）重建三殿宇（前为玉皇殿、中为大雄殿、后为八仙殿），1949年后仅存石柱八仙殿。西山风景区复修前殿，维修了“八仙殿”、两边建庑殿。整个殿宇均为单檐歇山式小瓦屋面，穿斗抬梁结构，无斗拱。八仙殿中祭祀蜀中八仙容成公、李耳、董仲舒、张道陵、严君平、李八百、范长生、尔朱仙。西山观檐柱上楹联记载另外道佛合流的历史，是儒、释、道三教合一思潮的鉴证和遗迹。仙云观附近古迹甚多，观下有盘石，传为扬雄读书台，洗墨池。清代建有一亭曰“子云亭”，亭下有扬雄像和扬雄传碑。山岩上有隋大业六年（610）、十年（614）、唐武德二年（619）的道教摩崖造像。有宋代石雕的扬子云真像（宋淳熙十四年，即1187，《仙云观游记》），山顶有巍峨壮观的蜀汉名臣蒋琬祠墓，玉女泉道教造像等。仙云观的“蜀八仙殿”，是纪念蜀中八仙之一的尔朱先生的有型遗迹。

②子云亭：子云亭位于绵阳市涪城区的西山风景名胜区西山公园内。西山又名凤凰山，景区占地0.3平方公里，景区内茂林修竹，丹桂飘香，清泉淙淙，景色优美。以子云亭为中心，还有古仙云观、蒋琬墓、蒋恭侯祠、扬雄读书台、玉女泉及隋唐时期的道教摩岩石刻等。子云亭是为了纪念西汉文学家、语言学家、哲学家扬雄而建造。扬雄（前53—18），字子云，蜀郡成都人。汉成帝时期曾出任黄门侍郎，是皇宫内侍从皇帝，传达皇帝诏令的官职。扬雄少年用心专注，博学多才，“博览无所不见”，曾经

“专精大《易》、耽于《老》《庄》”。精通训诂和文字学，喜好辞赋，仰慕司马相如，有相如遗风。早年曾有《反离骚》《广骚》《蜀都赋》《成都城四隅铭》等作品，中年时期被诏入宫，有《甘泉赋》《河东赋》《校猎赋》和《长杨赋》等作品成为其代表作，“把司马相如开创的劝百讽一”的大赋传统，推向极致，此后再无人能继续下去了。扬雄对探讨宇宙人生真谛的哲学研究贡献十分突出：“先是作《太玄》，融儒道为一体。”又作《法言》融儒、道、法三家学说于一体，对《易经》《论语》等经典著作也做出他自己的理解和诠释。《文心雕龙》有“扬马”并列的提法。他是继司马相如之后，西汉最大的辞赋家。扬雄的赋是学者之赋，知识渊博，技巧娴熟，但有“做作”之感。扬雄对辞赋的贡献，主要在于他拓展了这种宫廷艺术的题材和表现手法，使其超出宫廷，咏物叙事，立志抒情，使之更加散文化。扬雄是在40多岁离家至京时，曾经滞留涪县。现在，在绵阳市西山和涪城区永兴境内的古钟阳镇遗址，两处有“扬子云读书台”和“洗墨池”遗迹。景观描述据记载：子云亭在历史上四川有三处，一处是成都扬雄故居的“子云亭”，此亭早已不存，遗址亦众说纷纭；另一处是修建在郫县城郊扬雄故乡的子云亭，清代乾隆年间迁建于扬雄墓侧，亭已不存在，只剩下土台一座。至今犹存的就是绵阳西山景区的子云亭。在这个景区内有一大一小、一新一旧两座子云亭，由此可见绵阳人民自古崇文尚艺、礼拜先贤的传统和醇厚民风。

③洗墨池：汉成帝永始时期（前16年—前13年），在这期间，扬雄在蜀中曾四出游学，成都平原附近的州府，皆有他游学读书的纪念性遗迹。按当时的交通条件来讲，成都距绵阳要走几天，再加上他家境贫寒，故扬雄来绵阳之后，就再没有回过蜀郡成都了。古绵州是上京的必经之路。古时的寺庙有一个惯例，一般都要资助上京求学的读书人。为其免费提供食宿，对于家境贫困的读书人，离去时还要资助盘缠，仙云观及蜀八殿等寺观给扬雄的资助是确定无疑的。西山扬雄读书台和洗墨池即为其史迹遗存。

④钟阳镇：今绵阳市西南三十里新皂乡（皂角铺）即古钟阳镇。《资治通鉴》：唐景福元年（892）三月“癸亥，西川将李简邀击（杨）守忠于钟阳，斩获三千余人”。即为此地。《元丰九域志》卷七：“巴西县有钟阳镇。”

⑤芳躅（zhú）：指前贤的踪迹。

⑥丙申：即清光绪二十二年，公元1896年。

⑦金山之阳：清代的绵州曾管县八：巴西，昌明，罗江，神泉，龙安，魏城，盐泉，西昌。其中龙安县，上。东北至州七十八里。本汉涪县地，周武帝天和六年，于此置金山县，隋大业二年废。武德三年，于废金山县城置龙安县，因山为名。金山，在县东五十步。每夏雨奔注，崩颓之所则金粟散出，大者如棋子。

⑧扬马：是西汉辞赋家扬雄和司马相如的并称。二人都是蜀郡人，所作辞赋多为歌颂汉朝声威和帝王功德，长于铺排，辞藻华丽。

⑨训诂：为解释古代汉语典籍中的字句。

⑩训纂：是扬雄著的一本字书。《汉书·艺文志》和《隋书·经籍志》等都有著录。清马国翰《玉函山房辑佚书》有辑本。

⑪莽大夫：西汉扬雄仕于王莽，朱子《资治通鉴纲目》称为“莽大夫”，示贬责之意。后世比喻变节仕于伪朝的人为“莽大夫”。

⑫班史：指《汉书》。因《汉书》为班固所作，故称。

⑬观书于石渠：石渠即石渠阁。西汉皇室藏书之处，在长安未央宫殿北。亦省作“石渠”“石阁”。扬雄即于此观书。

⑭美新诚赝作：王莽篡汉自立，国号新。扬雄仿司马相如《封禅文》，上封事给王莽，指斥秦朝，美化新朝，故名《剧秦美新》。文中抨击秦始皇焚书、统一度量衡等措施，对王莽则歌功颂德。此文曾被看作是扬雄的“白圭之玷”。诗人认为是赝作。

⑮颉颃：本指鸟上下飞。泛指不相上下，相抗衡等。

⑯法言：为扬雄模仿《论语》而作。

⑰成帝：汉成帝刘骜（前51—7），西汉第12位皇帝，公元前33年—公元前7年在位，死后谥号“孝成皇帝”，葬于延陵，庙号统宗。

⑱甘泉：指《甘泉赋》，扬雄作于公元前13年。当时他随汉成帝到甘泉宫祭祀，回来后便向成帝上了这篇赋。作者运用铺排夸饰的艺术手法，描写了天子郊祀的威仪。先叙仪卫的烜赫，再写离宫的巍峨和宫室的深邃，最后描写祭祀场面之盛。虽是模仿司马相如的赋体，但语句雄健，多用长句以增强气势，在模仿的基础上仍有创造。

⑲刘歆（约前50—23）：字子骏，后改名刘秀。西汉宗室、大臣、经学家，楚元王刘交五世孙，经学家刘向的儿子。汉成帝时，刘歆以通《诗》《书》，能属文而被召为黄门郎。河平元年（前28），奉命与父刘向领校秘书，讲六艺传记，举凡诸子、诗赋、数术、方技无所不究。后为中垒校尉。汉哀帝初，大司马王莽荐为侍中太中大夫，迁骑都尉，奉车光禄大夫，又领校《五经》，完成父亲未竟事业，总群书而类别为《七略》。建平元年（前6）建议立《周礼》《左传》《毛诗》《古文尚书》等古文经于学官。遭今文学博士反对，因移书太常博士责之，语甚激切。由此触犯执政大臣，出为河内太守。后历任五原、涿郡太守、安定属国都尉。汉平帝时，王莽执政，征入为右曹太中大夫，迁中垒校尉、羲和、京兆尹，封红休侯。使治明堂、辟雍，典儒林史卜之官，考定律历。又与甄丰、王舜等称颂王莽功德，议立安汉、宰衡之号。王莽代汉，拜刘歆为国师，封嘉新公。后谋诛王莽，事泄自杀。著有《三统历谱》，计算出圆周率

为3.1547，世称“刘歆率”。原有著作已佚。明张溥辑有《刘子骏集》收入《汉魏六朝一百三家集》。

⑳五世传一子，蜀中无他扬：扬雄自序“家产不过十金，乏无儋石之储”，家境贫困。但若考其远祖，可称得上是王侯世家。本传称：“其先出自有周伯侨者，以支庶初食采于晋之扬，因氏焉，不知伯侨周何别也。”扬处“河汾之间”，在今山西南部。扬雄又说：“周衰而扬氏或称侯，号曰扬侯。会晋六卿争权，韩、魏、赵兴而范、中行、知（智）伯弊。当是时，逼扬侯，扬侯乃逃于楚巫山，因家焉。”据此，扬雄的祖先春秋时曾自称“扬侯”，晋“六卿”之乱，扬侯受韩、赵、魏的逼迫，举族南迁楚国境内的巫山地区。楚汉相争时，扬雄的先人们为避战乱，又溯江而上，“处巴江州”，巴郡江州即今四川重庆。避乱时期扬雄祖先都没有事迹可述，直至其五世祖扬季稍起其家，官至庐江郡太守。庐江郡在今安徽庐江县。汉武帝元鼎年间，扬季因逃避仇家迫害，弃官，“复溯江上，处岷山之阳曰郫”。郫即今成都市郫都区，故本传又说他是“蜀郡成都人”。扬季来到郫县，再度成为普通平民：“有田一廛，有室一区，世世以农桑为业。”一廛即一百亩。杨氏人丁也很单薄，雄云：“自季至雄，五世而传一子，故雄无它扬于蜀。”

㉑刘更生：指刘向。刘向（前77—6年），原名刘更生，字子政，沛郡丰邑（今江苏省徐州市）人。田仪（？—192）：东汉末年人物，为董卓亲信，官拜主簿。公元192年，王允、士孙瑞和吕布谋诛董卓，董卓死后，主簿田仪及董卓仓头前赴其尸，被吕布所杀。

㉒侯芭：又名侯辅，西汉巨鹿人，扬雄的弟子。学习《太玄》《法言》这两书。

㉓梧檟：亦作“梧榎”。榎，同“檟”。梧桐与山楸。两者皆良木，故以并称，比喻良材。

㉔张芝（？—192）：字伯英，敦煌郡渊泉县（今甘肃省瓜州县）人。东汉书法家、“草书之祖”，大司农张奂的儿子。出身名门，拒绝朝廷征召，潜心研习书法。擅长草书中的章草，将古代当时字字区别、笔画分离的草法，改为上下牵连富于变化的新写法，富有独创性，在当时影响很大。可惜没有真迹传世，仅存《八月帖》等刻帖。汉献帝初平三年去世，著有《笔心论》，与钟繇、王羲之和王献之并称“书中四贤”。

㉕汉宋两贤良：指蜀汉时期的蒋琬和北宋时期的欧阳观。蒋恭侯（？—246），字公琰。零陵郡湘乡县人。三国时期蜀汉政治家，与诸葛亮、董允、费祎合称“蜀汉四相”。欧阳崇公祠：亦在绵州治西三里，西山之麓，祀北宋绵州推官欧阳观于祠。道光二十九年，州牧李象昺偕郡人熊文华创修。咸丰十一年毁于贼，同治四年，知州文棨复偕熊文华重修。

仙云观

民国·杨东寅

仙云飞去翠烟开，景仰前贤吐凤才②。

欲向草玄分片席，藓苔青遍读书台③。

题解：

本诗选自《鱼亶堂诗集》。虽题为《仙云观》，但重在写作者访问扬雄遗迹。并通过观赏扬雄遗迹，抒发了作者对这位汉代文学家、哲学家和语言学家的仰慕之情，同时也表达了对其遗迹的荒凉而深感惋惜之心态。

注释：

①杨东寅，名炜，字国藩。清代绵州廪生。宣统元年（1909）入朝考，官直隶省候选州判。1912年后，从事教育，为绵阳名士。有《鱼亶堂诗集》等传世。

②翠烟：指林中的雾气。前贤：此指扬雄。吐凤才：原注云："杨子云梦吐白凤。"是说汉成帝时，有人荐扬雄赋似司马相如，故召扬雄待诏承明之庭，正月从上幸甘泉，还奏《甘泉赋》，梦口吐白凤，后人因此以擅长著作为吐凤。

③草玄：即草玄台，为扬雄起草巨著《太玄》之处，在成都扬雄宅内。片席：即片席之地。读书台：即仙云观西侧之盘石，为扬雄读书台。

（作者单位：西南科技大学文学与艺术学院；绵阳市社科联）

2020 年的扬雄研究综述

王　敏

内容提要：作为汉赋“四大家”之一的扬雄同时也是两汉时期著名的文学家、思想家和语言学家。但由于种种原因，对扬雄的评价历来争议颇多，至宋代甚至开始出现“贬扬”思潮。从 20 世纪 80 年代以来，学界开始对扬雄创作的基本情况及其取得的成就进行系统的梳理和恰当的评价。本文拟就扬雄的认识评价、教育理论、语言学、思想以及辞赋这五个方面对 2020 年的研究状况做一综述，以推进对扬雄的研究向深度和广度发展，这对全面客观地评价扬雄也是有益的。

关键词：2020 年；扬雄；综述

扬雄（前 53—18），字子云，今四川成都人士，是两汉时期著名的文学家、思想家和语言学家，是著名的汉赋“四大家”之一。后班固在《汉书》中为其立传“雄少而好学，不为章句，训诂通而已，博览无所不见。为人简易佚荡，口吃不能剧谈，默而好深湛之思，清静亡为，少耆欲，不汲汲于富贵，不戚戚于贫贱，不修廉隅以徼名当世。家产不过十金，乏无儋石之储，晏如也。自有大度，非圣哲之书不好也；非其意，虽富贵不事也。顾尝好辞赋”。从这可以窥见其重要性。但对于扬雄，历来争议颇多，一是他写作了《剧秦美新》，指斥秦朝，美化新政，对王莽歌功颂德，被后人评价为“谄文”；二是他曾写作《反离骚》，被后世指责为“屈原之罪人”，《反离骚》也被认为是“《离骚》之馋贼”，从而遭到后世批评。

至 20 世纪 80 年代以来，学者们开始对扬雄有了全面深入的研究，对扬雄的文学、哲学等方面的研究取得了一定的成果。2020 年学界对扬雄的研究更进一步，据笔者的不完全统计，发表学术论文及期刊近 30 篇。本人从所能见到的材料，对 2020 年有关扬雄的认识评价研究、教育理论研究、语言学研究、思想研究以及辞赋研究这五个方面做一综述。

一、关于扬雄的认识评价研究

2020 年学界对扬雄的认识评价研究主要为两种倾向。第一种倾向是有关古人对扬雄的评价的研究。沈相辉在其《论韩愈的“尊扬”思想》（《长安学术》2020 年第 2 期）和《论宋代的“贬扬”思潮》（《江苏海洋大学学报（［人文社会科学版］》2020 年第 5 期）中对“尊扬”和“贬扬”做了论述。在《论韩愈的“尊扬”思想》一文中，沈相辉论述了韩愈在面对举世佞佛的局面时，选择扬雄的三个原因：一是扬雄乃唐前最为尊孟者，故为尊孟之韩愈所瞩目；二是扬雄同样排斥异端，不与世俗苟合，韩愈与其极为类似；三是扬雄模拟圣人的创作实践，与韩愈文以明道的主张有相通之处。在《论宋代的“贬扬”思潮》一文中，沈相辉认为宋代“贬扬”思潮的出现和发展，是古文家、道学家、政治家合力的结果。其认为在宋代，当政治伦理与品德操行成为评价士人的首要标准时，就意味着“贬扬”不仅涉及文章学术之评价，更关乎士人品节、国家兴衰等是非大义，所以对此后的士大夫心态产生了重要的影响。纵观沈相辉的这两篇文章，可以得知“尊扬”或“贬扬”都是出于时代政治的需要，但并未对其进行对比，深入挖掘其背后的相同点和不同点。王淼在其《从〈法言〉的思想出发再论〈剧秦美新〉非“谄文”》（《社科纵横》2020 年第 8 期）一文从《法言》中所体现的扬雄的思想，结合其所处的时代及其境遇，认为《剧秦美新》确是扬雄所作，且并不是“谄文”，而是扬雄怀揣“德政”的社会理想，赞同王莽新政的表现。第二种倾向是对与扬雄相关书籍的研究。沈相辉在《〈汉书〉为扬雄立传原因考论》（《北京社会科学》2020 年第 1 期）中认为扬雄进入《汉书》与《汉书》的断限并不冲突，且符合《汉书》“非常之人”的立传标准。此外，沈相辉还阐述《汉书》为扬雄立传与班氏父子对扬雄的特殊感情有关，扬雄不仅是班氏父子在史学上的同道，更是他们的文学偶像。这一方面亦体现了班氏父子作为史家而兼文士的特点。沈相辉还在其《乡邦文化视野中的扬雄——以〈华阳国志〉为中心》（《中国地方志》2020 年第 4 期）一文中论述了《华阳国志》对扬雄圣人形象的塑造。《华阳国志》继承汉魏郡书撰写的传统，通过表彰先贤来标榜蜀地的独特之处。该书《先贤传》通过增删调整《汉书》《法言》等史料，将扬雄塑造成一位“齐圣广渊”的弘道圣人，有关扬雄的负面记载却只字未见。对于这种做法，沈相辉认为这一方面体现了乡邦文化建设中方志书写的特点，另一方面《华阳国志》对扬雄的定位，在很大程度上也反映了蜀地士人的认识，这意味着扬雄拟经征圣的行为至少在蜀地获得了一定程度的认可。由此，可以看出蜀人对扬雄的推崇。

二、关于扬雄的教育理论研究

有关扬雄的教育理论研究主要是对于其仿《论语》而作的一部语录体著作《法言》的研究。徐常云在《扬雄的教师观》（《地方文化研究辑刊》2020 年第 2 期）中阐述了扬雄的教育思想和教育观念。扬亮在《论扬雄的治学特点及其启示》（《文史杂志》2020 年第 6 期）中论述了扬雄“少耆欲不徼名当世”“不为章句只为训诂”“默而好深湛之思”的三个治学特点，以及这些特点对我们今人在“学行一致”、教育教学诸方面的启示。凤羽在《论扬雄“求为君子”的教育目的》（《文史杂志》2020 年第 2 期）中阐述了扬雄对“君子”的定义以及如何成为君子。这几篇文章的作者均为四川成都从事教育行业的人员，可以看出近年来我们对地方传统文化的重视，对扬雄认识的进一步深入，同时也体现了近年来人们越来越重视教育，不断学习古人的智慧。

三、关于扬雄的语言学研究

扬雄搜集整理的《方言》是中国第一部专门研究方言的著作，他用毕生的精力调查研究全国的方言，这在中国语言学史上是第一次。关于扬雄的语言学研究主要也是围绕这本著作展开。陈世庆在《〈輶轩使者绝代语释别国方言〉之“别国”义同“列国”考》（《安庆师范大学学报［社会科学版］》2020 年第 6 期）中对“别国”一词进行考证，认为“别国”应为“列国”之义，“列国方言”应指我国周秦时期各邦国、秦代各郡县、汉代各郡国的特色语词。李长云在《扬雄〈方言〉词语河南方言今证》（《新乡学院学报》2020 年第 11 期）中以汉代扬雄的《方言》为蓝本，对其保留在河南方言中的数例古语词按词性进行归类，并逐例加以探析。关于扬雄《方言》这一著作 2020 年学界大多研究它的影响，很少从它的本身内容去研究，并且和其他有关古代“方言”的书籍进行对比研究。

四、关于扬雄的思想研究

扬雄的思想研究历来是学术界研究的重点，主要是文学和哲学两个方面。2020 年学界对扬雄的思想研究主要集中在哲学这方面，尤其是对儒家思想的继承与发展。

马婧在《论“西道孔子”扬雄的自然哲学思想》（《志苑集林》2020 年第 3 期）中认为扬雄的自然哲学思想是以思辨的形式反映经验产生的规律的转化过程，其实质是对自然规律的哲学表达，并且认为扬雄自然哲学思想具有朴素唯物主义特征，具有“注重现象、关怀现实、拥护无神论”这些特点。孔玺铭和张旻在《论扬雄对儒家美学思想的继承与发展——以〈法言〉为中心》（《戏剧之家》2020 年第 17 期）中论述了《法言》中的一些美学主张，如“文质”“丽以则”“言为心声”等，并论述这些主张对先秦儒家思想的继承与发展。陈晨在《试论扬雄〈法言〉对儒学的发展》（《文化创新比较研究》2020 年第 7 期）中通过对扬雄《法言》的研究，阐述《法言》在人性论、认识论、伦理思想等方面对儒学发展所做的贡献。

在哲学思想的研究上，2020 年学者研究并未深入，主要还是研究扬雄思想中偏儒家的一面，并未深入研究其内涵的复杂性，例如扬雄思想中偏道家的一面及其儒道互融的特质。

五、关于扬雄的辞赋研究

据不完全统计相关论文共 4 篇。吴结评和陈历卫在《康达维〈扬雄赋研究〉探析》（《地方文化研究辑刊》2020 年第 2 期）一文中对《扬雄赋研究》一书进行了全面的探析。吴结评和陈历卫认为这本书抛开作品以外的因素所引发的历史偏见，充分肯定了扬雄赋的文学价值和赋论的理论价值，从赋学史与文学史上做出了恰如其分的定位，从而确立了扬雄在中国文学史上的地位。侯文学在《扬雄辞赋观的形成及其文学史意义》（《清华大学学报［哲学社会科学版］》2020 年第 1 期）中通过对扬雄的学习和创作的研究来阐述其“辞”“赋”观。侯文学认为扬雄的“辞赋”分为前后两期。前期，扬雄作《蜀都赋》《反离骚》，中年作“四赋”，或拟屈原，或拟司马相如，以丽辞属文。后期，晚年的扬雄自觉弘扬儒家学说，致力于思想的构建与表达，对包括屈原、司马相如作品在内的骚、赋提出批评。所以，扬雄以“赋”为屈原作品的文类归属，关注屈作的瑰丽特征。其称“辞”，或指向文辞，或指向文辞的华丽内涵，并以后一指向的“辞”为赋的内在属性，不以为文体。同时侯文学还论述了扬雄的辞赋观对班固等东汉以后的学者与赋家的直接影响。吴雪娟、冯霞和向阳三人在《论扬雄学术研究与著述的逻辑性》（《文史杂志》2020 年第 5 期）中通过对《法言》内容和结构的研究来论述扬雄著述的逻辑性与系统性，从而展现扬雄所构建的新的儒家价值体系。王宣懿在《文学地理学视野下〈蜀都赋〉的比较研究》（《青年文学家》2020 年第 11 期）一文中运用文化地理学的知识来分析扬雄的《蜀都赋》。文章从自然地理、人文地理、审美地理三个方面对扬雄及左思的同名赋作进行对比，探讨两赋在自然地理描述上所体现出的时代特征，其作者的社会背景在赋作中留下的文化烙印以及文本内部结构的发展。

扬雄的辞赋研究历来都是学界研究的重点，但从 20 世纪 80 年代至今，对扬雄辞赋文本内部的研究已经非常深入，如今我们可以从外部（域外等）和跨学科的视角来研究扬雄。

总之，对于扬雄的研究无论是关于他的认识评价还是关于他的思想或著作都有很大的研究空间，尤其是用跨学科的视角来重新研究扬雄的作品。做好这一项工作对全面客观地评价扬雄的成就有着重大意义。

（作者单位：西华大学文学与新闻传播学院）

扬子生平研究

趣谈扬雄与酒的缘分

李殿元

内容提要：两汉时期的学术领军人物以酒讽刺官场，他的《酒箴》赋谏劝世人莫为酒惑，应近君子而远小人。作为一个臣子的扬雄，敢于为正义而挑战皇权，令人敬佩。在他的《法言》《方言》中研究学问，也对酒进行了研究。“载酒问字”不仅记载了因贫穷而靠学问赚酒喝的扬雄，更记载了一个在混沌世界坚持淡泊自守的大专家的文化普及教育活动。所以，后世对扬雄与酒，均给予了赞誉。

关键词：扬雄与酒；学术领军人物；讽刺官场；研究酒文化；载酒问字

中国的酒文化，源远流长，贯穿了中国的历史，渗透了中国人的精神。如果没有酒，中华文化的缺失将不可估量：王羲之写不出《兰亭序》这样的“天下第一行书”，曹操写不出“对酒当歌，人生几何？……何以解忧，唯有杜康”的《短歌行》，李白写不出“人生得意须尽欢，莫使金樽空对月。……五花马，千金裘，呼儿将出换美酒”的《将进酒》，《三国演义》不会有精彩的“青梅煮酒论英雄”，也不会有赵匡胤“杯酒释兵权”的胆识与魄力……考察中国酒文化，不难发现，历史上的名人大多都有与酒有关的故事。下面就说说西汉名人扬雄与酒的缘分。

一、以酒讽刺官场的扬雄

扬雄，生于西汉末年，字子云，蜀郡成都人，文学家、哲学家、语言学家。年轻时，扬雄以写辞赋闻名于世，为汉赋四大家之一。经大司马王音举荐，待诏宫廷，汉成帝特别赏识，授职给事黄门郎。

虽然在官场，扬雄却不畏强权，他敢于斗争，追求真理。史书说他“为人简易佚荡，口吃不能剧谈，默而好深湛之思”，不善言谈而善写作的扬雄在任官期间，写下了《甘泉赋》等著名的赋，用来讽刺汉成帝的奢靡浪费之风。

元延二年正月，扬雄随汉成帝前往甘泉宫，作《甘泉赋》讽谏成帝的铺张；三月，成帝祭祀出游，“眇然以思唐虞之风”，扬雄作《河东赋》，劝告其“临川羡鱼不如归而结网”；十二月，成帝又外出田猎，扬雄作《校猎赋》，讽谏天子不应当如此奢侈靡费。第二年，成帝又组织了大规模的狩猎活动，致使民间的农业生产大受影响，扬雄作《长杨赋》再行劝谏。可惜的是，扬雄遇到的这个汉成帝是个荒淫昏乱的昏君，扬雄苦口婆心的讽谏不过是对牛弹琴罢了。

但是，作为一个臣子，敢于为正义而挑战皇权，扬雄仍然令人敬佩。

扬雄写有《解嘲》，揭露了当时朝廷擅权、倾轧的黑暗局面：“当涂者升青云，失路者委沟渠，旦握权则为卿相，夕失势则为匹夫。”他对庸夫充斥而奇才异行之士不能见容的状况深表愤慨：“当今县令不请士，郡守不迎师，群卿不揖客，将相不俯眉；言奇者见疑，行殊者得辟。是以欲谈者宛舌而固声，欲行者拟足而投迹。”可见，《解嘲》赋中寄寓了作者对社会现实的强烈不满。明确表示在外戚专权、小人用事、世风日下的情况下，自己不愿趋附权贵而自甘淡泊。

自甘淡泊的扬雄对酒情有独钟，他写有一篇短小精悍的《酒箴》：

> 子犹瓶矣。观瓶之居，居井之眉。处高临深，动常近危。酒醪不入口，臧水满怀。不得左右，牵于纆徽。一旦叀碍，为瓽所轠。身提黄泉，骨肉为泥。自用如此，不如鸱夷。鸱夷滑稽，腹大如壶。尽日盛酒，人复借酤。常为国器，托于属车。出入两宫，经营公家。由是言之，酒何过乎？

《酒箴》的大意是：你就像是一个瓶子，悬挂在井口之上，居于高处，面临深渊，动一动就会有危险。美酒从不装进瓶里，只会是满肚子的清水。你被绳子系在那里，不能左右摇摆，一旦晃动而触碰到了坚硬的井壁，就会撞击得粉碎，掉落到黄泉里，身体化为尘泥。你的用处也就是汲水而已，远不如酒囊幸福。酒囊虽然看起来肚大而滑稽，但它是装酒的，经常被借来借去买酒用。有时候还被视作贵重之物，坐着皇家的车子，出入于宫廷内院，在公门府衙里奔走往来。当然，这与酒并无关系，酒是没有过错的。

从表面看，《酒箴》是一篇咏物赋，无非是说水瓶朴质有用，反而易招危害，酒壶昏昏沉沉，倒能自得其乐。实际上，扬雄用的是曲笔，开篇那句“子犹瓶矣”，清楚地表明了作者的意图在借器喻人。

汉赋的最大功用是讽谏和劝勉，扬雄在这篇文章里，借水瓶和酒囊两样事物，比喻社会上两种不同的人：水瓶是用来从井里打水的，陶制的水瓶通常很脆弱，稍有不慎，碰到井壁的砖石，就可能粉身碎骨；酒囊却不同，虽然样子看起来很可笑，但因为是用来装酒的，却处处受欢迎，境遇不一般，甚至于可以在皇宫、官府里往来穿行。社会也是这样：老实勤恳地待在自己工作岗位上的人，兢兢业业，默默无闻，免不了遇到麻烦甚至危险，在复杂的社会中可能碰个头破血流；而善于阿谀逢迎、投机钻营的人，却左右逢源，混得风生水起，甚至于升官发财，博取到非同一般的社会地位。

扬雄借物喻人，对这样的现实给予了无情的嘲讽和辛辣的批判，文章虽短小简促，但文笔犀利，意味深长。不过，对于爱酒的扬雄，少不了为酒正名，他要讽刺的是酒囊，酒并无过错。

《酒箴》是反话正说，语近旨远，良苦用心，无非是要谏劝世人：莫为酒惑，应近君子而远小人；更深沉的意思是，扬雄是将酒与时政相融合，为了劝诫汉成帝不要亲近那些圆滑的小人而疏远了淡泊的贤人。

二、研究酒文化的扬雄

扬雄虽然写了许多赋，对社会、人世，甚至是皇宫皇帝进行讽谏和劝勉，但是，扬雄悲哀地发现，讽谏、劝勉的作用太有限了，所以，中年以后的扬雄思想发生了大转变，认为辞赋乃“雕虫篆刻”，没有多大意思，“非贤人君子诗赋之正”，应该“壮夫不为”，从此，弃之不为，转而研究学术，并著有几部大块头的巨著——《法言》《太玄》《方言》《蜀王本纪》等，涉及学术的方方面面，成为两汉时期的学术领军人物。

作为文人，扬雄当然也是嗜酒之人，他研究学问，自然也就会对酒进行研究。

在《方言》中，扬雄记录了多种酒曲，也就是现在所称的酒饼。据《方言》卷十三：“𪎊、䴷、𪌛、𪍹、䴽、𪎱、𪍝，麹也。自关而西秦、豳之间曰𪎊，晋之旧都曰𪌛，齐右河、济曰䴷，或曰𪍹，北鄙曰䴽。麹，其通语也。”西晋郭璞注：“𪍹，大麦麹。䴽，细饼麹。𪍝，小麦麹为𪍝，即䴲也。今江东人呼麹爲𪌛。”

𪍹、䴷、𪎊也见于东汉许慎的《说文解字》，释义都是“饼麹也”。䴷、䴽、𪍝见于梁顾野王《玉篇》：“䴷，饼麹。䴽，细饼麹。𪍝，胡瓦切，麹也。”又见于《广雅·释器》：“𪌛、䴷、䴽、𪍹、𪎊、𪎱，麹也。”麹即麯，现在写作“曲”。

扬雄在《方言》中记载的是各地对酒曲的不同称谓，却证明在西汉时期，有这么多与酒曲有关的字，且都与“麦”有关，可以肯定当时用麦子（大麦、小麦）做酒曲已经是非常普遍的现象，那么，酒曲的产生必然早于西汉。另外，在《说文》中，𪍹、麲、𪍿这几个字被解释为“饼曲”，也就是酒饼，可见饼状酒曲早在东汉已经有了，所以东汉班固撰写《汉书·食货志》时，特别记载了制曲之法。

扬雄在所著《法言》中谈到过饮酒和敬酒的注意事项。他说：《礼》多仪。或曰：“日昃不食肉，肉必干；日昃不饮酒，酒必酸。宾主百拜而酒三行，不已华乎?”曰：“实无华则野，华无实则贾，华实副则礼。”这里的“日昃”是指太阳偏西，即午后，就不能再吃肉饮酒了。为什么？不能吃肉，是因为肉被晒变味，丧失了鲜嫩的口感；不能饮酒，是因那时家酿的米酒有时间限定，也和北方人浆“酸粥”的道理差不多，温度过高，时间过长，罐子里的浆米就会发酸发臭，失去了酸甜可口的味道。酒酸则臭，味道一定难闻。因此过了中午的酒必酸，酸酒喝进肚里必然会败坏肠胃。这说明，当时酿酒，是有严格的时间和温度限制的。

扬雄还谈到饮酒“合礼”的事，他说这些礼仪都是在儒家的经典著作《礼经》中有记载的。例如宾主要相互揖拜并敬三杯酒，这绝不是繁文缛节，而是一种庄重的仪式，没有这种仪式，就不能充分表现主人的诚心。在扬雄看来，外表的仪式和实在的内容相互一致，才能表达主人对客人的一片深情厚谊，才合乎礼仪。可见，怎样敬酒，敬几次酒，是有讲究的。少了，失之于简慢；多了，太过于阿谀奉承；只有不多不少，彬彬有礼，形式与内容相符合，才是真正的礼仪。

三、靠学问赚酒喝的扬雄

经常对包括皇宫皇帝在内的社会、人世进行讽谏和劝勉的扬雄必然是一个清官，无所谓权利富贵。没有人愿意贿赂他，即使有，也都被他严厉拒绝。这样一个官位不高，人又长得不帅，也不善言谈的学者，在京城、在仕途必然混得不好。史书说他“家产不过十金，乏无儋石之储”；“哀帝时，丁、傅、董贤用事，诸附离之者或起家至二千石。时（扬）雄方草《太玄》，有以自守，泊如也”。

扬雄在仕途上非常不得意，难以融入当时腐朽的官场，所以在王莽篡位后，虽然他以资深小官吏的身份，终于被提拔为大夫，但不久他就辞去了官职，选择了潜心文章，并以此传世。

扬雄辞官后，离开了朝廷的纷争，因为他从来不贪污，所以他离开宫里之后身上也没有过多的钱财。没有收入的扬雄不要说无钱买酒，吃饭都是问题了，穷困潦倒的他甚至写出了《逐贫赋》这样别具一格的小赋，写他惆怅失志，“呼贫与语”，质问贫穷何以老是跟着他。这篇赋发泄了他在贫困生活中的牢骚，多用四字句，构思新颖，笔调诙谐，却蕴含着一股深沉不平之气。

扬雄广览博读，通晓古今，学富五斗，才思敏捷，几乎没有什么书是他没念过的，还写得一手好辞赋。按照他自己的评论，他写的辞赋，可以和司马相如，甚至屈原相提并论，说不定连这两个人写的辞赋都不如他。可见，扬雄是有点狂妄，但他的确有才华，同时代人都说，扬雄是少有的才子。

扬雄虽然生性木讷，不善交际，所以门庭冷落，但他确实又是当时的大学问家，特别是有一个能识生字、僻字、怪字的本事，不管从哪里找来的生僻字，从来难不倒他。当时的国师刘歆很看重扬雄的才华，故令其子刘棻拜扬雄为师，专学奇字。

扬雄回到家乡后，一直过着清贫的生活。但是他的辞赋写得好，还撰有《法言》《太玄经》等，可见他不光有文才，还是一个思想家，因此经常有人向他求教。尤其是，在那个读经书的时代，要多读古书，就得多认识古时候的字，诸如金文、篆书之类。而扬雄对文字学颇有研究，写有《方言》，有人就专门向他“问字”。

久而久之，形成习俗，远近人士，凡有不懂之奇字，不明之古事，都前来向扬雄请教。人们知道他贫困又嗜酒好饮，所以就带着好酒佳肴，边饮边请教，于是就有了“载酒问字”之美谈。酒虽小道，却成了扬雄晚年的莫逆之交。

“载酒问字”不仅记载了因贫穷而靠学问赚酒喝的扬雄，更记载了一个在混沌世界坚持淡泊自守的大专家的文化普及教育活动。向扬雄请教学问，作为求教的礼物，就是拉着酒来。扬雄有问必答，给求教者解疑答难，他所进行的“问字”这项教育活动实际上是文化普及教育，让更多的人知道本来只有学术圈里的人才了解的一些比较生僻的知识。

四、后世对扬雄与酒的评论

扬雄的几部巨著，使他不仅是两汉时期也是整个中华文化百科全书式的巨匠。正是因为扬雄的贡献，所以王充说他有“鸿茂参圣之才”；韩愈赞他是具有“大纯而小疵”的“圣人之徒”；司马光更推尊他为孔子之后、超荀越孟的巍然“大儒”。连《三字经》也把他列为“五子”之一：“五子者，有荀扬，文中子，及老庄”。能够获得如此隆誉的蜀人，确实不多。

是酒成就了扬雄，还是扬雄因为酒而成就了他的人生？不论怎样，后世对扬雄与酒，均给予了赞誉。

东晋陶渊明很有感慨地写诗说：“子云性嗜酒，家贫无由得。时赖好事者，载醪去所惑。”唐人刘克庄引经据典，从反面谈了自己的感受：“幸然不识聱牙字，省得闲人载酒来。”

对扬雄的《酒箴》，读者若不能体会扬雄的本意所在，也会产生不良印象，因此，唐代的柳宗元又作了一篇，将扬雄的话反过来，从正面叙说，另成一篇很好的文章《瓶赋》。其实也是相反而适相成的。

内心郁郁寡欢，不愿趋炎附势，所以才门庭冷落，无人理睬，竟至于无钱买酒。南宋洪迈在《容斋随笔》中这样说："使雄善为谀佞，撰符命，称功德，以邀爵位，当于国师分同列，岂固穷如是哉?"这也许是无钱买酒的根本原因。

自从有了"载酒问字"这条成语，又直指对社会功德无量的文化普及教育，人们遂用"问字，问奇字，说奇字"等指从人受学或向人请教；用"载酒生徒"指求教的学生；用"问字酒"指受学者对教授者的酬谢。在许多名人的诗文中，都使用过与"载酒问字"有关的这些词语。例如：

宋人张孝祥《赠刘全州子龟从兄弟》诗："问字刘郎能载酒，为渠更赋一篇诗。"

宋人黄庭坚《谢送碾赐壑源拣芽》诗："已戒应门老马走，客来问字莫载酒。"

宋人苏轼《又次韵二守许新居》诗："闻道携壶问奇字，更因登木助徽音。"

宋人孙觌《吴汉逸家荆溪蓄古书奇器甚富》诗："从公问奇字，载酒问子云。"

宋人张元干《送高集中赴漳浦宰》诗："有意载酒问奇字，无事闭门抄异书。"

宋人陆游《汪叔潜教授挽辞》诗："时烦问字酒，屡共读书灯。"《致仕后述怀》诗之三："常辞问字酒，屡却作碑钱。"

宋人周紫芝《苏幕遮·老相邀》："爱酒扬雄浑不管，天与邻翁，来慰穷愁眼。"

元人萨都拉《京城访谒曼硕秘书》诗："城中车马多如云，载酒问字无一人。"

明人高启《次韵俞士平见寄》诗："作歌几日空招隐，载酒何人为问奇?"

清人程先贞《寄顾亭林侨寓济南》诗："欲问扬雄字，须登太白楼。"

清人程允升《幼学琼林·饮食》诗："好事之徒，载酒而问人奇字。"

清人顾炎武《酬归祚明戴笠王仍》诗："问字谁供酒，翻书独照藜。"

清人王夫之《示从游诸子》诗："勿劳载酒询奇字，便草玄文亦子虚。"

清人赵执信《酬王阮亭先生见寄》诗："犹多奇字在，载酒欲谁知?"

清人赵翼《寄顾北墅》诗："载酒生徒扬子宅，焚香书画米家船。"

清黄遵宪《别赖云芝同年》诗："归与兄弟谋稻粱，问字之酒束脩羊。"

从"载酒问字"的使用情况来看，它既可以指一个人有学问，常有人登门求教，也可以指一个人拜师求学，勤学好问。这个成语的影响非常大，因其确实是对社会特别需要的文化普及教育的概括。

（作者单位：四川省文史研究馆）

扬雄与新朝的关系探析

刘文杰

内容提要：扬雄是中国古代伟大的文学家、哲学家、语言学家，然而中国历史上对扬雄存在若干负面的评价，产生了诸多消极影响。本文梳理扬雄和新朝（王莽）的关系，从反思王莽建立新朝的历史评价入手，分析扬雄创作《剧秦美新》的思想动机，以此破除历史上对扬雄的负面评价，为当今扬雄文化的弘扬、传承、创新提供思路。

关键词：扬雄；《剧秦美新》；《法言》；新朝；王莽；历史评价

扬雄是两千年前伟大的文学家、哲学家、语言学家，在中国历史文化上产生过很大的影响，拥有较高的文学和哲学思想地位，其卓越的文学和学术成就得到当代学者的认同，被评为首届四川十大历史文化名人之一。然而，中国历史上对扬雄也存在若干负面的评价，尤其是南宋以来的负面评价产生了诸多消极影响。笔者长期研究汉新历史，在出版历史传记《王莽正传》和长篇历史小说《大新王莽》的基础上，以新的视域梳理扬雄和新朝（王莽）的关系，从反思王莽建立新朝的历史评价入手，分析扬雄创作《剧秦美新》的思想动机，破除历史上对扬雄的负面评价，为当今扬雄文化的传承创新提供思路。

一、生活在汉新之间的扬雄

400 年汉朝中间，有一个 17 年的历史“断层”，主要就是王莽建立的 15 年新朝。新朝在中国历史上存在的时间和秦朝相当，秦朝被写入了二十四史，新朝却未被列入二十四史，至今史学界的大多数文章仍称其为“新莽”。扬雄生活的时代正是西汉晚期至新朝的社会激烈变革时期，因此扬雄是跨越两个朝代的人物，既是汉朝文化大家，也是新朝名士。扬雄和王莽、新朝，实际上是并存的关系，大致可以分为三个阶段。

（一）第一阶段：乱世入京，以赋代谏

这个阶段从扬雄入京开始至公元前1年哀帝驾崩，十余年时间。

汉成帝时，扬雄中年入京后（入京时间在学术界存在争议，大致在公元前15—前13年间），开始走进了西汉王朝的皇宫、校书机构，和比他小8岁的王莽、小3岁的刘歆为同事，彼此应有交谊。黄门郎的身份虽然低微，但他以极为优秀的文学天赋受到天子的赏识。此期的扬雄主要展示的是文学辞赋的天才，希望以赋劝谏汉成帝，以挽救衰微的汉朝。

入京后，扬雄进献给天子的辞赋并没有起到劝谏的作用，眼看着西汉社会不断走向衰微，扬雄放弃了撰写谏赋的尝试，先后在国家图书馆石渠阁、天禄阁整理典籍、埋头读书，只是偶然写一些文学作品来抒发心情（如《解嘲》《酒箴》之类）。此时各种天文异象迭起，儒家、道家等学说纷纷指出这是“三七”“百六”“阳九”之厄，必然会出现朝代更迭之事。扬雄的老师严君平对老庄研究精深，曾预言过王莽将会崛起，这对扬雄不可能没有影响。

当时，年轻的王莽表现出自己是与众不同的外戚子弟，立志要改革朝政、挽救汉运衰世，这似乎给人们期盼的社会变革带来一线希望。王莽想要对太学、儒经进行改革，这也得到了刘歆、扬雄等一批知识分子阶层的赞赏。王莽步步升迁，公元前8年登上大司马高位。汉成帝忽然驾崩，继位的汉哀帝长期没有子嗣，推行的改革也是反反复复，再加上傅氏外家专权，佞臣董贤乱政，哀帝甚至信从道家弟子夏贺良等人之言，曾经一度改国号“太初元将元年”、更皇名“陈圣刘太平皇帝”，社会陷入更大的激烈动荡之中。

公元前5年，王莽被逐出京师，谪居新都侯国。扬雄的好友、大儒刘歆也被外放到边郡，而扬雄仍在天禄阁校书。他在周易、天文方面的才华得到哀帝的重视，国家遇到“灾异”发生之时，哀帝常常要请教扬雄等人。但扬雄职在校书，不问政事，集中精力潜心研究儒学、老庄、周易之类的哲学思想，为后来撰写《太玄》《法言》等哲学思想类著作奠定了基础。

（二）第二阶段：王莽回朝，推行新政

这个阶段始自公元前1年至公元8年，即从汉哀帝驾崩直至西汉灭亡，约9年左右时间。此期，以王莽为代表的王氏外家完全掌握朝政大权，终结了西汉。

公元前1年，45岁的王莽从新都侯国被召回京城，果断处理朝廷乱局，诛除董贤，打击前朝外家傅氏势力，为前朝冤案昭雪平反，选立太子；同时效法周公和《周礼》

等古制，在土地（井田制）、五均六筦、限奴、钱币、儒学、军事、疆域等方面提出了一系列改革措施，献田济贫、倡导社会公平，并尝试推行新政。从公元 1 年开始，各种举措得到社会各阶层拥护，朝政气象为之一新，王莽也由大司马官位步步上升，从安汉公当到太辅、宰衡、“假皇帝”“摄皇帝”，权倾朝野，又将嫡女嫁给年少的汉平帝。公元 8 年，王莽利用谶纬之说，在万民的欢呼声中被拥戴成了真命天子，“和平”地完成了改朝换代。这个阶段实际上就是王莽掌管大权、推行新政、以新代汉的过程。

在这场社会大震荡中，扬雄的好友刘歆得到王莽重用，而 50 余岁的扬雄甘于清贫、安贫乐道，不阿谀权贵，朝廷也没有给他高官厚禄，仍然待在天禄阁校书，继续撰写《太玄》《法言》等著作。但他不问政并不是不关心天下大事，而是一直对西汉晚期的乱世持有看法，希望社会有所改变。在《太玄》等著作中，充分反映出扬雄对朝代更迭的历史观，即认为有德者居天下。这一点，他和刘歆的认识相近。

（三）第三阶段：新朝建立，推行新政

这个阶段始自公元 9 年至公元 18 年扬雄去世，约 10 年时间。

新朝初建，王莽朝着理想主义的治国目标迈进，效法周公礼制，在土地（井田制）、吏治、俸禄、官爵、地域区划、五均六筦、限奴、钱币、儒学、军事、疆域等方面，全力推行一系列新政；疆域上收复西域等地，收缴汉朝颁给匈奴的单于玉玺（另颁给单于印章）。内外举措，都深得万民拥戴。可是，新朝王莽的改革涉及土地分配、限奴等方面，触及了权贵阶层的根本利益，在推行的过程中遭到严重的抵触，大多数新政没有收到应有的效果，若干改革措施被迫收回。王莽又重用符命大臣和顺从的亲信，诛杀甄丰等建国功臣，就连国师刘歆也受到打击和冷落，造成吏治肮脏、朝政混乱，元气大伤。为备战匈奴、征讨周边“蛮夷”，新朝消耗了大量国力，再加上天灾不断，民众纷纷揭竿起义，汉朝皇室后裔乘机反莽，新朝国运迅速走向衰微，以致公元 23 年忽然走向终结。

新朝于公元 23 年灭亡，只存在了 15 年，扬雄逝于公元 18 年，他生命中的最后 10 年是在新朝度过的，却只享受了和前朝一样低微的官职和较少的俸禄待遇。新朝前期推行的新政，他的感知应当是正面的。在这样的背景下，他于新朝始建国二年（公元 10 年，新朝建立的第三年）创作了《剧秦美新》。但随着新朝的弊政百出，改革无果，他也受到王莽诛除功臣类案件的莫名牵连，以至于出现了天禄阁跳楼事件。王莽处理案件中，对扬雄是宽厚的，反而封他为中散大夫。中散大夫是新朝的中低层闲官，比以前校书的官阶略高一点而已。在新朝时期，扬雄的《太玄》《法言》等大作均问世，反映出扬雄虽然不问朝政之事，却十分清楚天下各种政要大事，在政治上极为清醒。

总结上述三个阶段的历史，扬雄的中晚年在京城生活了 30 余年时间，其中西汉晚期有20年以上，在新朝有10年时间。而在西汉晚期，他一入京就和王莽成了同事，看到的是立志改革、推行新政的政治新秀。但从公元前1年开始至公元18年，共20年左右的时间中，基本上都是王莽掌政并成为天子的时期，扬雄经历了纪元之初的历史大动荡，目睹了王莽从独揽朝政大权、挽救汉运，最终走向以新代汉、建立新朝的全过程，他的生活不可能不留下时代变革的烙印以及王莽的影响。

二、全面客观认识“新莽”的历史地位，是解决对扬雄负面评价问题的关键

两千年来人们对扬雄的评价，无论是正面还是负面，都承认扬雄拥有杰出的文学创作和哲学思想的成果，而绝大多数负面评价都把焦点集中在扬雄的政治人格上，认为扬雄进入新莽政权为宦，并创作了为王莽、新朝歌功颂德的赋文《剧秦美新》，这是其难以原谅的“白圭之玷”和人格“污点”。

从第一部分的分析中可知，扬雄在京城度过了30多年中晚年人生，跨越了西汉、新朝两个王朝，大部分时间伴随着王莽的崛起、掌政、专权、得位，目睹了西汉终结、新朝崛起的全过程。因此，要破除两千年来对扬雄的负面评价，首先要对王莽改制、建立新朝的历史进行深刻反思。只有对王莽和新朝历史地位重新做出全面客观的历史评价，才能真正消除历史上对扬雄“政治人格”负面评价的阴影，才能真正做到为扬雄“喊冤”。需要说明的是，本文提出重新认识“新莽”的目的，并非专门要为王莽和新朝“翻案”，只是由此为扬雄的“政治人格”正名而已。

（一）中国历史长河中，新朝是个什么“东西”？

西汉、东汉之间的15年大新王朝到底是个什么“东西”？为何在二十四史中没有它的专史？为何长久以来人们很少尊重这个活生生存在过的朝代，只称其为“新莽”而很少称它为“新朝”？关于新朝的评价，笔者在巴蜀讲坛上做过专题讲座，这里没有必要展开，仅摘录几个重要的论点。

为了清楚地认识新朝的历史地位，我们从两个维度进行比较分析：一是政权建立时间不长，二是继往开来、对后世产生过重要影响的朝代。能够找得出来进行比较的两个朝代，就是秦朝和隋朝。

表一：秦朝、新朝、隋朝历史对照表

国名	时间	政权更替方式	继往	开来
秦朝（前221—前207）	共15年	武力统一天下	结束了东周时期500年来春秋战国诸侯称霸的数百年乱世。	刘邦在秦朝基础上创立了210年的强盛大汉。
新朝（8—23）	共15年	禅让（通过符命谶纬学说）	终结了汉元帝以来西汉社会外戚当道、土地兼并、奴婢成群、社会混乱、民不聊生的乱世。	刘秀吸取西汉晚期的教训，创立了195年的东汉。
隋朝（581—618或619）	共38年	禅让	结束了西晋以后300年来国家分裂、五胡乱华、人民生灵涂炭的悲惨局面。	李渊建立的唐朝拥有289年国运，大唐盛世享誉史册。

说明：本表根据《史上最有争议的人物王莽及其评价》（巴蜀讲坛2019年10月）的讲座稿编制。

秦朝统一天下后的历史为短暂的15年（前221—前207），史家认为对中国历史产生了深远影响，奠定了中国两千多年政治制度基本格局，故称“百代都行秦政法”。秦朝虽然是个短命的王朝，在中国历史上的地位却是无可替代的，并为400年汉朝的辉煌奠定了基础。

新朝也只有短暂的15年（前8—23），它终结了西汉晚期社会的乱世，推行的新政虽然超前并且失败了，但对东汉总结历史经验教训、延续前朝的辉煌无疑起到了重要的作用（这是一个值得研究的课题）。

隋朝拥有38年的历史（581—618或619），是中国历史上承魏晋南北朝、下启盛唐的大一统朝代，结束了自西晋末年以来长达近300年的分裂局面，隋文帝倡导的政治改革以及推出的各种制度，为大唐盛世的出现奠定了基础。

从上表可见，这三个朝代具有共同点：它们都是短命的朝代，但也都是继往开来的朝代，在它们之后所建立的朝代均出现过盛世，享有长久的国运。因此，这三个朝代在中国历史上都曾产生过重要的影响。

既然如此，为什么二十四史中没有新朝？秦汉以来，通过“禅让”即位、建立新国的开国君主比比皆是，如魏晋南北朝期间，王莽堪称通过“禅让”即位、改朝换代创造历史的第一人。在此之前，传说中上古时期也有过禅让的传统，如尧舜禹三位圣贤君主的得位。上古禅让制的特点都是禅让者是主动一方，接受大位者都是被动地接受君主之位，王莽与其不同之处是利用“禅让”手段，使自己“主动”成为新的君主。

王莽以前朝臣子的身份建立新朝，当然不会被历代君主所喜欢，也被传统儒家史学观念所不容。从班固《汉书》开始，历代官修历史的史书都指责王莽为“伪君子”

或“逆臣贼子”，在这些史学家眼中，王莽建立的新朝也就不是什么“东西”，只配被称为“新莽”，而不是一个“正统”的王朝。

（二）儒家正统史学观中的王莽

实际上，新朝在中国历史是一个真实存在了15年的统一王朝，二十四史中却没有它的专史，这意味着两千年来无论是历朝历代统治者的心日中，还是正统史家的观念中，都不承认王莽的天子地位，更不认可新朝的存在，这种扭曲历史的虚无主义现象，直接影响到对扬雄的评价，也是扬雄背负历史骂名的关键所在。

传统史学观中的王莽，完全是一个负面的人物形象：一是认为王莽是“乱臣贼子无道之人”，二是认为王莽弑君篡位。班固《汉书·王莽传》中的“赞”文总结了王莽的一生，称王莽“既不仁而有佞邪之材”；“乃始恣睢，奋其威诈，滔天虐民，穷凶极恶，毒流诸夏，乱延蛮貉，犹未足逞其欲焉”；“自书传所载乱臣贼子无道之人”。班固这几句话对后世官修史书影响深远。

关于王莽弑君篡位之说，在《汉书》的“平帝纪”“王莽传”里，汉平帝是发病驾崩，并没有王莽鸩杀汉平帝的记载。《汉书·翟方进传》中记载了前丞相翟方进之子翟义起兵反莽的事，翟义在讨莽檄文中“言莽鸩杀孝平皇帝，矫摄尊号”。学术界认为，当时翟义不可能得到这类宫廷秘闻，当初写入檄文只不过是为了达到煽动反莽的目的，却没有提出任何证据，不可信。可是，千年以后的宋朝史官司马光所撰的《资治通鉴》中，却出现了王莽毒杀汉平帝的文字：“时帝春秋益壮，以卫后故，怨不悦。冬，十二月，莽因腊日上椒酒，置毒酒中。帝有疾，莽作策，请命于泰，愿以身代，藏策金滕，置于前殿，敕诸公勿敢言。丙午，帝崩于未央宫。”

鉴于上述两条“罪状”，王莽被传统史学家钉在了“乱臣贼子”“弑君篡位”的历史羞耻柱上。因此，我们不难理解为什么扬雄的“政治人格”会遭受到不公正的批判和攻讦。

（三）白居易的名诗《放言》蕴含的深意

古人对王莽有没有不同的看法呢？当然有，不同的看法并非出自官方正史，其中最具代表性的便是唐代诗人白居易的诗《放言》（五首之三），诗中客观地评价了王莽，委婉地反映出作者“成王败冠”的思想：

赠君一法决狐疑，不用钻龟与祝蓍。
试玉要烧三日满，辨材须待七年期。
周公恐惧流言日，王莽谦恭未篡时。
向使当初身便死，一生真伪复谁知？

对王莽和新朝历史地位的反思，直到近代以后才有真正的改变。

（四）近代以来中外学者对王莽和新朝的积极评价

历史进入20世纪，史学界开始反思王莽和新朝的历史地位，这些评价反映在胡适和吕思勉等人的论著、各类中国通史著作以及论文中，其中以胡适的观点最为鲜明。近百年前，胡适发表了两篇文章，提出了在当时史学界可谓石破天惊的观点：

> 王莽是中国第一位社会主义者。王莽受了一千九百年的冤枉，至今还没有公平的论定，他的贵本家王安石虽受一时的唾骂，却早已有人替他申冤了。然而王莽却是一个大政治家，他的魄力和手腕远在王安石之上……可怜这样一个勤勤恳恳，生性“不能无为”，要“均众庶，抑并兼”的人，到末了竟死在斩台上，至今竟没有人替他说一句公平的话。（《再说王莽》）

其他一些论述还有很多，不便一一展开，仅举数例（参见下表）：

表二：近代以来学术界对王莽和新朝的代表性评价

作者	著述	主要观点
吕思勉	《中国通史》	王莽是主张改革经济制度的人。他的改革，且要兼及于平均地权和节制资本两方面。 他的改制都是“为了改善这种不公平和铲除造成这种不公平的罪恶”。 王莽的失败，不是王莽一个人的失败，乃是先秦以来言社会改革者公共的失败。
翦伯赞	《中国史纲要》	王莽不失为中国史上最有胆识的最聪明的一位政治家。 王莽改制“要将当时矛盾百出的社会经济制度加以改良”。
柏杨	《中国人史纲》	王莽是儒家学派的巨子，以一个学者建立一个庞大的帝国，中国历史上仅此一次。他夺取政权的目的与刘邦不同，刘邦之类只是为了当帝当王，满足私欲。王莽则有他的政治抱负，他要……把儒家学说在政治上一一实践，缔造一个理想的快乐世界。
费正清、崔瑞德（主编）	《剑桥中国史·秦汉卷》	在“王莽的崛起”“王莽的统治”“汉代的中兴”三个部分，整体上对班固《汉书》的观点进行批判，在内政和疆域等方面给予了王莽很高的评价。例如： 王莽不是一个标新立异者。除了土地改革和限制奴隶制的短命的尝试外，他的重大政策是前汉实践的直接继续。这意味着班固对王莽的指责缺乏根据。这些指责是歪曲一个人的手法，出于政治和哲学的原因，他必须被描述为无能的和道德低下的人。 在提倡古文学派和对待奴隶制和土地改革的态度方面，他是改造派。 在依赖国家专卖事业稳定价格和推行法律方面，他是时新派。 王莽不是革命空想家，而是一个在治理中国时其作为很想在他之前的汉代诸帝的务实主义者。

（五）毛泽东评王莽

毛泽东是研读史书的大家，他对王莽的评价具有重要的启示意义。

延安时期，毛泽东总结了读史的心得：“中国史应当特别留心兴亡之际，此时容易看出问题。太平时代反不容易看出。西洋史应特别留心法国大革命。”他从总结历史经验教训的角度曾经多次提到王莽。例如，袁世凯称帝败亡时（1916），毛泽东认为，袁世凯以及劝袁称帝的人不真正懂得历史，没有汲取“王莽、曹操、司马懿、拿破仑、梅特涅之徒”的教训，乃世间“最愚者”。

1926 年 5 月至 9 月，毛泽东主持广州第六届农民运动讲习所，为学员讲授“中国农民问题”等课程，据保存下来的当时学员的听课笔记，毛泽东分析了中国历朝的兴衰发展，对王莽变法有专门评价：

> 汉时一般作史的人——范晔、班固、班昭等——因为他们吃的是汉朝的饭，要给汉朝说几句好话，便把王莽说得这样坏。其实王莽也不是怎么不得了的一个坏人。我们现在研究王莽，要拿很公平诚恳的态度来研究。均田制是王莽时提倡的，可见他注意到农民问题了。因为农民问题最重要者唯其土地，而他先节制田地。地主阶级见王莽所行的政策，诸多不利于己，欲寻一代表本身利益之人，起而代之。而刘秀遂于是时起来了，倡人心思汉，以迷惑一般人之耳目。盖因王莽代表农民利益，不得地主阶级拥护，刘秀则代表地主阶级利益，故能得最后之胜利。（《评点二十四史》）

这段讲话包含着丰富的内容，一是反映了“成王败寇”的历史人物评价思想，二是肯定了王莽的土地改革措施。

1939 年 5 月 30 日，毛泽东在延安庆贺模范青年大会上作了《永久奋斗》的讲话，在谈到青年人要“永久奋斗”时，他忽然提到了白居易的诗：

> 周公恐惧流言日，王莽谦恭下士时，倘使当年身便死，一生真伪有谁知？这在我们的历史学家那里叫做“盖棺论定”，就是说，人到死的时候，才能断定他是好是坏。假使周公在那个谣言流传的时候就死了，人家一定会加他一个“奸臣”的头衔；又若王莽在那个谦让卑恭的时候死了，那后世人一定会赞扬他的。不过我们现在不是讲历史，那两个人究竟孰好孰坏，我们不论，然而它说明了人只有到死，才可以论定他的功罪是非。（《毛泽东文集》）

如果只从评价王莽的角度来看，毛泽东并没有认同班固之类传统史家的评价，而是赞同白居易诗中表达的“成王败寇”的观点。当时中国革命到了重要的关键时期，毛泽东用这样的历史教训来激励革命青年要“永远奋斗”，否则就会面临周公和王莽两种截然不同的命运评判。

综上，王莽到底是不是“弑君篡位”的“乱臣贼子无道之人”？新朝到底该不该归入正史？扬雄背负的“莽大夫”和《剧秦美新》的罪名到底是不是“罪过”？相信已经有了明确的答案。百年来人们对王莽和新朝的反思和评价，对于破解历史上对扬雄的“莽大夫”之类污名化攻讦言论，有着重要的参考意义。

三、《剧秦美新》和“有德者居天下”的思想

扬雄在中国文学史、哲学思想等方面占有很高的地位，当代学术界已经有了充分的认识。在负面评价方面，除了不赞同他批评屈原、司马相如的观点之外，主要还是攻击扬雄的“政治人格”，矛头集中在他和王莽的关系、为仕新朝以及所创作的《剧秦美新》，甚至辱称其为“莽大夫”。“莽大夫”和《剧秦美新》成了扬雄的千年污名。可见，对《剧秦美新》的评价关乎着对扬雄政治人格的评判，分析扬雄的创作思想很有必要。

（一）当代学者为扬雄“喊冤”

到了当代，随着人们对“新莽”的反思，对扬雄的评价逐渐转变为以正面为主。20世纪80年代以来，学术界发表了不少对于扬雄《剧秦美新》的评价，这里仅举数例。

许结认为，扬雄所遭诟病者有三：一曰《反离骚》，二曰《太玄经》，三曰《剧秦美新》，唯《剧秦美新》一文“成于扬雄晚岁，遭诋毁千年，却无一探真象者”。该文对明人张溥云提出《剧秦美新》为“谀文”之说进行了批判。刘保贞认为，无论从思想上还是从个人感情上，扬雄都对王莽倍加赞赏，他写《剧秦美新》不是为邀宠而献的媚眼，而是出自其内心深处的真实情感，是其自认为职责所在。高明认为，王莽代汉有着复杂的历史内涵，《剧秦美新》过去一直被批评者当作扬雄趋炎附势的“罪证”，作者对扬雄创作《剧秦美新》的历史背景和思想根源做出了新的解释，提出应从“知人论世”的观点出发，应该给《剧秦美新》以符合历史的评价。

近年来，学术界对扬雄的认识更加全面，对《剧秦美新》的评价更加深刻，其中，李殿元、刘宗林《应该为扬雄洗冤》一文最具代表性，值得认真细读。该文总结出中国历史上对扬雄的评价：南宋以前的评价以正面为主、负面居次；南宋以后的评价因受程朱理学的影响，消极的居多。作者指出扬雄被贬的几个典型案例：一是隋朝的《颜氏家训·文章》站在传统史学观立场上，对扬雄等一批著名文人的贬斥；二是朱熹《资治通鉴纲目》加入了浓厚的道德信念和解释，不承认在西汉和东汉之间的王莽和新朝政权，仅用了六个字提到“莽大夫扬雄死”，否定了扬雄的整个人品；三是明代《三国演义》中“诸葛亮舌战群儒”中借诸葛亮“光复汉室”之口，把扬雄说成是一个反

面人物；四是康熙皇帝亲自批注《资治通鉴纲目》“莽大夫扬雄死”词条：“……雄以一身事二姓，大节已亏，况于称莽功德与，夫《剧秦美新》等作，又君子之所病者。因宜直笔深贬之也……程颐子有言：饿死最轻，失节事最大。观纲目所书莽大夫扬雄死，则雄之失身于莽，尽东海之波不足以湔其耻矣。士君子之立身至此，岂不深可欢哉，岂不深可惜哉！”李殿元、刘宗林对上述扬雄的“污名”给予了有力批判，并批评《辞海》“扬雄”词条中“曾作《剧秦美新》以谀莽”的解释。

（二）追溯“有德者居天下”的思想渊源

李殿元、刘宗林的文章大声疾呼要为扬雄“喊冤”，这是值得赞赏的呼声！怎样喊冤？笔者以为除了学术界已经提到的症结外，还应当重视两个方面：一是要找准扬雄受冤的关键所在，即应当正确认识王莽及其所建立的新朝的历史地位，这在上文已有阐述；二是应着重分析扬雄的社会发展历史观和创作《剧秦美新》思想之间的关联。关于扬雄的社会发展历史观，学术界已有论述。更进一步分析，扬雄的社会发展历史观和《剧秦美新》的创作有很大的关联。

笔者认为，扬雄《剧秦美新》所反映的中心思想就是“有德者居天下”。《剧秦美新》和“有德者居天下”的思想，表面上看似乎是两个不同的主题，可是如果仔细加以分析，可以发现它们之间有着必然的联系。

“有德者居天下”是先秦时期就出现的一种思想观点，其思想渊源可能在夏商时期就出现了。《尚书·洪范》就阐述了天命难违的思想。孔子论《诗》“殷士肤敏，裸将于京”时，曾喟然叹道：“大哉天命！善不可不传于子孙，是以富贵无常；不如是，则王公其何以戒慎，民萌何以劝勉?”孔子所说的“善”，应有“仁德”的含义，即“善”不传给子孙，则天命无常，王公贵族的富贵就难以传之后人。《六韬》《吕氏春秋》等先秦典籍有更明确记载，如《六韬·文韬·文师》借姜太公之言说：

> 天下非一人之天下，乃天下之天下也，同天下之利者，则得天下；擅天下之利者，则失天下……免人之死，解人之难，救人之患，济人之急者，德也。德之所在，天下归之。

“天下非一人之天下，乃天下之天下也”“德之所在，天下归之”，其核心内容就是强调君主应怀“仁德”之心，否则将失去天下。

《吕氏春秋·孟春纪·贵公》也说：

> 天下非一人之天下也，天下之天下也。阴阳之和，不长一类；甘露时雨，不私一物；万民之主，不阿一人。天地大矣，生而弗子，成而弗有，万物皆被其泽，得其利，而莫知其所由始。此三皇五帝之德也。

这里强调的仍然是国君、天子应有仁德。《吕氏春秋·孟春纪·去私》说：“行其德而万物得遂长焉。”“尧有子十人，不与其子而授舜；舜有子九人，不与其子而授禹：至公也。”这从侧面肯定了“天下非一姓之天下”的说法。《吕氏春秋》的这些论述和《六韬》大致相近，将国家、君主和自然万物、仁德联系起来。到了西汉时期，《礼记·月令》《淮南子·时则训》等文献中仍然保存了这类学说。汉武帝时，独尊儒术，董仲舒更是强调“天人合一”思想，其核心理念包含着国家、君主和自然万物、仁德等之间的某种“必然联系”。

扬雄的好友、大儒刘歆（新朝时任国师）是汉高祖刘邦兄弟刘交的后人，其父为西汉大儒、光禄大夫刘向。刘向曾上奏疏于成帝：“王者必通三统，明天命所授者博，非独一姓也。”更大胆提出“天命所授者博，非独一姓”“自古及今未有不亡之国”，意即天下并非刘氏一姓的天下。刘歆经学高深，推崇《左氏春秋》，曾深受王莽赏识，其历史观反映在他编撰的《三统历谱》中，认为“王者必通三统，明天命所授者博，非独一姓”。这个论点强调历史变化和天命的关系，此论后来成为王莽以新代汉、建立新朝的基础理论。

“有德者居天下”的思想一直延续到了后世，“天命无常，惟有德者居之”成为古代谚语，明朝陈仲琳所撰《封神演义》中就曾引用过。

（三）《法言》反映了扬雄的历史观

“有德者居天下”思想是否也是扬雄所持有的呢？

首先，扬雄长期在石渠阁、天禄阁校书，接触到了大量皇家书库所藏的先秦典籍。第二，刘歆是汉新两朝的名儒，和扬雄的友谊深厚，不可能不对扬雄的历史观产生影响。第三，扬雄的重要著作《法言》反映了他的社会发展历史观，应当从中寻找依据。

关于“五百岁而圣人出”的问题，扬雄说：“尧、舜、禹，君臣也而并；文、武、周公，父子也而处。汤、孔子数百岁而生。因往以推来，虽千一不可知也。”这里充分反映出扬雄对朝代更迭的看法，即上古三代的君主或可以“君臣也而并”，或可以“父子也而处”，君臣之间并非不能传位。君臣之间传位的依据是什么呢？当然是仁德。《法言》中关于上古三代的天子更迭，有如下阐述：

> 尧、舜之道皇兮，夏、殷、周之道将兮，而以延其光兮……“尧、舜以其让，夏以其功，殷、周以其伐。”或曰：“食如蚁，衣如华，朱轮驷马，金朱煌煌，无已泰乎？”曰：“由其德，舜、禹受天下不为泰。不由其德，五两之纶，半通之铜，亦泰矣。”

这里，扬雄强调舜帝、大禹之所以接受禅让，是“由其德”之故。他说，“圣人之法，未尝不关盛衰焉。昔者，尧有天下，举大纲，命舜、禹……”“圣人之法”即治理天下的方法，“举大纲”即以“仁德为纲”而任命舜、禹承继天子之位。

《法言》中还论述了对秦朝的认识（这类认识也反映在《剧秦美新》中），扬雄说：

秦之有司，负秦之法度；秦之法度，负圣人之法度。秦弘违天地之道，而天地违秦亦弘矣。

所谓秦国“负圣人之法度”“弘违天地之道”，指的就是缺少仁道和德行。扬雄对汉朝的仁德大加赞赏：“汉德其可谓允怀矣，世鲜焉。芒芒圣德，远人咸慕，上也……汉兴二百一十载而中天，其庶矣乎！辟雍以本之，校学以教之，礼乐以容之，舆服以表之。复其井、刑，勉人役，唐矣夫。”

《法言》中对上古三代君主更替的评价、对秦朝失德的批判、对汉朝兴德的歌颂，反映出扬雄的社会历史发展观的中心思想，这就是“有德者居天下”。有学者从《法言》所表现出来的思想，也认为《剧秦美新》非谀赋，而是扬雄怀揣“德政”的社会理想、赞同王莽新政的表现。

四、结语

西汉晚期是个什么样的社会状态？汉初倡导的德政已然消失，鲍宣的“七亡七死论”给出了明确的答案：一个腐烂、病态和衰败的社会，走向覆灭似乎是必然的事情。当时的社会各阶层都认定，王莽正是这个可以挽救社会的人，而他正是在万民的拥戴下终结了腐朽的西汉、走向了一个新的朝代。新朝改制的后期没有成功而走向失败，但也给后续的东汉提供了教训和借鉴。

和王莽改制、新朝并存的扬雄，生前没有看到新朝的覆灭，而是在新朝初期王莽大力推行新政并有所成效的情况下撰写了《剧秦美新》，以此批判秦朝的暴虐无德而失天下，颂扬新朝弘扬仁德、实现周公礼制的理想社会而得天下，这正是贯穿了“有德者居天下”的社会历史发展观。王莽的社会理想应当在扬雄以及当时社会各阶层人们的心中产生过共鸣，而扬雄从新朝初期的政治革新中似乎看到了恢复上古三代德政的希望。至于新朝改制的失败结局，原因很多，这也是当时大多数人始料未及的。

扬雄创作《剧秦美新》的出发点，其中心思想和《法言》中倡导古圣先贤理想、仁德思想的社会发展历史观不谋而合。因此，扬雄背负“莽大夫”、创作《剧秦美新》的千年骂名，非常值得学术界彻底反思。笔者认为扬雄背负的“千年骂名”并非是其人生的污点，创作《剧秦美新》反而是以文学辞赋的形式，抒发其希望社会变革、追求理想目标的真实情怀，是值得令人称道的行为。

（作者单位：中共成都市委党校、成都行政学院）

扬雄后裔扬无咎考略

唐　林

内容提要：依据扬雄“自季至雄，五世而传一子”“亡其两男”等文献史料，一般认为扬雄没有后代或没有听说过扬雄有后代。那么，除了已经去世的两子之外，扬雄还有其他后裔吗？本文介绍的宋代大画家扬无咎真的是扬雄的后裔吗？他们究竟是什么关系？笔者从《图绘宝鉴》《画品》等文献史料和扬无咎绘画作品中“草玄之裔”的钤印等两个方面来对此进行探讨、考证，认为扬无咎确是扬雄的后裔。如果此结论确立，可为扬雄研究开辟一个新的路径。

关键词：扬雄；扬无咎；关系

扬雄（前53—18），字子云，汉代蜀郡郫县（四川成都郫都区）人，他是历代京都大赋之祖，是汉代儒家最著名的思想家之一，是迄今为止在历史上影响最大的四川籍思想家，被后人尊称为西道孔子、汉代孔子。有《方言》《法言》《太玄》《蜀王本纪》等传世。与李冰、武则天、李白一样，系四川省首批历史文化名人。今四川有其纪念地郫县（成都郫都区）扬雄墓、绵阳子云亭、乐山犍为子云山等。

一、扬雄有后裔吗？

关于扬雄后代的史料主要见于以下四则，兹按史料的年代介绍如下。

一是西汉扬雄本人所著《法言》：“育而不苗者，吾家之童乌乎！九龄而与我《玄》文。”这是扬雄自己说他儿子童乌，九岁就能与他讨论《太玄》，可惜早夭了。《法言》是扬雄著名的作品之一，分为十三卷：《学行》《吾子》《修身》《问道》《问神》《问明》等。

二是东汉桓谭《新论·识通》："扬子云为郎，居长安，素贫约，比岁已甚，亡其两男，哀痛不已，皆归葬于蜀，遂至困乏。"这说的是扬雄有两个儿子，都在长安亡故，扬雄非常悲痛，送他们回蜀安葬。桓谭（约前20—56）与扬雄两人年龄相差30岁左右，可算前后辈的关系，但就学问来讲，两人算是同一个时期的学者。

三是东晋常璩《华阳国志·后贤志》附《益梁宁三州先汉以来士女目录》："文学：神童扬乌，雄子也，七岁预父《玄》文，九龄卒。"大意是说：扬乌，扬雄的儿子，聪慧过人，被称为神童，可惜九岁就夭折了。《华阳国志》是一部专门记述古代中国西南地区地方历史、地理、人物等的地方志著作，由蜀郡江源县（今四川崇州市一带）人常璩（约291—361）写于成汉时期（304—347）。从此书完成的年代来看，大约距离扬雄卒年有300多年，时间上讲并不遥远。

四是宋代《太平御览》卷三百八十五引《刘向别传》："扬信字子乌，雄第二子。幼而聪慧，雄算《玄经》不会，子乌令作九数而得之。"大意是说：扬雄的第二个儿子扬乌，是个神童，七岁时就能与扬雄讨论《太玄经》；扬雄推算《玄经》不得，而儿子扬乌就算出来了。《太平御览》是我国北宋时期编写的一部具有百科全书性质的类书（分类编排各种资料以供检索之用的工具书，类似近代的"百科全书"）。而所引《刘向别传》中的刘向（前77—前6）是与扬雄同一时代的学者，经学家刘歆之父。所谓别传，"别传者，别，分也，传文分别于正传以外，与之异处也"（清王兆芳《文体通释》），"别传"也称"别录"。

扬雄后裔的史料主要见于上述四则，其他后来的文献史料大多出自以上所述，如明代赵瑜《儿世说·文学》："子云言：'吾家童乌，九岁预吾玄文。'"

公元18年，扬雄在贫病中去世，享年71岁，"（弟子）侯芭为起坟，丧之三年"（《汉书·扬雄传》）。据《郫县古今人物》载：扬雄妻遵丈夫临终嘱，将其骨骸携回家乡郫县，安葬于今友爱镇爱子墓旁（另有一说不述）。

从上可知，扬雄本来是有后裔的，而且是两个儿子，只是在他去世之前，这两个儿子都死了。那么，除开史料中在长安死去的第二子扬（或童）乌和不知其名的第一子（既有第二子，因此推断肯定有第一子）之外，扬雄还有其他儿女吗？这在有关扬雄的文献史料中没有任何记载。不过，由于扬雄上溯五代均为单传的史料，"自季至雄，五世而传一子"（《汉书·扬雄传》），因此一般认为扬雄没有后代或没有听说过扬雄有后代。

实际上，这种认识有误。《汉书·扬雄传》说的只是"自季至雄"，即从扬雄这一代（包括扬雄）的前五代，每一代仅有一子，并没有说扬雄这一代之后仅有一子。事实上，“亡其两男”的文字明确无误表明，到扬雄的下一代，就已经不是单传了，或者说，“五世而传一子”到扬雄的下一代已经结束。因此，虽然扬雄的两个儿子已然死去，但这些史料中没有任何文字说扬雄只有这两个儿子，而没有其他儿女。有鉴于此，笔者不揣冒昧推测，考虑到古代传记文字简略等原因，《汉书·扬雄传》等文献史料完全有可能只是有选择性地记录扬雄后人的情况，而并非全部。换句话说，文献中没有提到扬雄尚有活着的后裔的文字，并不代表扬雄实际上没有其他活着的后裔。

二、扬无咎其人

扬无咎（1097—1171，一说1169），字补之，号逃禅老人，又号清夷长者、紫阳居士。南宋词人。中国宋代著名画家。他生于清江（今江西樟树），后寄居豫章（今江西南昌），一生中大部分时间都在江西境内活动；曾为鄂州支使（位在判官之下，推官之上）；南渡后，屡征不起，工小词，善书法，江西碑碣多为其所书；著有《逃禅词》。

扬无咎诗、书、画无不精能，时人称其为“逃禅三绝”，两宋之际重要的画家，擅水墨人物以及水墨梅、竹、松、石。他以书法入画，笔迹清淡闲野，为世一绝，其中画梅尤胜，作巨幅无人过之，其“村梅”风格与院体“宫梅”迥异，自称“平生与梅有缘，既画之又赋之”，有“江西墨梅”之称（陈振孙《直斋书录解题》卷二十一）。“尤善作墨梅，花光师后一人耳”（吴太素《松斋梅谱》）。墨梅师法北宋水墨梅花名家释仲仁（花光仲仁），“华光入室弟子”（金冬心《画梅题记》），但最后已超过其师。“补之所作，后益超出，格韵尤高”（曾敏行《独醒杂志》卷四），“下笔便胜花光仲仁”（赵希鹄《洞天清录集》“扬补之”条）。扬无咎的墨梅成就，在南渡之后已公认为天下第一，有“得补之一幅梅，价不下百千匹”（赵希鹊《洞天清禄集》）之说。当时传其画派的有侄扬季衡、甥汤正仲、徒刘梦良，以及徐禹功、赵孟坚等。至元代，画史上有“竹学文湖州，梅学扬补之”（夏文彦《图绘宝鉴》）之誉，甚至当代谢稚柳所说：一切的演变，花卉也不离扬无咎这一种形体。

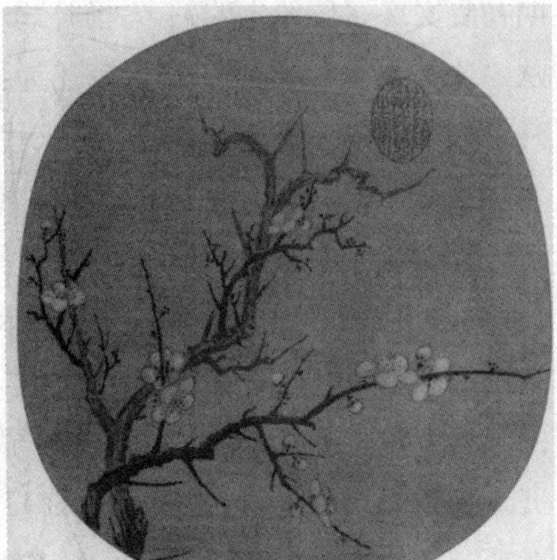
扬无咎《墨梅图》 天津博物馆藏

由于扬无咎的盛名，绍兴年间，朝廷曾多次要他做官，但他因不满当时的政治，坚持不就，“高宗朝以不直秦桧，累征不起”（《书史会要》卷六），可见他是一位藐视权贵、保持了独立人格的文人。他一生生活于民间，不求闻达，但画名却不胫而走。虽然善画，但他并不以作画求名逐利。甚至当朝宰相秦桧想求他一幅画，也碰了壁，即“秦桧求之竟不与”（杨慎《升庵集》卷四十九）。他喜欢饮酒，醉后往往不管什么场合都能挥毫、泼墨。而如果没有兴致，想求得扬无咎一幅画，却很难。据说，扬无咎曾乘兴在临江的一家娼馆的墙壁上画了一幅折枝梅，吸引了不少往来的文人士大夫，娼馆一时生意兴隆，但后来这块画了折枝梅的屋壁居然被人窃走，这家娼馆顿时车马稀少，门庭冷落。相传曾有人将他的作品送给宋高宗皇帝赵构，由于其墨梅与当时流行的富贵艳冶的“宫梅”迥异，被赵构讥之为“村梅”，朝廷南渡后，一天宫中偶然将扬无咎的梅花张挂壁间，竟引来蜂蝶聚集其上，皇帝赵构大惊，急召扬无咎，可惜扬无咎已经死去。

扬无咎画梅作品种类繁多，风格多样，既有小品手卷，又有横幅巨制，既有纸素之作，亦有壁上题画。不过，迄今扬氏画梅存世作品仅有 5 件，分别是《四梅花图》（1 幅）、《雪梅图》（2 幅）、《墨梅图》（2 幅），分藏北京、天津、美国。

那么，宋代大画家扬无咎与汉代蜀郡大思想家扬雄是什么关系？本文从文献史料和绘画作品钤印两个方面，进行探讨。

三、文献史料

从史料来看，扬无咎祖籍何处，常见的描述，如《冷庐杂识》等，都是源自元末明初夏文彦《图绘宝鉴》：“扬补之，字无咎，号逃禅老人，南昌人。祖汉子云，其书从‘扌’不从‘木’。”或者表述为：“无咎祖汉子云，其书从‘才’不从‘木’。”其意思都是一样，即扬无咎祖上是汉代四川的扬雄（子云），所以他的姓只能写成飞扬的“扬”，而不是我们常见的树木的“杨”。

夏文彦《图绘宝鉴》，取《历代名画记》《图画见闻志》《画继》等为本，加以《宣和画谱》《南渡七朝画史》，以及齐、梁、魏、陈、唐、宋以来诸家画录，和传记杂说百氏之书，搜潜剔秘，广为网罗，结合所藏，辑集而成，是我国历史上一部著名的画学著作。夏文彦家世藏名迹，罕有可比者，夏精于鉴赏。此著作编成于至正二十五年（1365），距离扬无咎去世的 1171 年，仅隔 194 年，时间不算长，虽然目前无法考证《图绘宝鉴》此条史料所引何处，但根据夏文彦严肃的写作风格，其说必有所据。

从目前发现的文献来看，第一个称扬无咎不但是扬雄的后代，而且还是从蜀地迁移到清江（今南昌）的人是明代四川唯一的状元杨慎（1488—1559），他在其《画品》

"扬补之"条曰："扬补之，子云之后，自蜀而移家清江。善画梅，秦桧求之，竟不与也。有《逃禅老人词》一卷。余尝题其《画梅谱》一诗云：'逃禅老人扬补之，清江世业锦江移。承家不愧草玄后，艺苑岂独梅花师。神交早与逋仙素，清节不受桧贼缁。请看麝煤鼠尾外，更有玉佩琼琚词。'"文中的"草玄"之含义见后述。

杨慎之后，许多文献史料就均依杨慎之说了，如明代文学家、书画家李日华（1565—1635）《刘研斋笔记》卷三"扬补之，子云之后"，等等。到了今天，几乎所有书籍都介绍扬无咎是扬雄之后裔，如《江西省志人物志》《中国美术史》《南宋绘画史》等。

杨慎著述素以严谨著称，他如此称"（扬无咎）自蜀而移家清江"，必非信口雌黄，肯定言出有据，不过由于杨慎的画论大多抄摘前人，所以现在无法考证此说引自何处，或就是出于《图绘宝鉴》也未可知。

由于扬姓较少，清代陆以湉（1801—1865）《冷庐杂识》卷八"扬无咎"条还如此介绍："扬无咎，杨姓皆从木，惟宋清江扬无咎祖汉子云，从'扌'不从'木'，二千年来典籍中不多见也。"今天，杨姓是中华第 6 大姓，人口大约 4000 万，而扬姓人数只居第 290 位，人口约 88 万。

四、绘画作品钤印

扬无咎绘画作品中主要用印五枚，分别是"补之""逃禅""草玄之裔""清夷长老"和"江右扬补之"等，其中第三枚"草玄后裔"朱文方印，就是直接表明他是扬雄的后代。这是他自称扬雄之后的来历，也是他为扬雄后裔最重要的证据。

"草玄后裔"钤印中的"草玄"，指扬雄撰写《太玄经》，诗文中常用以比喻人襟怀淡泊，寄情著述，也作玄草、草太玄等。《汉书·扬雄传》："时雄方草《太玄》，有以自守，泊如也。扬雄《解嘲》：'目如耀星，舌如电光，一从一衡，论者莫当，顾而作《太玄》五千文，支叶扶疏，独说十余万言……'"又，《汉书·扬雄传赞》："其意欲求文章成名于后世，以为经莫大于《易》，故作《太玄》。"后来，随着时间的过去，"草玄"两字慢慢演变成为扬雄的代称和扬雄的居住地，如唐代岑参《扬雄草玄台》："吾悲子云居，寂寞人已去。娟娟西江月，犹照草玄处。精怪喜无人，睢盱藏老树。"宋代邵博的《扬雄宅》："却怜载酒客，似识草玄人。"宋代宋京《扬子云洗墨池》："君不见子云草玄西阁门，一径秋草闲朝昏。"扬雄居住地在成都什么地方，说法不一，其中一种说法是宋《太平寰宇记》卷七十二："子云宅在少城西南角，一名草玄堂。"据《成都城坊古迹考》，所谓少城，即筑罗城后被称为少城之秦城。在西南角，当在市桥附近，距今西胜街不远处。

如前述杨慎题诗：“（扬无咎）承家不愧草玄后，艺苑岂独梅花师。”杨慎此诗中的“草玄后”直接说明了扬元咎是扬雄后裔。

南宋扬无咎“草玄之裔”钤印

那么，扬无咎究竟在他的哪些绘画作品上钤有“草玄之裔”印章呢？目前，仅见于《四梅花图》卷和《雪梅图》两图。

1.《雪梅图》

《雪梅图》（或称《雪中梅》），纸本水墨，纵 27.1 厘米，横 44.8 厘米。北京故宫博物院藏。此图墨笔画一枝在雪天绽放凌空偃仰恣纵的野梅。无款，钤有扬无咎的朱文“草玄之裔”“补之”“逃禅老人”三印。卷左下方有宋人自称“海野老农”者题跋，卷右方有南宋曾觌题诗。引首有清乾隆御书“孤山香雪”行书 4 字，又在前隔水题诗一首。后隔水有清高士奇跋、印。鉴藏印有“崇信军节度使之印”朱文。吴廷二方，高士奇五方，清乾隆、嘉庆、宣统内府藏印十方。纸尾有元止止道人、顾德璋、唐幼明、李升，明吴勤、李澄之、吴宽跋，清高士奇十跋。诸家印鉴及吴延鉴藏印共三十九方。

扬无咎《雪梅图》（前半部分）故宫博物院藏

那么，扬无咎的“草玄之裔”朱印钤印于此图的什么位置呢？据笔者考证，此印位于本幅引首处从上到下的最上面，即最上面第一印。印的左边是南宋曾觌题诗：“笔端造化出天巧，写出江南雪压枝。谁道春归无觅处，横斜全似越溪时。”此印即钤于“笔”字之右侧。全图只钤印了这一次（方）。

扬无咎将“草玄之裔”朱印盖于引首第一处，这是全图最显眼的位置，由此可见他对自己扬雄后裔的身份非常重视。不仅如此，从元代开始的鉴藏印可知，历代的收藏家们，包括高士奇等著名的收藏家，还有清乾隆、嘉庆、宣统的内府，均认可扬无咎是扬雄后代的身份，否则，他们不可能在这枚钤印后面写下如此多的跋，还盖上如此多的鉴藏印。

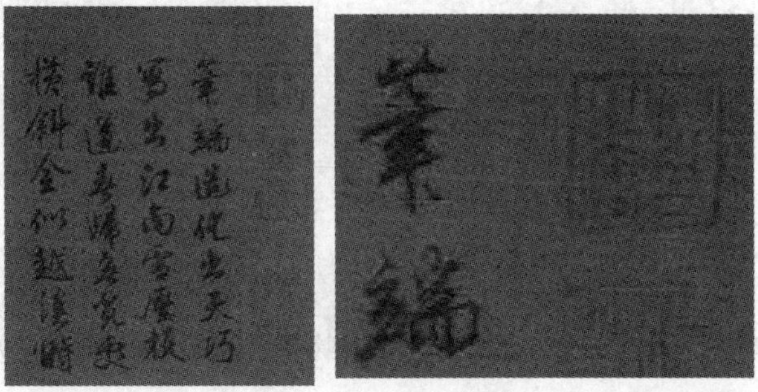

“草玄之裔”朱文方印在《雪梅图》本幅中的位置

2.《四梅花图》卷

《四梅花图》卷，纸本，水墨，纵37.2厘米，横358.8厘米。北京故宫博物院藏（一说辽宁博物院藏，错）。长卷，作于乾道元年（1165）69岁时。画分四段，可分可合，每段自成一幅，有独立的内容和章法，分别为梅花“未开”“欲开”“盛开”和“将残”。后自书“柳梢青”词四首，分咏四梅。又自题：“范端伯要予画梅四枝，一未开，一欲开，一盛开，一将残。仍各赋词一首，画可信笔，词难命意，欲之不从，勉徇其请。予作有‘柳梢青’十首，亦因梅所作，今再用此声调，盖近时喜唱此曲故也。”文中提到的“端伯”，名直筠，为魏国公范仲淹（989—1052）的曾孙。这表明此图是扬无咎应范仲淹曾孙范端伯之请而画。

此卷于嘉庆初年为陆谨庭所得，专门筑“四梅花阁”庋藏之，后流落于外邦，被程祯义用“番钱三百枚”购回，当时传为艺林盛事。有元吴镇，明沈周、文征明、项元汴等人收藏印记，前后多达300余方，是扬无咎一件流传有绪的名迹。此卷在中国绘画史上极其知名，收录于《人一生要知道的100幅中国名画》《中国历代绘画精品100幅赏析》《国宝大观》《中国美术名作鉴赏辞典》等书籍。《四梅花图》卷是画院外画家所绘的一件重要的作品，不仅对宋代绘画的了解，而且对中国绘画史的研究意义重大。

扬无咎《四梅花图》卷 北京故宫博物院藏

那么，扬元咎"草玄之裔"朱文方印钤印于此图钤印了几次（方）呢？又钤印于什么位置呢？这里有两种说法：一是据故宫博物院《宋代花鸟画珍赏》介绍，"草玄之裔"朱文印共钤印了五次（方），位置是在《四梅花图》本幅的接纸处。二是据《南宋扬无咎〈四梅图〉研究》，此图卷中，"草玄之裔"朱文印共钤印了6次（方），钤印的具体位置在每幅梅花图后各一方，再一于题词之后，另一于题款之后。由于篇幅和原件、印迹模糊等问题，本文不予详述。另外，据统计，在《四梅花图》卷中，扬无咎其他用印情况如下："逃禅"朱文印1次（方），在题款之后；"扬无咎印"白文印1次（方），在题款之后。

在这件作品中，扬无咎使用"草玄之裔"印5次（6次），大大超过其他两印"逃禅"和"扬无咎印"的钤印次（方）数，他盖这么多的"草玄之裔"印，似乎非常迫切想将他是扬雄后裔这个信息传递给所有人，如果不是如此，可能无法解释正式姓名用章"扬无咎印"也只用了一次，而"草玄之裔"用了5次（方）或6次（方）的原因。

结 论

从以上可知，对扬无咎是扬雄后裔的文献史料记载清楚，扬无咎本人在绘画作品中钤印"草玄之裔"有印可查。换一句话说，不但史料说扬无咎是扬雄后裔，而且扬无咎本人也三番五次称自己是汉代蜀郡扬雄的后代。特别是后一种情况需要特别注意，因为它表明，扬无咎不仅自己非常看重扬雄后代的身份，并且与他同时代的宋代文人士子对扬无咎是扬雄后代的身份也是认可的，否则他不会如此口口声声说自己是扬雄后裔。

扬无咎所处的宋代是一个极其讲究伦理道德的朝代，其时“孟子与扬子”谁更值得弘扬的争论如火如荼，在此之际，扬无咎如果没有真凭实据，绝不敢拿“西道孔子”扬雄来附会，因为如果不实或者不被相信，他会被文人士人们骂死的。扬无咎当时已经是名满天下的画家、文人，如果就出名来讲，他已经够有名了，完全用不着借扬雄之名来提高自己的身价。

有鉴于此，本文认为杨无咎确是汉代蜀郡扬雄的后裔，除非有其他新的证据证明他不是“草玄之裔”。

如果此说成立，或可为今后扬雄的研究开辟一条新的路径。

（作者单位：四川省社科院艺术中心）

稿　约

本刊为四川省扬雄研究会会刊。四川省扬雄研究会与成都市郫都区区委、区政府，为了响应党中央、国务院关于传承弘扬中华优秀传统文化的号召，为了落实四川省委、省政府《关于传承发展中华优秀传统文化的实施意见》的指示精神，决定创办《扬子学刊》以推动扬雄研究的深入开展。竭诚欢迎海内外学者赐稿和支持本刊工作。现将来稿的有关事宜敬告作者：

一、本刊为扬雄研究专刊，刊载研究扬雄生平、思想、著述、影响，以及扬雄文化的精髓及其现代价值等内容的论文，由巴蜀书社出版。暂拟一年出版一期。

二、本刊倡导以历史唯物主义为指导的学术态度、探求真知的学术精神、科学严谨的研究方法。鼓励学术创新，要求来稿务必审慎对待所持论点，做到持之有据、言之有理。

三、来稿请严格遵守学术规范，切忌抄袭与敷衍。文章篇幅长短不限，以七千至一万五千字为宜。行文风格不拘，白话、文言均可，但必须语句畅达。文章标题要求平实、准确，能概括正文内容，一般不得另加副标题。文章需提供内容提要和关键词(不需英文翻译)，可加课题项目名称。引文不宜过长，应核对准确，并注明出处。注释一律采用页下脚注形式（不需文后参考文献），注释一般包括以下内容：作者（译者)，书名或文章题目，出版社或刊名，出版日期或刊期；专著须注明页码，报纸须注明年月日和第几版。例：

①［汉］扬雄著，张震泽校注：《扬雄集校注》，上海古籍出版社 1993 年版，第 138 页。

②华学诚、徐妍雁：《扬雄〈方言〉及其研究述评》，《苏州大学学报（哲学社会

科学版)》2013 年第 1 期。

四、来稿涉及版权的部分（如图片及较长的引文等），请作者妥善处理；如果产生版权纠纷，本刊不承担版权责任。

五、来稿请用规范的简体文本制作电子稿件，请注明作者姓名、单位、电话、通讯地址，请将电子稿件发往指定的投稿邮箱。

六、本刊对来稿有权删改，如不愿删改，请在来稿中说明。

七、来稿被刊用后，本刊将参照国家稿酬标准酌付稿酬，并赠送样刊两本。

八、欢迎海内外同仁赐稿。

投稿邮箱：yangxiongyanjiu@ 126. com

本刊地址：成都市郫都区中信大道二段二号郫都区文化馆二楼《扬子学刊》编辑部

联系人：王方（手机 13550153296，邮箱 1079761069@ qq. com）

购书联系电话：13980006348（杨皓宇）。

图书在版编目（CIP）数据

扬子学刊．第五辑 / 四川省扬雄研究会编．—成都：巴蜀书社，2022.12

ISBN 978－7－5531－1907－6

Ⅰ.①扬…　Ⅱ.①四…　Ⅲ.①扬雄（前53－18）－人物研究　Ⅳ.①B234.995

中国国家版本馆CIP数据核字（2023）第011177号

扬子学刊（第五辑）

四川省扬雄研究会　**编**

责任编辑	康丽华
出　　版	巴蜀书社
	成都市锦江区三色路238号新华之星A座36层　邮编610023
	总编室电话：(028)86361843
网　　址	www.bsbook.com
发　　行	巴蜀书社
	发行科电话：(028)86361851
经　　销	新华书店
照　　排	四川胜翔数码印务设计有限公司
印　　刷	成都蜀通印务有限责任公司　（028）64715762
版　　次	2023年6月第1版
印　　次	2023年6月第1次印刷
成品尺寸	185mm×260mm
印　　张	21.5
字　　数	450千
书　　号	ISBN 978－7－5531－1907－6
定　　价	98.00元
